Danke

Im kreativen Entstehungsprozess dieses Buches begleiteten mich viele liebevolle Freunde und Freundinnen. Ihnen allen möchte ich Danke sagen, insbesondere meinen Klientinnen und Klienten, den vielen Interessierten, die an meinen Workshops, Seminaren, Kursen und Ausbildungen teilgenommen haben, und allen vertrauensvollen Menschen, die mir ihre Träume, Visionen und Lebenserfahrungen erzählten.

Besonders danke ich Mag.[a] Lilly Jäckl, meiner „redaktionellen Hebamme" und Script Doctor, die mit ihren schöpferischen Erkenntnissen und ihrer unendlichen Geduld die Geburt dieses Buches begleitet hat.

Ich danke von Herzen meinem lieben Ehemann Clemens, der dieses Buch mit gestalterischer Professionalität und kreativem Talent in Form brachte und mir bei meiner Arbeit den Rücken stärkte.

Danke auch an alle Freundinnen und Freunde, die das Manuskript gelesen und dazu Stellung genommen haben: Martha, Oskar, Ulli, Ronaldo und Astrid.

Meine tiefste Dankbarkeit gilt meinem Kampfkunst-, Shiatsu- und Meditationslehrer, der meinen Lebensweg mit seiner Bescheidenheit, Demut und Weisheit begleitet und genährt hat.

Impressum

**Gesamtherstellung,
Layout, Typografie und Umschlaggestaltung**
Mag. (FH) Clemens Mazza

Redaktionelle Unterstützung
Mag.ª Lilly Jäckl

Lektorat
Mag.ª Helga Klösch-Melliwa, www.aus-dem-effeff.at

Druck
Print House DB

Öko-Papier
Mondi Maestro® Print Offset-Papier 80 g/m^2
FSC® (Forest Stewardship Counsil), PEFC™, EU Ecolabel

Alle Rechte vorbehalten
3. verb. Auflage August 2015
© 2012 beim **akademie bios®** verlag GsbR. Graz, Österreich
Dr. Ernestina Sabrina Mazza und Mag. (FH) Clemens Mazza

Schriften unter Open Font License 1.1: *Allura*, Gentium Plus, **Gentium Basic (Bold)**
Schriften unter Exljbris Font License: Fontin Sans (**Bold**, *Bold-Italic*, SMALL CAPS)

ISBN 978-3-9502733-5-9

Besuchen Sie uns im Internet:
www.akademiebios-verlag.at

Dr. Ernestina Sabrina Mazza

Der Weg zur emotionalen Selbständigkeit

Emotionale Verletzungen heilen
und erfüllende Beziehungen leben

akademie bios® verlag

akademie bios®
Der Verlag mit

Hinweis des Verlages

Alle Informationen, die in diesem Buch enthalten sind, sollen Ihnen helfen, Verantwortung im bewussten Umgang mit sich selbst und Ihrem emotionalen Leben zu übernehmen.

Dieses Buch stellt insbesondere keinen Ersatz für eine ärztliche, psychologische, psychotherapeutische sowie körpertherapeutische Behandlung dar. Die Übungsserien, die in diesem Buch und auf der dazu gesondert erhältlichen Doppel-CD vorgestellt werden, sind keine Psychotherapie und stellen auch keinen Ersatz für eine solche dar.

Für die Heilung Ihrer Probleme und dem Finden Ihrer persönlichen Lebensvision steht Ihnen eine angemessene Unterstützung zu. Wenn sich Beschwerden zeigen, müssen Sie unter Umständen kompetente ärztliche, psychologische oder psychotherapeutische Hilfe in Anspruch nehmen.

Autorin und Verlag können für eventuell auftretende Beschwerden keine Haftung übernehmen.

Inhaltsübersicht

Impressum 2
Hinweis des Verlages 5
Einführung 19
Begriffserklärung 25
Kapitel 1: Wie emotionale Verletzungen entstehen 29
Kapitel 2: Emotionale Verletzungen erkennen 71
    2.1 Die emotionale Verletzung des Verlassenwerdens 79
    2.2 Die emotionale Verletzung der Ablehnung 95
    2.3 Die emotionale Verletzung der Ungerechtigkeit 113
    2.4 Die emotionale Verletzung des Vertrauensbruches 133
    2.5 Die emotionale Verletzung der Erniedrigung 151
    2.6 Die emotionale Verletzung des Kritisiertwerdens 169
    2.7 Die emotionale Verletzung der Isolation 189
Kapitel 3: Die Schritte zur emotionalen Selbständigkeit 207
    1. Schritt: Akzeptieren der eigenen Verletzungen 211
    2. Schritt: Auseinandersetzung mit dem Impulsbild des inneren Kindes 219
    3. Schritt: Ressourcen aufbauen 225
    4. Schritt: Bewusster Umgang mit Emotionen und Gefühlen 237
    5. Schritt: Versöhnung mit den Ahnen 247
    6. Schritt: Umgang mit inneren und äußeren Widerständen .. 255
    7. Schritt: Die Beziehungs- und Kommunikationsfähigkeit entfalten 275
Praxisteil: Übungsteile 1 bis 8 mit Übungsprogrammen 287
    mit 58 Übungen, 2 Tests und 9 Meditationen
Nachwort 479
Quellenverzeichnis 481
Literaturliste 485
Über die Autorin 491
Bücher aus dem akademie bios® verlag 501

Inhaltsverzeichnis

Impressum 2
Hinweis des Verlages 5

Einführung 19

Begriffserklärung 25

Kapitel 1: Wie emotionale Verletzungen entstehen 29
   „Ich funktioniere gut" 29
   Wo bleibt unsere authentische Liebesfähigkeit? 30
   Die pränatale Phase prägt die Beziehungsfähigkeit 31
   Die Sehnsucht nach Liebe und Verbundenheit 37
   Bindungsfähigkeit 40
   Eltern lieben so, wie sie können 43
   Wie emotionale Verletzungen entstehen 45
   Alte Erinnerungen verzerren die Wahrnehmung der Gegenwart 48
   Die Drehbücher der Verletzungen wiederholen sich 51
   Verletzungen im Beziehungsleben 53
   Emotionale Bedürftigkeit 56
   Gefangen im Labyrinth der Erwartungen 57
      Die Suche nach der Zwillingsseele und dem Seelenverwandten .. 59
      Ich brauche niemanden 61
      Immer sind die anderen schuld 62
   Emotionale Abhängigkeit 63
   Die Wurzeln von Kompensationsstrategien entdecken 66

Kapitel 2: Emotionale Verletzungen erkennen **71**
Befreiende Erkenntnisse 71
Emotionale Verletzungen 74
Die Reaktion auf emotionale Verletzungen 75

2.1 Die emotionale Verletzung des Verlassenwerdens **79**
Wirkung auf den Charakter 80
Aktives Reaktionsmuster 82
   „Ich bin verantwortlich für dein Glück" 84
   „Ich gebe dir alles und ich verlange alles von dir" 85
Passives Reaktionsmuster 86
   „Ich brauche dich, weil ich es allein nicht schaffe" 88
   „Ich komme zu kurz" 90
   „Ich liebe dich, wenn du weit weg bist" 92

2.2 Die emotionale Verletzung der Ablehnung **95**
Wirkung auf den Charakter 96
Aktives Reaktionsmuster 98
   „Wenn du mich verletzt, ziehe ich mich zurück" 101
   „Du darfst mich nicht verletzen – Ich zeig's dir" 103
Passives Reaktionsmuster 104
   „Ich sabotiere mein Glück, mein Leben" 107
   „Ich werde nicht ernst genommen" 109

2.3 Die emotionale Verletzung der Ungerechtigkeit **113**
Wirkung auf den Charakter 114
Aktives Reaktionsmuster 117
   „Zuerst die Arbeit, dann das Vergnügen" 120
   „Ich fürchte mich davor, Fehler zu begehen" 122
Passives Reaktionsmuster 124
   „Warum nehmen mich die anderen nicht wahr?" 127
   „Ich glaube nicht, dass du mich liebst" 129

2.4 Die emotionale Verletzung des Vertrauensbruches **133**
Wirkung auf den Charakter 134

Aktives Reaktionsmuster 137
  „Ich habe alles unter Kontrolle" 140
  „Das Leben ist ein Überlebenskampf" 142
Passives Reaktionsmuster 143
  „Ich vertraue niemandem mehr" 146
  „Ich werde immer verraten" 148

2.5 Die emotionale Verletzung der Erniedrigung 151
Wirkung auf den Charakter 151
Aktives Reaktionsmuster 154
  „Ich muss etwas Besonderes sein" 157
  „Ich habe alles im Griff" 159
Passives Reaktionsmuster 160
  „Ich bin nichts wert" 164
  „Ich bin schuldig"..165

2.6 Die emotionale Verletzung des Kritisiertwerdens 169
Wirkung auf den Charakter 170
Aktives Reaktionsmuster 172
  „Ich kenne deine Fehler, du kannst mir nichts vormachen" 177
  „Ich bin besser als du / die anderen" 178
Passives Reaktionsmuster 179
  „Liebe mich, ich bin so, wie du es willst" 184
  „Egal, was ich tue, ich schaffe es sowieso nicht" 185

2.7 Die emotionale Verletzung der Isolation 189
Wirkung auf den Charakter 190
Aktives Reaktionsmuster 192
  „Ich gehe, suche mich" 195
  „Ich bleibe übrig, ich gehöre nicht dazu" 196
Passives Reaktionsmuster 197
  „Ich muss alles allein schaffen. Ich brauche nichts von außen" 200
  „Es ist mir alles zu viel. Ich suche die absolute Ruhe" 201

Die Bereitschaft zur Veränderung 204

Kapitel 3: Die Schritte zur emotionalen Selbständigkeit 207

1. Schritt: Akzeptieren der eigenen Verletzungen und das Blatt wenden 211
Akzeptanz und loslassen 211
Dankbarkeit 213
Verzeihen 214
Eine alte, weise Geschichte: Die Perlenkette 214

2. Schritt: Auseinandersetzung mit dem Impulsbild des inneren Kindes 219
Gefangen in der dunklen Seite des inneren Kindes 220

3. Schritt: Ressourcen aufbauen 225
Achtsamkeitstraining 226
Innere Bilder 227
Innere Frau, innerer Mann und innere Familie 228
Das Drama-Dreieck 232

4. Schritt: Bewusster Umgang mit Emotionen und Gefühlen 237
Emotionen und Gefühle als Kompass fürs Leben 237
Umgang mit der inneren Gefühlswelt 239
Körper und Emotionen 240
Im Fluss mit dem emotionalen Leben 244

5. Schritt: Versöhnung mit den Ahnen 247
Den Ahnen begegnen 247
Ein verborgenes Talent 248
Familienmuster wiederholen sich 250
Generationenübergreifende, unsichtbare Loyalität 251

6. Schritt: Umgang mit inneren und äußeren Widerständen 255
Widerstände auf dem Weg zur Selbstentfaltung 255
Mit Hindernissen gelassen umgehen 265

Die Reaktion des Umfelds 267
Zweifel hinter sich lassen 268
Die Lehre der Leere 269
Das innere Chaos willkommen heißen 272

7. Schritt: Die Beziehungs- und Kommunikationsfähigkeit entfalten 275
    Sich für einander öffnen 275
    Empathie, der Schlüssel zur Liebe 276
    Missverständnisse 278
    Zehn goldene Regeln für die empathische Kommunikation 279
        1. Achtung und Wertschätzung zeigen 279
        2. Sich in die Lage des anderen versetzen 280
        3. Zuhören 280
        4. Vorwürfe und Schuldzuweisungen vermeiden 281
        5. Klares Äußern von Wünschen und Bedürfnissen 282
        6. Ausreden lassen 283
        7. Die eigene emotionale Lage und die des Gegenübers
           während des Gesprächs erkennen 283
        8. Kritik und Urteil loslassen 284
        9. Keine Angst vor Konflikten haben 285
        10. Danke sagen können 285

Praxisteil **287**
   Einführung 287
   Übung 1: Die Perle der Weisheit 291

1 Dem inneren Kind begegnen **302**
   TEST: Wie emotional selbständig sind Sie? 302
   Auswertung 308
   Zielorientierte Übungsprogramme 312
   Übung 2: Versöhnung mit der pränatalen Phase 316
   Übung 3: Reflexion über die Kindheit 319
   Übung 4: Sich selbst liebevoll annehmen 321
   Übung 5: Die eigenen Bedürfnisse bewusst wahrnehmen 322
   Übung 6: Bewusstes Träumen 324
   Übung 7: Einfühlungsübung mit dem inneren Kind 326
   Übung 8: Identifikation eigener Kompensationsstrategien 328
   Übung 9: Auseinandersetzung mit der Kindheit und Pubertät .331
   Innere Reise 1: „Heilsame Versöhnung mit der pränatalen Phase
   und Geburt" 333

2 In sich ganz werden **334**
   Zielorientierte Übungsprogramme 334
   Übung 10: Achtsamkeitstraining 336
   Übung 11: Persönliche Grundmuster erkennen 339
   Übung 12: Das Herz berühren 342
   Übung 13: Stärkung der eigenen Ressourcen auf dem Weg
   zur Selbstentfaltung 346
   Übung 14: Auseinandersetzung mit dem Drama-Dreieck 352
   Übung 15: Ganzheitliche Entfaltung der Persönlichkeit 356
   Übung 16: Begegnung mit dem inneren Mann und mit der
   inneren Frau 367
   Innere Reise 2: „Den inneren Beobachter erwecken" 370
   Innere Reise 3: „Den emotionalen Fluss harmonisch erleben" ..371
   Innere Reise 4: „Begegnung mit dem inneren Mann und mit
   der inneren Frau" 372

3 Impulse für die emotionale Heilung setzen **374**
  Zielorientiertes Übungsprogramm 374
  Übung 17: Erkennen der emotionalen Verletzungen 375
  Übung 18: Den emotionalen Fluss aktivieren 380
  Übung 19: Spaziergang mit den Emotionen 382
  Übung 20: Kreatives und bewusstes Träumen 383

4 Sich im Körper spüren **386**
  Zielorientiertes Übungsprogramm 386
  Übung 21: Tägliche Verbindung zur Liebe 387
  Übung 22: Schulung der Wahrnehmung für den eigenen Körper..388
  Übung 23: Einfühlen in den Körper 390
  Übung 24: In der eigenen Mitte verwurzelt sein 392
  Übung 25: Körperselbstbehandlung 394
  Innere Reise 5: „Über den Körper die Seele spüren" 397

5 Die emotionalen Verletzungen erkennen **400**
  TEST: Welche emotionalen Verletzungen beeinflussen Ihre
    persönliche Entwicklung? 400
  Übungen für die emotionale Verletzung des Verlassenwerdens 406
    Übung 26: Kontakt mit der Verletzung des Verlassenwerdens
      aufnehmen 406
    Übung 27: Das Herz heilen 408
  Übungen für die emotionale Verletzung der Ablehnung 410
    Übung 28: Die Liebe spüren 410
    Übung 29: In sich ruhen 412
  Übungen für die emotionale Verletzung der Ungerechtigkeit 414
    Übung 30: Die Verletzung der Ungerechtigkeit heilen 414
    Übung 31: Die eigene innere Wahrheit spüren 416
  Übungen für die emotionale Verletzung des Vertrauensbruches ...417
    Übung 32: Die Verletzung des Vertrauensbruches klären 417
    Übung 33: Vertrauen entwickeln 418
  Übungen für die emotionale Verletzung der Erniedrigung 420
    Übung 34: Zugang zur eigenen Kraft finden 420

Übung 35: Herzöffnung 423
Übungen für die emotionale Verletzung des Kritisiertwerdens 425
Übung 36: Welche Rolle spielt die Kritik in meinem Leben? 425
Übung 37: Integration des inneren Kritikers 426
Übungen für die emotionale Verletzung der Isolation 429
Übung 38: Sich öffnen 429
Übung 39: Die innere Freiheit fühlen 430

6 Versöhnung mit den Ahnen 432
Zielorientiertes Übungsprogramm 432
Übung 40: Intuitive Kontaktaufnahme mit den Ahnen 433
Übung 41: Dank an die Ahnen und Beendigung alter
Familienmuster 435
Übung 42: Dankbarkeits- und Abschiedsbrief 438
Innere Reise 6: „Versöhnung mit der Ahnenreihe" 439

7 Umgang mit äußeren und inneren Widerständen 442
Zielorientiertes Übungsprogramm 442
Übung 43: Verbindung mit der Kraft 443
Übung 44: Dankbarkeitsritual 444
Übung 45: Hindernisse und Blockaden lösen 445
Übung 46: Symbolische Meditation mit unseren
Hindernissen und Blockaden 447
Übung 47: Die Widerstände in unserem Umfeld bewältigen 449
Innere Reise 7: „Innere und äußere Widerstände bewältigen"... 450

8 Beziehungs- und Kommunikationsfähigkeit erweitern 452
Zielorientierte Übungsprogramme 452
Übung 48: Bilanz der Beziehung ziehen 454
Übung 49: Eigene Projektionen erforschen 457
Übung 50: Im Drehbuch der Beziehungen lesen 458
Übung 51: Die eigene Verletzlichkeit in Beziehungen
verstehen und heilen 461
Übung 52: Loslösungs- und Klärungsmeditation 463

Übung 53: Zentrierungsübung 464
Übung 54: Sich öffnen und bewusst mit der Polarität von
 Nähe und Distanz umgehen 465
Übung 55: Die Kommunikationsmodelle der Eltern überprüfen ..467
Übung 56: Visualisierung zur Entfaltung der Empathiefähigkeit ..470
Übung 57: Sich in die Lage des anderen versetzen 471
Übung 58: Bewusstes Zuhören 473
Innere Reise 8: „Heilung u. Entfaltung der Beziehungsfähigkeit"..475
Innere Reise 9: „Empathie als Schlüssel zur Liebe" 476

Nachwort **479**

Quellenverzeichnis 481
 Kapitelauftakt-Zitate 483
 Bilder 483
Literaturliste 485
Über die Autorin 491
 Dr. Ernestina Sabrina Mazza 491
 Behandlungsmethoden – entwickelt von Dr. Ernestina S. Mazza 497
Bücher aus dem **akademie bios**® **verlag** 501

Einführung

Ich wollte immer das Meer umarmen, wollte schon als Kind seine unendliche Weite verinnerlichen und die Sehnsucht nach Freiheit stillen. Dieses Bild und die Erinnerung an die Anfänge meines Lebens in einer mittelgroßen Stadt in Italien verbanden mich unmittelbar mit dem Wunsch, dieses Buch zu schreiben. Am Meer geboren zu sein war das größte Geschenk, das mir dieses Leben machen konnte. Ich verbrachte in frühen Jahren viele Stunden am Fenster oder am Hafen, nur um den unendlichen Tanz der Wellen und den Horizont zu betrachten, wo uns eine sichtbare Linie in der Ferne suggerirt, dass Himmel und Erde einander berühren.

Weite und Freiheit suchte ich auf unterschiedlichste Arten – in Fremdsprachen, die ich lernte, fremden Ländern, die ich besuchte, und auch durch die Entscheidung, mich im Ausland niederzulassen. Ich suchte bis zu jenem Tag, an dem ich erkannte, dass Weite und Freiheit nicht im Außen greifbar, sondern in mir selbst zu finden waren. Die Suche hörte auf und ich blickte nach innen, zu den Wurzeln meiner Seele, und erkannte, dass diese Sehnsucht in Wirklichkeit das innere Bedürfnis verkörperte, den freien Selbstausdruck zu leben.

Wenn man innehält und tief in sich hineinblickt, wenn man die vielen Masken, die man trägt, und Fassaden, die man aufrechterhält, durchschaut, keimt das Bedürfnis, auch im Außen so zu sein, wie man im Inneren ist. Meine Erfahrungen im Rahmen der Hospiz-Begleitung und bittere, plötzliche Verluste geliebter Menschen ließen mich erkennen, wie wertvoll diese Lebenszeit ist und wie wichtig es ist, authentisch zu sein.

Die tiefe Bewunderung für meinen Kampfkunst-Lehrer trage ich ständig in mir. Er hat mehr als jeder andere mein Leben geprägt und in mir den Keim der Selbständigkeit eingepflanzt. Mit seiner Ausstrahlung, seiner Ruhe und Stille war er der vollkommene Ausdruck inneren Seins. Wer mit ihm sprach und mit ihm Zeit verbrachte, stellte sich nie die Frage, mit wem er es zu tun hatte. Er war einfach er selbst. Dementsprechend behandelte er auch jeden anderen mit vollkommenem Respekt und begegnete ihm mit Neugier. Er war interessiert an dem, was die Menschen ausmacht, ohne viel zu projizieren und ohne etwas erreichen zu wollen. Er war fasziniert, in jedem einzelnen Menschen das Leben zu beobachten. Für ihn war jeder Mensch eine Facette des „Diamanten des Lebens".

In mir selbst hingegen kämpften viele Persönlichkeitsanteile – die perfektionistische Schülerin und Studentin, die Hilfsbereite, die Tochter, die Freundin und die Vernünftige, die sich selbst einredete, verzichten zu müssen, weil die Eltern sie als Arbeitskraft im Gasthaus brauchten. Da war auch die Reisefreudige, die angehende Journalistin und die Motorradfahrerin, die einfach nur weg wollte.
Auf die Lebensfrage, wer ich sei, reagierte ich zwiegespalten. Am deutlichsten wurde mir dieser Zwiespalt bewusst, als ich erkannte, dass gewisse Rollen mich einengten, wie Kleider, die zu eng geworden waren. Dieses Verhalten bemerkte ich vermehrt auch bei anderen.

Mein erstes Studium – Wirtschaft und Recht – nahm ich in Venedig auf. Ich war von erfolgreichen Menschen umgeben, und obwohl es interessant und spannend war, in dieser wunderschönen Stadt zu leben, begleitete ein Gefühl der Leere und Unstimmigkeit meine Tage. Damals erkannte ich zum ersten Mal, wie wichtig es ist, die eigenen Bedürfnisse zu hinterfragen, bevor man eine wesentliche Lebensentscheidung trifft.
Ich fühlte die Leere und war nicht am richtigen Platz, weil ich dort studierte, um nebenher die Unternehmen meiner Eltern, ein Gasthaus und eine Baufirma, unterstützen zu können. Obwohl ich wusste, dass meine Leidenschaft woanders lag.

Durch meine Grundeinstellung, alles zu Ende zu bringen und nicht aufzugeben, führte ich das Studium bis zum Abschluss durch und half meinen Eltern, ihre Unternehmen zu verkaufen.
Danach begann ich, im Rahmen des Studiums zu reisen und mich meiner Leidenschaft, der Erforschung unterschiedlicher Sprachen, zu widmen. Durch das Studium von Literatur und Sprachwissenschaft kam ich in Kontakt mit unterschiedlichen Ländern und Mentalitäten, die meinen Durst nach Wissen und Freiheit stillten.

Die unterschiedlichsten Zufälle, manchmal auch ungünstige Fügungen, die man im Nachhinein als Geschenk betrachten kann, halfen mir, mich selbst zu finden.
Seitdem ich auf die Fragen „Wer bin ich? Was beeinflusst mein Handeln, mein Fühlen, mein Denken?" fokussiert war, bekam ich immer wieder Hinweise, die mich zu meinem Weg führten.
Wenn wir glauben, dass unsere Zukunft klar vor uns liege, so werden wir aufgrund solcher Hinweise im eigenen Alltag überrascht erkennen, dass das „Morgen" in Wirklichkeit ein unbeschriebenes Blatt ist.
Lange Zeit dachte ich, meine Arbeit in der Sprachforschung sei für mich die richtige berufliche Entscheidung. Durch merkwürdige Ereignisse und klärende Träume erkannte ich jedoch, dass mein Weg woandershin führte. Die zwanzig Jahre, die ich mit dem Praktizieren von Meditation, Kampfkunst und Shiatsu verbrachte, und der wertvolle Austausch mit den Teilnehmerinnen und Teilnehmern meiner Trainings und Seminare motivierten mich dazu, therapeutische Ausbildungen zu beginnen und vermehrt mit Menschen zu arbeiten.
Mit der Lebensentscheidung, Autorin, Journalistin, Trainerin und Körpertherapeutin zu werden, antwortete ich auf das innere Bedürfnis, andere ein Stück des Weges zu ihrer Authentizität zu begleiten.
Diese Entscheidung machte mich zu dem, was ich jetzt bin und was ich tue, und meine Erfahrung daraus bildet die Basis für den Inhalt dieses Buches.
Es geht bei diesem Buch darum, Schritt für Schritt zu unserem innersten Kern vorzudringen.

Wenn wir uns Gedanken über Beziehungen machen – gleichgültig, ob es sich dabei um Freundschaften, Partnerschaften, Eltern-Kind-Beziehungen oder Arbeitsbeziehungen handelt – erkennen wir, dass diese lebensnotwendig sind. Sie sind Nahrung für unsere Seele.

Wir können glückliche Beziehungen führen, wenn wir emotional selbständig sind. Es ist unrealistisch, zu versuchen, Glücksrezepte für jegliche Form der Beziehung, wie zum Beispiel der zwischen Mutter und Kind oder in der Partnerschaft sowie im beruflichen Umfeld, zu finden. Erfüllte Beziehungen gründen auf einem ehrlichen, bewussten zwischenmenschlichen Austausch. Dies zu erreichen verlangt Geduld, Mut und die Lust, sich selbst zu entdecken und endlich erfüllte Beziehungen ohne Machtspiele oder alte Drehbücher zu leben.

Die hier vorgestellten Werkzeuge wurden in zwölf Jahren Arbeit als Trainerin vielfach in der Praxis erprobt und nach bestem Wissen und Gewissen zusammengestellt und weitergegeben. Die Beispiele, die in diesem Buch erzählt werden, sind wahre Lebenserfahrungen.

Im **Praxisteil** finden sich Übungen, die nach Themen geordnet sind. Diese dienen dazu, Inhalte und Erkenntnisse, die man beim Lesen erworben hat, zu integrieren und bewusst Heilungs- und Veränderungsimpulse zu aktivieren.
Es ist empfehlenswert, dass Sie zunächst den theoretischen Teil des Buches durchlesen und dann fühlen, welche Themen Sie am meisten berührt haben. Es macht Sinn, diese Themen für sich aufzulisten, um danach bewusst mit ihnen zu arbeiten. Sie können aber auch zuerst alle Übungen durchlesen und danach jene durchführen, die Sie ansprechen. Eine weitere Möglichkeit ist, die **zielorientierten Übungsprogramme** durchzulesen und nach diesen Ihr eigenes Programm zusammenzustellen.

Ich empfehle Ihnen, mit diesem Buch intuitiv zu arbeiten und in der Zeit, wenn Sie sich diesen Seiten widmen, auf ihre aktuellen Bedürfnisse zu achten. Sie können sich auch anhand des Inhaltsverzeichnisses daran orientieren, wonach ihre Seele im Augenblick verlangt.

Es ist sinnvoll, sich beim Lesen des Buches Zeit zu lassen, damit die Lektüre und die Durchführung der Übungen ihre heilsame Wirkung entfalten können.
Immer wieder werden unterschiedliche Seiten dieses Buches Sie berühren, die die aktuellen Herausforderungen Ihrer persönlichen Entwicklung spiegeln.

Um die wichtigen Inhalte zu betonen und verständlicher zu machen, werden einige Zusammenhänge bewusst an mehreren Stellen des Buches wiederholt. Das Buch wurde in gleicher Wertschätzung für beide Geschlechter geschrieben. Um die Satzmelodie und den Textfluss angenehmer zu machen, wurden die gendergerechten Schreibweisen nicht berücksichtigt.

Ich hoffe, Ihr Interesse geweckt zu haben, und wünsche Ihnen viel Freude beim Lesen, Erinnern und Nachdenken.

Begriffserklärung

Archetypus

Die Archetypen, die im Unterbewusstsein verankert sind, entsprechen Grundstrukturen der Seele und sind im kollektiven Unbewussten gespeichert. Das tiefenpsychologische Konzept des Begriffs geht zurück auf den Schweizer Psychiater und Psychologen Carl Gustav Jung: „Der Archetypus stellt wesentlich einen unbewussten Inhalt dar, welcher durch seine Bewusstwerdung und das Wahrgenommensein verändert wird, und zwar im Sinne des jeweilgen individuellen Bewusstseins, in welchem er auftaucht." [1]

Archetypen sind Urbilder, die die ganze Menschheitsentwicklung begleiten. Es handelt sich um dynamische Prozesse, die seelische Aufgaben, Persönlichkeitsstrukturen und Naturvorgänge wie Geburt und Tod, den Reifungsprozess des Menschen und vieles andere mehr beschreiben.

Der Archetypus als Urprinzip ist unanschaulich und unbewusst. Seine Wirkung ist aber über archetypische Bilder erfahrbar. Durch Assoziation lässt das archetypische Bild die Wirkung des Archetypus, der ihm zu Grunde liegt, erfahren.

Ein archetypisches Symbol zeichnet sich dadurch aus, dass es ein mehrdeutiges Gebilde ist, welches Assoziationen zu geistigen Ideen auslöst, beispielsweise das Kind, der Krieger, der Wanderer, der Beschützer, Feuer, ein Fluss, ein See. Diesbezüglich gibt es Grundassoziationen, die sich in vielen Kulturen stark ähneln und das kollektive Element des archetypischen Symbols ausmachen.

Empathie

Unter Empathie wird die Fähigkeit verstanden, sich in andere Menschen einzufühlen und aus ihrer Perspektive zu erleben, was sie verbal oder nonverbal mitteilen.

Glaubenssatz
Als Glaubenssatz wird eine tief sitzende Überzeugung über sich selbst, die Mitmenschen und das Umfeld bezeichnet. Jene Glaubenssätze, welche in diesem Buch analysiert werden, sind tief. Sie können als Ideen wahrgenommen werden, die unsere Einstellung zum Leben prägen. Sie sind uns meistens nicht bewusst. Man unterscheidet zwischen einschränkenden und unterstützenden Glaubenssätzen.

Innerer Beobachter
Jeder Mensch ist „Beobachter/Schöpfer" seiner frühkindlichen, traumatischen Erfahrungen. Bilder dieser Traumata werden als Wahrheit verinnerlicht und auf die Gegenwart projiziert. Der Beobachter einer inneren Erfahrung ist gleichzeitig auch Beteiligter an der inneren, subjektiven Erschaffung genau dieser Erfahrung. Wenn man emotional, verbal oder in anderer Weise „automatisch" reagiert, erfährt man möglicherweise einen hypnotischen Trancezustand des traumatisierten inneren Kindes.
Diese Sichtweise stützt sich auf Ansätze aus der Quantenpsychologie des US-amerikanischen Psychologen Stephen Wolinsky.

Inneres Kind
Für gewöhnlich stellt das innere Kind ein Modell der inneren Erlebniswelt dar. Es symbolisiert die in uns gespeicherten Gefühle, Erinnerungen und Erfahrungen aus der Kindheit. Das innere Kind wird in diesem Buch nicht nur, wie sonst in vielen populärwissenschaftlichen Darstellungen üblich, als das ungelebte Potenzial an Freude, Spontanität, Lebendigkeit und Ausdruck der ureigenen schöpferischen Kraft dargestellt, sondern auch mit den Überlebenshilfen, die man in der Kindheit entwickelt, in Verbindung gebracht.

Reaktionsmuster
Unter einem Reaktionsmuster verstehen wir die automatisierte Reaktion auf eine emotionale Verletzung.

Das aktive Reaktionsmuster beschreibt die Reaktion einer Person auf eine emotionale Verletzung, die sich zurückzieht und von der Meinung überzeugt ist, nichts und niemanden zu brauchen und alles allein zu schaffen.

Das passive Reaktionsmuster ist jene Reaktion auf eine emotionale Verletzung, in der die Person zur Meinung neigt, dass andere für ihr Glück und die Erfüllung ihrer Bedürfnisse zuständig sind.

Projektion
Durch die Schattenprojektion werden unangenehme Aspekte der eigenen Persönlichkeit auf andere Menschen übertragen.

Trancezustand
Trancezustände sind tief sitzende Schutz- und Reaktionsmechanismen, die entwickelt werden, wenn das Kind sich in einer Situation befindet, die es auf emotionaler Ebene überfordert. Diese verinnerlichten Reaktionen versetzen den Erwachsenen in eine Trance, wodurch er auf die Gegenwart mit dem verinnerlichten Kindheitsmuster reagiert.

Verhaltensmuster
Unter einem Verhaltensmuster versteht man eine Verhaltensweise, die verinnerlicht wurde und sich immer auf dieselbe Art und Weise manifestiert, auch wenn die gegenwärtige Situation kaum etwas mit jener zu tun hat, in der das Verhalten entwickelt worden ist. Diese Verhaltensweisen sind oft so automatisiert, dass die Person selbst sie kaum erkennt.

> Wenn die Liebe euch ruft, folgt ihr,
> Auch wenn ihre Pfade beschwerlich und steil sind.
> Und wenn ihre Schwingen euch umfangen, gebt euch ihr hin,
> Auch wenn das Schwert zwischen ihren Fittichen euch verwunden mag.
> Und spricht sie zu euch, schenkt ihr Glauben,
> Auch wenn ihre Stimme eure Träume zerschlagen mag, so wie der Nordwind den Garten verwüstet.
> Denn so wie die Liebe euch krönt, wird sie euch kreuzigen. So wie sie euer Wachstum befördert, stutzt sie auch euren Wildwuchs.
> Ebenso wie sie zu euren Gipfeln emporsteigt und eure zartesten Zweige liebkost, die im Sonnenlicht zittern,
> Wird sie zu euren Wurzeln hinabsteigen und sie erschüttern in ihrem Erdverhaftetsein. (...)
>
> All das wird die Liebe euch antun, damit ihr die Geheimnisse eures Herzens erkennt und in diesem Erkennen zu einem Bruchteil vom Herzen des Lebens werdet. (...)
>
> Die Liebe wünscht nichts, als sich selbst zu erfüllen.
> Doch wenn ihr liebt und Wünsche haben müsst, dann wünscht euch dies:
> Zu zerschmelzen und gleich einem rauschenden Wasser zu werden, das der Nacht seine Weise singt.
> Die Qual zu großer Zärtlichkeit kennen zu lernen.
> Verwundet zu werden von eurem eignen Verständnis der Liebe;
> Und bereitwillig und freudig zu bluten.
> Im Morgengrau mit einem Lerchen-Herzen aufzuwachen und für einen neuen Tag des Liebens Dank zu sagen;
> In der Mittagszeit zu rasten und dem Entzücken der Liebe nachzusinnen;
> Am Abend dankbar heimzukehren;
> Und dann einzuschlafen mit einem Gebet für den Geliebten im Herzen und einem Lobgesang auf den Lippen.
>
> aus „Der Prophet" von Khalil Gibran S. 14ff.

1
Wie emotionale Verletzungen entstehen

„Ich funktioniere gut"

Wir handeln in unserem Leben meist nach gesellschaftlich anerkannten Werten und bewältigen den Alltag getrieben von Prägungen und vorgegebenen Lebensrhythmen, in denen es kaum Platz für Individualität gibt.

Menschen, die „gut funktionieren", sind leichter zu lenken und erhalten vorbehaltlos einen Platz in der Gesellschaft. Personen hingegen, die ihr Leben individuell gestalten, sind schwerer zu führen, da sie nicht nach Vorschrift, sondern nach Gefühl handeln. Spontanität und Lebensfreude werden auf diese Weise nicht vom Funktionieren verschluckt.

Optimal ist es, wenn der Balanceakt vollbracht wird, beiden Aspekten – sich selbst treu zu sein und der Pflicht, die man anderen gegenüber hat – gleichermaßen gerecht zu werden. Die meisten von uns trennen sich jedoch von ihren Empfindungen und Wünschen.

Im Laufe der Jahre verinnerlichen wir unbemerkt Stereotypen sowie verschiedene Masken und Rollen, die quasi mechanisch in die eigene Persönlichkeit integriert werden. Wir erkennen sie nicht, aber sie fungieren als unsere Schatten. Dadurch entsteht um unser Inneres eine

Art enges Kleid, in das wir durch die Gesellschaft „eingenäht" werden und in das wir uns selbst noch tiefer „verstricken". Irgendwann wird es immer enger und schwerer; sein Gewicht tragen wir stets mit. Zusätzlich erhält dieses Kleid auch noch eine Schleppe, die unablässig wächst und aus all den Dingen besteht, die „noch erledigt werden müssen" oder „noch in Angriff genommen werden sollten".
Oft wird all das, was die anderen tun, unbewusst zu unseren eigenen Wünschen und Lebensträumen. Dadurch leben wir unser Naturell nur teilweise aus. Anstatt die Existenz nach eigenen Wünschen zu gestalten, befinden wir uns im übertragenen Sinne auf einer Bühne, rezitieren genormte Texte und spielen vorgegebene Rollen.

Folgende Aussage einer Teilnehmerin aus einem Achtsamkeitstraining veranschaulicht das Gefühl innerer Zerrissenheit auf eindringliche Art und Weise: „Zwar bin ich Mutter, Tochter, Therapeutin, Lehrerin, Freundin, Geliebte, Exfrau, Putzfrau, Köchin, Autofahrerin und Steuerzahlerin, aber wer ich bin, das weiß ich nicht. Ich habe den Zugang zu meiner Lebensfreude verloren."

Wo bleibt unsere authentische Liebesfähigkeit?

Die Liebe scheut keine Fesseln und nährt den Boden für gegenseitig gewährte Freiheit und das einander geschenkte Vertrauen. Wenn Liebe tiefe Wurzeln besitzt, die bis zur inneren Mitte reichen, dann nimmt man den anderen an, wie er ist, und versucht nicht mehr, ihn zu verändern.
Jede Persönlichkeit ist dynamisch, entwicklungsfähig und von Natur aus lern- und anpassungsfähig. Aber eingebettet zwischen Funktionieren und Entsprechen verlieren wir – oft schon als Kind – die Verbindung zur inneren Wahrheit und leben Tag für Tag von außen bestimmt.

Wir werden von einem idealen Selbstbild getrieben, äußeren, standardisierten Vorstellungen zu entsprechen. Dadurch verliert man an Authentizität und unsere Beziehungen werden oberflächlich. Jeder Mensch strebt danach, akzeptiert zu werden, und möchte vermeiden, dass die anderen gewisse Seiten seiner Persönlichkeit entdecken, die aufgrund der Erziehung und des allgemein gültigen Wertesystems als negativ betrachtet werden.
Unbewusst verhüllt man sich, um das wahre Sein nicht offenlegen zu müssen. Wer sich zu sehr verstellt und seine Einzigartigkeit negiert, verliert den Zugang zu seinem inneren Kern und dadurch auch zur eigenen Liebesfähigkeit.

Die Anpassung und die Angst vor Ablehnung, Abwertung oder Kritik schränken den authentischen Selbstausdruck und die Liebesfähigkeit eines Menschen ein.
Das individuelle Verhalten und die persönliche Denkweise werden einerseits von gesellschaftlichen Konventionen und Richtlinien bestimmt und andererseits werden sie schon davor maßgeblich von den emotionalen Verletzungen geprägt, die in der Kindheit und sogar schon im Mutterleib entstehen können.

Die pränatale Phase prägt die Beziehungsfähigkeit

Die erste Person, die zu uns Verbindung aufnimmt, ist die eigene Mutter, welche uns im Idealfall von Anfang an liebt, also von dem Augenblick an, an dem sie wahrnimmt, schwanger zu sein.
In den letzten Jahren ist das Interesse der Wissenschaft an der Entwicklung des Fötus in der Schwangerschaft stetig gestiegen. Im Bereich der Embryologie, einem Teilgebiet der Medizin, das sich mit der Entstehung und Entwicklung des Lebens im Mutterleib und der pränatalen (vorgeburtlichen) Psychologie befasst, arbeiten immer mehr internationale Forscher und Therapeuten.

Die Ergebnisse ihrer Untersuchungen im psychologischen und medizinischen Bereich lassen uns immer stärker über die Komplexität des pränatalen Lebens staunen.

Die Mutter nimmt während der Schwangerschaft das Kind sehr deutlich wahr und spürt, wie der Fötus mit ihr kommuniziert. Sie fühlt sich, wie viele schwangere Frauen berichten, mit dem Kind in einer vollkommenen empathischen Verbindung.

Unsere Art und Weise, dem Leben zu begegnen, und unsere Beziehungsfähigkeit werden mit hoher Wahrscheinlichkeit durch die Erfahrungen, die wir in der pränatalen Phase im Mutterleib machen, beeinflusst.

Die Erkenntnisse einer erfolgreichen 35-jährigen Geschäftsfrau scheinen diese Aussage zu bestätigen. Bei einem meiner Meditationsseminare erzählte sie, dass sie gerne weniger arbeiten würde und mehr Zeit für Privatleben und Familie hätte. Sie empfand aber gleichzeitig einen enormen Drang, immer weiterzuarbeiten, die eigene Firma auszubauen und Erfolgserlebnisse zu erzielen. Sie besuchte das Seminar in der Hoffnung, dieses Problem zu lösen, und erzählte, dass Arbeit jener Bereich im Leben sei, der ihr am meisten Zufriedenheit, Sicherheit und Kraft gebe. Sie sprach und bewegte sich mit eckigen Bewegungen und drückte sich in präzisen, kurzen Sätzen aus. In den letzten Jahren hätte sie, wie sie erzählte, sehr mit sich selbst gekämpft und wollte lernen, entspannter und freier zu sein. Besonders bemerkenswert an ihrer Geschichte ist, dass sie trotz finanzieller Sicherheit immer von finanziellen (Existenz-)Ängsten geplagt war. Am gebrochenen Tonfall ihrer Stimme während des Erzählens konnte man erkennen, wie tief ihr Schmerz saß. Sie klang müde, verzweifelt und ratlos.

An diesem Tag führten wir eine innere Reise zur pränatalen Phase und zur Geburt durch. Während der Reise war sie sehr konzentriert, bis ihr plötzlich Tränen über die Wangen liefen. Sie war traurig und gleichzeitig gelöst.

In der Pause erzählte sie, dass ihr durch die Meditation über die pränatale Phase bewusst geworden war, dass ihre Mutter immer gearbeitet hatte. Ihre Mutter war eine energische, strenge, androgyne Frau, für die die Arbeit oberste Priorität gehabt hatte. Durch die Bilder, die aufgetaucht waren, wurde ihr klar, dass sie dasselbe Verhaltensmuster weiterlebte und den Stress bereits im Mutterleib erfahren hatte.

Zwei Monate später schrieb sie ein E-Mail, in dem sie mir mitteilte, wie sie nach dieser Erkenntnis durch regelmäßige Meditationspraxis die Möglichkeit gefunden hatte, aus ihrem inneren Druck auszusteigen, um einen eigenen Lebensrhythmus zwischen Arbeit und Genießen zu finden. Auch sprach sie mit ihrer Mutter und diese bestätigte ihr, dass sie in der Schwangerschaft sehr unter Stress gestanden war und bis wenige Stunden vor der Geburt, trotz aller Bemühungen, nicht aufhören konnte zu arbeiten.

Folgender Auszug aus dem beachtenswerten Buch *Das Geheimnis der ersten neun Monate* von Gerald Hüther und Inge Krens veranschaulicht, wie der Fötus im Mutterleib in der Lage ist, zu empfinden:

„Zum Beispiel ein sechs Monate alter Fötus: Da begegnet uns im Ultraschallbild ein kleines Kind, das zweifellos sehr menschlich aussieht und sich auch entsprechend verhält. Manchmal schwebt es friedlich im Fruchtwasser und lässt sich von den gleichmäßigen Gehbewegungen der Mutter in den Schlaf schaukeln. Manchmal schlägt es Purzelbäume und bewegt sich aufgeregt in der Gebärmutter hin und her. Wenn ihm etwas nicht gefällt, tritt es vehement gegen die Gebärmutterwand; wenn es sich bedroht fühlt, verzieht es sich in die hinterste Ecke. Es kann die Stirn runzeln, sich die Augen reiben und sich bei einem lauten Geräusch erschreckt zusammenziehen. Manchmal hat es Schluckauf, muss gähnen, es kratzt sich oder schluckt sichtbar Fruchtwasser. Schon jetzt saugt es genüsslich an seinem Daumen, seinen Füßen oder Zehen. Es spielt mit der Nabelschnur und berührt die Plazenta. Es übt Atembewegungen, wobei sich sein kleiner Brustkorb hebt und senkt. Und es reagiert auf die Gefühlszustände der Mutter: Wenn sie aufgeregt ist, ist es auch aufgeregt.

Beruhigt sie sich, entspannt es sich auch. Wenn sie raucht, raucht es mit. Wenn sie Alkohol trinkt, nimmt auch das Kind Alkohol zu sich. Zwillinge reagieren ganz offenkundig auf die Anwesenheit ihres Geschwisters. Wenn man sie beobachtet, gewinnt man den Eindruck, dass sie eine ganz eigene Beziehung zueinander aufbauen: Manchmal scheinen sie miteinander zu spielen, suchen auf zärtliche Weise Körperkontakt zueinander, manchmal meiden sie einander oder halten sich den anderen mit einem kräftigen Tritt vom Leibe. Auffällig ist auch, dass das Verhalten der Zwillinge, auch wenn sie eineiig und daher mit demselben Genmaterial ausgestattet sind, alles andere als ‚gleich' ist; so sieht man aktive, ‚kontaktfreudige' Kinder zusammen mit einem Geschwister, das sich kaum bewegt, Abstand sucht und ganz offensichtlich ‚seine Ruhe haben will'. Mithilfe der dreidimensionalen Ultraschalltechnik (...) ist sogar zu beobachten, dass das Kind ab der 26. Woche lächeln kann (...). Und man sieht Föten, die zwar nicht hörbar weinen, denn dazu bräuchten sie Luft, aber sie zeigen dieselbe Mimik wie ein weinendes Kind." [2]

Für die Mutter sind diese Veränderungen von Anfang an durch ihren eigenen Körper wahrnehmbar. Für den Vater manifestiert sich dieser Wandel erst in weiterer Folge, je nachdem, wie viel Empathie er für den Zustand seiner Partnerin aufwendet und wie viel Verbindung er zum Kind im Unterleib der Mutter spürt, wenn er zum Beispiel ihren Bauch berührt und versucht, einen symbolischen Dialog mit dem Kind zu führen. So betrachtet, haben wir also eine Beziehung zu unseren Eltern, schon lange bevor sie uns in ihren Armen halten können. Es ist erkenntnisreich, sich mit dem vorgeburtlichen Leben auseinanderzusetzen.

Möglicherweise werden das seelische Geschehen und die Beziehungskompetenz auch von unseren vorgeburtlichen Erfahrungen geprägt. Die Gefühle der Mutter, die Qualität ihrer Beziehung zum Vater des Kindes und die äußeren Umstände der Schwangerschaft können die tiefe Geborgenheit, die man im mütterlichen Leib erfahren sollte, beeinträchtigen. Dadurch verflüchtigt sich unter widrigen Umständen das Gefühl des Urvertrauens, das die unabdingbare Voraussetzung für unsere Liebesfähigkeit ist.

Die deutsche Psychotherapeutin Bettina Alberti beschreibt auf prägnante Art und Weise den Zusammenhang zwischen vorgeburtlichen Erfahrungen und späterer seelischer Entwicklung, besonders in Bezug auf die Beziehungsfähigkeit, in ihrem Buch *Die Seele fühlt von Anfang an: Wie pränatale Erfahrungen unsere Beziehungsfähigkeit prägen*. „Das vorgeburtliche Kind ist dabei vielen unterschiedlichen Erfahrungen ausgesetzt. Es kommt nicht als unbeschriebenes Blatt, sondern als ein kleiner Mensch mit einer neunmonatigen Erfahrungsgeschichte und dem Erlebnis der Geburt auf die Welt. Diese Erlebnisse vollziehen sich in seelischer Verbindung zur Mutter und deren Verbindungswegen zur Außenwelt. Die Gefühle der Mutter, ihre Freude, Trauer, Angst und Zuversicht, werden vom vorgeburtlichen Kind beispielsweise durch Spüren des Herzschlags und durch hormonelle Veränderungen im Blutkreislauf miterlebt. Es gibt einen beständigen Gefühlsaustausch zwischen den beiden, der sich in der Säuglingszeit und Kleinkindphase fortsetzt. Kleine Kinder reagieren sehr sensibel auf die Stimmungen der Mutter. Sie fühlen sie sofort und richten sich danach. Sie sind ihnen auch ausgeliefert und können sich eine Abgrenzung, wie im späteren Alter, noch nicht leisten. Wie es der Mutter geht, kann ein Kind nicht unberührt lassen. Das ist ein Grund, warum die Beziehung zur Mutter so viel Bedeutung und Macht bekommt, im unterstützenden wie im hemmenden Sinn. Auch Erwachsene fühlen dies." [3]

In dieser Hinsicht kann es hilfreich sein, in der Familie nachzuforschen, wie sich die Situation für die Mutter in der Schwangerschaft gestaltete und welche Einstellung die einzelnen Familienmitglieder zu dieser Schwangerschaft hatten. Häufig sind die Erzählungen der anderen verwirrend und gegensätzlich. Die Erfahrung lehrt aber, dass man sich auf das eigene Gefühl verlassen kann. Durch die Integration dieser Zeit in die eigene Lebensgeschichte kann man Verständnis für die eigenen Wurzeln gewinnen, sich damit aussöhnen und Kraft aus dem Ursprung schöpfen.

Sehr wichtig und prägend ist, in welchem Ausmaß die Mutter das Kind in ihrem Leben willkommen heißen kann und wie sehr sie sich mit ihm verbunden fühlt. Diese Aspekte beeinflussen die Beziehungskompetenz eines Menschen und die Art, wie er dem Leben begegnet. Wenn die Mutter die pränatale Erfahrung ohne ein positives Gefühl des Willkommenseins für ihr Kind erlebt, hinterlässt das tiefe Spuren. Oft sind Menschen mit dieser Erfahrung in Beziehungen sehr vorsichtig, haben Angst, den anderen zur Last zu fallen und wollen niemanden stören. Dies schildert auch die folgende Geschichte:

Bei einem Meditationsseminar erzählte eine 28-jährige Frau, die sehr kommunikativ und selbstbewusst wirkte, ihre berührende Befreiung von einem hartnäckigen Lebensmuster.
Ärzte hatten bei ihrer Mutter Unterleibskrebs diagnostiziert und ihr gesagt, dass sie niemals ein Kind bekommen werde. Überraschenderweise wurde sie dennoch mit 37 Jahren schwanger und bemerkte es erst im fünften Monat.
Als sie sich mit dem Gedanken, als alleinstehende Frau ein Kind zu bekommen, auseinandersetzte, verfiel sie in tiefe, depressive Verstimmungen und Ängste. Sie konnte sich mit dem Mutterwerden nicht aussöhnen und hatte eine ablehnende Haltung dem Baby gegenüber. Die Teilnehmerin des Seminars erzählte, wie sie als Kind, da die Mutter ihre volle Berufstätigkeit schnell wieder aufnahm, in verschiedensten Einrichtungen und Tagesheimstätten betreut wurde.

Ihre Mutter war immer emotional abwesend. Die junge Frau hatte ihr Leben lang das Gefühl, zu stören und sich nicht aufdrängen zu wollen. Sie hatte nie die Erfahrung des Willkommenseins erlebt und konnte sich auch nicht selbst das Gefühl vermitteln. Sie erzählte, wie sie schon als Kind davon träumte, ihre Mutter zu verlassen. Mit 18 traf sie einen 30-jährigen Mann, der ihr das Gefühl gab, sie sei das Wichtigste auf der Welt. Begeistert und fast hypnotisiert von diesem Gefühl, entschloss sie sich, mit ihm zusammenzuziehen. Sie verbrachte einige Jahre in vollkommener Abhängigkeit von ihrem

Lebensgefährten und konnte weder den Tätigkeiten noch den Bedürfnissen, die ihrem Alter gemäß waren, nachgehen.

Nach einem Unfall wurde ihr klar, dass sie diese Art von Leben nicht mehr ertragen konnte. Sie war zu lange in der Beziehung geblieben in der Hoffnung, das anfängliche Gefühl des Wahrgenommenwerdens und des Gewolltseins wiederzuerleben. Sie erkannte durch die lange Zeit, die sie im Krankenbett verbringen musste, dass sie auf der vergeblichen Suche nach jemandem war, der sie annehmen, lieben, versorgen und ihr das Gefühl des Willkommenseins geben könnte. Eine Aufgabe, die niemand zu erfüllen vermag. In der Zeit danach begann sie, sich schrittweise wieder um sich selbst zu kümmern. Ihr Geschenk an sich selbst war die Selbständigkeit und die Freiheit, sich selbst an erster Stelle zu sehen.

Der darauffolgende, therapeutische Weg gab ihr die Werkzeuge, sich selbst zu finden und zu lieben. Sie erkannte, dass sie eine eigene Lebensberechtigung hatte, auch wenn ihre Mutter ihr von Lebensbeginn an keine sichere Bindung schenken konnte.

Strahlend erzählte sie beim Seminar, dass sie aufgehört hatte, auf jemanden zu warten, der sie versorgt und lieb hat. Nach dieser Erkenntnis entdeckte sie Tag für Tag ihr Leben, ihre Möglichkeiten und Besonderheiten immer wieder neu. Sie konnte jetzt Gefühle der Wärme und der Zuneigung anderer Menschen ihr gegenüber akzeptieren.

Die Sehnsucht nach Liebe und Verbundenheit

Durch die Geburt wird man zur Eigenständigkeit gezwungen – man muss lernen, selbst zu atmen und aktiv Nahrung aufzunehmen. Die erste einschneidende Erfahrung ist das Geborenwerden, also die Trennung vom Mutterkörper.

Wenn Kinder durch das Tor der Geburt das Licht begrüßen, sehnen sie sich nach jemandem, der ihnen in diesem Augenblick und in weiterer Folge Liebe schenkt.

In der Vergangenheit bestand die Auffassung, es sei ausreichend, ein Kind mit Nahrung und Pflege zu versorgen. Das Natürlichste für ein Kind ist es jedoch – wie wir bei vielen traditionellen Gemeinschaften oder Bevölkerungsgruppen, die naturverbunden leben, beobachten können –, einen Großteil der Zeit von den Eltern direkt am Körper getragen zu werden, auch dann, wenn diese ihrer Arbeit nachgehen.

Jedes Kind sehnt sich seit dem ersten Augenblick des Lebens nach Zuwendung und Sicherheit. Diese Liebe äußert sich in den ersten Lebensmonaten und -jahren durch Gefühle und Wahrnehmungen, die sich auf alle Sinne erstrecken. Man entfaltet von Beginn an seine Wahrnehmungsfähigkeit über die Haut und nimmt durch die Berührung Zuwendung wahr. Die Haut erlebt bereits im Mutterleib eine konstante, warme Berührung und auch in der Folge begreift, fühlt und ertastet das Kind durch dieses Sinnesorgan, welches das größte des Menschen ist, seine Umwelt, Gegenstände und verschiedene Materialien. Das Kind kann die eigenen Grenzen erfahren, indem es berührt wird.
Umarmungen, Getragenwerden und die Stimmen der Menschen in seinem Umfeld sind grundlegende Begleiter des heranwachsenden Kindes. Durch Streicheleinheiten, bewusste Zuwendung und ausdrücklich gewidmete Zeit gewinnt das Kind Vertrauen und Offenheit. Kinder spüren intuitiv, ob Erwachsene ihre Aufmerksamkeit auf sie richten oder nicht. Sie beruhigen und freuen sich, wenn sie – auch nur für kurze Zeit – bewusste Zuneigung bekommen. Wenn wir die Gegenwart bewusst mit ihnen teilen können, ist ihr „Liebesspeicher" eine Zeit lang aufgefüllt. Sie ruhen dann in sich und können sich allein beschäftigen. Für Kinder ist nicht nur die Quantität unserer Zeit wichtig, sondern auch die Qualität und wie aufmerksam wir ihnen gegenüber sind.

Der Blick eines Kindes wie auch sein Verhalten spiegeln oft die Grundeinstellung seines Familiensystems zum Leben wider. Die Lebendigkeit eines Kindes, die Vitalität in seinen Augen oder im Ge-

genzug der Schleier der Traurigkeit und der Schwere drücken deutlicher als jede verbale Erklärung aus, welchen Einfluss das Umfeld auf ein Kind hat.

Kinder befinden sich oft in einem Loyalitätskonflikt zwischen Traditionen und Werten, die sie von Eltern, Familiensystem und weiteren Vorbildern erhalten haben, und dem inneren, natürlichen Impuls, ihre Identität zu entfalten. Sie tendieren dazu, neue Wege des Lebens zu erforschen, um eine einzigartige persönliche Weltanschauung zu entwickeln. Dieser Zwiespalt prägt auch das Erwachsenendasein.

Gerade in den ersten Lebensjahren eines Kindes entwickelt sich die faszinierende, vielschichtige und per se konfliktreiche Beziehung zwischen Kind und Eltern, die in den meisten Fällen von instinktiver Liebe, starken Gegensätzen und unzertrennlicher Zugehörigkeit geprägt ist.

Khalil Gibran beschreibt mit tiefer Weisheit und lehrreichen Metaphern das „alltägliche" Wunder der Eltern-Kinder-Beziehung:

„Eure Kinder sind nicht eure Kinder.
Sie sind die Söhne und die Töchter der Sehnsucht des Lebens nach sich selbst.
Sie kommen durch euch, doch nicht aus euch,
Und sind sie auch bei euch, gehören sie euch doch nicht.
Ihr dürft ihnen eure Liebe geben, doch nicht eure Gedanken,
Denn sie haben ihre eigenen Gedanken.
Ihren Körpern dürft ihr eine Wohnstatt bereiten,
doch nicht ihren Seelen,
Denn ihre Seelen wohnen im Haus der Zukunft, und das bleibt euch
verschlossen, selbst in euren Träumen.
Ihr dürft danach streben, ihnen ähnlich zu werden, doch versucht nicht,
sie euch ähnlich zu machen.
Denn das Leben schreitet nicht zurück, noch verweilt es beim Gestern.
Ihr seid die Bogen, von denen eure Kinder als lebendige Pfeile abgeschnellt werden.
Der Schütze sieht die Zielscheibe auf dem Pfad des Unendlichen, und Er
beugt euch mit Macht, damit Seine Pfeile umso geschwinder und weiter fliegen.

Gestattet einander Freiräume in eurem Beisammensein. Und lasst die Winde des Himmels zwischen euch tanzen.
Freut euch der Beugung, die euch die Hand des Bogenschützen aufzwingt; Denn so wie Er den flüchtigen Pfeil liebt, liebt Er auch den verharrenden Bogen." [4]

Bindungsfähigkeit

Der Kinderarzt und Psychoanalytiker John Bowlby untersuchte in den 1950er bis 1970er Jahren das Bindungsverhalten der Säuglinge und Kleinkinder zu ihrer Mutter und entwickelte eine Bindungstheorie, welche uns einen klaren Überblick über unsere Bindungsfähigkeit verschafft. Diese These erklärt, wie eng unser Bindungsverhalten im Erwachsenenalter mit der Bindung, die wir im Kleinkindalter zu unserer Mutter besaßen, zusammenhängt.

Verinnerlichte Bindungserfahrungen beeinflussen die Qualität unserer Beziehungen zu wichtigen Mitmenschen wie dem Partner, Kindern, Freunden und auch Arbeitskollegen. Die Bindungsfähigkeit sowie die Art, Beziehungen einzugehen, werden in der Forschung drei großen Bindungsstilen zugeordnet, die an die Varianten des Bindungsverhaltens von Kleinkindern erinnern.

Diese drei unterschiedlichen, von Bowlby erforschten Arten von Bindung sind:
» die sichere Bindung
» die unsichere-vermeidende Bindung
» die unsichere-ambivalente Bindung [5]

In der sicheren Bindung macht es dem Baby Spaß, sein neues Umfeld zu erkunden, und es nutzt die Mutter als sichere Ausgangsbasis für seine Expeditionen. In der unsicheren-vermeidenden Bindung sucht der Säugling den Kontakt zur Mutter nicht aktiv; außerdem gerät er, ihre Person betreffend, auch manchmal in Zorn. In der unsicheren-ambivalenten Bindung klebt das Kleinkind förmlich an der Mutter und erkundet unbekanntes Terrain nicht gerne.

Man muss jedoch beachten, dass es in Bezug auf Bindungsfähigkeit unterschiedliche Faktoren gibt, die sie beeinflussen; zum Beispiel spielt die Entwicklung unserer Beziehung zu Mutter und Vater im Laufe der Kindheit, ebenso wie spätere Erfahrungen, eine wichtige Rolle.

Es ist empfehlenswert, sich Zeit zu nehmen, um über die eigene Bindungsfähigkeit und persönliche Abhängigkeiten nachzudenken. Vor allem an den Reaktionen, die man im Fall einer Trennung an den Tag legt, erkennt man die eigene Ausformung dieser zwei Aspekte.

Folgendes Beispiel möchte veranschaulichen, wie es vielen von uns oft nach einer plötzlichen Trennung ergeht.

Eine liebenswerte Teilnehmerin im Rahmen meines Training zur Entfaltung der Weiblichkeit *Dea Nova*® erzählte ihre Erfahrung der Trennung von ihrem damaligen Lebensgefährten. Die selbstbewusste Unternehmerin, damals 38 Jahre alt, wurde plötzlich von ihrem Partner verlassen, der eine neue Arbeitsstelle in einer anderen Stadt annahm, weil er sich neue Herausforderungen wünschte. Ihre erste Reaktion bestand aus einem Schock sowie Angst und Traurigkeit. Sie fühlte sich wütend und ohnmächtig; seit der Trennung vermochte sie nur noch zu weinen. Sie verbrachte ihre Zeit damit, an ihn zu denken, wobei sie meist flammende Wut im Bauch spürte.

In den ersten acht Wochen nach der Trennung versuchte sie permanent ihn zu erreichen, wollte seine Stimme hören und erfahren, warum er sich von ihr getrennt hätte und ob es noch eine Chance für ihre Beziehung gäbe. Sie ging immer wieder den Weg entlang, auf dem er seine Joggingrunden absolvierte, und versuchte ihn zu treffen, solange er noch in der Stadt war. Sie besuchte die Lokale, in denen sie ihn vermutete. Ihre Gemütsverfassung war sehr traurig und wütend; sie war nur darauf bedacht, ihn zurückzugewinnen. So verlor sie vollkommen das Interesse an anderen Freizeitaktivitäten und auch ihr Freundeskreis wurde vernachlässigt. Durch den seelischen Schmerz verschlechterten sich außerdem ihre Leistungen am Arbeitsplatz. Nach etwa drei Monaten bemerkte sie, dass ihre Freunde und Freundinnen sie nicht mehr anriefen, da diese resigniert hatten. Sie waren zur Überzeugung gekommen, dass sie ihr keine wesentliche Unterstützung bieten konnten, ihre Traurigkeit zu überwinden.

Als sie bemerkte, dass Freunde und soziale Kontakte immer spärlicher wurden, beschloss sie, etwas zu ändern und ließ ihre zerbrochene Beziehung langsam los, um einen neuen Lebensabschnitt zu beginnen.

Anhand dieses Beispiels sehen wir, dass jene Frau zuerst gegen die Trennung protestierte. Sie verspürte keine Lebensfreude mehr und hungerte nach der alten Bindung; schlussendlich gab sie auf. Nur so fand sie die Kraft dazu, sich wieder auf sich selbst zu besinnen. Die Phasen dieses Prozesses erinnern im Ablauf an die Etappen der Trennung, die kleine Kinder erleben, wenn sie von der Mutter getrennt werden.

John Bowlby hat diesen Vorgang in seinem Buch *Trennung: Angst und Zorn* analysiert.[6] Er stellte fest, dass kleine Kinder, die über längere Zeit von ihren Bezugspersonen getrennt werden, psychische Schäden erleiden, die von chronischer Trauer bis zur völligen Apathie reichen. Kinder durchlaufen in der Trennung drei Phasen: die der Angst, die der Verzweiflung, die gepaart ist mit Wut, und schlussendlich die Phase der Gleichgültigkeit.

Am Anfang dieser Trennung waren die Kleinkinder Bowlbys Beobachtungen nach ängstlich sowie weinerlich und reagierten aktiv auf die Trennung, indem sie ihren Schmerz hinausschrien. Wenn die Mutter nicht zurückkam, resignierten sie und erlebten eine Phase der Depression und Apathie, die schließlich in Zurückgezogenheit und Gleichgültigkeit mündete. Irgendwann gelang es den Kindern, sich aus diesen Phasen zu befreien, wodurch sie in die Lage kamen, neue Bindungen mit anderen Bezugspersonen einzugehen.

In uns allen gibt es ein verletztes, bedürftiges Kind, das von den anderen noch immer erwartet, geliebt und unterstützt zu werden. Wenn wir dieses Kind noch nicht bewusst kennengelernt haben, verhalten wir uns in Beziehungen wie das Kleinkind, das von seiner Bezugsperson getrennt wird.
Die emotionalen Verletzungen und die eigene Bindungsfähigkeit zu erkennen hilft, Beziehungen mit der emotionalen Präsenz und Selbständigkeit eines Erwachsenen einzugehen.

Eltern lieben so, wie sie können

Ein Kind zu bekommen, verändert das Leben für immer. Eine Erfahrung, die uns für viele Jahre mit Verantwortung belegt sowie mit Staunen, Liebe und Angst verbindet.

Das Kind ist für die Eltern einerseits das Wichtigste, aber ihnen andererseits auch fremd, und das Leben mit ihm ist eine unbekannt Realität. Eltern versuchen aus Liebe, ihr Bestes zu geben, die Kinder so gut wie möglich zu erziehen und sie auf ihrem Lebensweg zu unterstützen. Jeder Elternteil wird im Augenblick der Übernahme der Elternrolle an seine eigene Kindheit erinnert. Alte Bilder aus dem Kindheitsgedächtnis tauchen auf und möglicherweise nehmen sich die frischgebackenen Eltern vor, ihre eigenen Kinder vollkommen anders zu behandeln, als es ihre Eltern getan haben.
Aufgrund dieses „Perfekt-sein-Wollens" und der Fokussierung darauf, keine Fehler zu machen, verdrängen sie oftmals ihre Schwächen und Schatten. Sie versuchen möglicherweise ein vorbildliches Beispiel zu sein, indem sie unbewusst Teile ihrer Persönlichkeit sowie Gewohnheiten und Wesenszüge, die sie als unangenehm und nicht förderlich empfinden, verbergen.
Meist spüren die Kinder jedoch sehr deutlich, was authentisch ist und was durch die makellose Oberfläche der scheinbaren Perfektion „verhüllt" ist. Kinder brauchen authentische Eltern, zwischen deren

Worten und Handlungen Übereinstimmung besteht. Durch die Erziehung verändern wir uns zwangsläufig, da wir auf Kosten unserer Individualität gesellschaftsfähig werden.

Häufig projizieren Eltern auch unerfüllte Wünsche und ungestillten Bedürfnisse aus ihrer Kindheit auf die eigenen Kinder und versuchen, ihnen all das zu geben, was ihnen als Kind gefehlt hat. Die meisten Eltern möchten vermeiden, dass ihre Kinder die Enttäuschungen und Schmerzen, die sie selbst in ihrer Kindheit erlebt haben, kennenlernen müssen. Aber vielleicht brauchen die eigenen Kinder ja doch etwas anderes als das, was man sich selbst damals gewünscht hat.

Es kann sich recht schwierig gestalten, eine zufriedenstellende Übereinstimmung zwischen Erziehung und Förderung des Naturells eines Menschen zu finden. Wir sind die einzigen Verantwortlichen, die im Hier und Jetzt die Entscheidung treffen können, zu wahrhaftigem Selbstausdruck zurückzukehren, um ein erfülltes Leben zu führen.

> » Wie viele Konditionierungen, Überzeugungen und Verhaltensweisen haben wir verinnerlicht?

Auf unserem Lebensweg spüren wir alle die Sehnsucht nach innerer Freiheit und Authentizität. Wer zurück zu den Wurzeln ureigener Wesensart findet und die Vergangenheit aus dieser Perspektive mit dankbarem Blick betrachtet, lebt endlich seine Einzigartigkeit.

Eltern beziehungsweise elterliche Figuren – dazu zählen auch Erziehungsberechtigte, Pflegeeltern oder Großeltern – lieben uns so gut, wie sie können, aber stets durch den Filter ihrer eigenen Verletzungen, Glaubenssätze und Verhaltensmuster. Unweigerlich sind wir verletzt, sobald wir die Botschaft erhalten, dass wir so, wie wir sind, „nicht in Ordnung" sind, und wenn wir erfahren, dass Liebe Bedingungen hat.

Die schweizerische Autorin und Psychoanalytikerin Alice Miller beschreibt mit tief gehenden Worten die Verbindung zwischen Eltern und Kindern:
„Jeder Mensch hat wohl in sich eine mehr oder weniger vor sich selbst verborgene Kammer, in der sich die Requisiten seines Kindheitsdramas befinden. Vielleicht ist es sein geheimer Wahn, seine geheime Perversion oder ganz schlicht der unbewältigte Teil seines Kinderleidens. Die einzigen Menschen, die mit Sicherheit Zutritt zu dieser Kammer bekommen werden, sind seine Kinder. Mit den eigenen Kindern kommt neues Leben in die Kammer, das Drama erfährt seine Fortsetzung. Allein – das Kind hatte keine Möglichkeit, mit diesen Requisiten frei zu spielen, seine Rolle verschmolz ihn mit dem Leben; es konnte auch keine Erinnerung an dieses Spiel in sein späteres Leben hinüberretten, es sei denn durch seine unbewusste Wiederholung in einer Analyse, wo ihm seine Rolle zur Frage werden kann." [7]

Das Korsett der Erziehung schnürt unsere natürlichen Charakterzüge oft bis zu dem Tag ein, an dem wir erkennen, dass uns etwas fehlt. Wir bemerken, dass tief in uns Seiten schlummern, die gelebt werden wollen und ein Ausdruck unterdrückter Lebendigkeit sind. Es liegt in der Natur des Erwachsenwerdens, die Herausforderung anzunehmen, die das Entdecken der eigenen Individualität darstellt. Wir rebellieren in jungen Jahren, um uns selbst zu finden und unsere persönliche Geschichte in der Fortentwicklung des Familiensystems zu klären und um letztendlich Fortschritte in unserer eigenen Entwicklung und in der eigenen Ursprungsfamilie zu bewirken.

Wie emotionale Verletzungen entstehen

Von Beginn an entwickelt man Reaktionen auf das Umfeld, in dem man lebt, und macht oft schmerzhafte Erfahrungen. Dabei handelt es sich um Erlebnisse, auf die wir mit dem Gefühl der Machtlosigkeit und Hilflosigkeit reagieren.

Man versucht Erfahrungen, die man nicht integrieren kann, von sich zu schieben und einen Schutz davor aufzubauen. Emotionale Verletzungen entstehen manchmal in der pränatalen Phase, meist in der frühen Kindheit durch erste Erfahrungen in Beziehungen oder durch traumatische Erlebnisse (Tod, Scheidung, Unfall, plötzliche Veränderung, Trennung, Krankheit etc.). In diesen Situationen entwickelt man automatisierte Reaktionsmuster, die den Zweck haben, das Kind zu unterstützen und zu schützen.

Durch meine Beobachtung im Rahmen von Seminaren und Trainings konnte ich feststellen, dass es durch eine emotionale Verletzung zum inneren Bruch und zu einer Art emotionalem Standby kommt. Der Schmerz und die Emotionen, die wir durch das Verletztwerden empfunden haben, werden auf unbewusster Ebene abgespeichert. Demzufolge entstehen zwei gegensätzliche Tendenzen: Einerseits sehnt man sich nach wie vor danach, geliebt und anerkannt zu werden, weshalb man sich öffnet und mit anderen in Beziehung tritt; anderseits neigt man dazu, sich zurückzuziehen und einen Schutzwall aufzubauen, um keinen neuerlichen Schmerz zu erfahren.

Diese Deckung besteht aus Denk- und Verhaltensmustern, die erlauben, mit Mitmenschen weiterhin in Kontakt zu kommen, und uns gleichzeitig die Möglichkeit bieten, den tief verwurzelten, emotionalen Urschmerz zu vermeiden.

Man kann diesen Vermeidungsprozess mit einer Matrjoschka (auch Babuschka) vergleichen. Diese russische Puppe besteht aus vielen ineinander verschachtelten Puppen, wobei die kleinste in der Mitte den innersten, wahren Kern eines Individuums symbolisiert. Die weiteren Schichten versinnbildlichen Schutzstrategien, die im Lauf des Lebens entstehen und die unsere Spontanität und den Mut zum Selbstausdruck verschleiern.

Um den emotionalen Schmerz zu vermeiden, beginnt man, die Tür zum Gefühlsleben zu verschließen. Man versucht, die Gefühle unter

Kontrolle zu haben, oder verdrängt sie, oft auch noch in der Annahme, eine emotional stabile Person zu sein. Wenn die Schutzmechanismen erkannt und auf emotionaler Ebene geklärt werden, erwacht das Herz aus der Versteinerung. Folgendes Beispiel schildert diesen Prozess sehr eindringlich:

In einer meiner Trainingsgruppen schlief eine sehr selbstsichere Frau, die durch eine Meditation die Versöhnung mit ihren Eltern in Gang setzen wollte, immer genau dann ein, wenn es um die Aussöhnung mit ihrem Vater ging. Eines Tages entschloss sie sich vehement dazu, wach zu bleiben und sich diesen Teil der Meditation anzuhören. Sie verfiel in einen unkontrollierten Weinanfall und war danach auf sich selbst wütend. Ihre eigene emotionale Kontrollfunktion hatte sie enttäuscht, da sie die Beherrschung über sich selbst verloren hatte.
Sie fragte sich und den Gruppenleiter, warum sie so stark auf die Versöhnung mit dem Vater reagiert habe, denn eigentlich sei sie der Meinung gewesen, alles mit ihm geklärt zu haben. Er fragte sie, wie sich die Beziehung zu ihrem Vater gestaltet habe, und sie erzählte ihm, dass er verstarb, als sie sechs Jahre alt war.
Sie vermisste ihn nicht, aber der Schmerz über seinen Tod war noch präsent. Nach dem Ereignis entschloss sie sich dazu, den Schmerz bewusst aufzulösen. Sich dessen bewusst zu werden, ermöglichte ihr, die emotionale Belastung in Offenheit und Herzlichkeit umzuwandeln, anstatt sich wegen ihrer Verlustängste in die Isolation zu flüchten wie sonst immer, wenn sie jemanden liebte.

Wenn wir bemerken, dass in uns ein tiefer Schmerz verborgen ist, sollten wir nicht zögern, uns dahingehend zu informieren und uns auch von professionellen Therapeuten begleiten zu lassen.

Alte Erinnerungen verzerren die Wahrnehmung der Gegenwart

Mit dem Symbolbild des inneren Kindes können wir genau an dem Punkt ansetzen, an dem unsere emotionalen Verletzungen entstanden sind und die Wurzeln unserer emotionalen Abhängigkeit sind. Das innere Kind ist hier als ein Symbolbild zu verstehen, das uns mit den Bewusstseinszuständen unserer Kindheit verbindet. Durch seinen Einsatz in diesem Buch und vor allem im Praxisteil können wir die entwickelten Verhaltensmuster und einschränkenden Glaubenssätze deutlich erkennen, die als Schutzmechanismen durch die emotionalen Verletzungen entstanden sind. Die Erfahrung der emotionalen Verletzungen prägt unsere Reaktion auf die Gegenwart.

Wenn ein Kind auf die Welt kommt, wünscht es sich nichts mehr, als geliebt und berührt zu werden. Meist bekommt es diese Liebe, die allerdings nur durch einen Filter zu ihm gelangt und mit einer klaren Trennung von dem, was richtig und passend oder falsch und unpassend ist, versehen ist. Das Kind entwickelt dadurch sehr früh eine Intuition, ein gewisses Gefühl für das, was richtig und was falsch ist, was zur Kultur gehört, was familiensystemisch und was gesellschaftlich bedingt ist.

Ein kleines Kind beobachtet das Verhalten seiner Eltern und daraus ergibt sich die Erkenntnis, dass es ihren Erwartungen und Bedürfnissen entsprechen sollte, um von ihnen geliebt zu werden.

Um keine Zurückweisung oder keinen Liebesentzug erfahren zu müssen, wird man oft zu dem Menschen, den die anderen sich wünschen. Aufgrund der alten Verletzungen tragen wir Erinnerungen und Muster in uns, die unsere Wahrnehmung der Gegenwart verzerren und unsere zwischenmenschlichen Beziehungen belasten.

Frei von diesen Schutzmechanismen tritt man in die Gegenwart ein und reagiert auf die gegenwärtigen Ereignisse und Begegnungen mit Offenheit und immer neuen, kreativen Lösungen.

Wir übertragen häufig ein altes Bild aus der Vergangenheit in unsere Gegenwart und auf Menschen, die uns umgeben. Dadurch verlieren wir die Verbindung zu anderen, dem gegenwärtigen Augenblick und zu unserem Entwicklungspotenzial.

Folgender Fall eines Ehepaares, das an einem Empathie- und Kommunikationstraining teilnahm, veranschaulicht diese Mechanismen:
Die ersten zwei Paar-Übungen brachten eine erleuchtende Aussage hervor. Sie sagte zu ihrem Mann: „Wenn du mit mir sprichst, habe ich das Gefühl, als ob du mit deinem Vater sprechen würdest. Wenn du in diesem Sprachfluss bist, wirfst du mir so viele Dinge vor, dass du nicht mehr zuhören kannst, und erzählst plötzlich von Umständen, die ich nicht nachvollziehen kann. Wenn du mir diese Predigt hältst, beendest du sie oft mit den Worten ‚Du bist wie mein Vater!'."
Dieser Ausspruch des Ehemannes wird häufig in Beziehungen, die sehr eng sind, verwendet. Man hat plötzlich das Gefühl, der andere ist wie einer der Elternteile, glaubt, es wiederholt sich mit dem neuen Gegenüber die alte Situation und gibt dem anderen die Schuld. Das Paar löste die Situation auf, indem der Mann sich mit dem auseinandersetzte, was er eigentlich seinem Vater sagen wollte. Das erlaubt ihm, freier und gelassener zu sein. Es erlaubt ihm auch zu erkennen, wann er das Gefühl bekommt, das Gegenüber verstehe ihn nicht und sehe nicht, wie sehr er sich bemüht.

Ein weiteres spannendes Beispiel ist das einer intelligenten, ängstlichen 28-jährigen Frau, die in Beziehungen immer wieder eine ausgeprägte Angst manifestierte, wenn ein Mann sich für sie als Frau interessierte. Immer wenn sie einen Mann traf, löste es in ihr Ängste und das Gefühl der Erstarrung aus. Sie hatte folgende Meinung als Lebensphilosophie entwickelt: „Ich brauche keinen Mann, ich habe so viele interessante Tätigkeiten in meinem Leben, dass es für mich nicht relevant ist, mit einem Mann eng verbunden zu sein. Außerdem möchte ich meine Freiheit nicht verlieren."
Das war die Meinung, die sie ständig von sich gab und im Außen vertrat. Dass sie auf jeden Mann mit diesem Automatismus reagierte, tat ihr manchmal im Nachhinein Leid. In einem Gespräch mit ihrer

Freundin wurde ihr bewusst, dass sie sich insgeheim durchaus für gewisse Männer interessierte und sich den Grund ihrer automatischen Reaktion nicht erklären konnte. Sie kam eines Tages zu einem Workshop über die Heilung des inneren Kindes mit dem Bedürfnis, eine Erklärung für diese Reaktion zu finden. Sie war jedoch so von ihrer Meinung überzeugt, für das Single-Leben geschaffen zu sein, dass es ihr schwerfiel, eine Erklärung für dieses Verhalten zu finden. In der Auseinandersetzung mit dem inneren Kind begann sie, sich mit ihren Eltern zu beschäftigen und mit der Meinung, welche jene über sie hatten. Vor allem in der Phase, in der sie auflistete, was ihre Eltern ihr als Lebensempfehlung mitgegeben hatten, erinnerte sie sich, dass ihr Vater immer zu ihr gesagt hatte: „Versuche unabhängig zu sein und selbständig zu werden, von einem Mann abhängig zu sein ist das Schlimmste, was dir widerfahren kann; schau dir meine Schwester an, sie ist unglücklich mit ihrem Mann, kann ihn aber nicht verlassen, weil sie finanziell abhängig ist."

Das war der Grund, warum sie mit Engagement studiert und einen Männerberuf ergriffen hatte, denn diese Worte waren die erste Konditionierung ihres verletzten inneren Kindes. Dann erinnerte sie sich an ihre erste Beziehung, die sie mit 19 erlebt und die ihre Meinung bestätigt hatte. Voller Hoffnung und Vertrauen begann sie sich damals zu öffnen, bis sie dahinterkam, dass sich ihr Freund auch für andere interessierte und mit mehreren Frauen gleichzeitig eine Beziehung führte. Sie war sehr enttäuscht, weil sie ein gemeinsames Leben mit ihm erwartet hatte. Aufgrund dieser Erfahrung verschloss sie zukünftig ihr Herz jedem potenziellen Partner gegenüber. Als ihr diese Tatsache bewusst geworden war, begann sich auch der Schutzmechanismus zu lockern. Sie lernte, wie sie aus dem „Programm" aussteigen konnte. Zwar war sie Männern gegenüber noch immer sehr vorsichtig, aber sie versuchte langsam zu erkennen, dass nicht alle Menschen gleich sind und dass das, was ihr widerfahren ist, nicht wieder passieren muss.

Die Drehbücher der Beziehungen wiederholen sich

Menschen schwanken oft in ihrem Verhalten zwischen erwachsenem Verhalten und Reaktionsmustern aus der Kindheit. Wenn dann bestimmte Situationen vorkommen, die ähnlich sind wie jene, in denen wir unsere emotionalen Verletzungen erlebt haben, dann wird der Erwachsene in uns vom verletzten inneren Kind durch ein automatisiertes Reaktionsmuster ersetzt, das in der gegenwärtigen Situation nicht angebracht ist. Diese Gefühle, Gedanken und Emotionen sind Erinnerungsspuren der alten Verletzungen, die wieder aufgebrochen sind.

Durch emotionale Verletzungen in der Kindheit entwickelt jeder Mensch Reaktionsmuster und Glaubenssätze, die ein Urteil über sich selbst beinhalten. Dadurch haben wir zum Beispiel das Gefühl, unattraktiv und nicht erfolgreich zu sein. Alle Glaubenssätze sind im Laufe der Zeit immer wieder bestätigt worden, indem wir wiederholt in Situationen geraten, die die alten Verletzungen ins Leben rufen. Oft erleben wir auch, dass wir durch den Filter alter Verletzungen und die dadurch entstandenen Konditionierungen immer wieder ins gleiche alte Unglück geraten sind. Die Art und Weise, wie wir als Kind das Leben im familiären Kontext erfahren haben, ist für uns ein Modell der Realität, das unsere Lebenseinstellung prägt und die Umstände unseres Lebens bestimmt. Ebenso prägend wirkt es auch auf unsere zwischenmenschlichen Beziehungen.

Das Beispiel aus einem meiner Achtsamkeits- und Entspannungsseminare *Gegenwartstraining* über die Lösung von Glaubenssätzen ist diesbezüglich erleuchtend.

Eine erfolgreiche 45-jährige Frau, die ein gutgehendes Bekleidungsgeschäft besaß, erkannte im Rahmen einer Selbsterfahrung, dass sie als Kind folgendes Muster entwickelt hatte: Sobald sie sich in ihrer Familie dumm stellte und sich als unfähig gab, kümmerte sich ihr

Vater um sie. Ihr inneres Kind hatte diese Erfahrung registriert. In beruflichen Beziehungen zu Männern bemerkte sie eine seltsame Reaktion. Im Fall einer Überforderung oder, wenn sie etwas Bestimmtes erreichen wollte, begann sie sich wie ein kleines Mädchen aufzuführen und die Männer reagierten auf ihre Hilflosigkeit mit liebevoller, väterlicher Unterstützung. Sie erreichte damit oft ihre Ziele. Es war für sie aber frustrierend zu erkennen, dass sie über diesen Mechanismus keine Kontrolle hatte. Sie erkannte auch, dass ihr im Geschäftsleben ständig Männer begegneten, die sie – ähnlich wie ihr Vater auf ihr „Sich-dumm-Stellen" – als Hilfsbedürftige behandelten. Sie fühlte sich dabei wie das verletzte, kleine, dumme, unfähige Mädchen von früher, wenn sie ihren Willen nicht durchsetzen konnte. Ein Aspekt, der im privaten Bereich, wo sie sich als erwachsene Frau wohl und sicher fühlte, nie auftauchte. Diese Einsicht und bestimmte Übungen erlaubten ihr, in solchen Situationen in der Erwachsenenrolle zu bleiben.

Im Erwachsenenleben ziehen wir oft Situationen an, die den ursprünglichen Kontext einer Verletzung wiederholen. Dadurch wird die Verwundung fast zu einem Ritual, hinter dem sich die unbewusste Absicht versteckt, heilen zu wollen.

Man wiederholt zum Beispiel Situationen aus der Vergangenheit, die von Ablehnung, Verlassenwerden und Erniedrigung geprägt waren, aus einem Mangel an Achtung sich selbst gegenüber und aus einem Defizit an Selbstbewusstsein. Wir neigen dazu, Menschen anzuziehen, die den alten Schmerz aufs Neue inszenieren, eingefärbt von den uns bereits bekannten Gefühlen.

Alte emotionale Verletzungen sind so tief verinnerlicht und verdrängt, dass uns nicht einmal auffällt, dass wir Beziehungen entwickeln, in denen sich eine bestimmte Dynamik wiederholt, die uns enttäuscht. Nach der Enttäuschung erwachen in uns vertraute Hoffnungen und wir wünschen uns, dass in der nächsten Beziehung endlich die Liebe uns ihre Tür öffnet.

Es fühlt sich so an, als ob die Zuwendung eines geliebten Menschen den alten Schmerz lindern könnte, indem man uns bestätigt, dass wir doch liebenswert sind. Durch diese Einstellung erhoffen wir uns bei jeder neuen Beziehung eine Chance zur Heilung der alten Wunden. Der Teufelskreis der Enttäuschung wird unterbrochen, wenn man mit sich selbst in Beziehung tritt, ohne andere für das eigene Glück oder die Heilung verantwortlich zu machen.

Wir können oft Menschen, die uns Liebe und Zuneigung zeigen, nicht annehmen, weil wir unbewusst der Überzeugung sind, nicht liebenswert zu sein. Man fühlt sich mehr hingezogen zu den Menschen, die unser verletztes inneres Kind und dessen Schmerz berühren. So betrachtet, geraten wir immer wieder in Beziehungskonstellationen, die uns mit den alten Drehbüchern unserer Verletzungen konfrontieren. Diese Art Wiederholungszwang beschreibt der amerikanische Therapeut John Bradshaw in seinem Buch *Das Kind in uns. Wie finde ich zu mir selbst* folgendermaßen:

„Andauernde schmerzhafte Erlebnisse prägen im Gehirn neue Bahnen, sodass mit der Zeit seine Bereitschaft immer mehr gesteigert wird, Reize als schmerzhaft zu empfinden, die andere Menschen gar nicht bemerken.

Das stützt die Theorie, dass das in der frühen Kindheit geprägte Kernmaterial wie ein übertrieben sensibler Filter wirkt, der alle späteren Erlebnisse formt. Die Störung des verletzten Kindes fällt in diese Kategorie. Wenn ein Erwachsener, in dessen Seele sich ein verletztes Kind verbirgt, eine Situation erlebt, die einem schmerzhaften Schlüsselerlebnis ähnelt, wird auch die ursprüngliche Reaktion wieder ausgelöst." [8]

Verletzungen im Beziehungsleben

Emotional selbständig zu sein bedeutet, vom Kampf- und Überlebensmodus zum Gefühl eines erfüllten Lebens zu wechseln. Wenn wir uns verletzt fühlen, wird durch die aktuelle verletzende Situation meist eine Erinnerung aus dem Gedächtnis wachgerufen, die uns in jenes vergangene Ereignis versetzt, bei dem diese Verletzung bereits erlebt wurde. In solchen Fällen werden wir auf emotionaler Ebene instabil, fühlen uns ungerecht behandelt und geben anderen die Schuld an unserem Zustand. Wenn man sich in dieser emotionalen Lage befindet, ist man kaum dazu fähig, sich als Erwachsener zu verhalten und mit dem Gegenüber konstruktiv ein Gespräch zu führen. Selten – und auch dann nur mit Mühe – können wir zugeben, dass unser Verhalten in solchen Fällen kindisch, egoistisch und zum Teil unfair ist. Solche Zustände sind ermüdend und verursachen emotionale Stürme, die von Angst, Zorn und Traurigkeit geprägt sind.

Die folgende Erfahrung veranschaulicht, wie das verletzte, innere Kind auf die Gegenwart einwirkt:

Seit fünf Jahren führte dieses Paar eine harmonische Beziehung. Sie war manchmal unzufrieden, ohne dass sie den Grund ihrer Unzufriedenheit erkennen konnte. Er hatte einen schweren Arbeitsmonat hinter sich und musste in letzter Zeit häufig bis spätabends arbeiten, da ihm seine Firma die Verantwortung für einen wichtigen Auftrag übergeben hatte und er sich durch dessen erfolgreiche Erledigung eine Beförderung erhoffte. Er konnte bereits zum dritten Mal aufgrund einer dringenden Besprechung im Büro eine Verabredung mit ihr nicht wahrnehmen. Er rief sie an, um abzusagen, entschuldigte sich und beteuerte, sehr traurig darüber zu sein, das Versprechen nicht einhalten zu können. Sie hörte ihm bis zu jenem Moment, in dem er ihr mitteilte, dass er sich am Abend nicht mit ihr treffen würde, sehr aufmerksam zu. Ab diesem Zeitpunkt jedoch stiegen ihr die Tränen in die Augen. Sie fühlte sich vernachlässigt, traurig und untröstlich; in ihr keimte der Gedanke, er hätte kein Interesse mehr an ihrer Person und liebte sie nicht mehr. Sie beschuldigte ihn in weiterer Folge, eine Geliebte zu haben, und drohte ihm sogar damit, die Beziehung zu beenden und wegzugehen – schließlich legte sie einfach auf.

Sie hatte eine Vergangenheit als Schlüsselkind hinter sich. Abends wartete sie immer wieder freudig auf die Eltern, die beruflich selbständig gewesen waren. Oft riefen sie an, um ihr zu sagen, dass sie sich verspäten würden. Sie war auch in der Pubertät viel allein und interpretierte das Verhalten ihrer Eltern in dieser Zeit als fehlende Zuneigung.

Jahre später verdrängte nun „das kleine Schlüsselkind" die erwachsene Frau völlig. Während des Telefonats mit ihrem Partner wiederholte sie das alte Drama. In diesem Zustand war es für sie nicht möglich, auf ihn einzugehen, obwohl sie die Situation in seinem Büro kannte. Sie projizierte die Enttäuschung, den Schmerz und die Wut der Kindertage auf ihn und nahm ihn nicht mehr wahr.

Erst später, als sie sich beruhigt hatte und ein klärendes Gespräch mit ihm führte, in dessen Verlauf er ihr seine Reue zeigte und ihr einen gemeinsamen Urlaub versprach, konnte sie wieder Vertrauen in die Beziehung gewinnen.

Er wiederum empfand durch ihre Reaktion Schuldgefühle. Obwohl er das Treffen aus beruflichen Gründen abgesagt hatte, fühlte er sich schäbig. Erinnerungen an die Vorwürfe, die ihm früher von seiner alleinerziehenden Mutter gemacht wurden, wenn er mit Freunden ausgegangen war, drängten sich erneut in sein Bewusstsein. In der Pubertät hatte sie ihm oft vorgehalten, dass er sie allein lassen würde, nur sein Vergnügen im Kopf habe und sie ihm nicht wichtig sei. Er lernte damals, seine Schuldgefühle zu beruhigen, indem er ihr kleine Geschenke mitbrachte. Diese Verhaltensmuster und -strategien wendete er nun in seiner Beziehung wieder an, ebenso wie seine Lebensgefährtin ihn zum Hauptdarsteller ihres Dramas des Verlassenwerdens machte. Auf diese Art und Weise bestimmt das innere Kind unser Leben; vor allem dann, wenn es um die Liebe und um den Wunsch, geliebt zu werden, geht.

Emotionale Bedürftigkeit

Aus Verletzungen, die wir in den ersten Jahren unseres Lebens erlitten haben, erwächst immer mehr der Drang, eigene ungestillte Bedürfnisse der Kindheit in Form von Erwartungen auf die Mitmenschen zu projizieren. Leider wird niemand jemals in der Lage sein, den emotionalen Mangel der Kindheit wieder gutzumachen. Im weiteren Verlauf dieses Buches werden wir diesen Drang als „Bedürftigkeit" bezeichnen.

Wenn es uns im Erwachsenenalter nicht gelingt, uns selbst mit Liebe zu versorgen, so ist zwar eine materielle und körperliche Form des Erwachsenseins vorhanden, aber der emotionale Status entspricht dem eines verletzten und bedürftigen Kindes. Aus diesem Grund führen wir oft verschiedene Arten von Beziehungen, die der Verbindung zu den eigenen Eltern ähneln oder in denen sich immer wieder einander entsprechende Beziehungsmuster zeigen.

Die emotionale Bedürftigkeit wird umso stärker, je mehr sich die Person als Kind vernachlässigt fühlte. Hat ein Kind die Erfahrung einer gesunden Bindung gemacht, wird sich die Bedürftigkeit der erwachsenen Person in Grenzen halten. Sie kann die eigenen Bedürfnisse erkennen, diese äußern und gleichzeitig jene des Partners bewusst wahrnehmen.

Wenn Verletzungen so tief sind, dass die emotionale Bedürftigkeit intensiv ist, fühlt sich die Person häufig beleidigt und ungerecht behandelt. Ein Beispiel dafür wäre die Situation, die eintritt, wenn uns jemand nicht begrüßt – wir beginnen sofort damit, dieses Verhalten zu hinterfragen: „Warum wurde ich nicht gesehen? Warum werde ich so behandelt?"

Im Zustand emotionaler Reife denken wir, dass es wohl einen Grund dafür geben wird, warum die anderen uns nicht gegrüßt haben, sodass wir uns nicht persönlich angegriffen fühlen.

Gefangen im Labyrinth der Erwartungen

Wir führen Freund- oder Partnerschaften häufig mit Menschen, auf die wir unsere Erwartungen und manchmal sogar die Verantwortung für unser Glück übertragen. Am Anfang einer Beziehung fühlt man sich mit dem Gegenüber verbunden und empfindet das Gefühl, nun endlich angekommen zu sein. Genau dann ermöglichen wir dieser Person, uns näher als die meisten anderen Menschen zu kommen, und treten aus unserer Isolation heraus. Wir erlauben dem anderen, eine bisher vom Umfeld nicht überschrittene Grenze zu überqueren. Irgendwann spürt man aber Enttäuschung, weil die andere Person die eigenen Erwartungen nicht so erfüllt, wie man es sich vorgestellt hat. Nach einer Weile schwindet das Vertrauen und man fühlt sich ungerecht behandelt. Man fällt aus der Welt der Träume und Projektionen in eine erschreckende Realität, die uns wachrüttelt; der Weg in die altbekannte Verzweiflung und Enttäuschung liegt nun wieder direkt vor uns.

Unsere Beziehungen sind kein Zufall, wir ziehen genau jene Menschen an, die zu unseren eigenen psychischen Strukturen passen. Im Fall einer Partnerschaft sind die Erwartungen höher als in anderen Beziehungen. Wir nähren unbewusst die leise Hoffnung, dass wir mit unserem Partner endlich die Verbundenheit, die wir uns als Kind so sehr gewünscht hätten, erfahren dürfen. So betrachtet, könnte die Bewusstwerdung unserer ungestillten Bedürfnisse und ihre Projektion auf das Gegenüber einen enormen Beitrag zu unserer Selbsterkenntnis leisten.
Es ist auch lehrreich, sich mit dem Partner, dem Freundeskreis, den Familienmitgliedern und Geschwistern auseinanderzusetzen und sie offen zu fragen, welche unserer Erwartungen sie in die Enge treiben. Auf der anderen Seite ist es klärend, zu erkennen, inwieweit die Bedürfnisse und Erwartungen der anderen uns unter Druck setzen. Diese Selbstreflexion lässt die Dynamik zwischenmenschlicher Beziehungen durchblicken.

Hoffnungen und ideale Vorstellungen in Beziehungen übertünchen oft innere Leere und je angestrengter man versucht, den Schmerz aus der Vergangenheit zu verdrängen, desto höher sind die Erwartungen, die wir an unsere Mitmenschen stellen.

Glaubenssätze und Verhaltensweisen, die den emotionalen Schmerz kompensieren und gleichzeitig die Verletzungen verdrängen lassen, sind Teil unserer Identität. Man kann sie nicht einfach beseitigen. Allerdings kann man lernen, bewusst damit umzugehen und mit Selbstachtung immer näher zum eigenen Naturell zu gelangen.

Eine günstige Gelegenheit, unsere Erwartungshaltungen zu erkennen, besteht darin, zu beobachten, auf welche Weise wir mit Kritik umgehen und wen wir aus welchem Grund kritisieren. Wenn wir über andere urteilen, gibt es etwas, das wir uns erwarten und selbst gerne hätten, oft verstecken sich dahinter Schuldzuweisungen. Unsere Verletzlichkeit zeigt sich häufig auch, wenn wir anderen Menschen etwas unterstellen. Schuldzuweisungen, Wut, strenge Urteile und Kritik sind meist Hinweise dafür, welche unerfüllbare Erwartungen wir anderen Menschen gegenüber haben.
Folgende Fragen bringen wertvolle Erkenntnisse in Bezug auf unsere Erwartungshaltung anderen gegenüber ans Licht:

- » Welche Anforderungen stelle ich an Menschen, die mir nahe stehen?
- » Wie will ich von ihnen geliebt werden?
- » Wann fühle ich mich von ihnen vernachlässigt und warum?

Wir wurden und werden dazu konditioniert, fern von uns selbst zu bleiben und im Außen nach Trost, Bestätigung, Erfolg und Sicherheit zu suchen. Da wir nicht gelernt haben, uns emotional mit Liebe zu versorgen und Kraft aus der eigenen Mitte zu schöpfen, sind wir auf der ständigen Suche nach Liebe, Bestätigung und Zugehörigkeit.

Man denkt, dass die Liebe in der Außenwelt zu finden ist. Man sucht nach dem perfekten Partner, den richtigen Freunden oder den besten Arbeitskollegen und vergisst dabei oft, dass die Umstände des Lebens äußerlich genau das widerspiegeln, was man im eigenen Inneren trägt. Die Gegebenheiten im Außen reflektieren innere Überzeugungen und stellen die Meinung dar, die man über sich selbst hat. Häufig trägt man feste Überzeugungen in sich, die unrealistisch sind, aber dem Leben Sinn verleihen.

Folgende Ausführungen verdeutlichen einige der häufigsten, allgemein gültigen Stereotypen und Täuschungen zwischenmenschlicher Beziehungen, die wahrhaftige menschliche Begegnungen verhindern:

Die Suche nach der Zwillingsseele bzw. der verwandten Seele
Einige warten sogar noch im höheren Alter auf den „Prinzen" oder die „Prinzessin", die da kommen soll, um die eigenen Wunden zu heilen. Die Idee, dass der perfekte Mensch kommen wird, Schmerz und Einsamkeit in Luft auflöst und uns vollkommen versteht, kennen wir seit unserer Kindheit aus Märchen, Fernsehfilmen und Romanen, wobei man hierbei nicht erfährt, was nach dem Happy End passiert. Dass ein Mensch kommt, der uns helfen und retten wird, ist eine tröstliche Vision. Dabei handelt es sich aber um eine Wunschvorstellung, die der emotionalen Heilung nicht dienlich ist.

Geht eine Beziehung zu Ende, nimmt man an, dass die Person einfach nicht die richtige war. So beginnt man wieder zu träumen und sucht den nächsten Menschen, ohne jedoch zu bedenken, dass man jenem durch diese Wunschvorstellung eine enorme Verantwortung aufbürdet. Glücklich kann man sich letzten Endes nur selbst machen.

Ein treffendes Beispiel für dieses Muster fällt mir ein, wenn ich an eines der ersten Trainings im Rahmen der Entfaltung der Weiblichkeit *Dea Nova*® denke. Zum Treffen kam eine gut aussehende, selbstbewusste, intelligente 40-jährige Frau. Sie war sehr von sich überzeugt und erfolgreich. Sie fand aber keinen passenden Partner. Am Anfang einer Beziehung war sie immer sehr begeistert und dann irgendwann sehr enttäuscht. Und sie beklagte sich, dass viele Freundinnen, die weniger begabt oder hübsch waren als sie, stabile Beziehungen führten. Im Austausch mit ihr kam heraus, dass sie ein deutliches, klares Bild vom idealen Mann in sich trug. Sie erwartete bestimmte Gefühle, absolutes gegenseitiges Verständnis und wusste genau, was sie sich von ihm wünschte.

Am Anfang einer Beziehung war sie deshalb begeistert, weil sie immer wieder Männer fand, die diesem Ideal entsprachen, aber je mehr Zeit verging, desto enttäuschter wurde sie. Enttäuscht, weil doch nicht alle Angaben auf ihrer Liste erfüllt wurden. Dann begann sie sich zu beklagen und zu denken: Er ist doch nicht der Richtige.

Sobald sie merkte, dass er ihrem Ideal nicht entsprach, begann sie ganz bewusst, jeden Fehler aufzuzeigen und ihm vorzuwerfen, nicht der Richtige zu sein. Sie war überzeugt, dass ihr Traumpartner irgendwo da draußen sei und auf sie warte. Drei Jahre später entwickelte sich eine tiefe Freundschaft mit einem Arbeitskollegen, mit dem sie intensiv an einem Projekt arbeitete. Sie verliebte sich unerwartet und ließ ihre Gefühle zu. Durch die Überzeugung, bloß Freundschaft zu empfinden, hatte sie ihn nie mit ihrem Ideal einer Beziehung verglichen. Deshalb war sie vollkommen gelassen, bis sie, als das Projekt zu Ende ging und sie ihm immer seltener begegnete, bemerkte, wie sehr er ihr fehlte und dass sie sich in ihn verliebt hatte. Durch diese Erfahrung schaffte sie dieses Idealbild, das wie ein Damoklesschwert über ihr hing, ab.

Bei einem Treffen erzählte sie kürzlich, dass sie mit ihm mittlerweile eine harmonische Beziehung führe und sie sogar eine entzückende kleine Tochter bekommen hätten. Nach dieser Erfahrung wurde ihr klar, dass sie sich selbst mit ihrer Vorstellung im Weg gestanden war.

Ich brauche niemanden

Eine andere Möglichkeit, Schmerz und Bedürftigkeit nicht zu spüren, besteht aus der Annahme, niemanden zu brauchen. In diesem Fall wirkt das intensive Bedürfnis nach Selbständigkeit. Man will von niemandem etwas bekommen, um niemandem etwas schuldig zu sein. Dahinter verbirgt sich der Versuch, das Leben unter Kontrolle zu halten. Nach außen hin zeigt man sich selbstbewusst, hat in Wahrheit aber Angst, die eigene Verletzlichkeit zu offenbaren.

Durch diese scheinbare Unabhängigkeit fühlt man sich stark und in jeder Hinsicht selbständig. Vorsorglich geht man davon aus, ohnehin allein zu bleiben. Das emotionale Leben ist in diesem Fall gehemmt, da alle schwächenden Gefühle verdrängt werden. Nur wer aus der Isolation heraustritt, kann wieder Liebe erfahren.

Ein Beispiel, das dieses Muster eindringlich zeigt, ist ein Mann, der einen meiner Kurse besuchte, um seine Achtsamkeit und sein Bewusstsein zu trainieren. Als es darum ging, über sich selbst zu sprechen und zu fühlen, ob man bereit ist, Hilfe anzunehmen, fiel es ihm schwer, den empathischen Kontakt zu anderen zuzulassen, und noch schwerer fiel es ihm, um Hilfe zu bitten. Er wirkte stark und selbstbewusst und unterstrich mit sicherer Stimme, er habe alles im Griff. In der Pause erzählte er aber, wie schwer es für ihn in Beziehungen, vor allem zum anderen Geschlecht, aber auch allgemein in Freundschaften, sei. Seine harte Schale wirkte auf die anderen Menschen befremdend und beängstigend, und viele warfen ihm vor, dass es schwierig sei, mit ihm eine Beziehung zu führen, weil er den Eindruck vermittelte, nichts annehmen zu können, was ihm andere anboten. Diese Erkenntnis und die Rückmeldungen waren für ihn sehr schmerzhaft, weil er aus dem Gefängnis seiner Angst, verletzt zu werden und Schwäche zu zeigen, nicht herauskommen konnte. Er erzählte, dass auch sein Vater dasselbe Beziehungsmuster hatte und immer nur kurze, oberflächliche Beziehungen geführt hatte. Leider gelang es dem Kursteilnehmer nicht, dieses Muster aufzugeben.

Immer sind die anderen schuld

Wer dieser Meinung ist, empfindet sein Umfeld und die Menschen rings um sich als ungerecht; dies wird begleitet von einer tiefen Wut und dem Gefühl, dass jemand anderer etwas verursacht hat, was die eigene Person beeinträchtigt und das Leben einschränkt. Wenn wir jemand anderen beschuldigen, sind wir auf ihn fokussiert und erkennen unsere eigene Verantwortung nicht. Meistens ist die andere Person, auf die wir die Schuld projizieren, ein Spiegel unseres Selbst. Grenzen zu setzen ist essenziell, damit unsere Kräfte und unsere Energie ausreichend vorhanden bleiben. Aber es ist auch unerlässlich zu erkennen, wann wir anderen Menschen und dem Leben gegenüber ungerecht reagieren.

Ein bemerkenswertes Beispiel für dieses Muster bietet eine Person, die vor ein paar Jahren an meinem Seminar zur *Heilung des inneren Kindes* teilnahm. Ein Mann Mitte 30, der auf den ersten Blick entspannt wirkte, war leicht reizbar, wenn er das Gefühl hatte, nicht respektiert oder ernst genommen zu werden. Die Person war erstaunlich. Er wirkte ruhig und gelassen, wenn es darum ging, über allgemeine Themen zu sprechen. Auf der anderen Seite war er völlig blockiert und hatte eine anklagende Stimme, wenn er über sich selbst zu sprechen begann. Im Rahmen des Austausches, in der Gruppenarbeit begann er über Themen und Details aus seiner Vergangenheit zu berichten und die Form seines Berichts war eine unendliche Litanei von Schuldzuweisungen. Für jedes seiner Probleme gab es eine Reihe von Menschen, die er für schuldig erklärte. Menschen, die irgendwann vor vielen Jahren irgendetwas getan hatten, und aufgrund dieses Ereignisses ging es ihm noch immer schlecht. Es war erstaunlich, wie er aus dem Gefühl, Opfer des Lebens und der anderen zu sein, nicht aussteigen konnte.
Die Person versuchte auch, sich selbst zu überzeugen, dass sie stark sei und die Kraft in sich habe, die Situation zu verändern. Dieser Versuch löste in dem Mann extreme Widerstände aus und er brachte tausend Argumente, um seine Opferrolle glaubwürdig zu machen.

Mit den ausführlichen Erklärungen über seine Probleme und über die Schmerzen, die andere ihm zufügen würden, schaffte er es, die Aufmerksamkeit, Liebe und Solidarität der Teilnehmer auf sich zu lenken, weil sich viele von ihnen mit seinen Problemen identifizieren konnten. Er benötigte enorme Kraft, seine Opferrolle aufrechtzuerhalten. Möglicherweise hätte es ihn weniger Kraft gekostet, sein Leben in Ordnung zu bringen und auf seinen eigenen Beinen zu stehen.

Die Auseinandersetzung mit Rollen und Machtspielen, die wir in unseren Beziehungen inszenieren, ist eine notwendige Erkenntnis für die emotionale Selbständigkeit. Im Laufe dieses Prozesses erkennt man, dass man dazu neigt, von den Mitmenschen auf emotionaler Ebene abhängig zu sein.

Emotionale Abhängigkeit

Seit den 60er und 70er Jahren des 20. Jahrhunderts findet der Begriff „emotionale Abhängigkeit" oder „emotionale Co-Abhängigkeit" Verwendung im alltäglichen Wortschatz.
Aufgrund der emotionalen Verletzungen entwickeln wir oft Abhängigkeiten, und zwar in unterschiedlichem Ausmaß. „Abhängigkeit" wurde in den letzten Jahrzehnten in der breiten Öffentlichkeit immer mehr zum Schlagwort, vor allem durch den Bestseller der amerikanischen Psychologin Robin Norwood *Wenn Frauen zu sehr lieben: Die heimliche Sucht, gebraucht zu werden.*
Die Person, die emotional abhängig ist, widmet ihr Leben einem anderen Menschen und konzentriert sich ausschließlich auf ihn. Sie stellt das Glück des anderen an erste Stelle und verliert dadurch den Zugang zu sich selbst und den eigenen Bedürfnissen. Die emotional abhängige Person ist ängstlich und wendet all ihre Kraft auf, um den anderen zu unterstützen.
Grund der Angst ist meist, den anderen zu verlieren, von ihm getrennt zu werden oder die Furcht vor Einsamkeit. Diese Menschen

neigen dazu, ihre eigenen Bedürfnisse und Wünsche zu vernachlässigen, und werden häufig so, wie der andere es sich wünscht. Durch dieses Verhalten haben sie aber auch große Schwierigkeiten, die Liebe des anderen überhaupt zuzulassen. Sie sind in irgendeiner Form gefangen, ständig darauf fokussiert, den anderen nicht zu verlieren, sodass sie nur selten Nähe in der Beziehung zulassen können. Der emotional abhängige Mensch hat die unrealistische Erwartung, dass die Dinge sich irgendwann verändern werden und er irgendwann doch vom anderen geliebt wird. Er ist gefangen im Kreis seiner Gedanken und führt in Wirklichkeit mit niemandem eine Beziehung, da er ständig in der Angst lebt, die Liebe zu verlieren. Paradox ist, dass bei ablehnendem und verletzendem Verhalten des anderen die emotional abhängige Person ihn umso entschiedener entschuldigt, für ihn Verständnis zeigt und auf ihn wartet.

Der Mensch, der in diesem Zustand lebt, hat das Gefühl, sich ständig um den anderen kümmern zu müssen, sich anpassen oder kleinmachen zu müssen, um den geliebten Menschen nicht zu verlieren. Selten wird diese Hoffnung Realität, weil die Person, der geholfen wird, immer tiefer in die Opferrolle schlittert. Grundsätzlich vergisst die Person, die emotional abhängig ist, auf sich und hat Schwierigkeiten, sich aus einer Beziehung, die ihr nicht guttut, zu befreien.

Der emotional Abhängige entwickelt die Angst, den oder die geliebten Menschen zu verlieren, und übt unbewusst Kontrolle aus, damit sich die Menschen nicht von ihm entfernen. Dahinter steckt eine tiefe Angst vor Veränderung, die jede Form der Entwicklung für die Beziehung und für die Person selbst blockiert. Wer das Gefühl hat, in der Spirale der emotionalen Abhängigkeit gefangen zu sein, sollte sich unbedingt professionelle therapeutische Hilfe holen.

Ein Beispiel dafür ist die Erzählung einer italienischen Frau bei einem Vortrag über *Kommunikation in Beziehungen*:

Sie war eine begabte, sympathische, gut aussehende Frau um die 40 und führte seit 15 Jahren eine intensive Beziehung mit ihrem Partner. Als sie sich kennengelernt hatten, war sie noch Studentin und er bereits fertiger Architekt. Er unterstützte sie mit viel Mühe und Liebe in ihrer Entwicklung. Sie studierte Modedesign und wollte Stylistin werden. Er half ihr in unternehmerischer und rechtlicher Hinsicht und war stolz auf sie, weil ihn jeder dafür bewunderte, welch liebe und schöne Frau er an seiner Seite hatte. Mit der Zeit entwickelte sie sich zu einer starken, selbstbewussten Persönlichkeit. In dem Augenblick begann er sich von ihr zu entfernen. Sie wusste nicht warum, aber er wurde ihr gegenüber kalt, ablehnend und erniedrigend. Einmal wurde sie krank, sie hatte eine schwere Infektion, und plötzlich war er wieder liebevoll und präsent für sie. Nach der Geburt ihres ersten Kindes wurde sie schwer krank und wieder war er so zu ihr wie am Anfang der Beziehung, unterstützend und voller Liebe.
Nachdem sie sich erholt hatte und begann, als Stylistin erfolgreich in der Modebranche tätig zu werden, wurde er extrem kritisch ihr gegenüber und lehnte sie letztendlich total ab. Sie bemühte sich, zu ihm zu stehen, ihn zu unterstützen und nicht aufzufallen. Durch die entstandene Ferne zu ihm wurde sie wieder krank. Es wurde ihr gesagt, dass ihre Beschwerden eine psychosomatische Komponente haben könnten, und man empfahl ihr eine Psychotherapie. In der Therapie erkannte sie, dass sie abhängig von der Liebe und Geborgenheit des Partners geworden war und dass sie regelmäßig krank wurde, um seine Liebe zu spüren, denn ihr Partner konnte ihr nur dann seine Liebe zeigen, wenn sie hilfsbedürftig war und er in der Retterrolle sein konnte. Indem er ihr half, gab er sich selbst Bestätigung. Diese schmerzhafte Erkenntnis erklärte ihr auch diese Hochs und Tiefs von Gesundheit und Krankheit der vorangegangenen Jahre.
Im Grunde wiederholten beide miteinander das Muster ihrer Familien. Sie war das Lieblingskind des Vaters und das Nesthäkchen der Familie ge-

wesen. Die beiden älteren Schwestern waren sehr eifersüchtig auf sie, und um die Liebe dieser Schwestern zu bekommen, versuchte sie ihre Persönlichkeit zu verstecken und schrieb schlechte Schularbeiten, um nicht aufzufallen, aber aufgrund ihrer Schönheit und ihrer Talente gelang es ihr nicht, unauffällig zu bleiben. Sie machte sich absichtlich klein. Auf der anderen Seite lebte auch ihr Mann sein Muster aus der Kindheit. Er hatte immer eine ausgeprägte Rivalität zu seinem Bruder, der in allen Bereichen besser war als er. Somit wiederholten beide die ursprünglichen Beziehungsmuster und die Verletzungen aus der Kindheit in ihrer Partnerschaft. Bei ihr waren die emotionale Abhängigkeit und das Bedürfnis, geliebt zu werden, so stark, dass sie sogar krank wurde, um das Gleichgewicht der Beziehung und die Liebe ihres Mannes aufrechtzuerhalten. Wie sie erzählte, hatte sie nach der Erkenntnis aus der Therapie genug Kraft, sich von ihm zu trennen und ein neues Leben zu beginnen. Sie erkannte auch, dass der Neid, den die anderen ihr gegenüber fühlten, eine Form der Bewunderung war, und lernte, darin etwas Positives zu sehen. Sie lernte auch, auf sich zu achten und nicht mehr solche Kompromisse zu schließen. Ihre zweite Ehe war, wie sie erzählte, geprägt von harmonischer Ebenbürtigkeit und ehrlichem Austausch.

Wenn man das Gefühl hat, auf irgendeine Weise emotional abhängig zu sein, ist es enorm wichtig, sich professionelle therapeutische Hilfe zu suchen und sich von Menschen, die dafür ausgebildet sind, begleiten zu lassen. Ebenso sollte einem bewusst sein, dass die Auflösung dieser Problematik viel Zeit und Anstrengung verlangt, weil es darum geht, die eigenen Schatten zu erkennen, zuzulassen und schlussendlich auch loszulassen.

Die Wurzeln von Kompensationsstrategien entdecken

Wir entwickeln unterschiedliche Kompensationsstrategien aufgrund der Angst, verletzt zu werden, und schwanken oft zwischen Rückzug und Abhängigkeit.
Es kann sein, dass man gelernt hat, die anderen entweder zufriedenzustellen oder sich zurückzuziehen; in anderen Fällen haben wir es uns angewöhnt, zu kämpfen oder Kontrolle auszuüben. In Augenblicken der Entspannung und der Selbstreflexion fällt uns allerdings auf, dass sich unser Verhalten nicht authentisch anfühlt.
Wir bemerken meist erst dann, wenn wir plötzlich Erfahrungen machen, die uns dazu zwingen, innezuhalten, dass wir auf gewisse Weise in unserem Verhalten gefangen sind. Dann beginnen wir zu spüren, dass es einen Unterschied zwischen dem gibt, was sich in uns als das Authentische manifestiert, und dem Unechten.
Manchmal ist man viel zu gefügig und nachgiebig; man beschützt sich selbst, indem man sich anderen gegenüber kleinmacht und ihnen das Gefühl gibt, dass sie in jeder Hinsicht recht haben. Auf diese Weise versucht man, die Angst vor Konflikten zu beschwichtigen.

In anderen Situationen reagiert man mit dem Versuch, die Kontrolle über die Gefühle zu haben. Die Analyse mittels logischen Denkens vermittelt das Gefühl, alles unter Kontrolle zu haben und über alles Bescheid zu wissen. Auf diese Art und Weise lässt man nur das zu, was man versteht, und verschließt sich vor allem auf emotionaler Ebene vor dem, was man nicht erfassen kann, um die eigene Sicherheit und persönliche Überzeugung nicht in Gefahr zu bringen.

Oder man ist in der Rolle des Rebells gefangen. Diese Dimension, die unter dem Zeichen von Wut und Rebellion steht, ermöglicht es, Entscheidungen umzusetzen. Wenn uns sprichwörtlich der Kragen platzt, können wir aus unserer emotionalen Abhängigkeit ausbrechen, Beziehungen beenden und uns auch von Enttäuschungen befreien, die uns bereits viel zu lange begleitet haben. Wut ist auch Kraft, und zwar jene, die man bislang nicht umsetzen konnte, sie befreit aus der Stagnation. Trotz positiver Aspekte ist es in diesem Fall aber unerlässlich, sich aus dem Muster des Kämpfens zu befreien, um das Leben nicht als Schlachtfeld zu betrachten.

Viele Menschen reagieren auf die Verletzung mit Rückzug, wenn sie sich bedroht, ängstlich, blockiert oder unverstanden fühlen. In uns allen existiert ein Bereich, ein Rückzugsort, zu dem wir niemanden vordringen lassen. Wir verstecken uns mit dem Gefühl der Resignation, der Verzweiflung sowie der Traurigkeit und fühlen uns auch oft ungerecht behandelt.

Die positive Seite des Rückzugs kann die Chance sein, in diesem Zustand wieder zu sich selbst zu finden. Wird dieser Mechanismus jedoch zur Kompensation oder zur Lebensphilosophie, sorgt er für Isolation und Angst.

Wir alle erleben unterschiedliche Kompensationsformen. Diese Formen variieren, je nachdem, wer im jeweiligen Fall unser Gegenüber ist. Teilweise sind es auch Kompensationsstrategien, die man von den Eltern übernommen hat. Durch Selbstbeobachtung und das Erkennen der eigenen emotionalen Verletzung kann man sie identifizieren. Aus diesem Grund finden Sie im nächsten Kapitel eine ausführliche Beschreibung der emotionalen Verletzungen und der daraus resultierenden Glaubenssätze und Verhaltensmuster.

*Auch zu lieben ist gut: denn Liebe ist schwer.
Liebhaben von Mensch zu Mensch:
das ist vielleicht das Schwerste, was uns aufgegeben ist,
das Äußerste, die letzte Probe und Prüfung,
die Arbeit, für die alle andere Arbeit nur Vorbereitung ist.*

**Aus „Briefe an einen jungen Dichter"
von Rainer Maria Rilke**

2
Emotionale Verletzungen erkennen

Befreiende Erkenntnisse

In zwischenmenschlichen Beziehungen erlebt man oft Situationen, die belasten und traurig stimmen. Umstände, die noch immer mit früheren emotionalen Verletzungen zu tun haben. Die Auseinandersetzung damit lässt unsere Beziehungsfähigkeit entwickeln. Häufig erzählen Menschen bei Seminaren, festgestellt zu haben, dass der emotionale Schmerz, den sie immer wieder in Beziehungen erleben, sich ähnlich anfühlt und dass häufig dieselben Auslöser vorhanden sind. Eine wesentliche Hilfe zur emotionalen Reife ist zu erkennen, welche Verbindung es zwischen den verletzenden Situationen, die wir in Beziehungen im Erwachsenenalter erleben, und den Verletzungen aus der Kindheit gibt.

Ein interessantes Beispiel dafür ist die persönliche Erfahrung, welche mir eine Teilnehmerin in einem Workshop über „Intuitionstraining" erzählte. Wenn man sie beobachtete, hatte man das klare Gefühl, sie sei selbstbewusst, erfolgreich und zielstrebig, entwicklungsorientiert und eine Optimiererin. Sie wollte ein Rezept für ihre Probleme und blitzartigen Erfolg. Die Frau war sehr kopflastig und davon überzeugt, dass es für sie möglich sei, eine Technik zu erlernen, um damit ihr Leben vollkommen zu verändern. Sie sei entschlossen und habe ihre Gefühle im Griff – so beschrieb sie sich selbst.

Anschließend schilderte sie ausführlich ihr Problem – anfänglich mit sicherer Stimme. Sie sei immer da, wenn eine ihrer Freundinnen ein Problem hat, immer bereit, ihre Freunde zu unterstützen, immer zur Stelle, wenn jemand beruflich oder privat Hilfe braucht. Sie erzählte, sie sei in Gesprächen immer die Zuhörerin, und erwähnte stolz, dass jedes private Treffen im Grunde wie eine therapeutische Sitzung ablaufe. Sie fühlte sich jedoch aufgrund genau dieser Eigenschaften oft sehr traurig, einsam und ausgenutzt.

Plötzlich brach sie in Tränen aus. Sie erzählte, wenn sie etwas brauche, sei niemand für sie da. Es war für sie kaum zu fassen, dass niemand bereit war, ihr zu helfen, wenn sie mit großem Schmerz und verletztem Stolz um Hilfe bat. Ihre engsten Freunde sagten zu ihr: „Du bist so stark, das kann nicht sein, dass du meine Hilfe brauchst. Du bist doch immer diejenige, die mir hilft, und ich habe noch viel zu erledigen! Du wirst es sicher schaffen."

Wenn man sie abwies, wurde sie extrem wütend. Sie unterdrückte dieses Gefühl und zog sich zurück. Das führte dazu, dass viele Freundschaften und sogar ihre erste Ehe in die Brüche gingen.

Ihr größtes Anliegen war nun, die Situation zu verändern und eine andere Art von Menschen anzuziehen, welche ihr in Notsituationen beistehen würden.

Nach dieser Erzählung war sie anders – sie wirkte menschlicher als am Anfang. Zwar war sie noch immer sehr berührt, aber gleichzeitig erleichtert. Sie war nicht gewohnt, dass man ihr so aufmerksam zuhört.

Das erste Mal in ihrem Leben, wie sie danach erzählte, war sie in direkten Kontakt mit ihrem Schmerz gekommen. Sie wirkte daraufhin entspannt; vieles war für sie plötzlich leichter geworden. Am Nachmittag des zweiten Seminartages wirkte sie sogar gravierend verändert: freundlich, offen und gelassen.

Einige der offenen Gesprächsrunde fragten sie, warum und wodurch sie sich so plötzlich verändert habe. Sie sagte, sie habe etwas Wesentliches erkannt:

Ihr Gefühl des Im-Stich-gelassen-Werdens war alt: Sie erfuhr in jeder Beziehung, die in die Brüche ging, denselben Schmerz, den sie aus der Kindheit kannte, und erzählte, wie sie als Kind im Gasthaus aufgewachsen war. Ihre Eltern waren ständig mit den Gästen beschäftigt und sie hatte immer den Eindruck, dass die Wünsche der anderen wichtiger waren als ihre eigenen. Sie erinnerte sich ziemlich genau, dass ihr Vater zu ihr sagte: „Bitte jetzt nicht. Später!"

Durch eine geführte Meditation hatte sie sich an folgende Situation wieder erinnert: Eines Tages sehnte sie sich besonders danach, mit ihrem Vater Zeit zu verbringen, zu dem sie eine gute Beziehung hatte. An diesem Tag war er ziemlich nervös und hatte ein tiefes Bedürfnis nach Ruhe. Sie war sechs Jahre alt und spürte deutlich, wie müde er war, wollte ihm helfen und übernahm seine Arbeit. Es war ein ganz besonderer Tag in ihrer Erinnerung, denn seit diesem Moment hatte sie einen neuen Zugang zu ihrem Papa. Sie war auf einmal nicht mehr die lästige Kleine, sondern die große Kleine, die sich nützlich machte und wurde schnell nach der Schule zum Arbeiten im Gasthaus eingeteilt. Sie hatte gelernt, pflichtbewusst zu sein und zu helfen und dadurch Aufmerksamkeit zu bekommen. In dieser Rolle der hilfsbereiten Person wollten sich alle in der Schule und zu Hause mit ihr austauschen. Sie erzählte, dass sie im Laufe der Jahre den Zugang zu ihren eigenen Bedürfnissen verloren habe.
Als sie 16 Jahre alt war und die Schule einen dreitägigen Ausflug organisiert hatte, war sie felsenfest davon überzeugt, dass ihr Vater nichts dagegen haben konnte, wenn sie mitfahren würde. Sie erzählte aber sehr berührt die Situation, wie sie zu ihm ging und um Erlaubnis bat: Er warf ihr vor, sie sei egoistisch und würde die Arbeit, die auf seinen Schultern lastet, nicht zur Kenntnis nehmen. Wütend, enttäuscht und traurig wurde sie immer stiller. Sie fühlte sich ausgenutzt und unverstanden.

Nun war ihr bewusst geworden, dass die Heilung dieser alten Verletzung ihre Beziehungsschwierigkeiten lösen würde. Im Austausch mit den anderen Seminarteilnehmern hatte sie verstanden, dass es kaum möglich ist, Hilfe von anderen zu bekommen, wenn sie ihnen über Jahre hinweg das Gefühl vermittle, sie sei selbst stark genug und brauche niemanden. Ihr wurde bewusst, dass sie die Helferrolle verinnerlicht hatte, um sich gegen den Schmerz der Ablehnung zu schützen und von den anderen geliebt zu werden.

Diese Erkenntnis am Ende des dritten Seminartages öffnete ihr neue Horizonte und motivierte sie dazu, diszipliniert an sich zu arbeiten. Ein Jahr später kam sie vollkommen verändert wieder zu einem Workshop. Sie war wesentlich entspannter, sah viel jünger aus, war kommunikativer, gesellig und wirkte gelassen und offen. Ihre Mimik und Gestik zeigten keine Spur mehr von der zielstrebigen, kontrollierenden Person, die sie gewesen war.

Emotionale Verletzungen

Nunmehr möchte ich einen Überblick verschaffen, wie die häufigsten emotionalen Wunden die Beziehung zu uns selbst und zu unseren Mitmenschen beeinflussen.

Für meine Beobachtungen und die Entwicklung dieser Erklärung der emotionalen Verletzungen, habe ich mich von dem Buch der Kanadierin Lise Bourbeau *Heile die Wunden deiner Seele – mit der Weisheit des Körpers tiefe emotionale Verletzungen heilen* inspirieren lassen.

In diesem Buch analysiert sie fünf tiefe Grundverletzungen, welche die Ursachen von Problemen der körperlichen, emotionalen und geistigen Ebene darstellen. Folgende Verletzungen hat sie herausgearbeitet: die *Ablehnung*, das *Verlassenwerden*, die *Demütigung/Erniedrigung*, der *Vertrauensbruch* und die *Ungerechtigkeit*. In meiner Arbeit haben sich noch zwei weitere Verletzungen herauskristallisiert: das *Kritisiertwerden* und die *Isolation*.

Meine Analyse der Verletzungen geht insbesondere auf die aktiven und passiven Reaktionsmechanismen ein und auf die daraus resultierenden Glaubenssätze und Verhaltensmuster. Diese Aufteilung der emotionalen Verletzungen stellt keine psychologische Klassifikation dar, sondern eine Reflexion über die vielfältige Landschaft des emotionalen Lebens.

Die Reaktion auf emotionale Verletzungen

Ein sehr faszinierendes Ergebnis meiner Beobachtungen besteht aus der Erkenntnis, dass es bei Menschen, die eine gewisse Verletzung erlitten haben, häufig der Fall ist, genau jene Personen anzuziehen, die zu ihren negativen Mustern passen.

All unsere Verletzungen, Glaubenssätze und Verhaltensmuster sind ein Teil unserer Identität. Obwohl es sicherlich unser höchster Wunsch ist, jene zu vernichten und auszulöschen, sollten wir uns daran erinnern, dass dies kein konstruktiver Weg ist, denn Muster bleiben ein Leben lang unsere Begleiter. Indem man lernt, sie mithilfe eines einfühlsamen Zugangs zu sich selbst zu akzeptieren und liebevoll mit ihnen umzugehen, kann man sie zu seinem eigenen Vorteil verändern. Wenn man bemerkt, soeben in ein Muster zu verfallen, geht man anders damit um und fühlt sich nicht mehr so ausgeliefert.

Die uns beschützenden Glaubenssätze und Verhaltensmuster zeigen sich meiner Beobachtung nach in einer aktiven oder passiven Reaktion. Personen mit **aktivem Reaktionsmuster** begegnen emotionalen Verletzungen mit der Tendenz, stark sein zu müssen, und in manchen Fällen neigen sie dazu, sich zurückzuziehen.
Menschen mit **passiven Reaktionsmustern** antworten auf emotionale Wunden eher mit passiven Verhaltensweisen und Denkmustern, indem sie sich oft selbst als schwach oder bedürftig empfinden und darstellen.

Im Rahmen meiner Beobachtungen habe ich feststellen können, dass man auf den Schmerz einer Verletzung mit einem instinktiven, intensiven Schutzinstinkt reagiert. Wenn diese Reaktion sich als erfolgreich erweist, dann wird es zu einem **Reaktionsmuster**. Wenn eine Situation den alten Schmerz auslöst, manifestiert sich unmittelbar die verinnerlichte Schutzreaktion.

Aus diesem Grund wird im Folgenden bei der Beschreibung jeder Verletzung zuerst die **Wirkung** der emotionalen Verletzung auf den Charakter und dann das **aktive und passive Reaktionsmuster** angeführt. Im Anschluss daran werden die Extreme der Reaktionen auf die Verletzungen ausführlich geschildert. Schließlich werden die dazugehörigen Glaubenssätze und Verhaltensmuster aufgelistet. Die folgenden Beschreibungen versuchen, die Gefühlslage wie auch die Verhaltensweisen der Menschen zu schildern, die diese Muster leben.

Bei den emotionalen Verletzungen wird Ihnen beim Lesen auffallen, dass es sich beim **passiven Reaktionsmuster** um eine Einstellung handelt, die oft mit Resignation zu tun hat. In diesem Fall ist die Person oft sehr angespannt, fühlt sich innerlich blockiert, weist intensive Ängste auf, die sie in ihrem Selbstausdruck hemmen. Bei den **aktiven Reaktionsmustern** befindet sich die Person noch in der Phase, in der sie durch ihre Verhaltensstrategie und ihren Glaubenssatz eine Art Schutzmechanismus erreicht und noch immer der Überzeugung ist, dass ihre Strategie wirksam ist. Auf der einen Seite bietet diese Strategie Schutz vor der Verletzung und auf der anderen Seite ermöglicht sie, Liebe und Zuwendung der anderen zu gewinnen. Wenn sich die Person aufgrund ihrer Lebenserfahrungen mit der Realität konfrontiert und erkennt, dass ihre Strategien und Verhaltensmuster das erhoffte Ergebnis nicht bringen, dann verfällt sie oft in eine misstrauische Haltung und entwickelt in weiterer Folge aus dem **aktiven** das **passive Reaktionsmuster.**

Die Manifestationen auf Verletzungen sind unterschiedlich und werden durch die Individualität der betroffenen Person, ihre Lebenserfahrung, ihre ethischen Werte sowie ihre Verhaltensstrategien geprägt.

Es ist zu erwarten, dass man sich beim Lesen mit mehreren Aspekten identifizieren kann. Man sollte mit kritischem Blick die Beschreibung der Verletzungen auf sich wirken lassen und beobachten, welche Aussagen besonders berühren oder beunruhigen. Diese Gefühle stellen oft wertvolle Hinweise auf Themen dar, die Integration und Versöhnung benötigen.

Lassen Sie jede Beschreibung in vollkommener Ruhe und Gelassenheit auf sich wirken. Wenn Sie merken, dass Sie eine Beschreibung berührt, notieren Sie, warum sie das tut und wie Sie sich dabei fühlen. Die Fragen am Ende der Ausführungen zu jedem Glaubenssatz und Verhaltensmuster dienen der Selbstreflexion.

2.1 Die emotionale Verletzung des Verlassenwerdens

Die Erfahrung des Verlassenwerdens begleitet jeden Menschen in unterschiedlichen Lebensetappen. Das Gefühl des Verlassenwerdens wird von Einsamkeit und Ängsten begleitet, wenn die verlassene Person nicht gelernt hat, sich selbst mit Liebe zu versorgen und allein zu sein. Dieser Zustand, der für viele Menschen eine Herausforderung darstellt, kann in jeder Form des Zusammenlebens auftreten.

Die Aufgabe, sich von etwas oder jemandem verabschieden zu müssen, können viele Menschen nicht bewältigen, vor allem wenn sie in der Kindheit das Gefühl des Verlassenwerdens erfahren haben.

Diese Verletzung entsteht meist in frühen Kindertagen. Das Kind fühlt sich emotional verlassen, wenn es nicht mit Achtsamkeit angenommen wird und seine Empfindungen nicht mit empathischer Anteilnahme aufgenommen werden.

Es gibt verschiedene Verhaltensweisen, die bei einem Kind das Gefühl auslösen können, nicht wahrgenommen zu werden, wie etwa die Enteignung oder Entmündigung durch andere, Ignoranz, Oberflächlichkeit, Konformismus, ihm entgegengebrachtes Schweigen oder stereotype Sätze wie: „Ein Indianer kennt keinen Schmerz", „Ein Mädchen ist brav", „Sei nicht wehleidig / traurig / laut ..." und so weiter.

Spürt das Kind als Baby auf emotionaler Ebene eine Bindung zur Mutter, so wird es Sicherheit und Vertrauen entwickeln. Als Erwachsene wird die Person sich irgendwann von der Mutter loslösen und, ohne auf die eigenen Bedürfnisse zu vergessen, zu unterschiedlichen Menschen gesunde Beziehungen aufbauen können.

Wirkung auf den Charakter

Emotionale Lage

Diese emotionale Verletzung bewirkt Angst vor der Einsamkeit und davor, die Unterstützung und Zuwendung anderer zu verlieren. Fühlt sich der Mensch verlassen, reagiert er mit einer wuterfüllten Traurigkeit, die von Resignation gefärbt ist. Das Verlassenwerden führt zu emotionaler Abhängigkeit. Die Person empfindet ein intensives Bedürfnis nach Zuwendung, Berührung und Zugehörigkeit, mit denselben Emotionen und Mängeln, die sie in der Kindheit begleitet haben. Wer diese Gefühlslage erlebt, tendiert häufig dazu, eine negative und misstrauische Lebenseinstellung zu entwickeln.

Die verletzte Person hat oft das Gefühl, dass die anderen besser, erfolgreicher, schöner, talentierter und fähiger als sie selbst sind und ihr den geliebten Menschen wegnehmen könnten.

Das Gefühl des Verlassenwerdens hängt auch mit unrealistischen Erwartungen zusammen. Oft fühlen wir uns verlassen, wenn der andere nicht so handelt, wie wir es uns vorstellen. Niemand kann unsere Erwartungen vollkommen erfüllen, da jeder Mensch durch den Filter eigener Denk- und Verhaltensmuster liebt.

Körperlicher und verbaler Ausdruck

Wer unter dieser Verletzung leidet, zeigt eine geringe Körperspannung – ein niedriger muskulärer Tonus im Körper weist deutlich auf das starke Bedürfnis nach Unterstützung und Anlehnung hin. Unser Körper manifestiert die Tendenz, eine gekrümmte Haltung anzunehmen. Im inneren Dialog und auch in der Kommunikation mit andern kommen oft Ausdrücke vor, die auf die Einsamkeit und die Opferrolle hinweisen. In Unterhaltungen fallen häufig Worte wie „einsam" und „allein" oder „wenn ich etwas brauche, unterstützt mich niemand", „ich mache immer alles allein".

Verhaltensstrategien

Wer davor Angst hat, verlassen zu werden, neigt dazu, Ereignisse und Probleme dramatisch zu sehen und zu beschreiben, um Unterstützung zu bekommen. Diese verletzte Seele sehnt sich in allen Belangen des Lebens nach Unterstützung, und wegen einer Nichtigkeit fühlt sie sich unverzüglich von anderen nicht wahrgenommen und nicht wert, Aufmerksamkeit und Liebe zu bekommen.

Diese Menschen sind oft in der Opferrolle gefangen; vielleicht finden sie diese Rolle auch schon in ihrer Stammfamilie vor – bei den Erwachsenen im Umfeld, Eltern oder prägenden Bezugspersonen.

Wenn es zu einer Veränderung oder einer neuen Aufgabe im Leben dieser Menschen kommt, sehnen sie sich nach Unterstützung und Hilfe und bitten darum. Sie teilen ihre Unfähigkeit mit, die nächsten Schritte zu setzen, in der Hoffnung, von ihrem Umfeld Hilfe und Unterstützung zu bekommen. Diese Menschen sind höflich und verständnisvoll, weil sie sich dasselbe von ihrem Gegenüber wünschen.

Es fällt ihnen manchmal schwer, sich zu äußern und auch zu verbalisieren, was sie brauchen. Sie vertreten selten eine andere Meinung vor jenem Menschen, von dem sie sich wünschen, geliebt zu werden. Eine Person mit dieser Verletzung versucht oft, im Mittelpunkt zu stehen und bewundert zu werden. Sie glaubt nicht an ihr Potenzial und sehnt sich innerlich nach einem Elternteil, der sie bedingungslos liebt, sie berät und für sie zur Verfügung steht. Diese Sehnsucht projiziert sie oft auf die Menschen, die mit ihr enge Beziehungen führen. Im Außen lässt sie sich dies jedoch nicht anmerken. Manchmal drückt sie sogar deutlich aus, dass sie ein großes Bedürfnis danach hat, in Freiheit und Selbständigkeit zu leben.

Hilfestellung

Diese Verletzung heilt, wenn sich die Person in ihrem Alleinsein wohlfühlt und einen ehrlichen inneren Dialog mit sich selbst pflegt. Die geheilte Wunde lässt den Menschen Antrieb und Freude spüren. Die Person ist dadurch auf sich selbst fokussiert, vertraut den eigenen

Entscheidungen und braucht keine Bestätigung von außen. Die Heilung dieser Verletzung lädt uns dazu ein, nicht auf unsere Individualität zu verzichten und es nicht allen recht zu machen, um Liebe zu bekommen. Durch die damit verbundenen Beziehungserfahrungen erkennen wir, dass in erster Linie jeder Mensch für sich selbst verantwortlich ist und dass nur Selbstachtung und Selbstliebe den Hunger nach Liebe stillen können.

Aktives Reaktionsmuster

Das aktive Reaktionsmuster auf die Verletzung des Verlassenwerdens manifestiert sich meistens, wenn die Person in der Kindheit keine Liebe und emotionale Versorgung bekommen hat.
Dieser Mensch reagiert auf die Traurigkeit und auf die Tatsache, dass niemand da ist, der sich um ihn kümmert, mit der inneren Entscheidung: „Ich muss alles allein schaffen. Ich bin stark und brauche nichts und niemanden, der mir hilft." In diesem Fall entwickelt die Person oft eine andere Polarität, eine Art Übermutter, die alle rundum mit Liebe, Ratschlägen und Unterstützung versorgt, ohne auf die eigenen Bedürfnisse zu achten und auf sich selbst Rücksicht zu nehmen. In dieser Reaktion auf die emotionale Verletzung bemüht sich die Person, welche als Kind nicht unterstützt worden ist und auf sich allein gestellt war, anderen Menschen zu helfen. Nach außen wirken Menschen mit diesem Muster sehr entschlossen – buchstäblich wie ein Fels in der Brandung. Sie versuchen, durch ihre Kraft andere an sich zu binden. Ihre innere Gefühlslage ist für andere sehr schwer einzuschätzen, da sie in diesem Fall den Anschein erwecken, selbstbewusst, selbständig und stark zu sein. Nur wenige Menschen können die tatsächliche Bedürftigkeit erkennen, die hinter dem Schleier dieses selbstbewussten Verhaltens verborgen liegt.

Eine Frau, die vor einigen Jahren zu einem Entspannungstraining in meine Praxis kam, war ein lebendiges Beispiel dieses Musters. Die 40-jährige Frau war empathisch, rücksichtsvoll und teamfähig. Ihre Körpersprache drückte die Bereitschaft aus, jedem in allen Belangen zu helfen. Sie war buchstäblich bereit, vom Sessel zu springen, um den Wunsch, der gerade geäußert wurde, zu erfüllen. Sie entschuldigte sich bei jedem zweiten Satz und bedankte sich für alles, beispielsweise in etwa fast zehn Mal, wenn man ihr einen Tee brachte. Im Alter von elf Jahren wurde sie zur Halbwaise als Jüngste von vier Geschwistern. Sie begann damals, sich um die Familie zu kümmern, kochte bereits mit zwölf Jahren für ihre Geschwister und betreute auch den Vater, der sich vom Verlust seiner Ehefrau nie wirklich erholen konnte. Sie lernte im Laufe der Jahre, nichts für sich selbst zu verlangen und sich immer für alles zu entschuldigen. Dabei war sie aber äußerst beliebt und gefragt von vielen Freunden und Freundinnen, die sie ständig unterstützte.

Als sie die Arbeit mit ihrem inneren Kind begann, wurde ihr in der Analyse ihrer Freundschaften und Beziehungen bewusst, dass all jene Menschen in jungen Jahren ihre Mutter verloren hatten und im Laufe der Zeit immer wieder zu ihr gesagt wurde: „Ach, wenn ich so eine Mutter wie dich gehabt hätte, wäre mein Leben anders verlaufen." Es wurde ihr bewusst, dass sie im Grunde von den anderen immer gesucht und gebraucht wurde, um als Mutterersatz zu fungieren. Diese Tatsache war das einzige Fundament ihres Selbstwertgefühls, und sie schaffte es nicht, Nein zu sagen. Sie versuchte den Weg der Veränderung und probierte eine Zeit lang, Nein zu sagen. Daraus entstanden so tiefe Schuldgefühle, dass sie nicht mehr schlafen und essen konnte. Sie empfand sich selbst als ungerecht, fühlte sich verantwortlich und konnte nicht an sich selbst denken, ohne den anderen zu helfen. In ihr war der Glaube sehr tief verwurzelt, dass ihre Daseinsberechtigung darin bestünde, andere zu unterstützen. Erst nach einem intensiven Training schaffte sie es, sich selbst einen Tag pro Woche zu widmen. An diesem Tag ließ sie das Handy zu Hause, war für niemanden erreichbar und widmete sich ausschließlich sich selbst und ihren

Bedürfnissen. Dadurch wurde es für sie möglich, wieder mehr Lebensfreude zu empfinden und langsam das Gefühl zu bekommen, Ruhe und Privatleben zu verdienen. Diese Veränderung war auch sichtbar. Sie hörte auf, bei jeder Bitte und jedem Anruf zu springen. Sie war in ihrer Körperhaltung aufrechter und lächelte viel öfter.

Dieses Beispiel zeigt, wie sich das aktive Reaktionsmuster auf die Verletzung des Verlassenwerdens manifestiert. Ein Muster, das uns in irgendeiner Form oft zu Sklaven anderer werden lässt, die ihre ungestillten Bedürfnisse auf uns projizieren.

„Ich bin verantwortlich für dein Glück"

In diesem Fall fühlen wir uns verantwortlich für das Glück anderer und machen deren Bedürfnisse zu unseren eigenen. Wenn wir dieses Muster entwickeln, verwenden wir in Gesprächen gerne Sätze wie: „Lass nur, ich mache das für dich!" oder „Ich helfe dir gerne!"; wir sind oft unruhig und versuchen, andere Menschen zu kontrollieren. Ebenso bereitet es uns häufig Probleme, ein „Nein" zu akzeptieren.

Wenn wir in diesem Zwiespalt leben, empfinden wir eine innere Spannung, die zwischen Frustration und Druck schwankt. Wir sind enttäuscht, wenn andere unsere Erwartungen nicht erfüllen, oder fühlen uns unter Druck gesetzt, wenn unsere Mitmenschen zu viel von uns verlangen. Gefühle, die wir bei diesem Muster oft erleben, sind: Traurigkeit, Frustration und Angst, von geliebten Menschen verlassen zu werden.

Auf der einen Seite ergreift uns die Frustration, wenn Erwartungen nicht erfüllt werden. Auf der anderen Seite lauert der Druck, der sich aufbaut, da die anderen immer höhere Erwartungen an uns stellen, je mehr wir ihnen geben. Aus diesem Grund reagieren wir, wenn wir uns in diesem Muster befinden, oft mit Wut auf die innere Spannung, weshalb es häufig zu intensiven Reaktionen gegenüber den Mitmenschen kommt, die in weiterer Folge wiederum ein Schuldgefühl bei uns selbst auslösen. Wir ziehen dadurch Personen an, welche die Opferrolle leben, also Menschen, deren Muster sich so gestaltet: „Bitte hilf mir, ohne dich komme ich nicht zurecht."

Fragen zur Selbstreflexion

» Fühlen Sie sich für das Glück der Menschen in Ihrem Umfeld verantwortlich?
» Haben Sie den Eindruck, dass andere Sie nur lieben, wenn Sie ihnen viel geben und stets Ja sagen?
» Merken Sie, dass die Mitmenschen immer mehr von Ihnen verlangen, je mehr Sie ihnen geben?
» Haben Sie Angst davor, verlassen und nicht beachtet zu werden, wenn Sie Nein sagen und Ihre Bedürfnisse deutlich äußern?

„Ich gebe dir alles und ich verlange alles von dir"

Durch diese Einstellung sind wir besitzergreifend und tun alles für den Menschen, den wir lieben. Oft unterstützen wir diese Person nicht in ihrer Selbständigkeit, sondern machen sie von uns abhängig. Wir versuchen dieses ungleiche Verhältnis beizubehalten und haben dadurch das Gefühl, die Kontrolle über den geliebten Menschen ausüben zu können. Wir kritisieren auch die Menschen, die mit uns in Beziehung stehen, um ihnen auf subtile Art und Weise Schuldgefühle einzureden. Wir wollen in ihnen den Gedanken keimen lassen, dass sie uns nicht verlassen und verletzen dürfen, da wir ja alles für sie tun und getan haben. Der Grundgedanke dieses Musters ist: „Ich habe dir alles gegeben, jetzt bist du mir gegenüber verpflichtet, du schuldest mir gerechterweise alles."
Wir haben bei diesem Muster eine tief sitzende Angst davor, verlassen zu werden. Aus diesem Grund stehen wir für die anderen zur Verfügung,

um ihnen zu zeigen, dass sie von uns Schutz und Unterstützung erwarten dürfen. Wir üben dadurch Kontrolle aus. Wenn sich der andere in einer Abhängigkeitsposition befindet, fühlen wir uns sicher. Die Grundgefühle, die sich durch diesen Glaubenssatz entwickeln, sind Angst, das Bedürfnis nach Kontrolle, Traurigkeit und das Gefühl, nie zur Ruhe zu kommen. Der Beigeschmack solcher Beziehungen, die durch den Filter dieses Musters geführt werden, ist das unterschwellige Gefühl, nie authentisch, lebendig oder gleichwertig zu sein.

Durch dieses Muster ziehen wir Personen mit wenig Selbstwertgefühl an, die unter dem Eindruck leiden, allein nichts zustande bringen zu können, oder die den inneren Drang verspüren, dienen zu müssen.

Fragen zur Selbstreflexion

» Haben Sie Angst, verlassen zu werden, wenn Menschen, die Sie lieben, einen Schritt in die Unabhängigkeit wagen?
» Fühlen Sie sich sicher, wenn Sie das Gefühl haben, dass andere Sie brauchen oder sogar von Ihnen abhängig sind?
» Geben Sie den anderen viel und sind Sie dann irritiert, fassungslos oder schockiert, wenn jene Ihre Großzügigkeit nicht schätzen?

Passives Reaktionsmuster

In diesem Fall ist man darauf bedacht, dass ungestillte Bedürfnisse aus der Kindheit von den anderen wahrgenommen und erfüllt werden. Dadurch zeigt sich ein starkes Verlangen nach Aufmerksamkeit, Bestätigung und Berührung, das die Mitmenschen unter Druck setzt. Eine Person mit diesem Muster macht sich klein und übergibt häufig die Verantwortung für ihre Entscheidungen und ihr Leben den anderen. Sie sucht unbewusst die elterliche, versäumte Liebe.

Jene Menschen, die mit ihr lange Beziehungen führen, fühlen sich verpflichtet, sich um sie zu kümmern und können sie – meist aufgrund ihres schlechten Gewissens – nicht verlassen.

Wenn sich unsere Reaktionsmuster in solch eine Richtung entfalten, ist es sehr schwierig, sie auch zu erkennen.

Bei einem Seminar über „Schattenintegration" saß eine 53-jährige, pummelige, allem Anschein nach gelassene Frau in der Runde. Sie hatte schon einige Jahre „Selbsterfahrung" hinter sich und erzählte, wie sie darauf kam, dass sie immer das Gefühl hatte, verlassen zu werden, wenn die anderen nicht auf sie Rücksicht nahmen. Sie war die Jüngste von sechs Geschwistern und kam auf die Welt, als die Mutter schon 45 Jahre alt war. In jener Zeit, als sie geboren wurde, war das für eine Frau in diesem Alter ein Grund zur Scham. Sie erzählte, sie hätte immer das Gefühl gehabt, ein Fehler und kein Segen Gottes für ihre Eltern zu sein. Sie sehnte sich als Kind nach der Mutter und wollte immer bei ihr bleiben. Sie spürte zwar deren Ablehnung und wollte dennoch von ihr geliebt werden. Obwohl ihre Schwester sich immer liebevoll um sie kümmerte, sehnte sie sich nach der Mutterliebe. Alles veränderte sich an jenem Tag, als sie wegen einer Unaufmerksamkeit in einen Wildbach rutschte und fast gestorben wäre. Das war der einzige Moment, wo sich ihre Mutter wirklich um sie kümmerte. Sie erinnerte sich genau, dass sie lange krank und schwach war, und die Mutter in ihrer Nähe blieb. Doch sobald sie wieder gesund war, kam die abgrundtiefe Ablehnung der Mutter wieder zurück. Sie erzählte dann, wie sie ab diesem Zeitpunkt immer kränker und kränker wurde. Erst im Rahmen ihrer „Selbsterfahrung" erkannte sie, dass all ihre Beschwerden das Ziel gehabt hatten, die Liebe der Mutter zu bekommen. Im Alter von 18 Jahren hörte alles auf, als sie schwanger wurde. Ihre Schwangerschaft verursachte eine weitere Trennung, denn die Mutter schämte sich für die Schwangerschaft der ledigen Tochter und zwang diese, zu heiraten. Die Frau erzählte dann weiter, sie hätte ihrer Mutter zuliebe geheiratet, und die Ehe lief die ersten zwei Jahre recht gut, mit ein paar Höhen und Tiefen, bis zu dem Tag, als sie bemerkte, dass ihr Mann sie betrog. Daraufhin wurde sie krank und war nicht mehr in der Lage, sich um ihr Kind zu kümmern. Sie erzählte, wie ihr nach und nach bewusst wurde, dass sie immer krank wurde, sobald Gefahr drohte und sich ihr Mann von ihr entfernte. Diese Situation ging bis zum 15. Lebensjahr ihres Sohnes. Als auch dieser schwer erkrankte und sich ihr Mann scheiden lassen wollte, fühlte sie sich zwar am Boden zerstört, konnte sich aber nicht in die nächste Krankheit flüchten, sondern musste für ihren Sohn stark sein. Dann begann sie eine Therapie und erkannte, dass sie in Beziehungen, in denen sie nicht das bekam, was sie brauchte, durch die Krankheit wieder zum kleinen Mädchen wurde, kränklich, schwach und bedürftig. Das war die Strategie, die ihr inneres Kind in frühen Jahren erlernt hatte, um mit Mutterliebe versorgt zu werden. Als ihr das bewusst wurde, veränderte sich die Qualität ihres Lebens. Sie wurde durch die intensive Arbeit an sich selbst in jeder Hinsicht zu einer emotional erwachsenen Frau und die Qualität der Beziehung zu ihrem Sohn und jede ihrer zwischenmenschlichen Beziehungen veränderten sich ins Positive. Sie erlebte Erleichterung und eine bislang unbekannte, beglückende Freiheit.

Wenn wir aus dem inneren Zwang unserer Überlebensstrategien aussteigen, wie in diesem Fall, öffnen sich unerwartete Entwicklungschancen und unberührte Ressourcen.

„Ich brauche dich, weil ich es allein nicht schaffe"

Dieser Glaubenssatz lässt eine Person in die Opferrolle geraten. Die Abhängigkeit der Person, die dieses Muster lebt, zeigt sich auf unterschiedlichen Ebenen, wie zum Beispiel der finanziellen oder der emotionalen. Diese Menschen sehen nicht über den Tellerrand ihrer eigenen Probleme hinaus und beschreiben sie in sehr dramatischer Art und Weise. Sie bewirken bei anderen Schuldgefühle und manipulieren sie damit, ohne dass es ihnen bewusst ist – mit Sätzen, wie in etwa: „Wie kannst du mir das antun, mir geht es schlecht." Ein Merkmal dieser Menschen ist, dass sie in ihrem Verhalten sehr unsicher sind und selten ihre Meinung äußern.
Sie manifestieren die Tendenz, ängstlich zu sein, und fühlen sich in ihrer

Einstellung zum Leben blockiert. Der Glaubenssatz, den sie vertreten, ist: „Ich schaffe mein Leben nicht, ich brauche Hilfe." Es ist ihnen aber meistens nicht bewusst. Ihr Körper zeigt oft eine gekrümmte Haltung. Sie haben eine leise, kindliche Stimme, sind ziemlich schweigsam und sagen nur das Notwendigste, außer wenn es darum geht, ihre eigenen Probleme und Themen zu beschreiben, und wenn sie sich nicht verstanden oder wahrgenommen fühlen.

Wenn es darum geht, sich zu beklagen und anderen Schuldgefühle zuzuweisen, dann können sie auch laut und aggressiv werden und sich sofort danach entschuldigen.

In der Kindheit hatten diese Menschen oft das Gefühl, zu kurz zu kommen, und sie haben gelernt, dass sie durch ihre Schwäche und Unfähigkeit Unterstützung bekommen. Sie fühlten sich in ihrer Kindheit oft nicht wahrgenommen und wurden häufig kritisiert. Aus dem Grund spüren sie eine tiefe Unsicherheit, die die Entwicklung ihrer Persönlichkeit beeinflusst hat. Ein Teil von ihnen ist wie ein kleines Kind, das noch immer Hilfe und Unterstützung braucht. In ihrer Verhaltensweise haben sie grundsätzlich das Gefühl, sich anpassen zu müssen, um nicht verlassen oder abgelehnt zu werden. Sie vermitteln den Eindruck, nicht stören zu wollen, aber mit subtiler Gestik, Mimik und Aussage signalisieren sie ihre Unfähigkeit, das Leben allein zu bewältigen, und geben anderen das Gefühl, dass sie deren Führung und Liebe brauchen.

In diesem Muster sind die Mitspieler meistens Menschen, welche die Verletzung des Verlassenwerdens erlebten, aber mit einem aktiven Reaktionsmuster darauf geantwortet haben. Menschen, die das Gefühl haben, sie seien für alle anderen verantwortlich, sie sollten für die anderen Lösungen finden und sie retten. Mitspieler sind auch mütterliche Typen, die natürlich Frauen oder Männer sein können und in diesem Fall die Person mit mütterlicher Fürsorge unterstützen. Solche Personen kommen früher oder später darauf, dass dieses „Kind" jedoch nie satt wird und immer das Gefühl hat, zu kurz zu kommen.

Menschen mit diesem Muster haben oft Beziehungen, Freundschaften,

Partnerschaften, die relativ schnell in die Brüche gehen, weil sie dem Gegenüber das Gefühl geben, nicht genug zu bekommen.

Diese Menschen glauben, sie hätten nicht genug Kraft, ihr Leben in eine konstruktive Richtung zu lenken. Das kann sich ändern, indem sie in erster Linie ihr Verhaltensmuster erkennen und bereit sind, auch durch therapeutische Hilfe, die Verantwortung für ihr eigenes Leben zu übernehmen.

Fragen zur Selbstreflexion

» Haben Sie das Gefühl, dass Sie nicht ohne die Menschen, die Sie lieben, überleben können?
» Verhalten Sie sich manchmal wie ein kleines Kind, wenn Sie sich überfordert fühlen?
» Haben Sie das Gefühl, dass Sie „brav" sind, um die Aufmerksamkeit derjenigen, die Ihnen wichtig sind, auf sich zu lenken?

„Ich komme zu kurz"

Personen mit diesem Glaubenssatz und Verhaltensmuster sind oft wütend und glauben, dass die Menschen in ihrem Umfeld sie benachteiligen. Sie haben das Gefühl, dass sich niemand um sie kümmert. Wenn wir diese Lebenseinstellung haben, verbalisieren wir unsere Bedürfnisse und unsere Erwartungen nicht, sondern lassen denjenigen, der uns enttäuscht hat, auf eine subtile Weise spüren, dass wir auf ihn wütend sind.
Menschen mit dieser Einstellung nehmen viel Platz ein. Sie leben nach dem Glaubenssatz „Ich komme zu kurz, niemand sieht mich und niemand nimmt Rücksicht auf meine Bedürfnisse". Sie wirken körperlich sehr angespannt. Oft hat ihre Stimme einen unfreundlichen oder wehklagenden Ton, sie agieren zuweilen hektisch und sind häufig starr in ihrer Mimik und Gestik.

In ihrer Kindheit fühlten sie sich nicht ernst genommen, ausgeschlossen, nicht unterstützt und vor allem benachteiligt. Meist hatten sie den Eindruck, im Vergleich zu den Geschwistern oder Mitschülern vernachlässigt zu werden, und erleben dies als Erwachsene weiterhin im beruflichen Umfeld, in der Partnerschaft oder in anderen zwischenmenschlichen Beziehungen.

Diese Menschen lernten nie, ihre Bedürfnisse zu äußern, und bestraften als Kind diejenigen, durch die sie vermeintlich benachteiligt wurden, indem sie sie ignorierten oder ihnen vorspielten, beleidigt zu sein, um deren Interesse zu erwecken. Wenn sie enttäuscht werden, drücken sie ihre Verletzung und Wut nicht verbal aus, sondern ziehen sich zurück und ignorieren denjenigen, der ihre Erwartungen nicht erfüllt hat. Sie brechen plötzlich Beziehungen ab und sind den Menschen gegenüber sehr kritisch, die sie ihrer Meinung nach enttäuscht haben. Wenn man versucht, sie konstruktiv mit ihrem Verhalten zu konfrontieren, bekommt man nur ausweichende Antworten.

Diese Menschen führen oft Machtspiele, um Liebe zu bekommen, indem sie anderen das Gefühl vermitteln, diese hätten ihnen etwas angetan. Mit ihren Aussagen und Handlungen erzeugen sie bei anderen auf subtile Art und Weise Schuldgefühle. Diese ahnen, dass sie möglicherweise die Person verletzt haben, wissen aber nicht warum. Diese Ungewissheit erzeugt in anderen das Gefühl, dass sie etwas wiedergutmachen sollten. Auf diese Weise gelingt es solchen Persönlichkeiten, das Interesse derjenigen, die die Erwartungen nicht erfüllt haben, auf sich zu lenken.
Mitspieler bei diesem Muster sind oft Menschen, die sich schuldig fühlen, Angst haben, zu stören, und sich für andere verantwortlich fühlen. Manchmal sind es Menschen, die auf emotionaler Ebene nicht Stellung beziehen und nicht offen über ihre Bedürfnisse und Gefühle sprechen wollen. Um sich aus der Spirale des Beleidigtseins zu befreien, hilft es, zu erkennen, dass die anderen nicht für die Erfüllung der eigenen Bedürfnisse zuständig sind.

Fragen zur Selbstreflexion

» Wenn ein geliebter Mensch ein Versprechen nicht hält, sind Sie dann auf ihn wütend?
» Ziehen Sie sich zurück, wenn Sie beleidigt sind, um dadurch die Aufmerksamkeit der Person, die Sie gekränkt hat, auf sich zu lenken?
» Wenn jemand Sie verletzt hat, versuchen Sie dann, bei dieser Person Schuldgefühle zu wecken?

„Ich liebe dich, wenn du weit weg bist"

Wer dieses Muster lebt, hat möglicherweise in der Kindheit viel Zeit allein verbracht. Das sind Menschen, die gelernt haben, aus der Ferne zu lieben. Wenn der geliebte Mensch weit weg ist, entwickeln sie glückliche Begegnungen in ihrer Vorstellung und nähren sich von inneren Bildern der Liebe, die sie auf Basis ihrer Empfindungen für die Person geschaffen haben. Mit diesem Reaktionsmuster gerät man häufig in Fernbeziehungen und lebt dadurch immer wieder in der Sehnsucht, den geliebten Menschen nach langer Pause zu treffen. In dieser freudigen Erwartungshaltung fühlt man sich wohl.

Wenn wir diese Art der Liebe entwickelt haben, bringt uns das innere Muster dazu, uns in der Abwesenheit des geliebten Menschen ein Bild von diesem zu machen, das oft ein Idealbild ist und unsere Erwartungen erfüllt, jedoch selten der realen Person entspricht. Natürlich darf man nicht vergessen, dass es überaus schwierig ist, von außen zu beurteilen, wie eine Person „tatsächlich" ist.
So schwankt man zwischen dem Bedürfnis, sich zu öffnen, und der Tendenz zur Einsamkeit, da man vor jeder Form der Enttäuschung sicher ist, wenn man aus der Ferne liebt. Man muss sich auf diese Weise nicht mit den Schwierigkeiten, die sich in einer konkret gelebten Partnerschaft ergeben, auseinandersetzen – auf der anderen Seite ist die Sehnsucht danach, eine wirkliche Beziehung zu leben, durch-

aus vorhanden. Man baut Luftschlösser und wird immer wieder enttäuscht, da weder die Realität noch die Menschen, die man liebt, den eigenen Erwartungen entsprechen können. Oft reagiert man traurig oder verzweifelt und begibt sich in die Isolation.

Aufgrund unseres Verhaltensmusters ziehen wir Charaktere an, die sich gerne zurückziehen und vor uns verstecken. Das sind oft Menschen, die auch weit weg wohnen oder beruflich bedingt wenig präsent sein können. Es handelt sich dabei um Personen, die Angst davor haben, zu lieben, und die – wie wir selbst – ein Idealbild von einem Partner und einer Beziehung haben.

Fragen zur Selbstreflexion

» Haben Sie oft Fernbeziehungen geführt?
» Haben Sie ein Idealbild der Menschen, die Sie lieben, und leiden Sie sehr, wenn dieses innere Bild bei echten Begegnungen nicht erfüllt wird?
» Haben Sie sich in Ihrer Kindheit einsam gefühlt?
» War ein Elternteil oft längere Zeit weg und haben Sie auf seine Rückkehr sehnsüchtig gewartet?

2.2 Die emotionale Verletzung der Ablehnung

In zwischenmenschlichen Beziehungen Akzeptanz und Zugehörigkeit zu erfahren, unterstützt den persönlichen authentischen Ausdruck. Der Mensch ist ein soziales Wesen. Er braucht ein Beziehungsnetz, in dem er sich zugehörig und unterstützt fühlt.
Genau diese Gefühle haben wir nicht erfahren, wenn wir die emotionale Verletzung der Ablehnung erlitten haben. Diese Verletzung entsteht in der frühesten Kindheit. Oft beginnt sie bereits vor der Geburt, wenn die Eltern aus unterschiedlichen Gründen ihr Kind nicht annehmen können. Das zieht sich in weiterer Folge durch das ganze Leben. Die Person, die unter diesem emotionalen Schmerz leidet, fühlt sich in vielen Situationen abgelehnt und interpretiert viele Aussagen oder Handlungen von anderen als Zeichen der Ablehnung Sie erlebt Beziehungen und Situationen durch den Filter des Gefühls: „Niemand nimmt mich war und niemand liebt mich."
Ein Kind fühlt sich abgelehnt, wenn es in seiner Individualität nicht akzeptiert wird, wenn das, wofür es sich interessiert, nicht angenommen wird und man versucht, es nach standardisierten Werten und Vorgaben, die keine Rücksicht auf sein Naturell nehmen, zu maßregeln. Ein Kind, das dieses Muster hat, zieht sich in seine eigene Fantasiewelt zurück, um dort seine Bedürfnisse nach Geborgenheit zu stillen.
Zu diesem Gefühl der Ablehnung führen oft auch Situationen, in denen mit dem Kind kein wirklich tiefer emotionaler Austausch stattfindet. Wenn man diese Verletzung in der Vergangenheit erlebt hat, ist man im natürlichen Selbstausdruck massiv eingeschränkt und fühlt sich nicht liebenswert.

Wirkung auf den Charakter

Emotionale Lage
Menschen, die unter dieser Verletzung leiden, haben das Gefühl, nie richtig wahrgenommen zu werden. Sie fühlen sich unverstanden und nicht anerkannt in ihren Talenten. Ihr Grundgefühl ist: „Ich werde mich nicht öffnen, weil ich nicht verletzt werden will." Es ist häufig der Fall, dass Menschen mit dieser tiefen Verletzung das Verhalten anderer sehr persönlich nehmen und sich zurückziehen, wenn sie sich abgelehnt fühlen.

Sie empfinden sich selbst als Zuschauer ihres eigenen Lebens und haben den Eindruck, das Leben gehe an ihnen vorbei. Die Person, die diese Überzeugung verinnerlicht hat, glaubt, auf der Stelle zu treten und isoliert zu sein. Sie vermeidet jeglichen tiefen Kontakt, weil sie den Schmerz der Ablehnung nicht wieder erleben möchte.

Oft sind solche Persönlichkeiten auch sehr ungeduldig, weil sie in ihrer Wahrnehmung auf der Stelle treten. Sie sehen die Realität und die anderen durch den Filter der Ablehnung, weshalb sie regelrecht ausstrahlen: „Lass mich in Ruhe" oder „Ich will mit dir nichts zu tun haben". Wer eine Ablehnung erfahren hat, wird meistens vorsichtig und fühlt sich in zwischenmenschlichen Beziehungen unfähig, Kontakt mit den anderen aufzunehmen.

Körperlicher und verbaler Ausdruck
Sie vermitteln den Eindruck, mit ihrem Körper nicht zu viel Raum einnehmen zu wollen, und sind oft sehr schlank, richtiggehend schmächtig. Eine Person mit dieser Verletzung sitzt meist relativ weit vorne am Sessel, mit angespannten Schultern und leicht nach vorne geneigtem Oberkörper, so, als ob sie sich in Startposition befinden würde. Man hat das Gefühl, dass solche Personen nicht erreichbar sind, ihr Blick ist unruhig und schweift ständig ab, nur selten halten sie langen Blickkontakt aus. Zur Selbstbeschreibung bevorzugen sie Sätze wie: „Ich bin nicht interessant, ich bin nichts wert, ich habe nichts zu sagen", „Ich fühle mich ausgeschlossen, nicht gesehen".

Sie verwenden in ihrem Sprachausdruck Wörter wie: nichts, wertlos, Null, Versager oder „sich blockiert fühlen". Ihre Sprache beschreibt ihre empfundene Wertlosigkeit. Häufig bringen sie auch ihr Gefühl, unsichtbar zu sein, zum Ausdruck und sagen Sätze wie: „Ich würde mich gerne verflüchtigen und auflösen."

Verhaltensstrategien
Diese Person ist ständig auf der verzweifelten Suche nach Liebe und Akzeptanz durch die geliebten Menschen. Sie ist darauf bedacht, die anderen nicht zu enttäuschen und deren Erwartungen zu erfüllen. In ihrem Verhalten sind diese Menschen vorsichtig und oft auch perfektionistisch, da sie Angst haben, Fehler zu begehen und dafür kritisiert zu werden. Sie lehnen sich selbst ab und vergleichen sich stets mit anderen. Dieser Mensch kann kaum glauben, dass er geliebt wird. Er hat ständig das Gefühl, der Liebe nicht wert oder für die anderen ein Hindernis zu sein.

Er bezieht das Verhalten anderer gerne auf sich und interpretiert es als Ablehnung ihm gegenüber. Es ist schwierig, ihn vom Gegenteil zu überzeugen. Die größte Angst für ihn ist es, keinen Ausweg mehr zu haben. Dieser Mensch erträgt es nicht, keine Möglichkeit des Rückzugs zu haben. Er ist in der Tat auf Alarmbereitschaft programmiert und immer bereit, sich zu verstecken, wenn die Gefahr der Ablehnung droht; meistens ist er auf Selbstschutz fokussiert. Menschen, die das Gefühl haben, abgelehnt zu werden, erleben immer wieder Situationen, in denen sie sich nicht ernst genommen fühlen.

Hilfestellung
Die Verletzung der Ablehnung heilt, wenn die Person ihre Bedürfnisse wahrnimmt und lernt, sich selbst mitzuteilen. Essenziell für die Heilung ist die Bereitschaft, zu träumen, zu improvisieren und sich vom Leben überraschen zu lassen.

Aktives Reaktionsmuster

Das aktive Reaktionsmuster manifestiert sich in der Tendenz, den Kontakt mit den Mitmenschen auf subtile Art und Weise zu vermeiden und sich aus Selbstschutz zurückzuziehen. Ein Verhalten, das zu Wut und Aggression führt. In letzterem Fall ist die emotionale Ebene sehr geladen, geprägt von einer Gefühlsmischung aus Traurigkeit, Ohnmacht, Wut und sogar Aggression.
Wenn die Person das Grundgefühl der Ablehnung isoliert und erkennt, dass sie einen alten, verinnerlichten Schmerz immer wieder vergegenwärtigt, kann ein enormes Potenzial an Kraft und Lebensfreude frei werden, wie uns die Erfahrung einer brillanten 40-jährigen Geschäftsfrau vor Augen führt:

Die schlanke, freundliche Dame besuchte vor einiger Zeit einen meiner Tanzworkshops. Sie stand am Rand der Gruppe und war streng darauf bedacht, die Blickkontakte mit den anderen zu vermeiden. Während des Tanzens drückte ihr Körper Lebendigkeit und Freude aus, aber verdeutlichte auch ihr tiefes Bedürfnis, davonzulaufen und nicht aufzufallen oder sogar unsichtbar zu bleiben. Nur während des Tanzes war sie frei in ihrem körperlichen Ausdruck, ohne Musik wurde sie ruhig und scheu. In einer Gruppenarbeit im Rahmen des Workshops saß sie still am Rand der Gruppe. Wenn es darum ging, ihre Meinung zu hören oder sie in die Arbeit zu involvieren, sagte sie immer: „Ich kann nichts, ich weiß es nicht, es ist nicht so wichtig."
Während meines Seminars erzählte sie in einer kleinen Gruppe, dass sie sich beobachtet und ängstlich fühlte. Es fiel ihr schwer, über sich selbst zu erzählen. Nach einer Stunde freien Tanzens war sie etwas lockerer und wirkte gelassen.
Beim Meditieren kam sie in Berührung mit dem Gefühl aus ihrer Kindheit, abgelehnt zu werden. Bei der Gesprächsrunde am Ende des Tanzes schilderte sie, welches Bild sie beim Tanzen wahrgenommen hatte. Sie sah sich selbst als kleines Mädchen am Kinderspielplatz. Damals war ihr zum ersten Mal bewusst geworden, dass ihre Mutter

sich nicht für sie interessierte. An jenem Tag brachte ihre Mutter sie zu den Schaukeln. Die Mutter setzte sich selbst auf eine Bank in der Nähe, wo sie ein intensives Gespräch mit einem Mann führte. Dieser Mann war der damalige Geliebte der Mutter, der später nach der Scheidung der Eltern ihr Stiefvater wurde. Das Mädchen war allein auf der Schaukel und wünschte sich nichts sehnlicher, als die Mutter bei sich zu haben.

Als sie nun darüber sprach, war sie sehr traurig, aber gleichzeitig auch erleichtert. Es wurde ihr bewusst, dass sie seit früher Kindheit das Gefühl hatte, von ihrer Mutter abgelehnt zu werden.

Die Szene am Kinderspielplatz war für die Frau ein sehr treffendes Symbol ihres Schmerzes. Nun spürte sie auch den Schmerz der Mutter: Diese fühlte sich damals in der Ehe mit ihrem Vater gefangen. Sie erinnerte sich, wie sie damals auf der Schaukel lange weinte und vergeblich nach der Mutter rief. Sie wusste noch, dass die Mutter mit den Händen ihr Gesicht versteckte und mit dem Rücken zu ihr stand. Erst jetzt wurde ihr bewusst, dass die Mutter möglicherweise weinte und sich nicht so zeigen wollte. Schließlich nahm eine fremde Person das Kind aus der Schaukel und versuchte es zu trösten. Danach kam ihre Mutter und entriss es der fremden Person. Später sagte sie zum Kind: „Ich kann dich nicht mehr ertragen, du bist immer so weinerlich." Da hatte sie das erste Mal das Bedürfnis, davonzulaufen und zu verschwinden, um die Mutter nicht zu stören.

Während des Erzählens wurde ihr bewusst, wie oft sie in ihrem Leben in dieses Verhaltensmuster geraten war und in vielen Situationen des Alltags auf dieselbe Weise reagierte. Einerseits wollte sie nicht auffallen und wollte einfach verschwinden, andererseits verletzte es sie, dass die anderen sie nie richtig zur Kenntnis nahmen. Das Bild, das während des Tanzens aus ihrem Unbewussten auftauchte, half ihr, sich zu öffnen. Es wurde ihr klar, dass ihre Verhaltensweise kein Charakterzug war, wie sie immer dachte, sondern ein Verhaltensmuster, um dem Schmerz der Ablehnung zu entgehen.

Wir bildeten später einen Kreis um sie und ließen sie in die Mitte der Gruppe tanzen. Mutig ergriff sie diese einmalige Möglichkeit und begann anfänglich sehr vorsichtig und unrhythmisch. Als sie sich dann mit dem Bild der Kleinen auf der Schaukel verband, brachte sie im Tanz den Schmerz des Kindes in Form von Schreien zum Ausdruck. Daraufhin begann sie, sich erstaunlicherweise frei und rhythmisch zu bewegen. Aus einem Tanz des Schmerzes wurde ein Tanz der Freude.

Am Ende des Workshops wirkte sie entspannt, frei und gelassen. Nach zwei Monaten kam sie zum nächsten Treffen und war noch etwas vorsichtig und ruhig, aber schon kommunikativer und offener. Sie erzählte über die Veränderung in ihrem Leben und dass es für sie ein großer Gewinn war, erkannt zu haben, dass sie nicht stört, wenn sie sich öffnet. Sie war glücklich über diese Veränderung und erkannte, dass sie noch eine lange Strecke auf dem Weg zur inneren Freiheit vor sich hatte. Ihre Körpersprache veränderte sich und sie hörte auf, zu beteuern: „Ich kann nicht, ich weiß nicht, besser nicht."

Ein Jahr später kam sie zu einem meiner Vorträge und wirkte frei und glücklich. Sie erzählte, dass sie sich mit ihrer Mutter versöhnt hatte, indem sie diese bat, alles zu schildern, was damals abgelaufen war. Sie wusste nun, dass sich ihre Mutter, als sie mit ihr schwanger gewesen war, in der Beziehung gefangen gefühlt hatte. Die Mutter war damals traurig, blockiert und darauf fokussiert, aus der Beziehung auszubrechen. Die Schwangerschaft war ein großes Hindernis für ihre Freiheit. Es wurde ihr bewusst, wie viel Schmerz ihre Mutter damals in sich getragen hatte. Ab dem Zeitpunkt, an dem sie erfuhr, dass ihre Mutter sie nicht abgelehnt hatte, sondern einfach mit ihrem eigenen Schmerz überfordert gewesen war, löste sich langsam das Gefühl der Ablehnung aus ihrer Wahrnehmung. Sie wurde sicherer in ihren zwischenmenschlichen Beziehungen und fühlte sich auch mehr akzeptiert und wahrgenommen von den anderen Menschen. Es gelang ihr, sich auf ihre Partnerschaft einzulassen und zu vertrauen.

Wie dieses Beispiel eindringlich zeigt, trennt uns die Verletzung der Ablehnung von anderen Menschen, weil wir uns, von der Angst begleitet, andere zu stören, immer mehr zurückziehen. Ein Schritt zur Heilung wird getan, wenn man das Gefühl der Ablehnung erkennt und Verständnis für die eigene Geschichte und das Verhalten der Eltern entwickelt.

Folgende Glaubenssätze verdeutlichen mögliche Manifestationen dieser emotionalen Belastung auf den Charakter.

„Wenn du mich verletzt, ziehe ich mich zurück"

Menschen mit diesem Verhaltensmuster sind sehr vorsichtig und darauf fokussiert, sich von ihren Mitmenschen nicht verletzen zu lassen. Aus diesem Grund haben sie ein tiefes Misstrauen und achten vor allem darauf, respektvoll behandelt zu werden. Wachsam und ständig auf der Hut beobachten sie ihre Mitmenschen. Es fällt ihnen schwer, die Verletzungen, Missverständnisse und traumatisierenden Erfahrungen aus der Vergangenheit loszulassen.
Sie leben mit der Einstellung, jeder könnte ihnen wehtun. Durch ihre Verwundung entwickeln sie auch selbst ein sehr verletzendes Verhalten anderen gegenüber. Sogar in ihrer Körpersprache wirken sie argwöhnisch und beobachtend.
Sind sie verletzt, werden sie von Wut und Aggression geleitet und erscheinen dadurch entschlossen und stark. Ihre Mimik wird dadurch lebhafter und zum Teil sogar hektisch. In ihrem Sprachausdruck sind sie im Grunde vorsichtig und diplomatisch, werden jedoch aggressiv und verletzend, wenn sie das Gefühl haben, respektlos behandelt zu werden.
Die Erfahrung der Ablehnung erlebten sie bereits in der Kindheit, wo ihnen weder Akzeptanz noch Zugehörigkeit vermittelt wurde. Das Abgelehntwerden verbinden sie häufig mit dem Gefühl von Ungerechtigkeit. Sobald sie in eine ähnliche Situation geraten, in der

sie missverstanden und nicht ernst genommen werden könnten oder Gefahr laufen, verletzt zu werden, verschließen sie sich innerlich sofort, ziehen sich wortlos zurück und schlucken ihre Wut hinunter. Nur wenn sie die Wut nicht länger unterdrücken können, teilen sie den anderen mit, was sie empfinden und werden verletzend und aggressiv. Einerseits sind sie misstrauisch und gute Beobachter geworden, andererseits haben sie den Wunsch, sich zu öffnen. Speziell bei Berührungen sind sie sehr vorsichtig. Oft ist es für Menschen in ihrem unmittelbaren Umfeld schwierig, mit dieser hohen Empfindlichkeit zurechtzukommen, da jene sich ständig beobachtet fühlen.

Ihre Strategie, Liebe zu bekommen, ist, den anderen das Gefühl zu geben, dass man sie verletzt hat. Dadurch erwecken sie Schuldgefühle in anderen, die sich wiederum um sie bemühen. Menschen, die dieses Verhaltensmuster aufweisen, haben oft Schwierigkeiten in Beziehungen, vor allem weil sie misstrauisch und prüfend wirken. Wenn man diese Verhaltensweise lebt, versteckt sich in der Person eine tiefe Wut, die durch die Ablehnung entstanden ist. Man ergreift die Flucht, wenn man sich ungerecht behandelt fühlt und wenn man den emotionalen Schmerz spürt. Durch diesen Rückzug will man den anderen bestrafen. Durch die Fluchtstrategie nährt man innerlich oft die unbewusste Hoffnung, der andere merke durch die Abwesenheit, wie wertvoll man tatsächlich ist und wie ungerecht man behandelt wurde.

Mitspieler dieser Menschen sind meist Persönlichkeiten, die dazu neigen, sich schuldig und verantwortlich zu fühlen. Derjenige, der sich schuldig fühlt, bemüht sich meist über einen langen Zeitraum hinweg, den anderen nicht zu verletzen, ihm alles recht zu machen und gerecht zu handeln. Wenn es zu einer derartigen Beziehung kommt, triumphiert irgendwann schließlich die Isolation über beide. Eine wesentliche Hilfe für diese Menschen ist es, ihre Bedürfnisse zu äußern und zu erklären, warum sie sich verletzt fühlen, dies aber, ohne das Gegenüber dafür verantwortlich zu machen.

Fragen zur Selbstreflexion

» Fühlen Sie sich oft verletzt und ungerecht behandelt?
» Wenn Sie sich ungerecht behandelt fühlen, ziehen Sie sich zurück?
» Sind Sie grundsätzlich misstrauisch anderen Menschen gegenüber?

„Du darfst mich nicht verletzen – ich zeig's dir!"

Menschen, die dieses Muster in sich tragen, haben oft in ihrer Vergangenheit mehrere Erlebnisse mit Aggression erfahren und leben mit dem Gefühl der Unsicherheit. Diese Verletzung entsteht häufig in der Kindheit, wie die meisten Verletzungen. Der leitende Glaubenssatz dieser Menschen ist: „Ich zeige es dir!"
Sie haben das Gefühl, ihren Mitmenschen beweisen zu müssen, dass sie stark sind, alles im Griff haben und Bescheid wissen. Sie sind stets angriffsbereit und wirken deswegen auf die anderen sehr aggressiv oder sogar streitsüchtig. Diese Menschen haben sich in ihrer Kindheit häufig dem Zorn und der Aggression der Erwachsenen ausgeliefert gefühlt. Sie wurden auf verletzende Art und Weise behandelt und erfuhren selten Wertschätzung und Unterstützung in ihrer Entwicklung. Selbst als Erwachsene haben sie noch immer das Gefühl, dass ihre Größe nicht respektiert wird und sie zu kurz kommen. Sie bemühen sich, selbstbewusst und entschlossen zu wirken.
Ihre Körpersprache zeigt eine hohe Anspannung, die auf die Bereitschaft zum Angriff hinweist. Ihre Stimme wirkt, wenn sie sich abgelehnt fühlen, laut und sehr bestimmend. Oft sagen sie Sätze wie: „Was bildest du dir eigentlich ein, mich so zu behandeln?! Wer gibt dir das Recht, meine Bedürfnisse und meine Größe nicht zu sehen?"
Sie wollen etwas Besonderes sein und bestehen darauf, dass die anderen sie wertschätzen. So kompensieren sie ihr Gefühl, nicht wahrgenommen zu werden. Dahinter steckt ein hoher Gerechtigkeitssinn. Mitspieler dieser Menschen sind meist Persönlichkeiten, die sich selbst als hilflos und schwach empfinden und nicht in der Lage

sind, auf sich selbst aufzupassen. Sie suchen nach einem Vater- oder Mutterersatz, der sie schützt und begleitet.

Was diesen Menschen hilft, ist, die Beziehung zu den eigenen Eltern zu klären und einen konstruktiven Umgang mit ihren Aggressionen zu finden. Wenn sie erkennen, dass niemand sie absichtlich verletzt und jeder im Grunde durch den Filter eigener Verletzungen handelt, und wenn sie bereit sind, die eigene Größe anzuerkennen, dann können sie den Schutz, den diese Verhaltensweise bietet, loslassen.

Fragen zur Selbstreflexion

» Haben Sie das Gefühl, dass Ihre Größe nicht anerkannt wird?
» Versuchen Sie, stark und selbstbewusst zu wirken?
» Reagieren Sie aggressiv, wenn Sie fühlen, dass jemand Sie nicht ernst nimmt?

Passives Reaktionsmuster

Viele Menschen, welche die emotionale Verletzung der Ablehnung erlebt haben, reagieren in weiterer Folge mit Selbstablehnung. Wenn der Schmerz tief sitzt und die Erfahrung des Abgelehntwerdens in der Kindheit sehr intensiv und über einen langen Zeitraum hinweg stattgefunden hat, beginnt die Person, sich selbst abzulehnen. In ihr keimt die Überzeugung, kein Glück und keine Liebe zu verdienen. Durch diese innere Einstellung sabotiert man auf subtile Art und Weise das eigene Glück, sieht nur das Negative und Fehler im eigenen Verhalten und zieht sich zurück.

Die Person mit diesem Reaktionsmuster ist der Meinung, dass sie alle negativen Ereignisse des Lebens verdient und dass die Probleme, die ihr auf dem Lebensweg begegnen, eine Strafe für sie bedeuten. In diesem passiven Reaktionsmuster sieht sich die Person mit den Augen der Menschen, die sie abgelehnt haben. In ihrem Kopf schwirren oft

Meinungen und Urteile herum, die andere über sie geäußert haben, zum Beispiel: „Du bist dumm, du wirst es niemals schaffen, ich habe keine Zeit für dich, lass mich in Ruhe, störe mich nicht." Durch dieses Reaktionsmuster empfindet ein Mensch sein Leben als pure Stagnation und manchmal sogar als Strafe.

Wie das folgende Beispiel darstellt, ist es schwierig aus diesem Zustand herauszukommen, mit Vertrauen in die eigene Kraft ist es jedoch möglich.

Eine 33-jährige Frau, die sehr vorsichtig und ausweichend wirkte, besuchte eines Tages ein von mir geleitetes Seminar zum Empathietraining. Ihre Absicht, die sie am ersten Tag des Seminarzyklus äußerte, war es, zu versuchen ihre Verletzung zu heilen und ihre selbstablehnende Haltung zu lösen. Die reflektierte, ruhige und zurückhaltende Frau hatte in ihrem Leben oft die Erfahrung gemacht, sich schuldig zu fühlen und sich zu schämen. Am ersten Tag brachte sie im Rahmen der Vorstellungsrunde mit Mut und sicherer Stimme zum Ausdruck: „Ich möchte endlich einmal in meinem Leben das Gefühl haben, mich selbst zu lieben." Nach dem vierten Tag des Seminarzyklus begann die Frau, sich zu öffnen. Sie erzählte ihre Kindheitsgeschichte und die war voll mit tiefsten Ängsten. Sie berichtete über die Umstände ihrer Kindheit. Sie war gerade ein paar Tage alt, als ihre Mutter wieder zurück zur Arbeit ging. Sie wurde auf einem Bauernhof geboren, wo es viel zu tun gab und wenig Arbeitskräfte vorhanden waren. Weil das Stillen zu viel Zeit und Kraft in Anspruch genommen hätte, wurde sie nur für kurze Zeit gestillt und dann von der älteren Tante ihrer Mutter gepflegt, wie ihr die Mutter selbst erzähle. Ihre Großtante war eine betriebsame, kalte und pflichtbewusste Frau, die sie versorgte und fütterte, ihr aber kaum zwischenmenschliche Wärme geben konnte. Sie wuchs also materiell versorgt auf, wurde auch früh gebraucht, um am Bauernhof mitzuarbeiten, fühlte sich aber abgelehnt, weil niemand für sie Zeit hatte und keiner jemals auf die Idee kam, zu fragen, wie es ihr ginge und ob sie etwas brauchte.

Sie versuchte, wie sie erzählte, immer mehr Liebe und Aufmerksamkeit von ihrer Mutter und auch von ihrem Vater zu bekommen, wurde aber nur beachtet, wenn sie brav war oder arbeitete. Sie schilderte, dass sie bis zum achten Lebensjahr immer noch die Hoffnung hatte, von den anderen wahrgenommen zu werden – bis zu dem Tag, als sie zu glauben begann, ein schlechter Mensch zu sein. An jenem Tag ging sie zur Schule, saß dann dort und hatte die Hausaufgaben vergessen. Ihr Schulfreund sagte zu ihr einige schlimme Dinge: „Deine Eltern lieben dich nicht, sie brauchen dich nur für die Arbeit." Er war ein Nachbarskind, das diese Aussage bei einem Gespräch von Erwachsenen mitgehört hatte, welche sich, wie so oft üblich, über die Angelegenheiten anderer Gedanken machten. Als sie diesen Satz hörte, so schilderte sie mit luzider Klarheit, kamen ihr die Tränen und sie begann, den Schulfreund mit blinder Wut zu schlagen. Es war für sie niederschmetternd, das gehört zu haben, aber das Schlimmste war, als die Lehrerin die beiden Raufenden voneinander trennte und sagte: „Du bist ein böses, gemeines Kind, deinen Freund zu prügeln." Die Lehrerin kam nicht auf die Idee zu fragen, warum sie so handelte. Und seit diesem Tag fürchtete sie sich vor der Schule, weil immer wieder jemand sagte, sie sei ein schlechtes Kind. Sie wurde zum Sündenbock in der Klasse und mehrere schoben ihr die Schuld für diverse Geschehnisse zu. Durch diese Ablehnung und die Ereignisse in der Schule verwurzelte sich das Gefühl, ein schlechter Mensch zu sein und keine Liebe zu verdienen, immer tiefer. Die Überzeugung, kein Glück zu verdienen, verankerte sich.

Durch die Arbeit im Rahmen des Trainings kamen die Erinnerungen der Vergangenheit, die ihr ein Leben lang in den hintersten Winkeln des Unbewussten verborgen geblieben waren, klar hervor. Zwei Monate später beim Übungsabend wirkte sie wesentlich erleichtert und selbstsicher. In der Zwischenzeit hatte sie eine Therapie begonnen und führte jeden Tag ihr Übungsprogramm durch.
Sie empfand wieder Freude am Leben und fühlte sich nicht mehr minderwertig. Die Veränderung wurde langsam sichtbar und sie begann,

aufrechter zu gehen, sich selbst mehr zuzutrauen und Hoffnung zu haben. Sie war beim nächsten Treffen, sechs Monate nach Anfang des Seminarzyklus, wesentlich freier und ihr Lächeln strahlte wie nie zuvor.

Diese Lebenserfahrung zeigt: Die Verletzung der Ablehnung sitzt tief und bedarf der Entschlossenheit und Unterstützung für ihre Auflösung. Die ersten Schritte zu mehr Selbstwert sind die Offenheit und der Wunsch, sich selbst zu spüren und anzunehmen.

„Ich sabotiere mein Glück, mein Leben"

Dieser Glaubenssatz wird von Selbstablehnung und einer pessimistischen Lebenseinstellung begleitet. Diese Menschen sind der Meinung, dass ihnen nichts gelingt und es für sie sowieso keine Hoffnung gibt. Menschen, die dieses Muster leben, fühlen sich traurig und vom Leben bestraft. In der Kindheit haben sie oft die Erfahrung gemacht, abgelehnt zu werden, und fühlten sich schuldig und verantwortlich für familiäre Probleme.
Ihre Körpersprache lässt eine reservierte Einstellung erahnen, auch durch die leicht nach vorne gekrümmte Haltung des Rumpfes. Sie wirken unsicher und ihre Stimme hat einen klagenden Tonfall. Wenn sie gekränkt oder durch ihre negative Einstellung blockiert sind, verstärken sich diese Körpersignale und sie verhalten sich wie ein verletztes Kind. Sie fallen in das Alter zurück, in dem die Verletzung stattgefunden hat.

Im Erwachsenenalter empfinden diese Menschen das Leben als mühsam und anstrengend. Sie nähren negative Gedanken über sich selbst und die Zukunft. Diese Einstellung drückt sich durch eine kritische Haltung den anderen Menschen gegenüber aus. Aus Angst und Misstrauen heraus verletzen sie die Menschen, die ihnen Zuwendung und Zeit widmen, und versuchen sie von sich wegzustoßen.

Durch dieses Verhalten schützen sie sich präventiv vor Ablehnung und vor dem Verlassenwerden. Durch die verinnerlichte Überzeugung, nicht liebenswert zu sein, und die Angst, in Beziehung zu treten, behandeln sie die Menschen, die sie lieben, schlecht und abwertend. Dahinter steckt die Absicht, jene auf die Probe zu stellen. Denn sie sind der Annahme, dass die anderen sie nur dann tatsächlich liebten, wenn sie auch ihr Verhalten erdulden würden.

Mitspieler in diesem Fall sind Persönlichkeiten mit ausgeprägtem Helfersyndrom, die die ablehnende Haltung dieser Menschen entschuldigen.
Menschen, die dieses Verhaltensmuster aufweisen, kämpfen mit dem Leben und mit sich selbst. Sie sind der Überzeugung, dass sie alles versuchen, um aus der negativen Spirale herauszukommen, es ihnen aber nicht gelingen kann, da ihre Situation ohnehin hoffnungslos ist. Dies erzeugt in ihnen Frustration und Niedergeschlagenheit.
Was ihnen helfen kann, ist die Aufarbeitung ihrer Kindheit durch therapeutische Hilfe und die Erkenntnis, dass ihre negative Lebenseinstellung die schwierigen Umstände ihrer Existenz und ihrer komplizierten Beziehungen verursacht. Einen positiven Fokus zu trainieren führt sie allmählich aus der Spirale des negativen Denkens und der Frustration heraus.

Fragen zur Selbstreflexion

» Haben Sie beobachtet, dass in Ihrem Leben oft kurz nach einem Erfolg oder gerade, wenn es Ihnen gut geht, immer wieder etwas passiert, das Ihr Glück zerstört?
» Sind Sie anderen gegenüber sehr kritisch und abwertend?
» Bemerken Sie manchmal die Tendenz an Ihnen, sich selbst zu bestrafen?

"Ich werde nicht ernst genommen"

Menschen mit dieser Einstellung ziehen sich zurück und sind beleidigt, wütend und teilweise hasserfüllt, wenn sie das Gefühl haben, von den anderen nicht ernst genommen und respektvoll behandelt zu werden. Wenn die Verletzung sehr tief ist, lassen sie keine neue Verbindung mehr zu.
In diesem Muster spielt auch die Wunde der Ungerechtigkeit eine große Rolle. Die Körperhaltung wirkt nach außen hin meist verschlossen, oft sind die Beine unter dem Knie gekreuzt.
Menschen mit diesem Muster fällt es schwer, Beziehungen zu führen. Befindet sich zum Beispiel solch eine Person mit ihrem Partner in einer Gruppe, so glaubt sie, dieser nehme alle anderen in der Gruppe wahr, nur gerade sie selbst nicht.
Sie verspüren den inneren Drang, Bestätigung von außen zu bekommen. Dadurch finden sie oft die unpassendsten Momente, um Aufmerksamkeit zu verlangen. Diese Situation konfrontiert sie mit Ablehnung, weil die anderen sich durch dieses Verhalten unter Druck gesetzt fühlen. Diese Menschen versuchen durch diese unbewusste Verhaltensweise, die anderen auf die Probe zu stellen: Denn wären sie für jenen Mitmenschen, der gerade viel zu tun hat, tatsächlich wichtig, dann würde dieser wohl die momentane Tätigkeit unterbrechen und ihnen seine Aufmerksamkeit widmen.

Oft beklagt man sich über die anderen und merkt sich genau, wie, wann und weshalb sie einen unaufmerksam behandelt haben. Durch die Verletzung der Ablehnung behält man jedes Wort im Gedächtnis und kann viele Jahre später noch beschreiben, in welchen Situationen und auf welche Art und Weise man benachteiligt worden ist.
Diese Einstellung ähnelt der des Glaubenssatzes „Ich komme zu kurz", welcher sich meistens aus der Verletzung des Verlassenwerdens ergibt. Wenn man dieses Verhalten an den Tag legt, zieht man Menschen an, die sich oft schuldig fühlen und sich bemühen, es allen recht zu machen. Und obwohl diese Menschen immer mehr geben, verlangt

man noch mehr von ihnen, vor allem, dass sie sich vorbehaltlos an Vereinbarungen halten.

Fragen zur Selbstreflexion

» Haben Sie das Gefühl, dass die Menschen, die Sie lieben, Sie ignorieren?
» Haben Sie, wenn Sie unter Leuten sind, oft das Gefühl, dass alle anderen bevorzugt werden und Sie einfach ignoriert oder auch ungerecht behandelt werden?
» Haben Sie das Gefühl, die anderen nehmen von Ihnen, aber wenn Sie etwas brauchen, sind sie nicht da?

2.3 Die emotionale Verletzung der Ungerechtigkeit

„Das ist ungerecht." Wie oft haben wir diesen Satz im inneren Dialog gehört und dabei an die verschiedensten Menschen oder Situationen gedacht. Wenn dieses Gefühl tief in uns verwurzelt ist, dann verspüren wir innerlich Kälte und vertrauen den anderen nicht. Man fühlt sich einsam, wütend und unfair behandelt. Aussagen, Handlungen und Absichten der Mitmenschen werden gründlich überprüft, um nicht erneut verletzt zu werden.

Diese Wunde zu heilen schenkt uns wieder die Wärme angenehmer Gefühle und des Vertrauens. Man ist noch immer vorsichtig, aber das Gegenüber bekommt die Chance, uns zu erreichen und unser Vertrauen zu gewinnen.

Das Gefühl der Ungerechtigkeit lässt jeden wütend und fassungslos werden. Ungerechtigkeit wird erlebt, wenn die eigene Würde nicht respektiert wird und man sich ausgenutzt oder nicht ernst genommen fühlt. Jeder Mensch besitzt eine eigene, subjektive Vorstellung von dem, was seiner Meinung nach ungerecht ist: fehlende Wertschätzung, Grenzüberschreitung und Mangel an Empathie zum Beispiel.

Die betroffenen Menschen erlebten in ihrer Kindheit oftmals einen sehr autoritären Erziehungsstil, wodurch sie sich nicht verstanden fühlten. Die Empfindung, ungerecht behandelt zu werden, entsteht bei einem Kind, wenn es aufgefordert wird, seine Pflicht zu erfüllen und brav zu sein, ohne dass seine emotionalen Bedürfnisse gestillt werden.

Es fühlt sich ungerecht behandelt, wenn seine Ausdrucksfähigkeit von einem engen Korsett der Vorschreibungen, die seinem Naturell fremd sind, eingeschränkt wird. Hinter dieser Verletzung steckt in manchen Fällen die Verletzung der Ablehnung. Das Kind fühlt sich in den Grundzügen seiner Persönlichkeit abgelehnt, wenn sein Wille, seine Wünsche und Fantasien nicht gehört werden, wenn es keine Zeit fürs Spielen gibt und sein kritischer Geist sich nicht entfalten darf.

Wirkung auf den Charakter

Während Menschen mit der Verletzung des Verlassenwerdens denken: „Du liebst mich, wenn du mich siehst, wenn du dich um mich kümmerst", sagen jene: „Du liebst mich, wenn du mich respektvoll behandelst, mich wertschätzt und mir sagst, dass das, was ich tue, richtig ist."
Der Drang der Menschen, die diese Verletzung erlitten haben, sich vor Ungerechtigkeit zu schützen, schränkt ihre Wahrnehmung ein. Sie sind in Beziehungen ausschließlich darauf fokussiert, respektvoll behandelt zu werden. Durch diesen Filter überprüfen sie ständig das Verhalten der anderen nach ihrem „Ehrenkodex" und versuchen selbst, perfekt zu sein, sodass niemand sie mit dem Vorwurf „ungerecht zu sein" konfrontieren kann.
Nur, wenn man das Gefühl hat, das Richtige zu tun, fühlt man sich mit sich selbst im Frieden. Wer, so geprägt, das Gefühl hat, dass sich jemand ihm gegenüber ungerecht verhalten hat, der stellt diese Person in ihrer Gesamtheit infrage. Diese mentale Einstellung bewirkt, dass man die eigene Sensibilität unterdrückt und sich selbst und sein Umfeld in die Kategorien „richtig" und „falsch" einteilt.

Emotionale Lage

Diese Person wird leicht wütend und ist oft enttäuscht. Zorn und Wut verwandeln sich dann in Traurigkeit und in das Gefühl, nicht würdevoll behandelt und nicht wahrgenommen zu werden. Dieser emotionale

Zustand versetzt die Person in das Gefühl des Getrenntseins und lässt den Glaubenssatz entstehen: „Ich muss alles allein schaffen."
Diese Verletzung zieht eine tief sitzende Angst, Fehler zu begehen, nach sich. Aufgrund dessen versucht man, unterschiedliche Maßnahmen zu ergreifen, um Fehler zu vermeiden. Diese Neigung kann übertrieben werden und zu Perfektionismus führen.
Für Menschen mit dieser Verletzung ist es sehr schwirig, Gefühle und Liebe zuzulassen. Sie können nur mit viel Mühe ihre Gefühle verbalisieren und offen mit Berührungen umgehen. Sie bemühen sich, das ideale Eigenbild dem Umfeld gegenüber aufrechtzuerhalten. Die scharfe Selbstkritik hemmt bei diesen Menschen ihre Entfaltung, man merkt es ihnen aber nicht an.
Oft empfinden sie Wut und Zorn auch den anderen gegenüber, da sie von sich selbst ausgehen und von den anderen gleich viel Engagement verlangen.

Körperlicher und verbaler Ausdruck
Die Prägung auf körperlicher Ebene manifestiert sich in einer korpulenten Erscheinung mit einem erhöhten muskulären Tonus. Bei diesen Personen ist eine innere Anspannung im gesamten Körper zu beobachten, was auf die Strenge und Starrheit, womit sie sich selbst und andere behandeln, hinweist. Diese Anspannung verursacht bei ihnen eher Stress und die Angst, Fehler zu begehen, als dass sie perfekt funktionieren und hohe Leistungen erbringen.
Die Angewohnheit, im alltäglichen Sprachgebrauch häufig zu kategorisieren, was richtig oder falsch ist, stellt ein typisches Merkmal dieser Verletzung dar. Diese Menschen sind in ihren Beschreibungen und Erzählungen peinlich genau und reich an Details.

Verhaltensstrategien
Durch ständige Selbstzensur verhalten sich diese Menschen streng zu sich selbst und in weiterer Folge auch zu anderen. Sie geben diesen perfektionistischen Anspruch aber nicht zu. Sie weisen einen ausgeprägten Gerechtigkeitssinn auf und ziehen, solange die Verletzung

nicht geheilt ist, Lebenssituationen an, in denen sie das Gefühl haben, ungerecht behandelt zu werden.

Ihre Leistungsbezogenheit verursacht das Gefühl, für alles hart arbeiten zu müssen. Aus diesem Grund ist es für jemanden, der diese Verletzung aufweist, sehr schwierig, sich etwas zu gönnen, ohne sich rechtfertigen zu müssen.

In ihrem Umfeld versuchen sie, sich so zu präsentieren, dass ihre Meinungen und Handlungen angenommen und geschätzt werden – „Das, was ich tue, wird als richtig anerkannt."

Ordnung ist für sie ein Leitsatz fürs Leben. Das beginnt im eigenen Leben, beispielsweise im Haushalt, reicht aber auch bis ins Leben der anderen hinein. Sie wollen im Außen alles ordentlich halten, „weil es sich so gehört". Durch mentale Starrheit und Leistungsorientiertheit werden körperliche Beschwerden negiert.

Wenn es darum geht, die Gerechtigkeit zu hüten, sind diese Menschen sehr verlässlich. Sie üben sehr häufig Berufe aus, in denen sie Gerechtigkeitssinn beweisen können: Jurist, Polizist, Wächter, Lehrer. Meist besteht die berufliche Tätigkeit in einer kontrollierenden Funktion.

Wer diese Verletzung in sich trägt, tendiert dazu, seine eigenen Schwachstellen und Fehler zu verdrängen. Man wird dadurch von der eigenen Selbstwahrnehmung zeitweise abgeschnitten und vergisst, was wichtig ist und einem Freude bereitet.

Hilfestellung

Die Person, die die Verletzung der Ungerechtigkeit erlebt, hat von Grund auf eine starke Persönlichkeit und reagiert mit Starrheit und Rückzug auf emotionalen Schmerz. An der Beweglichkeit ihres Körpers zu arbeiten hilft ihr, auch im Geiste wieder beweglicher zu werden.

Aktives Reaktionsmuster

Wenn eine Person aktiv auf die Verletzung der Ungerechtigkeit reagiert, wird sie sehr streng zu sich selbst und setzt sich unter einen stetig steigenden Leistungsdruck.

Diese Menschen zensurieren, kontrollieren und beurteilen sich selbst gnadenlos, wenn sie das Gefühl haben, etwas falsch gemacht oder nicht genug geleistet zu haben. Ihre größte Angst ist es, Fehler zu begehen. Sie leben in der unerfüllbaren Erwartung, Perfektion für sich zu erreichen. Aufgrund des Gefühls: „Ich bin wertvoll, wenn ich etwas leiste", versucht man, immer mehr zu arbeiten und das Richtige zu tun, um alle Pflichten erfüllen zu können.

Wer in seiner Starrheit das Gefühl hat, das Richtige zu tun, argumentiert so lange weiter, bis er recht bekommt. Alles andere wäre ein Misserfolg. Lebt man diese Verletzung, so geht man seinen Lebensweg in Stille.

Diese Menschen müssen das Gefühl haben, zu verdienen, was sie sich aufgebaut haben, und sind unermüdlich. Hinter dieser Verletzung steckt teilweise auch die Verletzung der Ablehnung, denn auch diese Personen weisen die Tendenz auf, zu flüchten.

Es ist schwierig, dieses Muster zu heilen, da die in dieser Weise verletzte Person das Gefühl hat, sich selbst ständig kontrollieren zu müssen. Sie ist so darauf fokussiert, Fehler zu vermeiden, dass ihr genau aus diesem Grund immer wieder welche unterlaufen. Durch dieses Muster wird die Person sehr rigide und weist in weiterer Folge die Tendenz auf, sich zu bestrafen.

Eine perfektionistische Frau war das blühende Beispiel dieses Reaktionsmusters. Die 25-Jährige kam zu meinem Meditations-Tanzseminar und wirkte sehr selbstbewusst. Sie erweckte den Eindruck, Bescheid zu wissen und korrekt zu sein. Sie saß beobachtend und aufrecht mit verschränkten Armen da. Ihr Körper wirkte starr, aber gepflegt. In der Veranstaltung ging es darum, zu lernen, die Emotionen im Körper zu spüren, seine Botschaften wahrzunehmen und sich in sich selbst zu Hause zu fühlen. Am ersten Tag des zweitägigen Seminars wirkte sie nach den ersten zwei Übungen, die das Ziel hatten, den Solarplexus-Bereich zu entspannen und die Kontrolle über die eigenen Emotionen abzulegen, verwirrt, traurig und ihr Körper hatte einiges der ursprünglichen Spannung und aufrechten Haltung verloren. Sie war noch verschlossener und steifer als zuvor.Am Nachmittag kam sie zu spät zum Seminar und saß während der ersten Einheit in der Ecke. Sie bat in der Pause um ein kurzes Gespräch. Sobald sie weg von der Gruppe war, begann sie leise zu weinen, setzte sich hin und ließ den Oberkörper zusammensacken, um sich gleich im nächsten Augenblick wieder aufzurichten. Sie hatte durch diese Korrektur das tief sitzende Muster, das aus ihr eine starre Persönlichkeit gemacht hatte, erkannt. Sie begann, über ihre tiefe Sehnsucht zu erzählen, die Rüstung, mit der sie den Körper umgeben hatte, abzulegen und die Schwere in Leichtigkeit und Beweglichkeit umzuwandeln. Sie erzählte, dass sie bereits seit einigen Jahren unterschiedliche Formen von Therapien in Anspruch genommen hatte, um an sich zu arbeiten. Dabei erkannte sie den Ursprung ihrer Probleme und hatte bereits viele Fortschritte gemacht. Das Einzige, was sich nicht lösen lassen wollte, war ihre starre Haltung und ihr Perfektionismus.

Sie erzählte, dass ihr als Kind mit vier Jahren klar wurde, dass sie nur für das, was sie leistete, anerkannt wurde und sie nicht für ihr Sein geliebt wurde. Sie empfand, dass sich nur dann jemand für sie interessierte, wenn sie den Erwartungen entsprach und richtig funktionierte. So begann sie, sich immer mehr unter Druck zu setzen und sich unterschiedliche Verantwortungen und Lasten aufzubürden.
Früh in ihrer Kindheit begann sie mit Leistungssport, trieb sich in extremen Trainings bis zum Exzess an und versuchte, immer perfekt zu sein. Sie trennte sich dadurch mehr und mehr von ihren Gefühlen und begann, sich selbst genauso streng zu behandeln, wie es ihr Vater als ihr Trainer tat.

Erst Jahre später wurde ihr das Maß der Strenge ihrer Eltern, vor allem des Vaters, bewusst, und dass sie selbst sogar noch unerbittlicher war. Sätze wie „Es geht mir gut, das ist überhaupt kein Problem, das schaffe ich schon. Wenn es mich nicht umbringt, macht es mich stärker" gehörten zu ihrem Alltag.

Während sie das erzählte, verlor sie immer mehr ihre starre, künstlich aufrechte Haltung und brachte ihren Körper in eine natürliche, entspannte Lage. Ihre Schultern neigten sich leicht nach vorn und machten die Schwere der Last, die sie trug, sichtbar.

Nachdem sie fertig gesprochen hatte, begann sie erst die Entspannung, die das Erzählen mit sich gebracht hatte, wahrzunehmen. Die Schmerzen zwischen den Schulterblättern waren gewichen, jedoch wurde der Druck auf den Schultern immer intensiver, wenn sie über sich und ihre Verantwortung und Erwartungen sprach.

Es war für sie frustrierend, die Übungen im Seminar mitzumachen, da sie selbst mit Anstrengung und Engagement nicht das gewünschte Ergebnis erzielen konnte. Weil es darum ging, den Körper frei und locker zu lassen und auf seine Bedürfnisse, Bewegungsimpulse und Botschaften einzugehen, geriet sie in Panik. Sie fühlte sich verzweifelt und nicht in der Lage, den eigenen Körper zu spüren, obwohl sie unbedingt das Gefühl der Freiheit und Erleichterung erfahren wollte. Wie es typisch für jemanden ist, der diese Verletzung erfahren hat, blieb sie felsenfest davon überzeugt, es zu schaffen, und engagierte sich an diesem Tag immer mehr.

Am nächsten Tag aber kam sie zum Kurs, entschlossen, sich zu verabschieden und nicht zu bleiben. Allerdings war sie neugierig geworden zu beobachten, wie die Arbeit auf sie wirkte, da sie zwar vom ersten Tag nur eine kaum bewusste Wirkung spürte, in der Nacht jedoch interessante Träume über ihre Kindheit gehabt hatte. Sie erzählte, dass sie sich während des Schlafes intensiv bewegt hatte. Schließlich entschied sie, doch zu bleiben.

Es war die richtige Entscheidung für sie, da sie nun zum ersten Mal in ihrem Leben begann, sich selbst zu spüren.

Sie nahm nun emotional und körperlich ihre Wut deutlich war und spürte erstmalig ihren tiefen Schmerz, während sie den Körper frei von jeglichen Hemmungen dem Tanz hingab. Beim Zuschauen hatte man das Gefühl, sie sei ein tanzendes Feuer der Wut. Bei diesem Trance-Tanz wurde ihr bewusst, dass sie zutiefst enttäuscht, zornig, aggressiv und wütend auf ihre Eltern und ihre Familie sowie ihr Umfeld war.

Sie war überwältigt von dieser Erfahrung und entschloss sich, nach dem Workshop mit ihren Eltern über ihre Wahrnehmungen und Gefühle zu sprechen. Durch ihre ausgeprägte Empathie gelang es ihr, mit ihren Gefühlen und ihrer persönlichen Geschichte eine emotionale, konstruktive Verbindung zu schaffen.

Ein halbes Jahr später besuchte sie wieder meine Praxis und wirkte sprachlich und körperlich verändert. Ihr aufrechter Körper schien noch immer voller Kraft, aber beweglicher, elastischer und fließender in den Bewegungen. Sie lächelte, wirkte spontan statt kontrolliert und beobachtend, offen statt abweisend und urteilend. Sie entdeckte durch die Arbeit an sich selbst eine tief verborgene Leidenschaft für das freie Tanzen und nutzte jede Gelegenheit, zumindest aber zehn Minuten einmal am Tag, zu ihrer Lieblingsmusik zu tanzen.

Wie dieser Erfahrungsbericht zeigt, beginnt der Weg zur Heilung dieser Verletzung mit der bewussten Wahrnehmung des eigenen Schmerzes sowie der Wut und bedingt einen toleranten, liebevollen Umgang mit sich selbst.

„Zuerst die Arbeit, dann das Vergnügen"

Diese Menschen wirken oft mahnend anderen gegenüber. Sie können sich selten entspannen und in ihrer Freizeitgestaltung widmen sie sich ausschließlich Tätigkeiten, die ernst sind oder mit Arbeit und Produktivität verknüpft sind.

Sie vertreten die Meinung, mit ihrer hohen Produktivität und Schaffenskraft meistens richtig zu liegen, weil die meisten nur faul herumtrödeln und nichts fertigbringen würden. Ihre Stimme und ihre Art, mit anderen umzugehen, wirken belehrend und besserwisserisch.

Diese Person definiert sich über das, was sie erreicht. Sie ist sehr motiviert und aktiv, wenn es darum geht, etwas zu erledigen oder ihre Aufgabe zu erfüllen. Sie gönnt sich kaum Ruhe oder Urlaub und urteilt über sich sehr streng und gnadenlos, denn nur, wenn sie die Aufgabe erledigt hat, ist sie mit sich selbst zufrieden und sieht darin ihre Daseinsberechtigung.

Durch diese Lebenseinstellung schlägt die Angst, Fehler zu machen, nicht genügend zu leisten und nicht gut genug zu sein, tiefe Wurzeln in ihr.

Diese Person leidet dadurch unter einer latenten Anspannung. Sie wird selten krank, weil sie produktiv sein muss, und ist nicht in der Lage, auf die Bedürfnisse ihres Körpers zu hören. Sie fühlt sich blockiert und wütend, wenn sie körperliche Schwäche erlebt. Wenn sie jedoch einmal krank wird, fällt es ihr schwer, sich Zeit für die Genesung zu gönnen. Sie versucht Liebe zu bekommen, indem sie ein tadelloses Verhalten an den Tag legt.

Diese Menschen ziehen durch ihr Verhalten oft Menschen mit wenig Selbstwertgefühl an, die das Muster „Ich passe mich an, Hauptsache du liebst mich" leben. Diese finden wiederum in den Personen, die ihre Pflicht erfüllen, eine autoritäre, elterliche Figur und haben oftmals den Glaubenssatz: „Liebe mich, ich bin so, wie du mich willst."

Die Erkenntnis, dass man im Leben Spaß und Freude haben kann und das, was man geschafft hat, genießen darf, wirkt bei der Auflösung dieses Verhaltensmusters sehr befreiend. Vor allem, wenn man sich bewusst macht, dass Entspannung und Gelassenheit die Effizienz steigern.

Fragen zur Selbstreflexion

» Können Sie sich Zeit nehmen, um sich zu entspannen, und einfach nichts tun?
» Können Sie sich erst entspannen, wenn Sie Ihre Pflichten und Aufgaben erledigt haben?
» Werden Sie wütend, wenn Sie krank sind?
» Hängt das Maß an Wertschätzung, das Sie anderen entgegenbringen, von der Art und Weise ab, wie diese ihre Pflichten und Aufgaben im Leben erfüllen?

„Ich fürchte mich davor, Fehler zu begehen"

Diese Menschen sind in ihren Bewegungen und auch in ihren Entscheidungen blockiert. Sie wollen stets das Richtige tun und haben panische Angst, Fehler zu begehen, unehrlich zu sein oder ungerecht zu handeln. Sie leben nach dem Motto „Ich will das Richtige tun".
Diese Einstellung blockiert sie dabei, Entscheidungen zu treffen. Sie schieben sie hinaus, da sie Angst haben, den falschen Entschluss zu fassen und unwiederbringliche Chancen zu verpassen.
In ihrer Körpersprache wirken sie sehr angespannt und sie leiden häufig unter Gelenksschmerzen. Ihre Stimme klingt klar und bestimmt, ihr Tonfall ist monoton und sie versuchen dahinter Sensibilität und Emotionen zu verstecken. In ihrer Sprache fallen oft Wörter wie „richtig" und „falsch", und sie sind sehr kritisch sich selbst und anderen gegenüber.
Sie verbergen ihre Gefühle hinter einem gekünstelten Lachen und vermeiden tunlichst, ihre wahren Gefühle preiszugeben. Möglicherweise wurden in ihrer Kindheit ihre Handlungen, Meinungen und ihre Art zu sein infrage gestellt, kritisiert und oft als nicht richtig oder den Regeln und Werten nicht entsprechend beurteilt.
Diese Verhaltensweise entsteht meist bei Menschen, die als Kind dem starken Druck, leistungsorientiert, pflichtbewusst und stark zu sein,

ausgesetzt waren. In der Regel gelingt es diesen Kindern auch, alles allein zu schaffen. Als Erwachsene haben sie dann verlernt, ihre eigenen Probleme ernst zu nehmen, und wenn es ihnen nicht gut geht, denken sie sich: „Es passt schon, es macht nichts, es wird wieder vergehen."

Ihr Perfektionismus steigert sich immer mehr und breitet sich in jedem Lebensbereich aus. Meistens sind sie sich selbst gegenüber ebenso kritisch wie anspruchsvoll, eine Verhaltensweise, die oft auch auf andere Menschen projiziert wird, vor allem in der Partnerschaft. In diesem Fall wird auch vom Lebensgefährten Perfektion verlangt.

Unter dem Druck, den Vorstellungen dieser Menschen entsprechen zu müssen, wenden sich die Partner ab, sobald sie bemerken, dass sie die unendliche Spirale der Erwartungen, die an sie gestellt wird, nie erfüllen können.

Als Vorgesetzte verlangen sie von ihren Mitarbeitern immer Höchstleistungen und handeln oft ungerecht, wenn sie Untergebene haben, die ihren Werten nicht entsprechen.

Sie haben den Anspruch, selbst perfekt zu sein, glauben keinerlei Probleme zu haben und sind überzeugt, dass alles in ihrem Leben richtig und perfekt läuft.

Gönnen sie sich einmal etwas für sich selbst, wie zum Beispiel Urlaub oder ein neues Auto, also Dinge, die ihre Produktivität nicht steigen lassen, fühlen sie sich schuldig. Dem Gegenüber ein perfektes Bild von sich zu bieten ist ihre Strategie, um Liebe zu bekommen.

Mitspieler dieser Menschen sind meist schwache, unsichere Persönlichkeiten, die sich nach jemandem sehnen, der ihnen den Weg weist und für sie Entscheidungen trifft. Häufig handelt es sich um Menschen, die abhängig sind, sich schuldig fühlen und es gewohnt sind, sich erniedrigen zu lassen.

Diese starren Persönlichkeiten mit dem Glaubenssatz „Ich habe Angst, Fehler zu machen" beginnen aus diesem anstrengenden Verhaltensmuster herauszukommen, wenn sie bewusst lernen, sich zu entspannen. Körperliche Entspannung und Atemübungen sind erste Schritte, den Weg der Veränderung einzuleiten. Es hilft, auch die Kindheitsthemen, die zu dieser Lebenseinstellung geführt haben, mit professioneller Hilfe aufzuarbeiten.

Fragen zur Selbstreflexion

» Sind Sie darauf fokussiert, in jedem Bereich Ihres Lebens fehlerfrei zu sein?
» Haben Sie den Anspruch an sich selbst, perfekt zu sein?
» Die Angst, etwas Falsches zu machen, wirkt auf Sie lähmend und erdrückend?
» Können Sie sich erst entspannen, wenn Sie das Gefühl haben, nach bestem Wissen und Gewissen gehandelt zu haben?
» Inwieweit sind Sie bereit, mit Empathie und Verständnis auf die Fehler anderer einzugehen?

Passives Reaktionsmuster

In dieser Ausprägung manifestiert man in seiner Starrheit eine ausgeprägte Bedürftigkeit, die einen manchmal in die Opferrolle rutschen lässt. Meist kann man dieses Muster bei jenen Personen beobachten, die zugleich auch die Verletzung des Verlassenwerdens erlitten haben. Durch diese weitere Verletzung fällt die Person in eine passive innere Haltung und fühlt sich weder ernst- noch wahrgenommen.
Sie wirft den anderen vor, dass ihre Bedürfnisse übergangen werden, fühlt sich missachtet und in weiterer Folge ungerecht behandelt.
Das Wesen dieser Menschen ist von Zurückhaltung, einer negativen Lebenseinstellung und von Misstrauen geprägt. Solange man in der Opferrolle ist, empfindet man sich selbst als unschuldig, hofft auf fremde Hilfe und findet immer wieder die Ursachen der eigenen Probleme im Außen. Dieser Zustand ist schmerzhaft, befreit jedoch von der Verantwortung, etwas tun zu müssen, um die eigene Situation zu verändern. Man verharrt in Stagnation, unfähig, sich weiterzuentwickeln und eigene Wünsche, Träume und Visionen zu verfolgen.

Der folgende Erfahrungsbericht einer Seminarteilnehmerin aus der Mentaltrainerausbildung beschreibt eindrucksvoll die Wirkung dieses Musters auf die Persönlichkeit eines Menschen.

Diese 28-jährige Frau fühlte sich meistens ungerecht behandelt und übergangen. Als sie zum Seminar erschien, wirkte sie müde, traurig und die starre Körperhaltung, vor allem ihre steifen und angespannten Schultern, ließen ihr Muster deutlich erkennen. Sie bewegte sich hektisch und sprach in klagendem Tonfall.
Schon in den ersten Minuten entstand eine Situation, wodurch sich die Frau ungerecht behandelt fühlte: Niemand brachte ihr das übliche Glas Wasser, das allen Teilnehmenden am Anfang jedes Seminars angeboten wird.
Im ersten Gruppenaustausch erzählte sie ausführlich über ihre Lebensumstände, begann dabei in der Gegenwart und ging zurück bis in die Kindheit. Sie klagte mit jammernder Stimme eine halbe Stunde lang, ohne Unterbrechung, über jeden Menschen in ihrem Umfeld, der ihrer Meinung nach Schuld an ihren Problemen habe. Auffällig war, dass ihre Stimmlage immer mahnender wurde, als sie alle ungerechten Handlungen, die andere ihr angetan hatten, auflistete.
Diese junge, intelligente Frau war so tief in ihrem Schmerz gefangen, dass sie nichts anderes sehen konnte als ihr eigenes Lebensdrama. Jede neue Begegnung oder Beziehung resultierte in Handlungen, die sie durch diese Einstellung als ungerecht und negativ empfand. Das nährte ihr Gefühl der Isolation und bestärkte sie in der Meinung, dass sie niemandem sie liebe.

In ihrem Erzählfluss war sie kaum aufzuhalten, bis zu dem Zeitpunkt, als sie von ihrer Kindheit erzählte. Sie sprach von ihrem Gefühl, ganz allein auf sich gestellt gewesen zu sein und kaum Unterstützung erfahren zu haben, weder von den Eltern noch von Menschen in der Schule. Als sie davon berichtete, veränderte sich ihre Körpersprache und die erwachsene, klagende, aufgewühlte Frau verwandelte sich in ein verlorenes, trauriges Kind.

Sie kreidete ihren Eltern an, sich gleich nach ihrer Geburt der Arbeit zugewandt zu haben, und empfand es als besonders ungerecht, dass ihre Mutter ihr Leben drastisch veränderte, als ihr elf Jahre jüngerer Bruder zur Welt kam. Die Mutter zog sich damals von der Arbeit zurück, um sich nun voll und ganz Kind und Familie zu widmen. Damals wurde ihr bewusst, dass die Eltern bei ihrer Geburt enttäuscht gewesen waren, eine Tochter und nicht den erwarteten Sohn bekommen zu haben. Umso mehr wurde der neugeborene Bruder willkommen geheißen und verwöhnt. Sie fand dies ungerecht und hatte das Gefühl, dass niemand ihren Schmerz verstand. Besonders schwerwiegend sei gewesen, warf sie ihren Eltern vor, dass sie aktiv in die Betreuung und Erziehung des Bruders involviert wurde und viel Verantwortung übernehmen musste. Dieser Umstand führte dazu, dass sie sich als 15-Jährige entschloss, ins Internat zu gehen, um der Verantwortung und der Kälte der ungerechten Behandlung zu entfliehen.

Das nie erfahrene Gefühl der Zugehörigkeit zur Familie war in dieser jungen Frau sehr präsent. Es ging deutlich aus dem Gespräch hervor, dass sie noch immer auf der Suche nach familiärer Bindung war. Sie suchte dieses Gefühl nun im Freundeskreis, bei ihrem Partner, in der Arbeit.

Bei diesem Seminar waren die Erzählungen der Teilnehmenden mit deren Einverständnis aufgenommen und ihnen am Ende mitgegeben worden. Das gab dieser Frau die Möglichkeit, sich selbst zuzuhören. Nach vier Wochen kam sie zu einem weiteren Seminar. Sie wirkte etwas verändert und berichtete, wie ihr durch das Anhören der eigenen Worte bewusst geworden war, dass sie ihren alten Schmerz auf die Gegenwart projizierte. Dieses Bewusstmachen erleichterte ihr Leben und bremste ihre oft aufbrausende Art anderen gegenüber. Sie erreichte jedoch nicht das gewünschte Ziel, Eigenverantwortung zu übernehmen.

Nun war sie der Meinung, dass sie es mit den bisherigen Erkenntnissen selbst schaffen würde, aus der Gefühlslage, ungerecht behandelt zu werden, herauszukommen. Leider gelang es ihr nicht, und sie

meldete sich von Zeit zu Zeit und erzählte bei weiteren Seminaren und Übungsabenden die unendlichen Episoden ihrer unglücklichen Beziehungen.
Erst als sie Mutter wurde, manifestierte sich eine Spur der Veränderung und der Eigenverantwortung in ihrem Leben. Aber der Schmerz war noch immer so tief verwurzelt, dass sie kaum aus ihrer Haut konnte. Nach einer einschneidenden Lebenskrise und einer schweren Trennung begann sie eine intensive Psychotherapie, die ihr half, ihr Muster zu lösen.
Nach zwei Jahren kam sie zu einem Tanz- und Mentaltraining-Workshop. Sie wirkte wesentlich freier und freundlicher und berichtete mit gelassener Offenheit über ihre Erfahrung. Durch ihre Geschichte motivierte sie die anderen der Gruppe mit ihrer mittlerweile offenen Art, die Hoffnung auf eine persönliche Veränderung nicht aufzugeben und sich den eigenen, festgefahrenen Mustern zu stellen.
Ihr neues Lebensmotto wurde: „Wenn du es nicht versuchst, wirst du nie wissen, ob du es kannst." Es war berührend, in ihren Augen den bisweilen verlorenen Funken der Freude am Leben wieder zu erblicken.

„Warum nehmen mich die anderen nicht wahr?"

Menschen mit dieser Haltung stellen sich häufig die Frage: „Warum werde ich von den anderen Menschen mit so wenig Respekt behandelt?" Sie sind stets bemüht, anderen zu helfen und kein Unrecht zu begehen. Sie fühlen sich oft übersehen und leben nach dem Motto „Ich bin für dich da, warum siehst du mich nicht?", „Es ist ungerecht, dass ich so viel tue und die anderen mich nicht sehen". Sie erwarten sich beispielsweise von ihren Kindern großes Lob und ein Übermaß an Dankbarkeit, wenn sie sie zum Beispiel von der Schule abholen. Vielleicht geht eine Mutter sogar nicht zur Arbeit, um das Kind abzuholen, wobei ihr Nachwuchs jedoch lieber mit seinen Freunden zu Fuß nach Hause gegangen wäre, um so mehr Zeit mit ihnen verbringen zu können.

Ihre Körpersprache ist hektisch, diese Menschen sind ständig im Stress. Sie versuchen mit ihrer Gestik und Mimik zu betonen, wie anstrengend und kraftraubend es ist, Hilfe zu leisten. Die Motivation dieser Verhaltensweise steckt in der Hoffnung, dass der Betroffene mit Dankbarkeit und Zuwendung reagiert.

In der Kindheit haben sie sich für die anderen verantwortlich gefühlt und wurden nur wahrgenommen oder gelobt, wenn sie folgsam und brav waren. In anderen Fällen wurden sie meist nicht akzeptiert und zudem kritisiert.

Als Erwachsene zeigt sich diese Person selbstbewusst und bereit, jede Gelegenheit zu nutzen, um den anderen zu helfen. Diese Verhaltensweise entsteht aus der Sehnsucht, wahrgenommen zu werden. Ihre Art, in Beziehung zu treten gründet auf dem Bedürfnis, gebraucht zu werden und dadurch Dankbarkeit und Bestätigung zu bekommen.

Wer nach diesem Muster lebt, hegt unerfüllbare Erwartungen und fühlt sich nicht wertgeschätzt und ausgenutzt. Um geliebt zu werden, geben diese Menschen alles – bis zum letzten Hemd – und sind ständig enttäuscht, sogar frustriert, dass es niemand erkennt.

Die Menschen, die sie anziehen, sind bedürftige Persönlichkeiten auf der Suche nach einem Vater- oder Mutterersatz, der ihnen das Leben erleichtert und ihre Probleme löst. Wenn das nicht der Fall ist, wenden sie sich ab und suchen die nächste Person, die sie retten könnte. Und diejenige, die helfen wollte, gerät zweifellos in Vergessenheit.

Eine wesentliche Hilfestellung für diese Menschen ist es, auf die eigenen Bedürfnisse zu achten und Nein sagen zu lernen. Atemübungen oder Körperbehandlungen wie Shiatsu oder Osteopathie helfen ihnen, bei sich zu bleiben und sich selbst wertzuschätzen.

Fragen zur Selbstreflexion

» Nutzen Sie jede Gelegenheit, um anderen zu helfen, auch wenn Sie nicht gefragt werden?
» Denken Sie, dass die anderen Sie nicht wahrnehmen, während Sie stets für diese da sind, wann auch immer sie etwas brauchen.
» Werden Sie wütend und ziehen sich zurück, wenn Sie bemerken, dass jemand Sie ausnutzt?
» Sind Sie der Meinung, dass es eine Frechheit ist, wenn die Menschen Ihre Hilfe nicht schätzen?

„Ich glaube nicht, dass du mich liebst"

Folgender Glaubenssatz kann die Lebenseinstellung, die sich hinter dem Verhaltensmuster verbirgt, erklären: „Ich tue so viel für dich, du gibst mir im Vergleich weniger, also bist du ungerecht zu mir und das ist ein Beweis, dass du mich nicht liebst." Diese Menschen verhalten sich oft trotzig und zutiefst misstrauisch. Ihre Körpersprache wirkt angespannt, angriffsbereit und die Stimme anklagend. Möglicherweise bekamen sie in der Kindheit Liebe und Zuwendung durch ihre Trotzhaltung, weil sich ihre Eltern schuldig fühlten.

Als Erwachsene stellen sie die Mitmenschen auf die Probe und verlangen von ihnen oft die sofortige Erfüllung ihrer Wünsche und Forderungen. Diese Menschen interpretieren die unerfüllten Erwartungen als Zeichen fehlender Wertschätzung und Ungerechtigkeit, was in zwischenmenschlichen Beziehungen unangenehme Missverständnisse und Enttäuschungen entstehen lässt. Aufgrund dessen ziehen sie sich zurück und können keine Gefühle zum Ausdruck bringen.
Nachdem sich das Gefühl der Enttäuschung bemerkbar gemacht hat, wird auch die Wut spürbar. Durch die wiederholte Enttäuschung entwickeln diese Menschen eine ernüchterte Einstellung zur Liebe.

Um Liebe zu bekommen, sind diese Menschen am Anfang einer Beziehung sehr hilfsbereit und entgegenkommend, weil sie noch die Hoffnung nähren, geliebt und wahrgenommen zu werden. Sie sind aber zugleich vorsichtig und beobachtend, denn sie wollen nicht mehr übersehen werden.

Durch diese Verhaltensweise werden immer wieder Situationen geschaffen, wo der eine den anderen verletzt, weil er nicht so handelt, wie es von ihm erwartet wird. Aufgrund dieser Enttäuschung zieht man sich zurück und entwickelt die Meinung, dass man stark sein müsse, weil es niemanden gebe, der sich um einen kümmert und einen liebt. Dadurch entsteht das Gefühl, dass die anderen nur dann präsent sind, wenn sie von uns etwas brauchen.

Das Bedürfnis, stark, kompetent und selbstsicher zu sein und nichts von anderen zu benötigen, lenkt das Verhalten dieser Menschen. Man kommt ohne fremde Hilfe und Liebe zurecht, um sich vor jeglicher Enttäuschung zu schützen und die Kontrolle zu behalten.

Die Erkenntnis, dass die Erwartungen an andere von diesen nicht immer erfüllt werden können, und die Absicht, mit dieser Tatsache Frieden zu schließen, helfen von dieser Denkweise Abstand zu nehmen.

Sich um sich selbst zu kümmern und die eigenen Bedürfnisse zu stillen erlaubt, toleranter und freundlicher den Mitmenschen gegenüber zu sein. Es gilt zu erkennen, dass das Nichterfüllen unserer Erwartungen nicht immer ein Zeichen des Mangels an Liebe und Wertschätzung ist.

Fragen zur Selbstreflexion

» Denken Sie, dass andere Ihnen vorspielen, dass sie Sie lieben, nur weil sie etwas von Ihnen brauchen?
» Fühlen Sie sich einsam und nicht geliebt?
» Sind Sie der Meinung, dass niemand Ihre Erwartungen erfüllen kann?

2.4 Die emotionale Verletzung des Vertrauensbruches

Vertrauen vermittelt Geborgenheit, schafft Offenheit und Präsenz. Es ist eine wesentliche Herzensqualität. Wer vertraut, hat ein positives Grundverständnis und Offenheit für sich und seine Mitmenschen. Das Vertrauen, das Leben meistern zu können, was auch immer kommen mag, lässt uns gelassen die Gegenwart leben und der Zukunft begegnen.

Wenn wir auf unserem Lebensweg mit einem Vertrauensbruch konfrontiert werden, dann erfahren wir Isolation und Einsamkeit. Diese Gefühle nähren in uns die Überzeugung, auf niemanden zählen zu können. Dadurch prägen Unsicherheit und Misstrauen unsere Art, mit anderen in Beziehung zu treten.

Dieser Zustand wirft die Betroffenen in einen emotionalen Sturm, der von unterschiedlichen Gefühlen wie Wut, Traurigkeit, Orientierungslosigkeit, Machtlosigkeit, Verletztheit und Angst geprägt ist. Der Schmerz dieser Verletzung lässt uns in Beziehungen misstrauisch werden. Wir versuchen oft, unser Gegenüber zu kontrollieren, aus Angst, erneut hintergangen und ausgenutzt zu werden.

Eine gute Vertrauensbasis ist jedoch wichtig für unser Wohlbefinden und unsere Beziehungen. Ohne Vertrauen herrscht im Körper und im Inneren eine tiefe Anspannung, was Ausdruck des Misstrauens und des Kontrollbedürfnisses ist.

Diese Verletzung hat ihre Wurzeln in der Kindheit. Häufig bekamen diese Kinder das Gefühl, dass die Eltern oder andere Bezugspersonen ihre Versprechen nicht hielten und nicht hinter ihnen standen oder dass zu hohe Anforderungen an sie gestellt wurden, sodass sie immer wieder erlebten, etwas nicht schaffen zu können. Nicht selten übernimmt man diese Verletzung von den Eltern. Wenn ein Kind das Gefühl des Vertrauensbruches eines Elternteiles, der sich von seinem Partner verlassen oder hintergangen fühlt, wahrnimmt, übernimmt es auch teilweise seine Gefühlslage. Das Kind fühlt sich auch dann betrogen, wenn die Stabilität in der Familie nicht behütet wird und es das Gefühl hat, dass ein Elternteil den anderen hintergeht, oder wenn zwischen den Eltern Unstimmigkeiten und Streit herrschen.

Wirkung auf den Charakter

Emotionale Lage
Diese Menschen begeben sich in die Beobachterrolle und überprüfen, ob das Gegenüber sich als vertrauenswürdig erweist. Erst dann können sie sich öffnen und vertrauen. Selbst wenn jemand bereits ihr Vertrauen gewonnen hat, fallen sie immer wieder unbewusst in die Angst, dass ihr Vertrauen gebrochen wird.
Aufgrund des Misstrauens haben diese Menschen gelernt, auf sich selbst zu zählen und allein zurechtzukommen. Sie fühlen sich oft angespannt, wütend und traurig, weil sie das Gefühl haben, niemandem vertrauen können. Sie haben Angst, dass andere sie nicht ernst nehmen und dass in ihren Beziehungen Trennungen passieren. Aus diesem Grund üben sie über die Menschen in ihrem Umfeld eine subtile, engmaschige Kontrolle aus.
Misstrauen und das Gefühl, „alles allein schaffen zu müssen", stärken diese Menschen, die dadurch selbständig, verantwortungsbewusst, tapfer und fleißig werden, auch wenn tief in ihnen Angst und Unsicherheit zunehmen.

Körperlicher und verbaler Ausdruck
Jemand mit diesem Reaktionsmuster weist eine sehr ausgeprägte Körperspannung auf. Die hohe körperliche Anspannung ist ein Zeichen dafür, dass man alles unter Kontrolle halten will und bereit ist, schnell zu handeln. Sie neigen zu einer sehr aufrechten Körperhaltung und

können mit einem Blick ihre Umgebung und die Zusammenhänge erfassen, sehen aber gleichzeitig auch jedes Detail. Diese Menschen spüren sich nicht im Körper und nehmen sich auf der Höhe des Beckens wie „abgeschnitten" wahr.
Meist übertreibt es eine Person mit diesem Muster in der Ausdrucksweise, spricht schnell und wirkt dadurch entschlossen. Sie besitzt eine schnelle Auffassungsgabe und einen scharfen, analytischen Verstand. Durch ihre ausgeprägte Redegewandtheit dominiert sie häufig das Gespräch und ist den meisten diesbezüglich überlegen. Es fällt ihr schwer, jemand anderen sprechen zu lassen, und sie unterbricht den Gesprächspartner oft mitten im Satz, wohingegen sie selbst von anderen erwartet, ungestört zu Ende sprechen zu dürfen.

Verhaltensstrategien
Verlässlichkeit und ein hohes Maß an Verantwortungsgefühl sind Merkmale dieser Menschen. Bei einer neuen Begegnung vermitteln sie oft das Gefühl, sie könnten jeden durchschauen durch ihre ausgezeichnete Beobachtungsgabe.
Die Empfindung, nicht ernst genommen oder hintergangen zu werden, verursacht Enttäuschung, Missverständnisse und Frustration. Bei Kritik neigen sie dazu, sich sofort zu rechtfertigen und zu versuchen, den anderen mit intelligenten und scharfsinnigen Argumenten von der Rechtmäßigkeit ihres Handelns zu überzeugen. Es ist für sie schlimm, ein Versprechen nicht einhalten zu können. Falls es so weit kommt, versuchen sie jede Möglichkeit der Rechtfertigung.
Sie setzen sich selbst häufig unter Druck, nehmen zu viele Verpflichtungen und zu viele Termine wahr und sind dann in dieser Flut an zu erledigenden Dingen gefangen.
Sie sind jenen gegenüber hilfsbereit, die sie als schwach und bedürftig einschätzen, und kümmern sich aus ganzem Herzen um sie. In diesem Fall können sie auch ihre Sensibilität ausleben, vor allem dann, wenn sie das Gefühl verspüren, dass der Mensch, zu dem sie eine Verbindung aufgebaut haben, vertrauenswürdig ist.

Beim Delegieren von Aufgaben nehmen sie grundsätzlich an, dass die Erledigung nicht das erhoffte Ergebnis bringen wird, und kontrollieren gerne nach. Sie fühlen sich persönlich verraten, wenn ihre Vorstellungen nicht erfüllt werden. Wenn etwas nicht wie geplant läuft, werden sie wütend und aufgeregt und versuchen, jemanden zu finden, der die Schuld für den ausgebliebenen Erfolg trägt.

In zwischenmenschlichen Beziehungen wirken sie oft ungeduldig und haben das Gefühl, dass die anderen sie aufhalten. Sie machen meist das Gegenteil von dem, was andere vorschlagen. Es fällt ihnen schwer, Ratschläge anzunehmen und Autorität anzuerkennen. Vorschläge akzeptieren sie nur von den Menschen, die sie als intelligent und kompetent einschätzen. Sie begeben sich gegenüber einer dominanten Person sofort in eine Widerstandsposition, weil diese ihnen ihr eigenes autoritäres Auftreten widerspiegelt.

Wenn jemand ihre Tätigkeiten infrage stellt oder sogar kontrolliert, fühlen sie sich nicht ernst genommen und reagieren zutiefst verletzt.

Die engstirnige Einstellung und Kontrolle, die solche Persönlichkeiten auf andere ausüben, verursachen abrupte Trennungen von den Menschen, die sie lieben. Wenn die Menschen, die mit ihnen in Beziehung sind, ihre Erwartungen nicht erfüllen, beenden sie meistens die Beziehung, weil sie sich verraten fühlen. Aufgrund ihres emotionalen Zustandes sind sie nicht in der Lage, in Beziehungen, die ihnen wichtig sind, auf die andere Person zuzugehen und ihr zu sagen, was sie stört oder verletzt.

Sie versuchen sehr vorsichtig und vorausschauend zu sein, um negative Überraschungen zu vermeiden; wollen sie Verzögerungen oder unvorhergesehene Situationen um jeden Preis vermeiden. Sie möchten alles im Voraus planen und sind für alle Eventualitäten gerüstet. Sie zeigen ihr Mitgefühl und ihre Sensibilität kaum, da sie das Gefühl vermitteln wollen, alles im Griff zu haben und stark zu sein. Mit extrem hohem Energieaufwand bemühen sie sich, einen guten Ruf zu wahren.

Hilfestellung

Unterstützend für die Auflösung dieser Verhaltensweise und die Auflösung der inneren Anspannung und die Auseinandersetzung mit dem ausgeprägten Kontrollbedürfnis. Oft braucht man professionelle Hilfe auf diesem Weg.

Entspannungstraining und Atemtechniken können die ersten Schritte auf dem Weg zur Freiheit sein.

Diese Verletzung heilt erst, wenn man bereit ist, loszulassen, und nicht an seinen Erwartungen festhält, sondern dankbar ist für das, was das Leben uns ermöglicht und schenkt.

Aktives Reaktionsmuster

Wer das aktive Reaktionsmuster entwickelt hat, besitzt den Glaubenssatz: „Ich habe alles unter Kontrolle."

Diese Einstellung verleiht Sicherheit. Man fühlt sich stark, übt Kontrolle aus und verhält sich korrekt. Wenn diese Menschen in Beziehung treten, gehen sie in die Beobachterrolle und prüfen die anderen, ob sie vertrauenswürdig sind. Nur unter dieser Bedingung können sie sich öffnen.

Menschen, die diese emotionale Lage erleben, sind darauf bedacht, die Kontrolle über alles zu haben, und meinen, dass alles zusammenbrechen könnte, wenn Sie sich entspannen und nicht mit wachem Blick ihr Leben und ihre Angelegenheiten beobachten.

Für Menschen mit dieser Verletzung ist es relativ schwierig, sich aus dem Kontrollzwang zu befreien und sich zu entspannen.

Vor einigen Jahren kam ein Mann zu einem meiner Entspannungstrainingsseminare, der unbedingt lernen wollte, sich zu entspannen, um dadurch produktiver zu werden. Der 55-jährige Unternehmer hatte eine erfolgreiche Firma, führte mehrere Mitarbeiter und gab sich zwar freundlich, aber auch distanziert. Er wirkte starr in seiner Gestik und irgendwie gefangen in seinem Körper.

Er stellte ununterbrochen Fragen und wollte über alle Vorgehensweisen der Entspannung Bescheid wissen. Er war fest davon überzeugt, dass das Leben ein Kampf sei und sein eigener Lebensweg bestätigte ihm diese Meinung: Man sollte niemals aufgeben, und wenn man durchhält, gelingt es fast immer, das Ziel zu erreichen. Aufgrund dieser Einstellung war er sehr streng zu sich selbst, zu seinen Mitarbeitern und zu seiner Familie und im Laufe der Jahre wurde er in seinem Berufs- und Privatleben immer einsamer. Kinder und Ehefrau hatten sich von ihm distanziert und alle warfen ihm vor, ein Kontrollfreak zu sein.

Am Anfang des Seminars konzentrierten wir uns auf die körperliche Entspannung und versuchten herauszufinden, welche Gedanken und innere Einstellung verkrampfend wirken. Es war für ihn schwierig zuzugeben, dass er sich nicht entspannen konnte, weil er niemandem vertraute. Entspannung ist nicht nur als die Fähigkeit, ruhig zu sein, zu verstehen, sondern auch als innere Einstellung, die es ermöglicht, Kreativität, Intuition, Vertrauen und Gelassenheit zu leben.

Durch Übungen und die gemeinsame Reflexionsrunde in der Gruppe, vor allem den offenen Austausch mit den anderen erkannte er, dass die Ursache seiner Anspannung ganz woanders lag. In der kleinen Gruppe konnte er sich öffnen, weil er im Gegensatz zu seinem Alltag kein Bedürfnis verspürte, andere zu kontrollieren. Er versuchte, den anderen in der Gruppe zu helfen und somit unbewusst den Fokus von sich wegzubringen. Er hatte keine Verbindung zu seinen persönlichen Bedürfnissen, Wünschen, Träumen. Ein Leben lang hatte er perfekt funktioniert bis zu dem Zeitpunkt, als sich seine Frau scheiden ließ und niemand mehr da war.

Ein glücklicher Zufall wurde für ihn die Begegnung und der Austausch mit einer Frau im Rahmen des Seminars. Sie half ihm, seine Geschichte und die Wirkung seines Verhaltens zu klären. Es fiel ihm schon während der Austauschrunde auf, dass diese Frau ihn gut verstand und einschätzen konnte. Wie sich später herausstellte, war sie gerade seit Kurzem geschieden.

Ihr Exmann war dem engagierten Unternehmer sehr ähnlich gewesen und aus diesem Grund konnte sie dessen Verhaltensweise erkennen. Wie sie dann bei der Abschlussrunde erzählte, fühlte sie sich fast verpflichtet, dem erfolgreichen Unternehmer ihre Geschichte zu erzählen. In der nächsten Pause beschrieb sie ihm, wie schwierig es für sie gewesen war, mit jemandem verheiratet zu sein, der nur auf seinen Beruf fixiert ist, niemanden so sein lassen kann, wie er ist, und ständig Kontrolle ausübt. Die Kontrollbesessenheit des Exmannes hatte ihre Liebe ausgelöscht. Es war für sie sehr belastend, diese Erinnerung preiszugeben. Sie beschrieb auch, wie sich ihre Kinder vom Vater entfernt hatten, weil sie sich ständig beurteilt und nicht gut genug fühlten.

Diese Begegnung im Seminar war für den verbissenen Mann ein Meilenstein in seiner Entwicklung. Er erkannte in der Erzählung vieles, was seine Familie auch ihm vorwarf, und erzählte, dass er nie richtig zuhörte, was sie zu ihm sagten, denn er fühlte sich nicht verstanden und dachte, er sei der Einzige, der arbeitet, und die anderen wären einfach faul. Aus diesem Grund blockte er bei solchen Gesprächen ab. Es wurde ihm bewusst, dass es nicht nur für ihn schwierig war, mit seinen Mustern zurechtzukommen, sondern auch für seine gesamte Familie. Und es wurde ihm auch klar, wie er sich durch die Tendenz, die Mitmenschen zu kontrollieren, selbst Schaden zufügte, weil sich alle schlussendlich von ihm entfernt hatten.

Diese Erkenntnis brachte ihn dazu, seine Einstellung zu verändern. Am nächsten Tag erzählte er in der Übungsrunde von der interessanten Begegnung. Er wirkte entspannter und fröhlicher. Auf die Frage, welche Ursache diese Veränderung habe, erklärte er offen, dass er sich zum ersten Mal im Leben verstanden fühlte und nun auch den Schmerz seiner Exfrau, der Kinder und die Schwierigkeiten seiner Mitarbeiter erkennen konnte.

Es war ihm die Ursache seiner Anspannung bewusst geworden, nämlich dass er niemandem vertraute. Aufgrund dieser Tatsache entschloss er sich, eine Psychotherapie zu beginnen, und schloss eine liebevolle Freundschaft mit jener Frau, die ihm die Augen geöffnet hatte und der er sehr dankbar war.

Ein paar Monate später schrieb er ein E-Mail und bedankte sich für die Gelegenheit, die er durch das Seminar bekommen hatte. Er erzählte, wie ihm durch die Psychotherapie klar geworden war, dass seine Einstellung das Ergebnis einer alten Verletzung aus der Kindheit darstellte. Er glaubte, niemandem vertrauen zu können, weil seine Eltern nicht für ihn da gewesen waren. Gleich nach seiner Geburt wurde er zur Großmutter gegeben und es wurde ihm vielfach etwas versprochen, aber nicht gehalten. Aufgrund dessen wuchs er mit dem Gefühl auf, er müsse alles allein machen und niemand sei da, um ihn zu unterstützen oder zu begleiten. Er hatte sich sozusagen allein großgezogen, war dabei sehr streng zu sich selbst und versuchte, allen zu beweisen, dass er gut sei und niemanden brauchte.

Nun aber entwickelte er sich allmählich zu einer anderen Person – offen, entspannt, gelassen – und erkannte in sich auch die Fähigkeit, ein guter Begleiter und Zuhörer zu sein. Später nahm er an einer Coachingausbildung teil, suchte einen Nachfolger für seine eigene Firma und wurde wenig später als Unternehmensberater tätig.

Diese Erfahrung lässt deutlich erkennen, wie bereits das Bewusstwerden unserer Muster und ihrer Wirkung auf andere der erste Schritt der Veränderung sein kann. Anschließend folgen zwei Beispiele solcher Auswirkungen, um Ihnen die Zuordnung eines bestimmten Verhaltensmusters bei sich selbst zu erleichtern.

„Ich habe alles unter Kontrolle"

Wer in dieser Verhaltensweise steckt, ist darauf bedacht, stark zu sein und Grenzen zu setzen, vor allem in Beziehungen, in denen etwas nicht so läuft, wie man es sich vorgestellt hat. Man glaubt, dass die anderen einen nicht ernst nehmen, fühlt sich oft unter Druck gesetzt und nicht verstanden. Nur wenn man sich sicher ist, dass man nicht abgelehnt oder verlassen wird beziehungsweise die eigenen Fähigkeiten nicht infrage gestellt werden, tritt man in Kontakt mit seinem Umfeld.

Es ist sehr schwierig, diese Verletzung im Außen zu erkennen, da sie sehr gut versteckt und überspielt wird. Die anderen lassen sich von dieser charmanten und selbstbewussten Art schnell überzeugen. Stets ist man darauf bedacht, den Eindruck zu erwecken, alles unter Kontrolle zu haben und über alles Bescheid zu wissen. Von Natur aus sehr neugierig und sozial veranlagt, fühlte man sich in der Kindheit oft verlassen und hatte selten eine Bezugsperson, die einem Unterstützung gab.

Durch Anspannung verliert man Inspiration, Leichtigkeit und Kreativität. Man hat panische Angst davor, das, was man sich vorgenommen hat, nicht einhalten und erledigen zu können. Lebt man dieses Muster, so zieht man meist Menschen an, deren Verhaltensweise daraus besteht, unsicher zu sein, und die auf der Suche nach einer Führung im Leben sind.

Eine wesentliche Hilfe bei der Auflösung dieses Verhaltensmusters ist die Erkenntnis, dass innere Anspannung uns die Chance wegnimmt, an den Herausforderungen des Lebens zu wachsen. Ständig die Kontrolle rund um sich auszuüben, bedeutet so viel, wie mit einem Tunnelblick durchs Leben zu gehen. Auf diese Weise verschließt man sich den Weg zu konstruktiven Lösungen.

Fragen zur Selbstreflexion

» Können Sie sich erst entspannen, wenn Sie alles unter Kontrolle haben?
» Machen Sie lieber gleich alles selbst, ohne Aufgaben zu delegieren?
» Haben Sie Angst davor, dass die Menschen, die Sie lieben, Ihr Vertrauen missbrauchen?
» Ertappen Sie sich beim Gedanken, andere kontrollieren zu wollen?

„Das Leben ist ein Überlebenskampf"

Menschen mit diesem Lebensmotto wirken angespannt, leicht gereizt und agieren oft aggressiv, vor allem wenn sie das Gefühl haben, nicht ernst genommen oder unehrlich behandelt zu werden. Ihr Körper ist meist in Angriffsposition, die manchmal zu einer Verteidigungsposition wird, und ihr Muskeltonus im Oberkörper, Nacken, Schultergürtel und Halsbereich ist hoch. Ihre Bewegungen sind ruckartig und ihre Stimme ist laut. Vor allem wenn man sich mit ihnen austauscht und sie sehr aufgeregt sind, übertönen sie die Stimmen der anderen.

Sehr wahrscheinlich wurden sie in der Kindheit auch erniedrigt, ihr Vertrauen wurde gebrochen und sie tragen die Verletzung des Vertrauensbruches, der Erniedrigung und in manchen Fällen die Verletzung des Verlassenwerdens in sich. Sie haben den Eindruck – und meist ist es tatsächlich so – dass sie sich selbst großgezogen haben. Alles, was sie erreicht haben, meinen sie, aus eigener Kraft zustande gebracht zu haben, und sind der Überzeugung, niemandem etwas zu schulden.

Aufgrund ihrer Vergangenheit und ihrer Einstellung sind sie meist hart zu anderen Menschen und schätzen nur geradlinige Persönlichkeiten, die das besitzen, was sie selbst erreicht oder erarbeitet haben. Menschen, die aus behüteten Familien stammen und gut situiert sind, werden von ihnen abgewertet, und diese Leute findet man auch kaum in ihrem Umfeld. Distanziert und kühl, wirken sie anfangs sehr ruhig und treten kontrollierend auf. Ständig begleitet sie der Verdacht, von den anderen nicht ernst genommen oder hintergangen zu werden. Durch diesen Wahrnehmungsfilter empfinden sie sehr viele Aussagen und Handlungen anderer als persönlichen Angriff. Diese Einstellung erschwert die Harmonie ihrer zwischenmenschlichen Beziehungen und lässt sie im Außen grantig, unangenehm und streitsüchtig wirken. Sie versuchen, Strategien, die ihnen die Liebe der anderen verschafft, zu vermeiden, weil sie niemandem vertrauen und ohnehin glauben, dass die ideale Lebensform für sie die Einsamkeit ist.

Als Mitspieler ziehen diese Menschen normalerweise Persönlichkeiten an, die sich schnell schuldig fühlen, unsicher wirken, immer wieder erniedrigt werden oder mit Gewalt konfrontiert wurden. Aber es begegnen ihnen auch oft kritische Menschen.

Was diesen Menschen hilft, ist, mit ihrer Wut in Verbindung zu kommen und zu erkennen, dass gerade dieser Zorn ihnen im Weg steht und jene Gefühle der Frustration, Isolation und Traurigkeit verursacht. Sind sie einmal in der Lage, zu ein oder zwei Menschen Vertrauen zu fassen, beginnt ihr Weg zur Heilung.
Wenn sie positiv bestätigt oder vielleicht auch Eltern werden, ist es ihnen möglich, sich zu öffnen. Durch diese Liebe und die Tatsache, dass sie bereit sind, für ihr Kind vieles, was ihren Vorstellungen nicht entspricht, anzunehmen, werden sie toleranter und können die Empathie und Sensibilität, die sie von Natur aus besitzen, offen zeigen.

Fragen zur Selbstreflexion

» Können Sie sich erst entspannen, wenn Sie allein sind und niemand Sie stört?
» Gibt es Menschen, denen Sie Ihr Vertrauen schenken?
» Haben Sie Angst davor, dass die Menschen, die Sie lieben, Ihr Vertrauen missbrauchen?
» Empfinden Sie oft Aussagen und Handlungen anderer als persönlichen Angriff?

Passives Reaktionsmuster

In der passiven Ausprägung dieser Verletzung fühlt man sich ausgeliefert und nicht dazu in der Lage, sich vor einem weiteren Vertrauensbruch zu schützen. Das Vertrauen zu den Mitmenschen geht verloren und man steht dann an der Grenze zur Isolation, sodass man im eigenen Schmerz gefangen bleiben.

Persönlichkeiten mit dieser Ausprägung sind dem Leben und anderen Menschen gegenüber misstrauisch und negativ eingestellt. Sie reagieren ablehnend und ängstlich auf neue Begegnungen und fühlen sich leicht übergangen.

Öffnen sie sich doch einmal kurzfristig und schenken jemandem ihr Vertrauen, erzählen sie mit trauriger und klagender Stimme, wie schwierig es für sie im Leben gewesen sei. Immer wieder hätten sie gehofft, Vertrauen fassen zu können, aber sie seien dann jedes Mal aufs Neue enttäuscht und missverstanden worden. Menschen mit diesem Reaktionsmuster verschließen ihr Herz. Veränderungen zuzulassen und sich anderen gegenüber zu öffnen, fällt ihnen schwer.

Ein Teilnehmer in meinem Seminar über „Schattenintegration" war die personifizierte Ausprägung dieses passiven Reaktionsmusters. Dieser pensionierte Lehrer, ein analytisch veranlagter Mann, wirkte sehr freundlich, vorsichtig und manchmal auch zurückhaltend. In seiner Gestik und Mimik war er langsam und ruhig. Im Außen meist abwesend, erweckte er den Anschein, nicht von dieser Welt zu sein. Trotzdem war er ein guter Beobachter und hinterfragte fast jede Aussage, die die anderen machten.

Sobald jemand etwas zu erzählen begann oder etwas mit großer Überzeugung zum Ausdruck brachte, bewegte dieser reflektierte Teilnehmer den Kopf hin und her und brachte so seine Zweifel zum Ausdruck. Schließlich versuchte er immer wieder, Argumente zu finden, um die Richtigkeit der Aussage der anderen zu widerlegen.

Er hatte zu niemandem Vertrauen, war sehr anstrengend und erzeugte in allen das Gefühl der Trennung und der Traurigkeit. Durch seine Aussagen, die andere infrage stellten, zog er Aufmerksamkeit auf sich und stiftete gleichzeitig Unruhe, Unzufriedenheit und Zorn in der Gruppe. Die Fassungslosigkeit der anderen stieg, als er seinen wahren Grund der Teilnahme am Seminar offenbarte. Er hatte dieses Seminar zur „Schattenintegration" besucht, damit er über die anderen Bescheid wüsste und sie besser durchschauen könnte, um nicht weiterhin verraten und enttäuscht zu werden.

Als er sich im Seminar mit Biografie-Arbeit beschäftigte, wurde ihm bewusst, dass er bereits von Kindheit an das Gefühl hatte, verraten zu werden. Der erste Mensch, der ihm dieses Gefühl vermittelte, war seine Mutter, mit der er zunächst sehr eng verbunden war. Als er jedoch als Siebenjähriger, ohne Vorwarnung, in ein Internat geschickt wurde, brach die Verbindung zur Mutter abrupt ab und er fühlte sich abgelehnt und verraten.

Im weiteren Verlauf des Seminars gelang es ihm, sein inneres Kind zu spüren. Es war verletzt, einsam und empfand eine tiefe Kälte im Herzen, es vertraute niemandem. Er erzählte, wie er mit der Zeit ein guter Beobachter wurde, der akribisch darauf bedacht war, Fehler aufzuzeigen. Aufgrund seiner strengen Einstellung und des Gefühls, andere kontrollieren zu müssen, um nicht verraten zu werden, gingen viele Beziehungen auf traumatische Art und Weise in die Brüche, was seine Einsamkeit noch mehr vertiefte.

Beim Anhören der anderen in der Gruppe wurde ihm bewusst, dass wir alle Schatten in uns tragen, und nicht davon ausgehen können, perfekt zu sein. Die Ehrlichkeit, mit der die anderen über sich selbst berichteten, brachte ihm nahe, dass er selbst eine negative, resignierte Einstellung zum Leben entwickelt hatte. Es wurde ihm klar, dass er die Schatten des Kontrolleurs entwickelt hatte. Er verbrachte sein Leben mit dem verzweifelten Versuch, alle und alles zu kontrollieren.

Im zweiten Teil des dreitägigen Seminars schien er noch immer verschlossen, obwohl er sich bereits ein wenig verändert hatte. Er unterbrach andere nicht mehr so oft und war nicht mehr nur auf das Beobachten ihrer Fehler fokussiert, sondern konnte das Positive erkennen und zwischendurch sogar ermutigende Zusprüche annehmen. Beim dritten und letzten Treffen wirkte er gelassen, freier und erzählte auf ehrliche Weise in einer kleinen Runde, dass es für ihn enorm schwierig gewesen sei, seine Grundeinstellung zu verändern, da das schützende Verhaltensmuster des inneren Kontrolleurs, wie er es nannte, die Führung über ihn schon längst übernommen hatte.

Er war nun konfrontiert mit der Erkenntnis, dass sich häufig Menschen von ihm entfernten, weil er durch sein kontrollierendes Verhalten sehr anstrengend und erdrückend auf sie wirkte.
Bei einem Übungsabend fast ein halbes Jahr später war er noch immer vorsichtig, wirkte aber wesentlich entspannter und schaffte es sogar, zwischendurch zu lächeln und seine ernste Miene abzulegen.
An jenem Abend erzählte er, berührt und erleichtert, über kleine Erfolge und seine Selbsterkenntnis auf seinem neuen Weg in zwischenmenschlichen Beziehungen. Motiviert sprach er darüber, wie er gelernt hatte, zuzuhören, weniger zu kritisieren und zu kontrollieren, und wie andere dadurch vermehrt seine Gesellschaft suchten, ihn nach seiner Meinung fragten und sich mit Dankbarkeit ihm gegenüber äußerten, einem Aspekt, den er davor überhaupt nicht gekannt hatte.

Dieses Reaktionsmuster im Hinblick auf die Verletzung des Vertrauensbruches sitzt in der Tiefe der Seele fest und erzeugt einen starken Selbstschutzmechanismus, der erst Schritt für Schritt durch Vertrauen, Selbstwertgefühl und Akzeptanz aufgelöst werden darf.

„Ich vertraue niemandem mehr"

Wenn wir mit dieser Einstellung leben, begeben wir uns in die Opferrolle und ziehen uns in die Isolation zurück. Es ist daher empfehlenswert, auch das Kapitel zur Verletzung der Isolation durchzulesen, wenn Sie sich in dieser Beschreibung erkennen.
Menschen, die dieses Muster entwickelt haben, erlitten in ihrer Kindheit einen Vertrauensbruch und fühlten sich verlassen. Deswegen haben sie innerlich – meist unbewusst – beschlossen, sich zurückzuziehen und einfach niemandem mehr zu trauen, um nicht wieder enttäuscht zu werden. Sie sind auf Alarmbereitschaft programmiert und verhalten sich teilweise recht aggressiv, wenn jemand sie verletzt.

Die Person, die dieses Muster lebt, fühlt sich unfähig, ihre Empfindungen mitzuteilen. Wenn sie beginnt, Gefühle für eine Person zu spüren, dann zieht sie sich sofort zurück und ist dominiert von der Angst, verletzt zu werden. Dieses Verhalten erschwert ihr Beziehungsleben und es wird für die Mitmenschen sehr anstrengend, mit ihr auf emotionaler Ebene im Kontakt zu bleiben. Aufgrund dieser Konstellation ist diese Person misstrauisch und kann kaum glauben, dass es Menschen gibt, die sie lieben.

Wenn wir diese Verletzung erlitten haben, dann schreiben wir oft lange To-do-Listen mit allem, was zu erledigen ist, und können nicht flexibel reagieren, wenn es zu einer Planänderung kommt. Wir können den anderen nicht glauben, dass sie uns helfen wollen. Die Welt wird zu einem ungerechten Ort und durch die Unsicherheit entwickelt man eine latente, innere Aggression, die sich immer wieder in Wutausbrüchen manifestiert.

Wir versuchen vorauszudenken, um das Gefühl zu haben, dass uns nichts Negatives überraschen kann.

Man hat keine Erwartungen mehr an die Mitmenschen, man will einfach seine Ruhe. Durch diese Verletzung sind auch die Erwartungen an sich selbst so hoch, dass man sie kaum erfüllen kann.

Innezuhalten und das Positive, das das Leben einem schenkt, zu erkennen, ist der erste Schritt zur Veränderung dieses Glaubenssatzes.

Fragen zur Selbstreflexion

» Gehen Sie davon aus, dass die anderen Sie nur enttäuschen werden?
» Haben Sie Angst, anderen zu vertrauen und dann verlassen oder betrogen zu werden?
» Fühlen Sie sich von der Menschheit enttäuscht?
» Haben Sie das Gefühl, dass Sie auf emotionaler Ebene isoliert sind?

„Ich werde immer verraten"

Menschen mit diesem Glaubenssatz sind sehr vorsichtig, gute Beobachter und darauf bedacht, im Verhalten der Mitmenschen Hinweise darauf zu finden, dass das Gegenüber sie verraten wird. Sie versuchen, die Fehler der anderen zu entdecken und sie ihnen auch deutlich zu zeigen.

In ihrer Körpersprache haben sie eine hohe Spannung aufgebaut. Sie sind starr, unflexibel und haben einen anklagenden Ton, wenn sie das Gefühl haben, dass sie schon wieder verraten werden. Sie zeigen sich liebevoll und umsorgend, wenn sie vertrauen können. In der Kindheit wurden diesen Menschen möglicherweise viele Versprechen gegeben, die nicht eingehalten wurden.

Sie erfuhren oft auch als Kind die Verletzung des Verlassenwerdens und hatten dann das Gefühl, dass die Eltern sie erst liebten, wenn sie brav, lieb, hilfsbereit, selbständig und verantwortungsbewusst waren. Damals waren sie oft wütend und rebellierten, wenn sie sich nicht wahrgenommen fühlten und Versprechen ihnen gegenüber nicht eingehalten wurden.

Die Verletzung hat manchmal tiefe Spuren hinterlassen, sodass diese Menschen oft mit ihrer Stammfamilie zerstritten sind. Sie können die vergangenen Ereignisse und Verletzungen nicht vergessen. Sie projizieren den Film der Vergangenheit auf die Gegenwart und gehen davon aus, dass die anderen ihre Versprechen nicht einhalten und sie betrügen würden. Aufgrund dieses Zustandes entsteht tiefe Angst und die Erwartung, dass sowieso jeder Mensch sie verrät und nicht verlässlich ist. Durch diese Einstellung ist es schwer für sie, mit anderen in Beziehung zu treten. Das Gegenüber fühlt sich meistens unter Druck gesetzt, weil ihm seine Fehler und Mängel vorgeworfen werden. Die Mitmenschen reagieren auf dieses Verhalten mit Ablehnung und Widerstand. Durch diesen Fokus ziehen Menschen mit diesem Verhaltensmuster unverlässliche Persönlichkeiten an und setzen diese auch unter Druck, indem sie ihre Handlungen und ihr Verhalten ständig überprüfen.

Ein extremes Beispiel dazu ist das von einer Frau, die immer von eng befreundete Person verlangte, zu einem bestimmten Zeitpunkt angerufen oder besucht zu werden. Wenn solch ein Freund aber nicht die Zeit fand, dass er sich um sie kümmerte, rief sie ihn an – selbst wenn er krank war – und warf ihm vor, wie unverlässlich und unverschämt er doch sei. So ein extremes Verhalten verursacht eine ausgeprägte Einsamkeit.

Mitspieler in diesem Muster sind Menschen, die sich ständig schuldig fühlen und nicht zu sich stehen. Solche Beziehungen sind sehr anstrengend für beide Seiten und gleichen einer unendlichen Spirale der Enttäuschungen. Was diesen Menschen helfen kann, um aus dem Muster herauszukommen, ist die Bereitschaft, ihre Kindheit aufzuarbeiten und zu erkennen, dass sie durch ihr strenges Kontrollieren einen enormen Druck auf die anderen ausüben, und sich so die Chance eines erfüllenden, zwischenmenschlichen Austausches entgehen lassen.

Fragen zur Selbstreflexion

» Fühlen Sie sich in den meisten Beziehungen von Ihren Mitmenschen verraten?
» Analysieren Sie gründlich das Verhalten Ihrer Mitmenschen, um herauszufinden, ob sie in irgendeiner Form Ihr Vertrauen missbraucht haben?
» Haben Sie das Gefühl, dass sich in jeder Beziehung folgendes Muster wiederholt: Sie stehen zu Ihrem Wort, und die anderen lassen Sie im Stich?

2.5 Die emotionale Verletzung der Erniedrigung

Menschen mit dieser Verletzung haben das Gefühl, andere stellen sich über sie und manifestieren ihnen gegenüber in irgendeiner Form Abwertung.
Wenn sich jemand erniedrigt oder gedemütigt fühlt, empfindet er seine Würde und seinen Stolz vom anderen durch eine oft beschämende oder verachtende Handlung angegriffen. Diese Verletzung hinterlässt eine tiefe Wunde in der Seele, vor allem wenn die Erniedrigung vor den Augen anderer Personen stattfindet. Ein Zustand, der oft Wut, Ohnmacht und Traurigkeit verursacht und das Gefühl, dass der eigene Wille gebrochen wurde.

Wer als Kind abwertend und verachtend behandelt wurde, trägt die Prägung dieser Verletzung in sich. Es handelt sich oft um eine Wunde, die immer wieder aufbricht, wenn man nicht unterstützt und nicht ernst genommen, sondern abgewertet und kritisiert wird.
Das gedemütigte Kind zieht sich zurück, hat nur wenig Vertrauen in sich selbst und besitzt wenig Selbstwertgefühl. Es schämt sich und denkt, Fehler gemacht zu haben oder ein schlechter Mensch zu sein. Es ist überzeugt davon, dass die anderen es deswegen nicht mögen.

Wirkung auf den Charakter

Emotionale Lage
Durch diese Verletzung fühlen sich die betroffenen Menschen minderwertig. Scham und Schuldgefühle sind die Empfindungen, die sie

oft erleben, vor allem wenn sie das Gefühl haben, dass das Gegenüber sie nicht wahrnimmt und sie abwertet. Sie neigen dazu, oft Handlungen und Aussagen der anderen durch den Wahrnehmungsfilter dieser Verletzung als erniedrigend aufzufassen.

Sie helfen anderen und übernehmen für sie Verantwortung und Pflichten aus dem Versuch heraus, das Gefühl, unfähig zu sein, zu kompensieren, indem sie sich selbst und den anderen beweisen, dass sie fähig, belastbar und selbstsicher sind. Die Verantwortung und Verpflichtungen werden allerdings im Laufe der Zeit immer mehr.

Personen mit diesem Muster denken oft, dass sie Liebe bekommen würden, wenn sie es nur wert wären, und entschuldigen auf diese Weise jene, die sie schlecht, verachtend und nicht würdevoll behandeln. Sie fürchten sich davor, dass sich andere über sie lustig machen könnten, wenn sie ihre Mängel bemerken. Genau jenes Szenario, vor dem sie besonders Angst haben, ereignet sich am häufigsten in ihren beruflichen und privaten zwischenmenschlichen Beziehungen.

Körperlicher und verbaler Ausdruck

Körperlich machen sich diese Menschen durch eine gebückte Haltung selbst kleiner als sie sind, fühlen sich beinahe unsichtbar und verstecken sich förmlich.

Obwohl sie im Außen den Eindruck erwecken, nicht auffallen zu wollen, haben sie tief in sich ein großes Bedürfnis, ernst genommen und gesehen zu werden. Meist sind sie leicht übergewichtig, weil sie sich als unfähig empfinden, den eigenen Lebensraum zu verteidigen, und so versuchen, durch die Gewichtszunahme mehr Platz einzunehmen. Auf psychischer Ebene gelingt dies allerdings nicht, da sie sich nicht als gut genug erachten, eigene Bedürfnisse mitzuteilen und persönlichen Raum einzunehmen.

In ihrer Wortwahl sind diese Personen sich selbst gegenüber sehr negativ. Sie beschreiben sich oft als dienende Menschen und erzählen, dass andere über sie verfügen und dass sie weder Freiheit noch ein eigenes Leben hätten. Sie neigen zu einer selbstverachtenden Art des Sarkasmus.

Verbal beschreibt sich dieser Mensch mit Adjektiven und Substantiven, die ihn in seiner Würde mindern, und verwendet für sich Verkleinerungsformen: „Ich bin unfähig, dumm ... Ich besitze ein Häuschen ... In meinem Kammerl (Büro) ..."
Manchmal machen sie sich absichtlich lächerlich und bringen so die anderen zum Lachen, während sie sich dabei selbst blamieren.

Verhaltensstrategien

Sich selbst gegenüber sehr kritisch und demütigend in ihren inneren Dialogen, ziehen diese Menschen auch genau solche Persönlichkeiten an, die sie demütigen und ihnen das Gefühl geben, nichts wert zu sein. Einerseits bemüht sich dieser Mensch gut zu sein, um die Bewunderung der anderen zu bekommen, doch andererseits entwickelt er einen inneren Selbstsabotage-Mechanismus, der ihn dazu führt, sich in Situationen zu bringen, in denen er erniedrigt wird.
Wenn sich diese Personen um andere kümmern, gibt ihnen das das Gefühl, stark zu sein und die Führung zu haben. Ähnlich wie diejenigen, die die Verletzung des Vertrauensbruches erlebt haben, bauen sie rund um sich einen Käfig auf und leben in der Gefangenschaft der Verpflichtungen und Erwartungen anderer.
Diese Menschen neigen dazu, schnell zuzunehmen, und schämen sich dann, dass sie leicht bis schwer übergewichtig sind. Sie haben Rundungen, die sie belasten, obwohl sie einen muskulösen Körper besitzen, als Symbol für die viele Kraft, die sie brauchen, um die Bedürfnisse der anderen zu tragen.
Sie verlieren den Kontakt zu ihren eigenen Wünschen und machen aus den Bedürfnissen anderer ihre eigenen. Sie sind von Natur aus sehr sensibel und empathisch, was sie überaus verletzlich macht.
Die Tendenz, sich schuldig zu fühlen, kommt vor allem dann zum Vorschein, wenn sich eine Person, die sie lieben, unglücklich fühlt. Sofort beziehen sie die Verantwortung für das Unglück des anderen auf sich und fühlen sich verpflichtet, alles Mögliche zu unternehmen, um dieser Person das Leben zu erleichtern. Obwohl die Last, die sie übernehmen, nichts mit ihnen zu tun hat, fühlen sie sich verantwortlich.

Schnell lassen sie sich Schuld aufdrängen und suchen den Fehler bei sich. Wenn diese Menschen unter Druck stehen, können sie in ihrem Verhalten extrem werden. Das kann zum Beispiel in zu viel Essen oder zu viel Einkaufen und sich nicht mehr zurückhalten zu können ausufern. Sie legen dieses Verhalten an den Tag, wenn sie den inneren Druck von Schuldgefühlen und Verpflichtungen nicht mehr aushalten. Meist verstärken sich dabei ihre Scham und ihr Schuldgefühl und sie fühlen sich noch mehr in ihrem Schmerz gefangen. Zuweilen ist es aber auch möglich, dass sie diesen Druck an jemand anderen weitergeben. Zum Beispiel vergraulen sie einen geliebten Menschen mit einem Streit und fühlen sich dann noch mehr schuldig.

Hilfestellung

Für diese Menschen ist es wichtig, zu erkennen, dass sie selbst den anderen die Erlaubnis geben, sie schlecht zu behandeln, und dass die Quelle der Schuldgefühle aus ihrem Inneren und nicht von außen kommt. Wenn sie innehalten, wird ihnen sogar bewusst, dass sie viele Handlungen genau so setzen, dass keine Zeit mehr für sie selbst, geschweige denn für etwas, was ihnen guttun würde, übrig bleibt.

Sich selbst mit einem warmherzigen Blick zu betrachten und dankbar zu sein für das, was einen ausmacht, ist der erste Schritt zur Heilung. Im Fall dieser Verletzung eine therapeutische Hilfe in Anspruch zu nehmen, unterstützt den Weg in die eigene Kraft enorm.

Für sich selbst Zeit zu nehmen und Verantwortung, die nicht die eigene ist, abzulegen, sind wesentliche Maßnahmen auf dem Weg zur Erleichterung und Freiheit.

Aktives Reaktionsmuster

Im aktiven Reaktionsmuster auf die Verletzung der Erniedrigung versucht man, die innere Unsicherheit und Selbstabwertung durch ein äußeres Erscheinungsbild, das kompetent, bescheiden, selbstsicher und selbstbewusst wirkt, zu kompensieren.

Menschen mit dieser Verletzung orientieren sich im Leben und in zwischenmenschlichen Beziehungen an einem idealen Selbstbild, von dem sie glauben, dass es ihnen Akzeptanz, Bewunderung und Liebe verschafft. Sie verstellen sich auf diese Weise und sind dabei von ihren wahren Gefühlen und ihrem eigentlichen Naturell getrennt. Die Verletzung der Erniedrigung steckt so tief in der Seele, dass man diesen Menschen selten ihre Verletzung anmerken würde.

Folgende Erfahrung einer jungen, wissenschaftlichen Mitarbeiterin einer renommierten italienischen Universität kann als Paradebeispiel für dieses Reaktionsmuster und seine mögliche Auflösung angesehen werden. Diese Frau, circa 39 Jahre alt, zeigte sich immer selbstsicher, kompetent und hilfsbereit und wurde von allen Mitmenschen in ihrem Umfeld bewundert, da sie jederzeit strahlend und gut gelaunt war. Sie war selbständig, diszipliniert, gut organisiert und hatte in ihrem Leben gelernt, ohne Hilfe von außen auszukommen und gut mit ihren Ressourcen und ihrer Zeit umzugehen. Im Laufe der Jahre entwickelte sie sich zwar zu einer produktiven und fleißigen, jedoch sehr angespannten Persönlichkeit.
Ihr Rücken war permanent angespannt und sie fühlte sich in ihrem Körper nicht wohl, was sie auch mehrmals verbal zum Ausdruck brachte. Ihr Körperbau hatte Rundungen und ihr leichtes Übergewicht war ein deutlicher Ausdruck der Verletzung der Erniedrigung. Durch seine Masse und Stärke ließ er ihr Bedürfnis, Größe zu zeigen und Kraft zu manifestieren, erkennen.
Sie war im Ausdruck ihrer Gefühle und ihrer Persönlichkeit blockiert. Schon als Kind hatte sie gelernt, stark zu sein, fühlte sich für alles und jeden verantwortlich und hatte panische Angst, Fehler zu begehen und kritisiert zu werden.
In der Lage zu sein, anderen bei ihrer Problemlösung zu helfen, verschaffte ihr ein Gefühl der Überlegenheit. Oft prahlte sie damit, wie leicht es ihr gelang, Freunde, Kollegen, Verwandte zu unterstützen, und gab ihnen das Gefühl, ohne sie nicht auszukommen. Letztendlich nutzten alle, die von ihr Halt bekamen, ihre Kraft und ihre Zuwendung

aus, wodurch ein Teufelskreis entstand, der schließlich zum Burnout führte. Es fiel ihr unendlich schwer, Nein zu sagen, weil sie einerseits die anderen nicht enttäuschen wollte, andererseits aber bemerkte, dass sie selbst auf der Strecke blieb.

Erst nachdem der schwere Erschöpfungszustand ihres Körpers ihr die Grenzen aufzeigte, entschloss sie sich dazu, etwas zu verändern. Sie ging durch eine schwierige Phase, war traurig, angespannt und gereizt, weil ihr Körper nicht mehr so funktionierte, wie sie wollte. Sie fühlte sich von aller Welt unverstanden und reagierte wütend auf Menschen, die ihr helfen wollten und ihr rieten, jetzt doch einmal an sich zu denken.

Unfähig, noch länger ihre Maske aufrechtzuerhalten, musste sie erkennen, dass sie sich für viele Jahre unter extremen Druck gesetzt und ihre enorme Kraft, Intelligenz, Kreativität und Fleiß dazu verwendet hatte, andere zu unterstützen, und dabei für sich selbst nicht das erreichen konnte, was sie sich erhofft hatte.

Durch diese Erkenntnis und gelenkt vom tiefen Bedürfnis, aus der Spirale des selbstauferlegten Druckes herauszukommen, entschloss sie sich dazu, eine Auszeit zu nehmen und für ein Jahr wegzufahren. Sie reiste durch die Länder, von denen sie schon immer geträumt hatte – Indien, Nordamerika und Japan.

Nach ihrer Rückkehr begann sie, wieder voller Begeisterung zu arbeiten. Trotz der langen Auszeit und ihrer Erkenntnisse war ihr Grundmuster noch immer vorhanden, und, um nicht wieder ins alte Hamsterrad zu steigen, traf sie die Entscheidung, die Hilfe eines professionellen Therapeuten in Anspruch zu nehmen.

Durch die Therapie erkannte sie, dass der Grund ihres Angespanntseins in den Werten und Erziehungsmaßnahmen ihrer Eltern lag. Vom Kindergartenalter an hatten ihre Eltern sie ständig abwertend kritisiert. Sie erinnerte sich daran, dass ihr Vater nur dann „Ich liebe dich" sagte, wenn sie gute Noten nach Hause brachte. Wenn sie einmal eine schlechtere Note als „Sehr gut" nach Hause brachte, sprach er mit ihr eine Woche lang nicht und gab ihr immer wieder zu verstehen, wie dumm sie sei. In der übrigen Zeit war er streng, belächelte

ihr Verhalten, ihre Körperhaltung, ihren Gang und stellte ihre Intelligenz infrage. Er wollte auf diese Weise Druck ausüben, damit sie ihre Leistungen optimierte. Dieses Verhalten verletzte das Mädchen zutiefst. Immer, wenn der Druck zu viel wurde, erkrankte sie.
Durch diese Erinnerung realisierte sie, dass sie das Verhalten des Vaters auf andere projiziert hatte und dadurch auch im Erwachsenenleben immer ähnliche Menschen angezogen hatte. Diese Erkenntnis war für sie sehr befreiend und im Laufe der Zeit entwickelte sie langsam ein gesundes Selbstwertgefühl und fühlte sich in der Lage, ihr Leben mit Freude und Kraft zu gestalten.
Mit ihrer ausgeprägten Selbstdisziplin schaffte sie es innerhalb eines Jahres Nein sagen zu lernen und ein positives und konstruktives Verhalten zu entwickeln. Sie lernte, sich abzugrenzen.
Andere zu respektieren, indem man ihnen zutraut, ihre eigenen Probleme zu lösen, war für sie die wesentlichste Erkenntnis. Sie hatte es nicht mehr nötig, sich über andere zu stellen, um so ihr Selbstwertgefühl zu bestätigen.

Diese Lebenserfahrung zeigt, wie tief die Verletzung der Erniedrigung sitzen kann und wie schwierig es ist, sich davon zu befreien. Vor allem, wenn man auf diese Verletzung mit einer Kompensation reagiert, die die Person nach außen hin selbstbewusst, erfolgreich und kompetent wirken lässt.

„Ich muss etwas Besonderes sein"

Diese Menschen sind immer auf der Suche nach Möglichkeiten, sich zu verbessern und zu optimieren, setzen sich selbst stark unter Druck und sehen ausschließlich die eigenen negativen Seiten.
In der Kindheit haben sie die Botschaft erhalten: „Du bist so, wie du bist, nicht in Ordnung. Sei mindestens brav."
Die Person mit dieser Verletzung ist zu sich selbst äußerst kritisch und das auf sehr destruktive Weise. Sie schämt sich für ihr Verhalten und

ihr Aussehen. Das lässt sie sich jedoch nicht anmerken. Nach außen hin ist die Person fleißig und hilfsbereit, achtet darauf, dass rundherum alles passt, und kümmert sich um andere. Sie ist darauf bedacht, nicht so viel Platz einzunehmen, und will, dass es anderen gut geht. Menschen, die dieses Muster entwickeln, sind meist sehr intelligent, empathisch und gute Beobachter. Sie spüren, was andere brauchen. Innerlich tragen sie Wut und Frustration in sich, zeigen es jedoch nicht. Sie wollen ein gewisses Bild von sich bewahren. Sie verspüren einen enormen, inneren Druck, dem eigenen, idealen Selbstbild und den Erwartungen der anderen zu entsprechen.

Dieses Bild ist das Endziel der Person. In ihrem Kopf kreisen Gedanken wie: „Ich habe es schon wieder nicht geschafft, das muss ich jetzt in den Griff kriegen" und „Das gibt es ja nicht, ich bin doch nicht so schwach".

Sie haben die Überzeugung verinnerlicht, etwas Besonderes sein zu müssen, um gesehen und geliebt zu werden. Dieses Muster kann sich körperlich durch Gewichtszunahme äußern. Durch den Druck können sich Menschen mit diesem Muster nicht entspannen und sind in ihren kreisenden Gedanken gefangen. Sie brauchen intellektuelle Herausforderungen, um ihren Geist von den Selbstzweifeln fernzuhalten. Bei ihren Aktivitäten räumen sie sich manchmal auch Zeit für sich selbst ein, überhäufen sich dann jedoch wieder mit Terminen und allerlei Pflichten, um sich die Möglichkeit zu nehmen, wirklich Zeit für sich selbst zu haben.

Sie haben die Überzeugung verinnerlicht, dass ihre Bedürfnisse nicht wichtig sind. Aus diesem Grunde stellen sie ihre Wünsche an letzte Stelle. Dankbar zu sein für jeden Fortschritt und für die Gegenwart setzt ein Zeichen der Veränderung für Menschen, die in diesem Glaubenssatz feststecken.

Fragen zur Selbstreflexion

» Haben Sie das Bedürfnis, etwas Besonderes zu sein oder hervorragende Leistungen bringen zu müssen, um erkannt und geliebt zu werden?
» Setzen Sie sich immer wieder unter Druck, um Ihr ideales Selbstbild aufrechtzuerhalten?
» Sind Sie beleidigt und zutiefst betroffen, wenn jemand Ihnen gegenüber respektlos oder abwertend ist?

„Ich habe alles im Griff"

Die Person mit diesem Muster möchte um jeden Preis vermeiden, dass jemand ihre Fehler sieht, da sie auf Kritik äußerst empfindlich reagiert und sich sofort minderwertig und erniedrigt fühlt. Wenn sie kritisiert wird, spürt sie den alten Schmerz der Erniedrigung und empfindet Schuldgefühle. Die Person fühlt sich oft frustriert und ist auf sich selbst wütend, weil sie es noch nicht geschafft hat, alles im Griff zu haben und ihren eigenen Vorstellungen zu entsprechen. Unterschwellig empfindet sie eine starke Wut, die sie im Außen nicht zeigt. Sie möchte korrekt und gelassen erscheinen, ist aber im Grunde auf sich selbst sehr wütend, weil sie immer wieder den Druck der eigenen unerfüllbaren Erwartungen spürt.

Wenn man nur auf Selbstkritik fokussiert ist und auf die eigenen Fehler achtet, dann stellt sich das Gefühl ein, nie etwas richtig zu machen. In diesem Zustand schneidet man sich von der eigenen Lebensenergie ab. An einem Tag führt man Hunderte von Handlungen durch, wovon vielleicht nur zwei fehlerhaft sind. Die Person, die in diesem Muster gefangen ist, sieht aber nur diese zwei Fehler, für den Erfolg der restlichen Handlungen ist sie blind. Wer diese Verhaltensweise an den Tag legt, zieht Menschen an, die ebenso kritisch sind, kaum das Positive erkennen und vor allem Fehler sehen.

Bei dieser Verhaltensstrategie baut die Person im Laufe der Jahre enorm viel Anspannung auf und wird irgendwann kraftlos und müde. Durch die stetige Selbstkontrolle wird ihre Selbstwahrnehmung beeinträchtigt und sie spürt die eigenen Bedürfnisse nicht mehr.
Der Weg aus diesem Muster kann gelingen, wenn man in Verbindung mit den eigenen Gefühlen kommt und auch eigene Schwächen akzeptieren lernt.

Fragen zur Selbstreflexion

» Versuchen Sie, in Ihrem Leben alles im Griff zu haben?
» Sind Sie mit ihrer eigenen Entwicklung ständig unzufrieden?
» Haben Sie oft das Gefühl, dass Sie trotz Ihrer Bemühungen noch immer nicht ihrem idealen Selbstbild entsprechen?
» Sind Sie darauf bedacht, keine Fehler zu begehen, damit Sie nicht kritisiert werden? Wenn ja, in welchen Situationen und im Zusammenhang mit welchen Menschen?

Passives Reaktionsmuster

Sobald man das Gefühl hat, nicht mehr die Kontrolle über alles zu haben und sich nicht mehr vor dem Schmerz der seelischen Wunde schützen kann, entwickelt man die Tendenz, nichts und niemandem mehr zu trauen; man zieht sich in die Isolation zurück.
Wer in diesem Reaktionsmuster steckt, hat den Versuch, perfekt zu sein und keine Fehler zu begehen, aufgegeben. Die Person hat eine pessimistische Sichtweise und betrachtet sich selbst als nicht gut genug und schuldig. Sie hat auch die Hoffnung, wahrgenommen und anerkannt zu werden, aufgegeben, weil sie überzeugt ist, dies nicht zu verdienen.
Im Hinblick auf diese Art der Reaktion ist es empfehlenswert, zusätzlich den Abschnitt über die Verletzung der Isolation und die dazugehörigen Verhaltensmuster durchzulesen.

In diesem Reaktionsmuster wirken Glaubenssätze und Verhaltensmuster, die durch mangelnden Selbstwert entstehen. Die Person schlüpft in eine dienende oder teilweise gar in eine Opferrolle, empfindet sich klein und häufig schuldig. Sie fühlt sich oft ungerecht behandelt, unfähig, ihr eigenes Leben in die Hand zu nehmen, und sucht immer zuerst die Schuld bei sich.
Nur durch eine aufrichtige Beziehung zu sich selbst und eine ehrliche Analyse der Verhältnisse zu den Mitmenschen ist es möglich, dieses Muster zu durchbrechen.

Ein Teilnehmer meiner Seminare für „Ausdruckstanz" und „intuitives Tanzen" war das lebendige Beispiel der Merkmale dieser Verletzung. Das Thema meiner Veranstaltung war „Loslassen und neu beginnen". Der etwa 38-jährige Lehrer hatte sich nach einigen Jahren der Lehrtätigkeit dazu entschlossen, seinen Beruf an den Nagel zu hängen und eine eigene Firma im Bereich Unternehmensberatung, Coaching für Führungskräfte und Kommunikationstraining für Firmen zu gründen. Er wirkte ruhig, in sich gekehrt, schüchtern, würdevoll und kompetent und sprach nur selten; die wenigen Sätze, die er äußerte, waren immer sehr klar und überlegt.
Als es darum ging, den Grund seiner Teilnahme am Seminar zu verraten, meinte er, er wolle lernen, auf sich selbst zu achten. Mit viel Mut und Offenheit erklärte er, wie er sich immer für andere verantwortlich fühlte und wie sie ihm, wenn etwas schief lief, die Schuld dafür gaben. Er hatte von sich aus eine leicht gebückte Haltung und neigte dazu, den Blick auf den Boden zu richten.
Am Anfang, bei der Übung „Biografisches Tanzen", kam in ihm eine tiefe Traurigkeit hoch und seine Körpersprache veränderte sich auf bemerkenswerte Weise. Als es darum ging, die Gefühle zu tanzen, die man mit der Kindheit assoziiert, wurde er immer kleiner und sackte zusammen, nahm eine fötale Stellung ein und richtete seinen Blick zur Wand, um einen Gefühlsausbruch zu unterdrücken. Es gelang ihm aber nicht und er fühlte sich schuldig, die anderen der Gruppe durch seine Reaktion zu stören.

Er erinnerte sich, dass er in seiner gesamten Kindheit die Empfindung gehabt hatte, nicht wahrgenommen zu werden und blockiert zu sein.

In weiterer Folge ging es darum, das Gefühl, das beim Tanzen auf körperlicher Ebene aufgetaucht war, zu malen oder zu zeichnen. Die Mal- und Gestalttherapeutin, die das Seminar begleitete, unterstützte den Mann bei diesem Prozess.
Er zeichnete eine schwangere Frau mit einem enormen Bauch, darin einen schwarzen Fötus, rund um den Fötus eine grüne Hülle, und daneben zeichnete er einen Mann, der das Kind anschrie: „Ich will dich nicht, du wirst nie wie dein Bruder sein, du hättest dir sparen können, auf die Welt zu kommen!"
Durch die Zeichnung und die Gefühle, die auf körperlicher Ebene hochgekommen waren, fühlte er sich erleichtert. Es wurde ihm plötzlich klar, warum er sich immer schuldig fühlte und das Gefühl hatte, allen helfen zu müssen, um ernst genommen zu werden. Er erkannte auch, warum er immer das Gefühl hatte, ungerecht behandelt, hintergangen oder übersehen zu werden. Auf Anraten der Therapeutin erzählte er in der offenen Gesprächsrunde seine Geschichte. Er wirkte ruhiger, entspannter, seine Körperhaltung war nun aufrechter geworden und sein Gesicht war weniger abgespannt.

Als er auf die Welt kam, war er das einzige Kind und Enkelkind. Sechs Jahre später wurde sein jüngerer Bruder geboren, ein Sonnenschein, der ihm seiner Meinung nach die gesamte Aufmerksamkeit und Liebe der Eltern und Großeltern stahl.
Die Geschwister waren eng miteinander verbunden. Als der Vater jedoch begann, ihn mit dem kleinen Bruder zu vergleichen, der ein kleines Genie in der Schule war, sehr gut aussah und ausgezeichnete sportliche Leistungen erbrachte, fühlte er sich unverstanden, frustriert und versuchte, um jeden Preis die Aufmerksamkeit des Vaters zurückzuerobern.
Der Vater erniedrigte ihn und sagte, dass es schade um die Zeit und das Geld wäre, wenn er studieren würde. Er sollte lieber arbeiten gehen,

weil er die Leistungen seines Bruders nie erreichen würde. Er ging aber den Weg des Vaters, studierte sogar dasselbe Fach wie dieser, bekam aber nie die erhoffte Wertschätzung.
Als er das merkte, dass der Vater trotz allem nicht zufrieden war, begann er zu denken, er sei ein schlechter Mensch, fühlte sich gedemütigt und wurde auch immer wieder mit dem Bruder verglichen. Aufgrund seiner ausgeprägten Ergebenheit dem Vater gegenüber glaubte er, eine Strafe für Vater und Familie zu sein.

Das zu begreifen, war sehr befreiend, da ihm das Schildern der eigenen Geschichte in der Seminarrunde vor Augen führte, dass er bisher in seinem Leben fast ausschließlich Menschen mit dem Verhaltensmuster des Vaters angezogen hatte. Es waren Menschen, die ihn abwerteten, trotz seiner Anstrengung und Mühe.
Durch diese Erkenntnis kam er zu dem Entschluss, sich ein Jahr Auszeit zu nehmen, und ging – auf der Suche nach Heilung und Befreiung – nach Asien. Die Einsamkeit der Reise half ihm, einen vollkommen neuen Zugang zu sich selbst zu finden. Sein innerer Dialog, wie er mir nach der Reise erzählte, mündete in jener Zeit zu einer liebevollen und gelassenen Einstellung zu sich selbst und seinen Lebensumständen.
Eineinhalb Jahre später nahm er wieder an einem meiner Tanz- und Meditationstrainings teil und wirkte viel gelassener, selbstsicherer und hatte nicht mehr die Tendenz, sich ständig zu entschuldigen. Er fühlte sich nun freier, wurde erfolgreich in seiner Arbeit, da er sich selbst treu bleiben konnte und nicht mehr ausschließlich darauf bedacht war, andere glücklich zu machen.

Wie dieses Beispiel deutlich macht, ist es wichtig für die Auflösung eines so tief sitzenden Musters, den alten Schmerz, der aus der Kindheit stammt, zum Ausdruck zu bringen.

„Ich bin nichts wert"

Menschen, die dieses Muster aufweisen, haben ständig das Gefühl, nicht gut genug zu sein, und nehmen oft schwierige Herausforderungen in Kauf, um sich zu beweisen, dass sie doch gut sind.
Wenn jemand sie als wertvoll betrachtet und sich für sie interessiert, ist es schwer für sie, daran zu glauben, und sie werden dadurch den Personen gegenüber misstrauisch, die ihnen ihre Liebe zeigen oder sie gut behandeln.
Ihre leicht gebückte Körperhaltung verrät die innere Unsicherheit und ihre Angst, aufzufallen, kritisiert oder abgewertet zu werden. Wenn ihnen etwas Positives passiert oder sie Erfolg erleben, dann können sie es nicht annehmen. In Beziehungen entsteht oft die Situation, dass sie ausgeprägte Verlustängste entwickeln, wenn sie die Erwartungen des Partners nicht erfüllen können. Sie befürchten, dass der Partner jemand anderen finden könnte, der passender und wertvoller ist als sie.

Sie ziehen oft Menschen an, die emotional abhängig und in der Opferrolle sind, weil sie ihnen das Gefühl vermitteln, stark und kompetent zu sein und ihnen dadurch Schutz und Hilfe bieten zu können. Solche Persönlichkeiten zu unterstützen, verleiht Menschen mit dieser Verletzung das Gefühl, wertvoll zu sein, weil sie gebraucht werden. Dadurch kompensieren sie ihr fehlendes Selbstwertgefühl. Sie verspüren einen gewissen Druck, weil es sehr anstrengend ist, das eigene, ideale Selbstbild aufrechtzuerhalten. Sie empfinden oft Traurigkeit, Wut sich selbst und den anderen gegenüber, wenn sie es nicht schaffen, Bestätigung zu bekommen, und Angst, die Liebe und Aufmerksamkeit der anderen zu verlieren. Wenn sie in einer Gruppe sind, versuchen sie herauszufiltern, welche Menschen ihnen die Schau stehlen könnten, und kritisieren jene, die ihnen in irgendeiner Form Angst machen. Für diese Personen ist es hilfreich, zu erkennen und zu akzeptieren, dass sie einzigartig sind und sich daher auf die Entwicklung ihres eigenen Potenzials konzentrieren sollten.

Fragen zur Selbstreflexion

» Fühlen Sie sich nicht gut genug?
» Setzen Sie sich unter Druck, um die Erwartungen anderer zu erfüllen?
» Versuchen Sie, an Menschen, mit denen Sie in Konkurrenz stehen, Fehler zu finden, um sich besser zu fühlen?

„Ich bin schuldig"

Menschen, die dieses Muster leben, haben das Gefühl, dass sie für die Probleme anderer verantwortlich sind. Sie bemühen sich, anderen gegenüber korrekt und hilfsbereit zu sein. In Beziehungen haben sie meistens den Eindruck, dass das, was sie den anderen Menschen als Gegenleistung zurückgeben, nicht reicht. Sie sind davon überzeugt, es nicht zu verdienen, dass es ihnen gut geht, und sie nicht liebenswert sind. Immer wenn etwas im Leben gut läuft und sie glücklich sein könnten, hält sie der alte Mechanismus zurück und sie meinen, sie hätten nicht das Recht, glücklich zu sein. Sie fühlen sich schuldig und bestrafen sich selbst mit zu viel Arbeit oder übertriebenem Verantwortungsgefühl den anderen Menschen gegenüber.

Oft haben sie sich auch in der Kindheit für ihre Eltern und für deren Schmerzen oder Probleme verantwortlich gefühlt. Vielleicht wurden sie auch mit jemandem verglichen, der in der Familie als der Gemeine, der Unausgeglichene oder das schwarze Schaf galt. In vielen Fällen waren ihre Eltern auch in der Opferrolle gefangen und sie machten diesen Umstand für ihr unglückliches Leben verantwortlich.

Menschen, die sich schuldig fühlen, machen sich klein. Sie haben das Gefühl, es zu verdienen, wenn die anderen sie schlecht behandeln. Sie wünschen sich Aufmerksamkeit und Unterstützung von den Mitmenschen, aber sie trauen sich nicht zu, es offen zu verlangen. Sie fühlen sich nicht verstanden, nicht gesehen und haben innerlich die Tendenz, auf sich selbst wütend zu sein, weil sie ihr Leben nicht ändern können.

Sie haben Angst zu stören, Angst abgelehnt zu werden und fühlen sich anderen gegenüber immer minderwertig. Sie sind oft sehr traurig, weil sie aus diesem Leid, das sie zu verdienen glauben, nicht herauskommen. Oft fallen sie in die Opferrolle und beschuldigen Menschen aus ihrer Vergangenheit oder Gegenwart, häufig die Eltern oder den Partner, die Ursache ihres unglücklichen Lebens zu sein. An diesem Punkt angelangt, wiederholt sich häufig die Opferrolle der Eltern und so wie ihre Eltern nehmen sich diese Menschen wie gelähmt wahr und als unfähig, Schritte zu setzen.

Fragen zur Selbstreflexion

» Fühlen Sie sich schuldig, wenn Sie Aufmerksamkeit und Liebe bekommen?
» Wenn sich eine positive Veränderung in Ihrem Leben manifestiert, kommt oft plötzlich ein Hindernis, wodurch Sie wieder ins Alte zurückfallen?
» Wenn jemand etwas für Sie tut, fühlen Sie sich dazu verpflichtet, viel mehr, als Sie bekommen haben, zurückzugeben?
» Haben Sie manchmal das Gefühl, gelähmt und unfähig zu sein, eine für Sie positive Veränderung zu bewirken?

2.6 Die emotionale Verletzung des Kritisiertwerdens

Diese Verletzung ist der des Erniedrigtwerdens sehr ähnlich, unterscheidet sich jedoch in einem wesentlichen Aspekt: Durch die Verletzung der Erniedrigung wird das Selbstwertgefühl der Person stark beeinträchtigt und sie bekommt das Gefühl vermittelt, nicht gut genug zu sein. Im Gegensatz dazu werden bei der Verletzung des Kritisiertwerdens die Menschen für ihr Verhalten, ihre Meinung und ihre Einstellung zum Leben kritisiert. Es wird aber nicht ihre Würde erniedrigt.

Die Person, die die Verletzung des Kritisiertwerdens erlitten hat, stellt ihre Handlungen und Weltanschauung infrage und orientiert sich an Menschen, von denen sie sich wünscht, angenommen und akzeptiert zu werden. Sie fühlt sich unsicher, zweifelt an sich und sehnt sich vermehrt nach Liebe und Zugehörigkeit.
Die Kritik berührt uns häufig gerade dann sehr tief, wenn sie Aspekte anspricht, die an uns auch in der Kindheit bemängelt wurden. Sie trifft uns auch, wenn wir das Gefühl haben, dass durch die Kritik unsere gesamte Person infrage gestellt wird.
Kritik kann aber auch durchaus unterstützend und konstruktiv sein, wenn man sie als begründet empfindet und in diesem Sinne annehmen kann.
Je weniger man sich selbst Fehler verzeihen kann, desto schlechter kann man mit Kritik umgehen. Schließlich ist die Unfähigkeit, Kritik zu ertragen, auch ein Zeichen für ein geringes Selbstwertgefühl. Im Allgemeinen ist es im Umgang mit Kritik wichtig, darauf zu achten,

von wem sie kommt und wie fundiert sie ist. Wir sollten uns Zeit nehmen, um zu spüren, welche Resonanz sie in uns selbst erzeugt. Jede kritische Meinung von außen ist schließlich nur die Sichtweise unseres Gegenübers, eine Meinung, die in manchen Fällen hilfreich sein kann und einen Ansporn für unsere Weiterentwicklung bietet.

Menschen, die diese Verletzung erfahren haben, können selten mit Kritik umgehen und kritisieren sich selbst mit denselben Worten und Ausdrücken, mit denen sie in der Kindheit kritisiert wurden.
Ein Kind braucht vor allem Aufmerksamkeit und Geborgenheit, aber auch Akzeptanz. Es besitzt eine eigene Persönlichkeit, die sich von jener der Eltern stark unterscheiden kann. Wird ein Kind von seinem Umfeld häufig kritisiert, ohne dabei auch positive Rückmeldungen zu erhalten und ohne Begründung der Kritik, so bekommt es die Botschaft: „So wie du bist, bist du nicht in Ordnung. Erst wenn du gewisse Regeln einhältst, dann machst du das Richtige und wirst akzeptiert." Die Kritik kann entweder subtil sein, indem die Eltern sich dem Kind nur zuwenden, wenn es ihren Regeln entspricht, oder offen, indem sie es häufig kritisieren und sie nichts von dem, was es macht, zufrieden stellt.

Wirkung auf den Charakter

Emotionale Lage
Diese Menschen sind meist leicht gereizt, wütend und manchmal traurig, vor allem wenn sie das Gefühl haben, keine Akzeptanz und Anerkennung von außen zu bekommen. Sie werden unsicher, wenn Handlungen oder Aussagen der anderen sie an ihrem idealen Selbstbild zweifeln lassen.
Sie haben Angst, den Erwartungen des Umfelds nicht zu entsprechen. Je nachdem, wie weit diese Verletzung reicht, werden ihre Handlungen und Gedanken von der Angst geprägt, etwas falsch zu machen.

Körperlicher und verbaler Ausdruck

Diese Verletzung verursacht bei den Menschen eine tiefe Anspannung, weil sie ständig darauf bedacht sind, jede Form von Kritik zu vermeiden, die von außen kommt. Sie stehen somit fortwährend unter Selbstbeobachtung und Autozensur. Dieser innere Druck verursacht in ihnen eine starke psychische und körperliche Spannung, was zu einer Starrheit im Handeln, Denken und Fühlen führt.

Hinsichtlich ihrer Wortwahl ist ihnen eine gewisse Härte anzumerken und oft sind sie sehr urteilsfreudig und streng in ihren Äußerungen anderen gegenüber.

Verhaltensstrategien

Nach außen wollen diese Menschen den Eindruck vermitteln, verlässlich, ethisch korrekt und kompetent zu sein, um Kritik zu vermeiden. Sie sind anderen gegenüber sehr kritisch, vor allem wenn sie sich unsicher fühlen und den Druck verspüren, sich beweisen zu müssen.

Diese Unsicherheit lässt sie in zwischenmenschlichen Beziehungen sehr vorsichtig sein und die Beobachterrolle einnehmen. Diese Person versucht zu spüren, was ihr Gegenüber braucht und welche Vorstellung es von ihr hat. Sie richtet dann ihr Verhalten nach den Bedürfnissen des anderen aus und bezweckt auf diese Art und Weise, Wohlwollen, Bestätigung, Zuneigung und Lob zu bekommen.

Ihre größte Angst ist es, nicht wahrgenommen und verurteilt zu werden beziehungsweise in ihrem Verhalten und in ihrem Sein wieder der Norm noch den eigenen und fremden Erwartungen zu entsprechen.

Sie empfindet Angst vor Fehlern, fürchtet sich aber noch mehr davor, beim Begehen eines Fehlers erwischt zu werden. Je nachdem, wie tief die Verletzung reicht, werden Handlungen und Gedanken von diesen Ängsten geprägt.

Hilfestellung

Für die Klärung dieser Verletzung ist es wichtig, dass die Betroffenen Kontakt mit ihrem inneren Kritiker aufnehmen und beginnen, die Kritik, mit der sie sich oft konfrontiert sehen, konstruktiv zu analysieren. Es ist wesentlich zu beobachten, in welchem Ausmaß wir verletzt auf Kritik von außen reagieren, da wir dadurch auf Fehler und Schwächen aufmerksam gemacht werden, die wir oft selbst ablehnen. Wichtig für die Heilung dieser Verletzung ist es, sich der eigenen Talente und Potenziale bewusst zu werden, ohne sich von Kritik aufhalten zu lassen, damit man auf konstruktive und vertrauensvolle Weise die eigenen Fähigkeiten entfalten und die Lebensvision verwirklichen kann.

Aktives Reaktionsmuster

Aufgrund ihres Schmerzes und der zahlreichen Situationen, in denen sie Kritik ausgesetzt war, entwickelt die Person als aktives Reaktionsmuster die Tendenz, ihre Mitmenschen ebenso kritisch zu behandeln, wie sie selbst behandelt worden ist, um sich auf diese Weise eventuellen Kritiken zu entziehen.

Menschen, die so reagieren, wirken auf andere schlagfertig, redegewandt und scheinen immer angriffsbereit zu sein. Innerlich fühlen sie sich meist angespannt und sind darauf fokussiert, im Außen ein tadelloses Bild von sich zu präsentieren, weil sie um jeden Preis vermeiden wollen, dem Gegenüber Anlass zur Kritik zu geben.

Je mehr sie versuchen, perfekt zu sein, desto mehr glauben sie, im Recht zu sein. Sie sind überzeugt davon, dass die anderen im Unrecht sind oder Fehler machen. Angespannt und innerlich auf Angriff programmiert, empfinden sie sich selbst durch den Filter der ständigen Suche nach Fehlern als extrem wach und schlau und haben den Eindruck, alles im Griff zu haben.

Ihre Mitmenschen fühlen sich in ihrer Gegenwart nervös, angespannt und durchschaut.

Ein 42-jähriger Mann, Vater eines achtjährigen Kindes, kam zu einem individuellen Mentaltraining in meine Praxis mit dem Bedürfnis, dieses einschränkende und belastende Muster, das die Beziehung zu seinem Sohn beeinträchtigte, zu klären. Er erzählte, wie schwer es ihm fiel, auf seinen Sohn einzugehen, ohne ihn zu kritisieren. Das Kind fürchtete sich vor ihm und hatte Angst, mit dem Vater die Schulaufgaben durchzuführen. Das Kind hatte so sehr Angst vor der Kritik des Vaters, dass es sich manchmal sogar versteckte, wenn er nach Hause kam. Der Mann litt extrem darunter, dass sein eigener Sohn ihn ablehnte und Angst vor ihm hatte, so wie er selbst Angst vor seinem Vater gehabt hatte.

Er erzählte, dass er selbst den gleichen Umgang mit seinem Sohn pflegte, wie einst sein Vater mit ihm, und es war ihm kaum möglich, sich zu verändern und diese Verhaltensweise loszulassen.

Er beschrieb die Furcht davor, vom eigenen Vater kritisiert zu werden, und das Gefühl der inneren Unsicherheit, ob der Vater ihn überhaupt liebte, weil er nie gut genug für ihn gewesen war. Er erinnerte sich genau daran, wie er damals innerlich zitterte, weil er nicht wusste, was er tun könnte, um dem Vater zu gefallen. Der Mann suchte damals als Kind, genau wie sein Sohn heute, die Unterstützung der Mutter. Das Verhalten seines Vaters ihm gegenüber verletzte auch seine Mutter. Im Laufe der Zeit trieb das einen Keil in die Beziehung seiner Eltern. Dasselbe passierte nun Jahre später zwischen ihm und seiner Ehefrau. Sie warf ihm vor, gleich wie sein Vater geworden zu sein.

In einem meiner Seminare über biografisches Schreiben kam seine Lebensgeschichte zur Sprache.

Sein Vater, ein berühmter Anwalt von adeliger Herkunft, hatte ihn nie akzeptiert. Er entstand aus der Affäre seines Vaters mit einem viel jüngeren, einfachen Dienstmädchen, das im Haus der Familie angestellt war. Aufgrund dieser Situation war die Mutter seines Vaters zutiefst enttäuscht von ihrem Sohn, warf diesem das ein Leben lang vor. Sie akzeptierte auch ihn nie wirklich als Enkelsohn, weil er diesem Verhältnis entsprungen war.

Auf der anderen Seite handelte jene Familie immer nach den religiösen und gesellschaftlichen Normen und die Großmutter zwang ihren Sohn aus Prinzip, das Mädchen zu heiraten und seine Pflicht zu erfüllen. Daraus entstand eine unglückliche Ehe mit ihm als einzigem Sohn. Er war als Kind von Leuten umgeben, die unglücklich und in Konventionen und Ängsten gefangen waren.

Seine Mutter starb, als er zehn Jahre alt war. Er erinnerte sich an die ständige Kritik des Vaters, aber auch an die Streitigkeiten, die seine Eltern miteinander hatten, weil seine Mutter bis zu ihrem Tod versuchte, den Sohn vor dem Vater zu verteidigen. Diese Erinnerungen waren sehr schmerzhaft für ihn. Er erzählte, dass die Form der Kritik an ihm nie erniedrigend war – er wurde mit Würde behandelt, aber es wurde ihm immer gesagt, dass seine Leistungen nicht reichten und es besser wäre, anders zu handeln, anders zu lernen, andere Leistungen zu erbringen.

Seine Großmutter und der Vater verglichen sein Verhalten oft mit dem seines Cousins, der immer die besten Leistungen erbracht hatte. Der Vater kritisierte ihn, so wie jener schon von seinem Vater kritisiert worden war. Die Kritik wurde sehr subtil ausgeführt. Er fühlte sich ständig unter Beobachtung, unter Druck und zitterte innerlich von dem Zeitpunkt an, an dem er von der Schule nach Hause kam, bis zum Abend, wenn er schlafen ging.

Diese Erinnerungen waren sehr klar für ihn, auch dachte er damals, niemals so zu werden wie sein Vater. Und jetzt fand er sich vor der Tatsache, dass das Muster der Beziehung zwischen Vater und Sohn von Generation zu Generation weitergegeben worden war.

Im Alter von 16 Jahren begann er, dem Vater zu widersprechen. Jahrelang hatte er vor ihm innerlich gezittert, bis man ihm schließlich eines Tages in der Schule seine Talente, seine Redegewandtheit und gute Rhetorik aufzeigte. Dadurch gestärkt, fühlte er sich endlich in der Lage, seinen Vater zu kritisieren.

Zum Kritiker zu werden veränderte sein unsicheres Verhalten. Er wurde selbstbewusster und nutzte jede Gelegenheit, um andere zu kritisieren, ohne auf ihre Gefühle zu achten. Als er merkte, dass er die anderen mit seiner scharfen und gut argumentierten Kritik verunsichern konnte, stieg sein Selbstwertgefühl, und er begann die Macht zu genießen, die er über sie hatte. Er verwandelte sich sozusagen vom Opfer zum Täter.

Wie sein Vater studierte er Jus und wurde zu einem bekannten Anwalt in einer kleinen italienischen Stadt.

Er probierte unterschiedliche Techniken der Heilung, wie Mentaltraining, Verhaltenstraining, Meditation, und versuchte, seine Wut und Kritiksucht mit Sport zu kompensieren. Aus dem kleinen, verletzten Kind wurde ein scharfer Beobachter und herber Kritiker.

Er fühlte sich unfair seinem Sohn gegenüber und war auch sich selbst gegenüber streng und selbstkritisch, konnte das aber nach außen hin nicht zugeben. Er war ein brillanter Anwalt und fand in seinem Umfeld, an Frau, Kind, Mitarbeitern, Freunden, immer etwas auszusetzen. Das führte dazu, dass sich im Laufe der Jahre immer mehr Menschen von ihm entfernten und auch zwischen ihm und seiner Partnerin eine kühle Stimmung herrschte.

Nun setzte er einen bedeutenden Schritt, nämlich die Verbindung zu seinem inneren Schmerz aufzunehmen. Er begann, sein Verhalten anderen Menschen und seinem Sohn gegenüber zu beobachten, und versuchte, es zu ändern.

Es wurde ihm bewusst, dass er immer dann zum Kritiker wurde, wenn er sich unsicher oder überprüft fühlte. In solchen Situationen war er wie in Trance. Er fühlte sich wie das verletzte Kind von damals und hatte das Bedürfnis, kämpfen zu müssen, um das Gegenüber zu besiegen. Es war das gleiche Gefühl, das er dem Vater gegenüber immer gehabt hatte. Es realisierte, dass er in den Augenblicken, in denen er den alten Schmerz der Kindheit empfand, die Person, die vor ihm stand, so behandelte, als ob sie sein Vater wäre, und kritisierte sie gnadenlos.

Indem er diese Zusammenhänge erkannte und den emotionalen Schmerz aus seiner Kindheit verstand, fand er auch einen neuen Zugang zu sich selbst und zu seinem Vater. Er erkannte, dass sein Vater, der mittlerweile schon sehr alt, aber noch in guter gesundheitlicher Verfassung war, dasselbe mit dem Großvater erlebt hatte.

Nach einem Jahr und unterschiedlichen Selbsterfahrungsseminaren und Therapien hatte er sich verändert. Er begann nun damit, den anderen Menschen nicht nur zu sagen, was sie falsch machten, sondern auch das Gute zu erkennen und es ihnen mitzuteilen. Er fing an, seinen Sohn zu loben, dessen Individualität zu entdecken und ihn dabei zu unterstützen, seine Stärken selbst zu erkennen. Ungefähr ein Jahr nachdem er seinen Weg zur Veränderung begonnen hatte, sprach er wieder mit seinem Vater und erzählte ihm den gesamten Prozess vom Zeitpunkt der Erkenntnis über die unterschiedlichen Therapieformen bis zu dem Moment, wo er sich von diesem generationenübergreifenden Muster erlöst hatte. Sein Vater reagierte am Anfang abwertend und kritisch, aber als er sah, dass sein erwachsener, erfolgreicher Sohn weinte, kamen ihm die Tränen und er umarmte ihn. Der Vater sagte zum Sohn, dass er stolz auf ihn sei, und erzählte erstmals die Wahrheit über seine eigene Kindheit. Ab diesem Zeitpunkt führten die beiden eine harmonische Beziehung, die immer tiefer wurde. Er erfuhr einiges über die Familie, die Großmutter, die Mutter und erkannte auch, dass sein Vater ebenso in diesem Muster der Kritik und in der Verletzung des Kritisiertwerdens gefangen war.

Wie dieses Beispiel zeigt, heilt uns vor allem die Akzeptanz, die wir uns selbst gegenüber entwickeln, von dem Muster des Kritisiertwerdens.

"Ich kenne deine Fehler, du kannst mir nichts vormachen"

Dieser Glaubenssatz manifestiert sich vor allem, wenn man in der Kindheit massiv kritisiert wurde. Wenn man andere durch Kritik verunsichert, fühlt man sich wichtig und bekommt ihre volle Aufmerksamkeit.
Grundsätzlich bewirkt dieses Muster ein ausgesprochen sicheres Auftreten und eine scharfe Beobachtungsgabe. Das Gegenüber fühlt sich, als würde es einer Prüfung unterzogen werden.
Personen mit dieser seelischen Wunde streben meist danach, stärker als die anderen zu sein, damit sie selbst nicht kritisiert werden können. Sie beobachten ihre Mitmenschen und sind darauf fokussiert, bei ihnen mögliche Fehler und Mängel zu entdecken. Wenn sie das Gefühl haben, dass der eigene Standpunkt falsch sein könnte, versuchen sie, sich die Autorität anderer zunutze zu machen und vermitteln den Kontrahenten deren Bestätigung.
Sie sind überzeugt von der eigenen Meinung und werden rasch aggressiv oder wütend. Diese Wut empfinden sie, wenn das Gegenüber sich nicht anpasst, sie nicht ernst nimmt oder auf die Strategie „Ich kenne deine Fehler" nicht reagiert. Im Fall von Meinungsverschiedenheiten versuchen sie, den anderen mit scharfer Logik zu überzeugen.
Dieses Muster beeinträchtigt die Kommunikationsfähigkeit und führt zu unbefriedigenden Situationen, bei denen Missverständnisse oder Streitgespräche entstehen können.

Durch dieses Verhaltensmuster fühlt man sich in Beziehungen nicht authentisch und hat das Gefühl, sein Gegenüber nicht erreichen zu können. Höchstwahrscheinlich weichen die Menschen, die man liebt, aus, weil sie sich ständig kritisiert fühlen.
Durch diesen Glaubenssatz zieht man Personen an, welche die Verletzung der Erniedrigung erlitten haben und nach Glaubenssätzen wie etwa: „Ich bin nicht gut genug", „Ich bin nichts wert", „Ich schaffe es sowieso nicht" oder „Es darf mir nicht gut gehen" leben. Ebenso handelt es sich dabei um Personen, welche die passive Polarität der

Verletzung des Kritisiertwerdens aufweisen, wie: „Liebe mich! Ich bin so, wie du mich willst."

Anderen bewusst zuzuhören und auch deren positive Seiten ernst zu nehmen, befreit diese Menschen von dem inneren Druck, „Fehlerjäger" zu sein, um das brüchige Fundament ihres Selbstwertgefühls aufrechtzuerhalten.

Fragen zur Selbstreflexion

» Haben Sie das Gefühl, andere zu durchschauen, und fühlen Sie sich wohl, ihnen zu vermitteln, dass Sie über sie Bescheid wissen?
» Fühlen Sie sich durch die Kritik, die Sie an anderen ausüben, sicher – vor allem, wenn Sie dadurch Unsicherheit erwecken können?
» Verwenden Sie Sätze wie: „Niemand kann mir etwas vormachen. Ich durchschaue jeden. Mir kann man nichts vorenthalten"?

„Ich bin besser als du / die anderen"

Wenn wir dieses Verhaltensmuster leben, dann wollen wir über mehr Fähigkeiten als andere verfügen. Wenn wir das Gefühl haben, besser als unsere Mitmenschen zu sein, dann fühlen wir uns sicher und laufen nicht Gefahr, kritisiert zu werden.

Als Kind bekamen diese Menschen oft das Gefühl, immer unter den Besten sein zu müssen, oder fühlten sich kritisiert und träumten davon, besser als die anderen zu sein, um endlich wahrgenommen und geliebt zu werden. Ihr Auftreten wirkt selbstbewusst und kompetent. Sie können sich aber nur entspannen, wenn sie das Gefühl haben, dass sie die anderen von ihren Fähigkeiten überzeugen konnten. Sie üben oft harte Kritik, um ihr Gegenüber zu verunsichern, und sind stark darauf fokussiert, die Fehler anderer zu finden. Sie kritisieren, indem sie Vergleiche ziehen, die das Gegenüber blamieren.

Durch diesen Glaubenssatz empfindet man oft Wut sowie ein großes Bedürfnis nach Kontrolle und wird von der Angst begleitet, zu kurz zu kommen und nicht anerkannt zu werden. Aus diesem Grund geht man in Opposition und urteilt über andere streng und abwertend. Diese Menschen fühlen sich erst geliebt, wenn sie angesehen und gelobt werden. Sie stecken sich hohe Ziele und üben ausgefallene, sogar exzentrische Tätigkeiten aus, um herauszuragen und die begeisterte Zustimmung der Mitmenschen zu erlangen.

Lernen, Zeit allein zu verbringen und Tätigkeiten auszuüben, die Freude bereiten, ohne irgendeine Leistung damit zu erzielen, sind die ersten Schritte zur Auflösung dieses Musters.

Fragen zur Selbstreflexion

- » Versuchen Sie, wenn Sie in einer Gruppe sind, herauszufinden, ob es andere gibt, die für Sie potenzielle Rivalen sein könnten? Entspannen Sie sich erst, wenn Sie das Gefühl haben, besser als andere zu sein?
- » Empfinden Sie das Bedürfnis, anderen, vor allem Menschen, die Sie nicht kennen, bewusst oder unbewusst zu zeigen, was Sie alles können und was Sie bereits geleistet haben?
- » Fühlen Sie sich beleidigt oder wütend, wenn Sie den Eindruck haben, nicht ernst genommen zu werden und dass Ihre Größe nicht erkannt wird?

Passives Reaktionsmuster

In dieser Ausprägung der Verletzung sind die Menschen innerlich unsicher und weisen ein starkes Bedürfnis auf, bestätigt und anerkannt zu werden. Aus diesem Grund sind sie auf das Außen fokussiert und versuchen, den Erwartungen ihrer Mitmenschen vollkommen gerecht zu werden. Dabei fühlen sie sich nicht in der Lage, Kritik zu ertragen oder in ihrem Leben etwas selbständig zu erreichen. Sie sind innerlich angespannt und fürchten sich vor Kritik, was für sie das Schlimmste ist. Wenn sie kritisiert werden, verzweifeln sie, weil sie den Eindruck haben, dass ihre zahllosen Bemühungen unnötig waren. Diese Menschen haben Angst, nicht mehr geliebt und akzeptiert zu werden, weil sie nicht das Richtige tun und nicht den Werten ihres Umfelds und dessen Erwartungen entsprechen.

Das passive Reaktionsmuster auf die Verletzung des Kritisiertwerdens ist einer jener Glaubenssätze, die am meisten Kraft rauben, weil man immer darauf bedacht ist, Rücksicht auf die Bedürfnisse anderer zu nehmen.

Eines Tages nahm eine nette, 44-jährige Lehrerin mit hinreißendem Lächeln an einem meiner zweitägigen Seminare über die „Heilung des inneren Kindes" teil. In der Vorstellungsrunde beschrieb sie sich als sehr empathisch, immer darauf bedacht, andere zu unterstützen und zu helfen, wenn jemand sich in Not befindet. Bekannt für ihre fürsorgliche Zuwendung kam ständig jemand auf sie zu, der sie um Hilfe bat, sodass ihr kaum Zeit blieb, sich um ihre eigenen Angelegenheiten zu kümmern.
Sie wirkte stets freundlich und geduldig, aber auch unruhig, da sie immer das Gefühl hatte, die Zeit laufe ihr davon. Sie stellte die Bedürfnisse der anderen über ihre eigenen, was dazu führte, dass sie immer weniger für sich selbst tat und sich dabei innerlich immer zerrissener und unrunder fühlte.
Schließlich entschloss sie sich dazu, das Seminar zu besuchen, weil sie, wie sie selbst auf prägnante Weise zum Ausdruck brachte, nicht mehr „den inneren Druck spüren wollte, es allen Menschen recht machen zu müssen."

In jenem Seminar, das auch von einer erfahrenen Therapeutin für „Psychodrama" begleitet wurde, gab es die Möglichkeit, die eigene Geschichte inszenieren zu lassen, um die eigenen Lebenserfahrungen als Zuschauer von außen betrachten zu können.

Sie ergriff sofort die Gelegenheit und meldete sich als Erste, um ein Rollenspiel zu gestalten.

In der Vorbereitung erzählte sie ihre persönliche Geschichte in lebendiger und bildhafter Sprache. Das Faszinierende an ihr war, dass sie sich wie gelähmt fühlte, obwohl sie eine intelligente, reflektierte Pesönlichkeit war und ihr die Ursachen ihres Verhaltens durchaus klar waren.

In der Auseinandersetzung mit ihrer Tendenz, es allen recht zu machen, führte sie bereits seit Jahren einen innerlichen Kampf gegen ihr nachgiebiges Verhalten, das von ihrem Schutzbedürfnis, Kritik zu vermeiden, geprägt war. Sie wünschte sich, frei zu sein und endlich mit gutem Gewissen Nein sagen zu können, Konflikte auszutragen und vor allem Zeit für sich selbst zu finden.

In diesem Rollenspiel wollte sie drei Aspekte, drei Momente der Entwicklung ihres Lebens darstellen. Als erstes Bild inszenierte sie die Ursache des Musters, die sie durch eine vergangene Therapie herausgefunden hatte.

Sie wählte das Bild, in dem ihre Lehrerin eines Tages, als sie nach der Hofpause als Letzte in die Klasse kam, vor versammelter Klasse sagte, sie sei das schlechteste Kind auf der ganzen Welt sowie eine Lügnerin und Diebin. Die Lehrerin gab ihr die Schuld, die Aufkleber, welche sie für die Klasse gekauft hatte, gestohlen zu haben.

Sie erinnerte sich, dass sie daraufhin in Tränen ausbrach, vollkommen zerstört und durcheinander war. Ab diesem Zeitpunkt versuchte sie immer, den anderen alles recht zu machen und sich vor der Lehrerin zu beweisen. Trotz aller Bemühungen wurde sie noch mehr kritisiert.

Mit Tränen in den Augen erzählte sie im Seminar, wie sie nach der Sommerpause der dritten Klasse Volksschule zu einer Art Dienerin für die Klasse und die Lehrerin wurde.

Einige Jahre später erfuhr sie von ihrer Mutter die Ursache des Verhaltens jener Lehrerin. Einige Zeit vor ihrer Geburt hatte diese Frau ein Verhältnis mit ihrem Vater. Es kam jedoch zur Trennung und in dieser Phase lernte der Vater ihre Mutter kennen und lieben. Die Lehrerin gab ihrer Mutter noch immer die Schuld für das Scheitern der Beziehung. So war es nicht verwunderlich, dass die Lehrerin den Hass, den sie eigentlich auf die Mutter empfand, auf das Kind projizierte.

Wie die sympathische Frau im Seminar rückblickend erkannte, entstand damals ein interessantes Muster in ihren zwischenmenschlichen Beziehungen. Auf der einen Seite versuchte sie dem zu entsprechen, wie andere sie wollten, und auf der anderen Seite kontrollierte sie die anderen und genoss die Macht, die sie über sie hatte.

In der Unterstufe, Oberstufe und im Studium war sie aufgrund ihrer empathischen Fähigkeiten und der liebevollen, hilfsbereiten Haltung anderen Menschen gegenüber sehr beliebt.

Die Frau wollte dann als zweites Bild unbedingt die Beziehung zu ihrem Ehemann darstellen. Wie sie erzählte, wuchs sie mit dieser Prägung auf und fühlte sich innerlich zerrissen, aber noch immer darauf bedacht, andere zufriedenzustellen, und lebte nach dem Motto: „Nimm mich wahr, liebe mich, ich bin so, wie du mich willst." Dieses Muster manifestierte sich intensiv in ihrer Ehe. Sie lernte ihren Ehemann in jungen Jahren kennen und spürte innerlich immer das Bedürfnis, ihm zu helfen.

In Verbindung mit ihrem Verhaltensmuster zog sie einen Typ von Mann an, der sehr anstrengend und kritisch war. Indem sie ständig seiner Kritik ausgesetzt war, erlangte er Macht über sie und bekam von ihr, was er wollte. Er hatte die tiefe Verletzung des Verlassenwerdens erlebt und versuchte nun mit allen Mitteln, sie an sich zu binden oder in irgendeiner Form zu verunsichern, damit sie sich nicht von ihm trennen konnte. Dies erzeugte über die Jahre einen enormen Druck, der tiefe Verletzungen in der Beziehung verursachte.

Ihr ursprüngliches Muster veränderte sich zu folgendem: „Egal, was ich tue, ich schaffe es sowieso nicht." In dem Augenblick, wo sich ihr Mann trotz aller Bemühungen von ihr trennte und ihr das Gefühl vermittelte, sie wäre schuld an seinen Problemen und hätte ihn durch diese Beziehung in seiner Entwicklung aufgehalten, erkannte sie, dass sie trotz Anpassung die Liebe der anderen nicht gewinnen konnte. In der Zeit der Trennung fühlte sie sich innerlich tot. Das hatte ihr die Augen geöffnet. Ihr wurde klar, dass es sinnlos war zu hoffen, die anderen würden ihre Bemühungen und ihre Unterstützung erkennen, da jeder in seinem eigenen Muster gefangen war.

Als drittes und letztes Bild skizzierte sie ein Symbolbild ihrer eigenen Heilung. Dieses Bild wurde frei und ohne Vorgaben gestaltet. Nach der Aufstellung der anderen zwei Bilder und nach einer heilenden Lösung für beide gelang es ihr beim dritten Bild, ihre eigene Rolle zu spielen und auf sich selbst als kleines Schulmädchen einzugehen. Sie gab der Kleinen die Erlaubnis, auf sich selbst zu achten, und erklärte ihr, dass sie das Recht habe, glücklich zu sein und so geliebt zu werden, wie sie ist.

Das Rollenspiel der vergangenen, einschneidenden Erlebnisse und das Heilen des Bildes gaben ihrem Unbewussten einen starken Impuls zur Heilung. Sie trainierte noch zwölf Wochen mit den vorgesehenen Übungen und beim darauffolgenden Treffen drei Monate später war ihr strahlendes Lächeln noch leuchtender und freier geworden.
Ohne dass sie es beabsichtigte, veränderten sich viele Beziehungen, in denen sie sich extrem angepasst verhalten hatte, und einige Menschen gaben ihr die Rückmeldung, sie strahle Selbständigkeit und Stärke aus. Sie erzählte, wie manche Leute sich von ihr entfernten, während andere ihr näher kamen und zum ersten Mal aus freien Stücken ihre Hilfe anboten.

Aus diesem Beispiel lässt sich gut erkennen, wie das passive Reaktionsmuster des Kritisiertwerdens häufig zu einer unendlichen Spirale der Selbstzweifel und der Anpassung führen kann. Um aus dieser Anpassung herauszukommen, ist es oft wichtig, therapeutische Hilfe in Anspruch zu nehmen.

Diejenigen, die diese Verletzung in sich tragen, kommen nur dann aus der Fokussierung auf die Außenwelt heraus, wenn sie beginnen, sich bewusst abzugrenzen und auf ihre eigenen Bedürfnisse einzugehen. Indem sie anfangen, auf sich selbst zu achten und mit ihrem inneren Kritiker in Verbindung zu kommen, begeben sie sich auf den Weg zur Heilung.

„Liebe mich, ich bin so, wie du es willst"

Diese Verhaltensstrategie manifestiert sich besonders oft in einer Partnerschaft oder in einer sehr engen Freundschaft. Wenn wir dieses Verhalten aufweisen, sind wir dazu bereit, fast alles zu tun, um geliebt zu werden. Wir werden immer stärker von den Liebesbeweisen des Menschen, den wir lieben, abhängig, sodass man das Gefühl erlangt, man könne ohne diese Person nicht mehr leben.

Dieses Muster entsteht meist in der Kindheit bei Menschen, die sich nicht akzeptiert gefühlt haben. Sie sind verunsichert und haben Angst, die Verbindung zu den Mitmenschen zu verlieren. Sie fühlen sich oft ausgeschlossen und nicht wahrgenommen und sind sehr sensibel. In ihrem Verhalten und in ihrer Körpersprache wirken sie kindlich. Ihre Stimme klingt oft wie die eines Kindes, wenn sie ihre Gefühle zum Ausdruck bringen.

Die Strategien, die sie entwickelt haben, um Liebe zu bekommen, sind unterschiedlich. Meistens lesen sie den anderen ihre Wünsche von den Augen ab oder machen aus der Meinung anderer ihre eigene und versuchen, jede Form von Konflikt zu vermeiden.

Sie ziehen meist Mitspieler an, die dominant, kritisch, aber gleichzeitig auch fürsorglich sind. Es sind Menschen, die sie bewundern, da diese überzeugt sind, recht zu haben und glauben, alles über das Leben zu wissen.

Für Personen mit dieser Verletzung ist es wesentlich, zu erkennen, dass auch sie Bedürfnisse haben, und langsam zu beginnen, die elementaren, einfachsten eigenen Wünsche ernst zu nehmen.

Fragen zur Selbstreflexion

» Möchten Sie es allen recht machen?
» Zeigen Sie sich genau so, wie die anderen es sich wünschen?
» Fürchten Sie sich davor, die Liebe und Zuwendung anderer zu verlieren, wenn Sie deren Erwartungen und Bedürfnisse nicht erfüllen?

„Egal, was ich tue, ich schaffe es sowieso nicht"

Wird ein Maß an Enttäuschung erreicht, das jegliche Grenzen des Erträglichen übersteigt, fallen wir in die passive Manifestation des besprochenen Musters, das durch die genannten Glaubenssatz charakterisiert wird.
Dieser Glaubenssatz entwickelt sich meist in der Kindheit, wo die Person bereits den Eindruck hat, nicht gut genug zu sein. Das Kind hat das Gefühl, egal, was es tut, nie anderen zu gefallen oder dafür geliebt zu werden, trotz aller Anstrengungen. In diesem Fall resigniert es, versteckt sich immer mehr und gibt schließlich völlig auf.

Dieses Muster kann auch eine Reaktion auf andere Verletzungen sein und hat möglicherweise auch die Verletzung der Ablehnung gemeinsam mit der Verletzung des Kritisiertwerdens als Ursache.

Im Erwachsenenalter fühlen sich Menschen mit dieser Verletzung innerlich wie gelähmt und haben in zwischenmenschlichen Beziehungen wenig Motivation. Sie wenden ihre Kraft lieber dort an, wo es nicht darum geht, sich auf andere zu verlassen, sondern in Bereichen, die nur wenig mit Beziehung und Unsicherheit zu tun haben, wie Arbeit, persönliche Hobbys und alle Tätigkeiten, die man allein gut und zufriedenstellend betreiben kann.

Diese Menschen bleiben oft viele Jahre in belastenden Situationen, weil sie meinen, dass der Schmerz einen Bestandteil ihres Lebens darstellte. Dieses Gefühl äußert sich auch in einer tiefen Angst. Ihre Hoffnungslosigkeit verursacht Schmerz, ein tief sitzendes Gefühl der Lähmung, den sehnlichen Wunsch nach Ruhe und keine Menschenseele rund um sich zu haben. Das Leben dieser Menschen ist vom Gefühl der Enttäuschung geprägt.

Während Menschen mit dem Glaubenssatz „Liebe mich, ich bin so, wie du es willst" noch auf die Liebe hoffen, geben diejenigen, die in diesem Verhaltensmuster stecken, vollkommen auf. Jemand, der die Hoffnung, anderen zu gefallen, verloren hat und keine Bestätigung mehr von außen erhält, verfällt in einen Zustand der Apathie.

Mitspieler dieser Menschen sind oft jene, die den anderen kritisieren, verlassen oder sich entfernen, wenn er nicht ihren Erwartungen entspricht. Oder es sind Menschen, die oft aus der Ferne lieben und sich in keiner Beziehung, egal in welcher Form, öffnen können.

Auf der anderen Seite ziehen sie oft Menschen an, die ein Helfer-Syndrom aufweisen und versuchen, die verletzte Person aus ihrer Enttäuschung über die Menschheit herauszuholen. Genau diese Menschen werden ihrerseits wieder enttäuscht, da es ihnen kaum gelingt, dass ein Mensch, der dieses Muster hat, sich durch ihre Liebe öffnen kann.

Was hilft, dieses Muster zu lösen, ist die Erkenntnis, dass sie zu viel Zeit ihres Lebens in der Hoffnung verbracht haben, von anderen geliebt zu werden, und darin ihren Lebenssinn gesehen haben. Die daraus entstandene Frustration hat sie in eine Art Lähmungszustand versetzt und ihr kreatives und schöpferisches Potenzial, ihre Umsetzungskraft und ihren Tatendrang verschüttet und blockiert.

Fragen zur Selbstreflexion

» Haben Sie das Gefühl, dass Sie in Ihrem Leben nie mehr geliebt werden?
» Denken Sie, perfekt und fehlerfrei sein zu müssen, um geliebt zu werden?
» Denken Sie, dass Ihr Leben vorbei ist, weil es kaum jemanden gibt, der Sie versteht?

2.7 Die emotionale Verletzung der Isolation

Die Verletzung der Isolation entwickelt sich als zusätzliche Reaktion auf andere Verletzungen. Es ist eine Wunde, die mit der Ablehnung sowie mit dem Verlassen- und dem Erniedrigtwerden einhergeht, und sie ist häufig eine Schutzreaktion auf eben diese Verletzungen. Wer die Erfahrung gemacht hat, abgelehnt oder verlassen zu werden, sucht Trost und Schutz in der Isolation. Oft handelt es sich dabei um eine alte Wunde, die im Austausch mit anderen Menschen immer wieder aufbricht. Dieser Schmerz hindert uns daran, offen zu sein und Vertrauen zu gewinnen.

Die Verletzung der Isolation lässt das Leben wie durch eine durchsichtige Glaswand betrachten. Sie verhindert das Spüren der Wärme der Liebe. Der Rückzug in die Isolation ist geprägt von Traurigkeit und von der Angst, verletzt zu werden; man ist davon überzeugt, von niemandem gebraucht zu werden und allein zurechtzukommen. Aber irgendwann zeigt sich die Sehnsucht nach Verbindung und Zugehörigkeit, da Menschen Berührung sowie Liebes- und Erfahrungsaustausch brauchen.

Die Verletzung der Isolation entsteht schon in der Kindheit und manifestiert sich oft, wenn ein Kind vernachlässigt wird, wenn man sich zu wenig um es kümmert und dieses Kind seiner Entwicklung hinterherläuft. Sie manifestiert sich häufig in Familien, deren Grundsatz und Glaubenssatz zum Beispiel darstellt, dass Arbeit und Fleiß das Wichtigste sind, und in denen von den Kindern früh verlangt wird, selbständig und effizient zu funktionieren. Menschen mit dieser Verletzung durften nie richtig Kind sein.

Wirkung auf den Charakter

Emotionale Lage

Menschen mit dieser Verletzung wollen in Ruhe gelassen werden und glauben, alles allein schaffen zu müssen. Oft fühlen sie sich traurig oder sehnen sich nach Berührung, Kontakt und Liebe. Die Isolation erlaubt, zur Ruhe zu kommen, da man durch den Rückzug weder Schmerz noch Unsicherheit ausgesetzt ist.

Die größte Angst dieser Menschen ist, für immer von den anderen getrennt zu sein und nicht wahrgenommen zu werden. Sie haben oft das Gefühl, dass sie, weil sie nicht gut genug sind, verlassen oder nicht beachtet werden. Um dem Schmerz zu entgehen, ziehen sie sich zurück, weil sie hoffen, dass der andere sie dann sucht, um ihnen seine Liebe zu beweisen.

Körperlicher und verbaler Ausdruck

In ihrer Körpersprache sind sie starr und zurückhaltend und tendieren dazu, Blickkontakt zu vermeiden und mit leiser Stimme zu sprechen. Nur wenn sie emotional berührt sind, traurig oder wütend werden, wird die Stimme etwas lauter oder ähnlich der eines kleinen, leidenden Kindes. Wenn man diese Verletzung in sich trägt, verweist der Körper durch Mimik und Gestik auf einen Menschen, der sich nicht zeigen will und teilweise sogar ganz verschwinden möchte. Man fühlt sich nur dann wohl, wenn man die Sicherheit hat, dass einem nichts passiert. Auf körperlicher Ebene zeigt sich die Isolation darin, dass die Person immer einen gewissen Schutz und Abstand zu den Mitmenschen bewahren möchte. Wenn sie sich öffnen und Berührung zulassen, ziehen sie sich jedoch schlagartig wieder zurück, sobald sie merken, dass die Gefühle intensiv werden und die Angst vor Verletzung wieder spürbar wird.

In ihrer Sprache sind diese Menschen sparsam mit Worten, aber das, was sie sagen, hat meistens Gewicht, und es handelt sich um prägnante Aussagen, die von Empathie und Beobachtungsgabe zeugen. Sie äußern oft den Satz: „Ich brauche die anderen nicht, ich schaffe es allein."

Manchmal haben sie Angst zu stören und wollen nicht auffallen. In ihrem Wortschatz fehlen auffällig oft Ausdrücke der Gemeinschaft und Offenheit, wenn sie über sich selbst sprechen. Öffnen sie sich für andere, dann sind sie dabei sehr vorsichtig, lassen immer auch andere Möglichkeiten offen und wirken dadurch unentschlossen.

Verhaltensstrategien
Diese Menschen ziehen sich rasch zurück und versuchen, sich in ihren Entscheidungen stets einen Weg offenzuhalten, oder haben einen Plan B, damit sie die Sicherheit haben, auch allein zurechtzukommen.
Durch diese Verletzung lernen sie, selbständig zu sein, denn sie fühlen sich oft nicht in der Lage, Kontakt mit den Mitmenschen herzustellen und brauchen einen angemessenen Abstand, um mit ihnen in Beziehung zu treten. Man ist zwar bereit, zu geben und anderen zu helfen, aber es fällt schwer, sich dem Umfeld gegenüber zu öffnen oder um Hilfe zu bitten. Die Isolation ist für jene Menschen oft zur Lebenseinstellung geworden, und sie haben große Schwierigkeiten, sich anderen gegenüber zu öffnen, sich selbst zu spüren und in der Beziehung zu ihren Mitmenschen Gefühle zum Ausdruck zu bringen.
Sie ziehen oft Menschentypen an, die eine ähnliche Verletzung wie die der Isolation erlitten haben, wie zum Beispiel die der Ablehnung, und die Tendenz aufweisen, sich zurückzuziehen. Menschen, die in sich gekehrt sind, ziehen oft solche Gleichgesinnte an, mit denen sie eine Beziehung in Stille führen, wo jeder bei sich bleibt und es nur selten Momente des Austausches gibt.

Hilfestellung
Diese Verletzung beginnt zu heilen, wenn die Person erkennt, dass ihre vergangenen Erfahrungen auf die Gegenwart Einfluss haben, weil sie innerlich noch am alten Schmerz festhält.
Körperübungen, die die Selbstwahrnehmung stärken, und Kommunikationstraining helfen ihr, den Mut zu finden, wieder in Beziehung mit anderen zu treten.

Aktives Reaktionsmuster

Bei dieser Form des Musters begibt man sich in die Isolation, um von anderen gesucht zu werden und deren Hilfe zu erhalten. Die Botschaft dahinter lautet: „Ich gehe. Suche mich!". Auch wenn man in diesem Fall betont, seine Ruhe haben zu wollen, ist man enttäuscht, wenn man nicht kontaktiert wird und sich der andere nicht um einen kümmert. Man möchte mit der Abwesenheit signalisieren, dass man Hilfe braucht und sich Zuwendung wünscht.

Hinter dieser emotionalen Wunde steckt oft die Verletzung des Verlassenwerdens oder der Ablehnung. Die Person agiert in diesem Fall wie ein kleines Kind, das den Anschein erweckt, alles allein zu schaffen, und das sich versteckt, damit die anderen auf es eingehen.

Ein 42-jähriger Mann, der bei mir eine Ausbildung zum Mentaltrainer absolvierte, wies dieses aktive Reaktionsmuster im Hinblick auf die Verletzung der Isolation deutlich auf. Er besaß eine gutgehende Marketing- und Grafikagentur und war gewohnt, alle Ziele, die er sich gesteckt hatte, auch zu erreichen. Andere schätzten ihn als tüchtigen, gelassenen und erfolgreichen Mann. Er vermittelte den Eindruck, alles im Griff zu haben, und wirkte in Gestik und Mimik anderen Menschen gegenüber freundlich und geduldig. Weil er sich in seinem Beruf viel mit Kommunikation auseinandersetzte, hatte er gelernt, auf andere Menschen einzugehen und mit Charme und den richtigen Kommunikationsstrategien eine gute Beziehung zu ihnen aufzubauen, allerdings eine Art von Beziehung, in der er die Kontrolle behielt. In seinem beruflichen Leben schien beinahe alles perfekt zu sein. Den einzigen Bereich, in dem er unglücklich war, stellte das Privatleben in Bezug auf seine Partnerschaft dar. Das war auch einer der Gründe, den Mentaltrainingskurs zu belegen. Er war der Meinung, wenn man die einschränkenden Glaubenssätze in einer Beziehung zwischen Mann und Frau bewusst löste, würden einem auf der Suche nach einer glücklichen Beziehung keine Steine mehr im Weg liegen. Er hatte im Leben durch seine Ausdauer, Kraft und überzeugende, charmante Art schon sehr viel erreicht und erzählte mir, dass er sich schon im Alter zwischen 18 und 20 Jahren mit positivem Denken auseinandergesetzt und die allgemein bekannten Bücher von Norman Vincent Peale gelesen hatte.

Er war davon überzeugt, dass wir, wenn wir uns etwas fest vornehmen und die dafür notwendige positive Einstellung kultivieren, alles erreichen können, was wir uns vornehmen. Diese Einstellung brachte ihn vor allem dann weiter, wenn es darum ging, berufliche Ziele zu erreichen, aber es half ihm nicht in Beziehungen zu Frauen. Er war auf der verzweifelten Suche nach einer Antwort, warum es ihm nicht gelang, auch in diesem Bereich seines Lebens eine glückliche Beziehung zu führen. Er ging das Thema mit Disziplin und Charakterstärke an, um so schnell wie möglich zum Ziel zu gelangen.

Wir begannen im Training damit, uns als Erstes mit einschränkenden Glaubenssätzen zu beschäftigen, und versuchten herauszufinden, wie sehr diese Gefühle unser Leben regulierten.

Nach einer angeleiteten Meditation im leichten Trancezustand veränderte sich sein Gesichtsausdruck. In der Meditation ging es darum zu entdecken, welche Strategien man in der Kindheit entwickelt hatte und wie diese einen einschränkten. Nun wurde ihm seine größte Angst auf einmal deutlich.

Er traute sich nicht, in der Runde darüber zu sprechen, erzählte mir aber später, was er gespürt hatte. In der Meditation sah er das Wohnzimmer der Familie und sich selbst im Alter von sieben Jahren. Die Eltern hatten ein Geschäft im selben Haus. Die Mutter versprach, bei ihm zu bleiben, weil es ihm nicht gut ging. Später jedoch ging sie wieder ins Geschäft hinunter. Er fühlte sich traurig und verlassen. Er erinnerte sich, wie das immer öfter geschah und er bis zum Alter von 16 Jahren ein Einzelkind blieb und sich regelmäßig isoliert und unverstanden fühlte. Der Zustand verschlimmerte sich für ihn, weil seine Mutter ihm, um ihn zu beruhigen, immer wieder versprach, bei ihm zu bleiben, mit ihm zu spielen, etwas zu unternehmen, was aber alles nie passierte. Jede Stunde kam sie für ein paar Minuten zu ihm, um zu schauen, wie es ihm ging, nahm sich aber nie die Zeit, wirklich auf

ihn einzugehen. Er war ein verantwortungsbewusstes Kind und lernte schon früh, stark und selbständig zu sein. Aus diesem Grund beklagte er sich auch nie und war in der Verwandtschaft als der brave, starke, kleine Mann, der seine Eltern nicht belastete, beliebt.
Er wurde mehr oder weniger in diese Rolle getrieben und fand nie den Mut, sie abzulegen.
Diese Tatsache stimmte ihn traurig und er fühlte sich auch in gewisser Form verraten, nicht wahrgenommen, unverstanden. Daraufhin entwickelte er das Muster, sich zu verstecken. Anfangs tat er es unabsichtlich, aber später geplant, dass seine Mutter ihn suchen musste. Sie machte sich große Sorgen um ihn, und immer wenn sie ihn fand, war sie halb wütend, fühlte sich aber auch schuldig, umarmte ihn fest und sagte, dass sie ihn lieb hätte, und bat damit um Verständnis. Dieses Spiel war die einzige Möglichkeit, sich die Liebe der Mutter zu holen. Durch das Bild der Meditation und das Gespräch realisierte er, dass er dasselbe Spiel mit den Frauen spielte. Er zog sich in jeder Partnerschaft zurück und spielte die Rolle des beleidigten Kindes in der Hoffnung, dass seine Partnerin ebenso reagierte, wie es seine Mutter gemacht hatte: ihn suchte, tröstete und ihm ihre Liebe beteuerte. Anfangs reagierten die Frauen gemäß seinen Erwartungen, aber nach einer Weile stellten sie ihn zur Rede und fragten, warum er das tat. Wenn er dann sagte, dass er sich nicht geliebt gefühlt hatte, entfernten sie sich von ihm, denn ganz gleich, was sie tun würden, sie könnten solchen Erwartungen nie entsprechen.

Er hatte diese Zeit vollkommen verdrängt und war überrascht, dass diese Erinnerung hochkam, denn er glaubte bis dahin, eine „wunderschöne Kindheit" erlebt zu haben. Jetzt erst erinnerte er sich, dass er als Kind immer wieder gehofft hatte, von der Mutter geliebt zu werden, und wie er sehnsüchtig darauf wartete, dass sie zu ihm kam, aber er sich in seiner Fantasie und Vorfreude eine ganz andere Behandlung ausgemalt hatte. Aus diesem Grund fiel es ihm sehr schwer, sich zu öffnen und offen für sich Liebe und Zuwendung zu verlangen.

Als er davon berichtete, realisierte er, dass er in Beziehungen zu Frauen immer dieses Gefühl empfand, in seiner Fantasie, seinen Erwartungen zu leben.

Er erkannte, dass er sich immer auf seine Partnerin gefreut hatte, aber durch seinen Beruf, der viel Zeit in Anspruch nahm, viel zu wenig Möglichkeiten hatte, sich oft genug mit ihr zu treffen. Somit lebte durch ihn das Familienmuster weiter, wo die Arbeit an erster Stelle stand.

Er dachte während des Tages ununterbrochen an die Partnerin. Er malte sich aus, wie schön das Wiedersehen sein würde. Aber dann, wenn es tatsächlich zum Treffen kam, passierte nicht der Austausch, den er sich vorgestellt hatte, und er wurde enttäuscht.

Er begann bewusst an diesem Thema zu arbeiten. In den zwei weiteren Mentaltrainingsseminaren gelang es ihm, einen gesunden Kontakt mit seinem Inneren aufzubauen und langsam diese Verhaltensstrategie abzulegen, indem er lernte, seine Gefühle mitzuteilen und in Kontakt mit dem Gegenüber zu bleiben, ohne sich zurückzuziehen.

Bei einem weiteren Treffen berichtete er, dass er seit drei Monaten in einer Beziehung sei, dabei immer wieder die Tendenz bemerke, sich zurückzuziehen und in die Isolation zu gehen, aber gelernt habe, der Partnerin gegenüber seine Unsicherheit einzugestehen und den Wunsch zu äußern, von ihr eine Bestätigung ihrer Liebe zu bekommen.

„Ich gehe, suche mich!"

Dieses Verhaltensmuster ist ein Zeichen tiefer Verletzung. Durch die Blockaden, welche sich aufgrund von Verletzungen entwickelt haben, tritt man bei diesem Muster einen Schritt zurück, sobald die Gefühle intensiv werden und es – egal in welcher Beziehungskonstellation – darum geht, sich zu öffnen.

Durch diesen Rückzug sendet man dem anderen auf subtile Weise die Botschaft: „Ich ziehe mich zurück, aber bitte suche mich und beweise mir dadurch, dass du mich liebst." Leben wir dieses Muster, sind wir oft traurig und wütend auf die Person, mit der wir in Beziehung stehen. Wir fühlen uns häufig nicht beachtet und vernachlässigt. Aus diesem Grunde werden wir im Laufe der Zeit immer wütender.

Durch die Neigung, Dinge ungeklärt zurückzulassen, versucht man, bei anderen auf unterschwellige Weise Schuldgefühle zu provozieren, um sie an sich zu binden. Mit dieser Einstellung ist es sehr schwer, konstruktive und gefühlvolle zwischenmenschliche Beziehungen zu führen. Die anderen sind oft überfordert mit einem Menschen an ihrer Seite, der sich ihnen nicht öffnen oder mitteilen kann.

Fragen zur Selbstreflexion

- » Ziehen Sie sich oft zurück in der Hoffnung, dass die anderen Sie suchen?
- » Neigen Sie dazu, sich zurückzuziehen, wenn es einen Konflikt gibt?
- » Teilen Sie Ihr Befinden absichtlich nicht mit und verhalten Sie sich abweisend, um bei anderen Schuldgefühle zu erzeugen?

„Ich bleibe übrig, ich gehöre nicht dazu"

Menschen mit diesem Glaubenssatz besitzen eine tiefe Empathie. Sie bemühen sich um andere und wollen das Gefühl vermitteln, dass sie hundertprozentig zu ihnen stehen und auch alles für sie tun. Sie geben den anderen tatsächlich alles, was sie können, um sie glücklich zu machen. Sie sind der Meinung, dass sie zufrieden sind, wenn es den anderen gut geht. In diesem Fall ist es dem Menschen mit diesem Muster gleichgültig, was mit ihm passiert. Er fühlt sich wertvoll, wenn er gebraucht wird, und hat durch diese Lebenseinstellung verlernt, auf seine eigenen Bedürfnisse zu achten. Ganz tief in ihm keimt die Hoffnung, dass die anderen eines Tages seine Aufopferung und alles, was er gegeben hat, anerkennen werden.

Sie haben den Eindruck, dass niemand auf Ihre Gefühle achtet und sie daher übrig bleiben. Auf der anderen Seite verhalten sie sich so, dass sie ihre Wünsche nie in den Vordergrund stellen und selten ihre wahre Meinung äußern. Sie leben ihre zwischenmenschlichen Beziehungen gefangen in einer dienenden Haltung.

Wer sich auf diese Weise ausgeschlossen fühlt, erlebt einen innerlichen Zwiespalt zwischen wohlwollenden Gefühlen für geliebte Menschen und einer sich zusammenbrauenden Wut.

Nach außen hin haben Personen mit diesem Muster immer einen liebevollen Umgang mit ihren Mitmenschen, und aus diesem Grund wagen sie es nicht, zu zeigen, dass in ihnen ein Schmerz tobt. Sie leiden im Stillen. Immer wieder versuchen sie, das verletzende Verhalten anderer zu entschuldigen oder eine Erklärung dafür zu finden, um damit den Schmerz der Enttäuschung zu lindern. Aber irgendwann wird die Wut so stark, dass der Schmerz sie lähmt. Sie fressen die Gefühle förmlich in sich hinein oder aber „explodieren" in irgendeiner Weise.

Fragen zur Selbstreflexion

» Unterstützen Sie andere in der Erwartung, dass diese irgendwann Ihre Aufopferung wertschätzen?
» Denken Sie oft, dass Ihnen niemand hilft und dass Sie ausgenutzt werden, obwohl Sie immer für andere da sind?
» Lassen die anderen Sie Ihrer Meinung nach links liegen, wenn sie Sie nicht mehr brauchen?

Passives Reaktionsmuster

Beim passiven Reaktionsmuster auf die Verletzung der Isolation manifestiert die Person die Tendenz, sich zurückzuziehen, und hat kein Vertrauen mehr. Sie hat aufgehört, Kontakt zu suchen, da sie nicht möchte, dass sich die Verletzung wiederholt.

Hinter dieser emotionalen Wunde stecken sowohl die Verletzung der Isolation als auch die des Verlassenwerdens. Die Person agiert in diesem Fall wie ein kleines Kind, das versorgt werden möchte.

Sie hat das Gefühl, dass niemand sie wahrnimmt und versteht, und möchte ihre Ruhe haben. Sie braucht niemanden, will alles mit eigenen Kräften schaffen und fühlt sich in ihrer Oase ganz wohl. Diese Menschen meiden tiefe zwischenmenschliche Beziehungen und reduzieren soziale Kontakte auf ein Mindestmaß. Aus diesem Rückzugsprozess ist es schwierig herauszukommen. Die Person befindet sich in diesem emotionalen Zustand, wenn sie immer wieder enttäuscht, verletzt und nicht wahrgenommen wurde und das Leben als ungerecht empfindet.

Derjenige, der diese Verletzung erlitten hat, besitzt eine gute Menschenkenntnis und kann die Verletzungen, Machtspiele und die Unehrlichkeit der Mitmenschen durchschauen und deshalb fällt es ihm extrem schwer, anderen Menschen zu Vertrauen.

Ein freundlicher, ruhiger, netter Mann Mitte 30, der ein Unternehmen in einer kleinen Stadt in der Nähe von Venedig führte, nahm an meinem Programm „Empathietraining" teil, um an seinen negativen Glaubenssätzen zu arbeiten. Er erzählte, dass er sich immer zurückzog, wenn es einen Konflikt gab oder es darum ging, seinen Gefühlen Ausdruck zu verleihen. Er war ängstlich, fühlte sich minderwertig und glaubte, sich anstrengen zu müssen, um etwas zu erreichen. Nach einigen Meditationen und Selbstwahrnehmungsübungen versuchten wir, den Ursprung dieses Verhaltens zu erkennen.

Er erinnerte sich, dass er sich jedes Mal versteckte, wenn ihn seine Mutter kritisiert oder sein Vater abgelehnt hatte. Er versteckte sich sogar einmal tagelang auf dem Dachboden des Bauernhofes und reagierte nicht auf die Rufe der Eltern, Großeltern und Nachbarn. Er wollte einfach seine Ruhe haben und nicht mehr den Schmerz der Kritik und Ablehnung spüren. Die Mutter erkannte mit der Zeit, dass gewisse Haltungen von ihr und dem Vater die Auslöser der Fluchtversuche waren und vermied daraufhin, dem Kind Vorwürfe zu machen oder es gar zu bestrafen. Dieses Reaktionsmuster manifestierte sich bei ihm umso stärker, je näher die Menschen ihm waren. Am häufigsten passierte ihm das mit seiner Frau, welche ihn nach zwei Jahren Ehe verzweifelt verließ, weil er immer in dem Augenblick, wo sie sich mit ihm konfrontieren wollte, verschwand. Er fühlte sich diesem Muster total ausgeliefert. Er versuchte, sich in ein paar Kurzbeziehungen zu öffnen, aber in dem Augenblick, wo er wieder verschwand, interpretierten seine Partnerinnen und Freunde das Verhalten als fehlende Wertschätzung, als Zeichen der Arroganz oder Schwäche und entfernten sich von ihm.

Deswegen zog er sich völlig in die Isolation zurück. Er hatte sich sein Leben mit vielen Hobbys und Aktivitäten, welche mit wenig engem sozialen Kontakt abliefen und sich eher um den Beruf drehten, eingerichtet. Nach ein, zwei Jahren in Ruhe und Isolation wurde ihm aufgrund seiner tiefen Traurigkeit bewusst, dass er etwas ändern sollte.

Durch das Mentaltraining lernte er, die Tendenz zur Flucht abzulegen und auf körperlicher und seelischer Ebene in Kontakt mit diesen Gefühlen zu kommen.

Was ihm in weiterer Folge half, war eine Hypnosetherapie, die er eine Zeit lang durchzog. Diese Methode brachte ein spannendes Ergebnis: Es gab keinen besonderen Auslöser seiner Reaktion, es handelte sich mehr um die Summe unterschiedlicher Situationen, in denen er sich unter Druck gesetzt und kritisiert fühlte und Angst hatte, nicht geliebt und verlassen zu werden. Er traf deshalb die Entscheidung, selbst die Flucht zu ergreifen, noch bevor die anderen ihn zurückweisen konnten. Dieses verinnerlichte Programm prägte seine Beziehungen bis zum Erwachsenenalter. Durch diese Erkenntnis und das Wiedererleben gewisser Bilder und Situationen in der Hypnosetherapie schaffte er es langsam, mit einer hoffnungsvollen Einstellung sein Ziel, eine erfüllende Beziehung und ein soziales Leben zu führen, zu erreichen. Dieses Beispiel zeigt, dass man mit dieser Verletzung therapeutische Hilfe braucht, weil man sich als Schutzreaktion in die Isolation begibt und sich einredet, dass man glücklich sei, frei zu sein, und nichts und niemanden brauche. Aus diesem Grund ist es für Menschen, die diese Verletzung erkennen, empfehlenswert, mit anderen Menschen darüber zu sprechen, sich zu öffnen und unterschiedliche Formen der Hilfe und Lebensberatung in Anspruch zu nehmen.

„Ich muss alles allein schaffen. Ich brauche nichts von außen"

Bei dieser Form der Verletzung zieht man sich zurück, da man sich und seinen Lebensraum nicht ausreichend vor möglichen verbalen Verletzungen oder unachtsamem Verhalten anderer verteidigen kann. In der Kindheit waren Menschen mit dieser Verletzung meist sehr einsam, und man hat von ihnen verlangt, selbständig zu sein und meist Verantwortung für einen Elternteil zu tragen.

Als erwachsene Menschen begegnen sie den anderen sehr vorsichtig und angespannt, sie signalisieren nach außen hin, stark zu sein, alles im Griff zu haben und nichts und niemanden zu brauchen.
Sie sind meistens still, reserviert und haben nicht das Bedürfnis, auf andere einzugehen. Einerseits wünschen sie sich Kontakt und wollen geliebt und gebraucht werden, aber andererseits vermeiden sie den Kontakt, weil sie Angst haben vor den möglichen Konsequenzen dieser Verbindung. Sie haben Angst, verletzt, nicht ernst genommen und verlassen zu werden, und fühlen sich ausgeliefert, wenn sie sich öffnen. Häufig sehnen sie sich nach Beziehungen und Austausch, träumen aber lieber nur davon und vermeiden mit aller Kraft die Gefahr, mit anderen in eine tiefere Beziehung zu treten.

Ihren Mitmenschen gegenüber befinden sie sich oft in einer Beobachterrolle. Sie brauchen viel Zeit, um sich zu öffnen und Vertrauen zu gewinnen. Sie sind vorsichtig und äußerst empathisch, dadurch fällt es ihnen leicht, die Beweggründe des Gegenübers zu prüfen, um herauszufinden, warum sie mit ihm eine Beziehung führen oder generell in sein Leben involviert sind.

Diese Menschen sind meistens traurig und desillusioniert, weil die anderen in vielerlei Hinsicht ihren Vorstellungen nicht entsprechen. Sie können sehr nachtragend und zutiefst gekränkt sein. Sie nähren die Hoffnung, irgendwann jemanden zu finden, der sie hundertprozentig und vollständig erfasst und versteht. Ein Wunsch, der vielleicht noch von der kindlichen Sehnsucht herrührt, von der eigenen Mutter geliebt zu werden.

Sie ziehen Menschen mit einem Helfersyndrom und Charaktere an, die sich schuldig fühlen, wenn man sich zurückzieht. Jene Menschen bemühen sich dann, das scheinbar von ihnen verursachte Unglück wiedergutzumachen.

Für Menschen mit diesem Verhaltensmuster ist es wesentlich zu erkennen, dass auch Schmerz und Unsicherheit Bestandteile des Beziehungslebens sind und dass ein erhoffter, tieferer Austausch nur dann erreicht werden kann, wenn man riskiert und sich öffnet.
Es ist für sie relevant, zu den eigenen Schwächen zu stehen und auch zu erkennen, dass sie – wie alle anderen auch – andere um sich brauchen.

Fragen zur Selbstreflexion

» Denken Sie, dass Sie alles allein schaffen müssen?
» Sind Sie der Meinung, dass niemand Ihre Erwartungen erfüllen kann?
» Fühlen Sie sich zufrieden, wenn Sie andere Menschen unterstützen?

„Es ist mir alles zu viel. Ich suche die absolute Ruhe"

In diesem Muster strebt man nach totaler Isolation. Man fühlt sich alleingelassen und alles, was auf der Welt passiert, überfordert einen. In der Kommunikation mit dem Umfeld fühlt man sich vollkommen blockiert und will nur noch Ruhe haben. Man ist von seinen Mitmen-

schen sehr enttäuscht. Diese Enttäuschung ist tief in der Seele verwurzelt. Sie drückt sich durch Traurigkeit und teilweise auch durch ein tiefes Gefühl der Resignation aus.
Diese Menschen haben das Vertrauen in andere verloren. Aus diesem Grund ziehen sie sich zurück und reden sich ein, dass sie nur Ruhe brauchen und von niemandem abhängig sein wollen. Sie fühlen sich oft blockiert, wenn es darum geht, Kontakte zu knüpfen oder beruflichen Anschluss zu bekommen. Sie sind völlig auf sich selbst fokussiert. Konzentriert auf ihre eigenen Hobbys und Leidenschaften gestalten sie ein Leben für sich allein, gefangen in ihrer eigenen Welt. Sie werden immer empfindlicher und gereizter, wenn es darum geht, Kontakt aufzunehmen. In der Einsamkeit kommen sie erfahrungsgemäß immer wieder in Berührung mit dem eigenen Schmerz. Durch diesen ständigen Kontakt mit dem Misstrauen und der Enttäuschung entsteht eine endlose Spirale der Hoffnungslosigkeit.

Personen, die dieses Muster leben, sind darauf bedacht, in Ruhe gelassen zu werden und die Privatsphäre zu schützen. Sie sind nicht motiviert, sich für engeren Kontakt, der in zwischenmenschlichen Beziehungen entsteht, zu öffnen. Sie haben gelernt, alles allein mit sich selbst auszumachen und mit der Einsamkeit zurechtzukommen. Wenn sie dann konstruktiv mit der Einsamkeit umgehen und ihr spärlicher Kontakt zu den Mitmenschen nur das Notwendigste betrifft und sich auf oberflächliche Floskeln beschränkt, können sie sich mitunter selbst verwirklichen und sogar eine Form des Glücks erreichen.

Meist sind sie allein, da sie eigentlich nur mit sich selbst zufrieden sind. Sie haben resigniert und finden nur in der Isolation Ruhe und Schutz. Diese ist für sie eine Oase des Seelenfriedens. Sie halten sehr an den Enttäuschungen der Vergangenheit fest und akzeptieren Veränderungen nur widerwillig.
Durch diese Verletzung ziehen sie oft Menschen mit Helfersyndrom an, die sie aus der Einsamkeit retten wollen.

Hilfreich für diese Persönlichkeiten ist es, sich bewusst, oft auch mit therapeutischer Hilfe, ihren Schmerz anzuschauen und zu erkennen, dass ihre Isolation vielleicht nicht nur eine Lebensphilosophie ist, sondern die Reaktion auf eine tief sitzende Verletzung.

Fragen zur Selbstreflexion

» Suchen Sie vermehrt die Isolation?
» Fühlen Sie sich nur dann sicher, wenn Sie allein mit sich selbst sind?
» Sind Sie von den Menschen so sehr enttäuscht worden, dass sie behaupten, niemanden mehr zu brauchen?

Die Bereitschaft zur Veränderung

Wir alle wurden auf eine gewisse Art und Weise verletzt. Diese Erkenntnis und das Vertrauen, dass wir die Kraft in uns haben, unsere Situation zu ändern, helfen uns auf dem Weg zur emotionalen Heilung und Selbständigkeit.

Opferbewusstsein, Selbstzweifel und Selbsthass können wir in Kraft umwandeln, wenn wir unsere Verletzungen erkennen und annehmen.

Hinter dem emotionalen Schmerz und seiner Aufarbeitung steckt die Chance, ein gelassenes und glückliches Leben zu führen.

Lassen Sie sich von Khalil Gibrans inspirierenden und berührenden Worten den ersten Ansporn zur Veränderung geben:

„Euer Schmerz ist das Aufbrechen der Schale, die euer Verstehen umschließt.
Ebenso wie der Stein des Pfirsichs aufbrechen muss, damit sein Herz sich in die Sonne erheben kann, müsst ihr den Schmerz erfahren.
Und könntet ihr in eurem Herzen das Staunen über die täglichen Wunder eures Lebens wach halten, erschiene euch euer Schmerz nicht weniger wunderbar als eure Freude;
Und ihr würdet die Jahreszeiten eurer Seele ebenso annehmen, wie ihr von jeher die Jahreszeiten angenommen habt, die über eure Felder ziehen.
Und ihr würdet die Winter eures Kummers mit heiterer Gelassenheit durchwachen.
Euer Schmerz ist großenteils selbst erwählt.
Er ist der bittere Trank, mit dem der Arzt in euch euer krankes Selbst kuriert.
Vertraut also dem Arzt und trinkt seine Medizin ruhig und
ohne zu murren,
Denn seine schwere und harte Hand gehorcht der sanften Hand des Unsichtbaren,
Und der Becher, den er euch reicht, verbrennt euch zwar die Lippen, doch er ist aus dem Ton geformt, den der Töpfer mit seinen eigenen heiligen Tränen benetzte." [9]

SO SEHR DU VERMAGST

*Auch wenn du dein Leben nicht führen kannst, wie du es willst,
um eins bemühe dich zumindest
so sehr du vermagst: Würdige es nicht herab
in etlicher Gebundenheit an jedermann,
in etlichen Betriebsamkeiten und Gerede.
Würdige es nicht herab, indem du's
einbringst, ständig umtreibst und es bloßstellst
in Beziehungen und des Verkehrs
alltäglicher Torheit,
bis es dir lästig wird, wie fremd.*

**Aus „Brichst du auf gen Ithaka"
von Konstantinos Kavafis**

3
Die Schritte zur emotionalen Selbständigkeit

In den vergangenen Kapiteln hat die Beschreibung der emotionalen Verletzungen und der daraus resultierenden Glaubenssätze und Verhaltensmuster einiges über unser emotionales Leben ans Tageslicht gebracht. Möglicherweise haben Sie die eine oder andere Prägung bei sich erkannt oder es sind Ihnen andere Menschen eingefallen, die bestimmte Verletzungen und Verhaltensmuster aufweisen. Wenn bei Ihnen aus den bisherigen Erkenntnissen das Bedürfnis entstanden ist, sich von dem tief sitzenden, emotionalen Schmerz zu befreien, können Sie auf den folgenden Seiten einige Lösungsansätze dahingehend erfahren.

Dieses Kapitel beschreibt die Schritte zur emotionalen Selbständigkeit. Der Praxisteil wurde in der gleichen Abfolge strukturiert und erlaubt Ihnen somit, diesen Weg Schritt für Schritt zu gehen.
Wenn Sie die unterschiedlichen Themen vertiefen möchten, finden Sie am Ende des Buches ein umfangreiches Literaturverzeichnis zu sorgfältig ausgewählter Fachliteratur.

Die Schritte zur emotionalen Selbständigkeit

Auf der folgenden Seite finden Sie eine Übersicht der Schritte, welche später im Detail ausgeführt werden.

1. Schritt
Erkennen und Akzeptieren der eigenen Verletzungen
Ausschlaggebend für die emotionale Selbständigkeit ist, die eigenen Verletzungen anzunehmen.
Die Auseinandersetzung mit der Akzeptanz, dem Loslassen, der Dankbarkeit und die Bereitschaft, verzeihen zu können, bereitet in diesem Abschnitt den Weg zur Klärung des emotionalen Schmerzes.

2. Schritt
Auseinandersetzung mit dem Impulsbild des inneren Kindes
Das Symbolbild des inneren Kindes lässt auf der Ebene des Bewusstseins die Situationen und Erinnerungen auftauchen, die mit unseren emotionalen Verletzungen zusammenhängen.
Dieses innere Bild ermöglicht durch seine tief greifende Wirkung auf das Unbewusste, mit den Reaktions- und Schutzmechanismen, die man als Antwort auf die Verletzungen entwickelt hat, Kontakt aufzunehmen. Dadurch erkennt man großteils den Ursprung seiner Glaubenssätze und Verhaltensmuster.

3. Schritt
Ressourcen aufbauen
Es ist unerlässlich, wenn man etwas verändern will, dass man Kraft und Vertrauen sammelt. Bei diesem Schritt lernen Sie unterschiedliche Ansätze und Techniken kennen, die Ihnen erlauben, mehr Sicherheit, Kraft, Vertrauen und Verständnis für Ihr Gefühlsleben zu empfinden, und die Sie bei der Auseinandersetzung mit den emotionalen Verletzungen unterstützen.

4. Schritt
Bewusster Umgang mit Emotionen und Gefühlen
Für die emotionale Reife ist es hilfreich, einen konstruktiven und gelassenen Umgang mit den eigenen Emotionen und Gefühlen zu entwickeln, um dadurch die Auflösung des alten, emotionalen Schmerzes zu bewirken. Die Techniken dieses Schrittes helfen uns zu erkennen,

welche emotionalen Zustände uns am häufigsten begleiten und in welchem Zusammenhang sie mit unseren Grundverletzungen stehen. In weiterer Folge hilft die Entfaltung des Körperbewusstseins zu spüren, auf welche Art und Weise Emotionen die eigene Psyche und den Körper beeinflussen. Ein ausgeprägtes Körperbewusstsein ist eine wertvolle Unterstützung im Umgang mit belastenden Emotionen, es fördert auch die Transformation jener Emotionen in konstruktive und positive Gefühlslagen.

5. Schritt
Versöhnung mit den Ahnen
In diesem Schritt geht es darum, die eigenen Wurzeln intuitiv zu spüren und sich bewusst mit dem eigenen Familiensystem auseinanderzusetzen. Dieser Prozess lässt uns erkennen, dass unsere Verletzungen nicht nur mit unseren Eltern zusammenhängen, sondern oft auch mit den Generationen davor.

6. Schritt
Umgang mit Widerständen
Dieser Schritt ermöglicht Ihnen, innere und äußere Widerstände bewusst zu lösen, und macht Sie darauf aufmerksam, dass Sie Widerstände positiv willkommen heißen sollten, weil sie greifbare Zeichen der Veränderung sind.

7. Schritt
Die Beziehungs- und Kommunikationsfähigkeit entfalten
Der siebte Schritt dient dazu, die Beziehungskompetenz zu erweitern, und bietet wesentliche Werkzeuge, um aus den alten Drehbüchern unseres Beziehungslebens auszusteigen.
In diesem Teil entwickeln wir unser Einfühlungsvermögen und reflektieren über Kommunikationsstrategien, sodass wir bewusst und empathisch in der Weise kommunizieren können, dass unsere Botschaft mit Sicherheit unser Gegenüber erreicht.

1. Schritt
Akzeptieren der eigenen Verletzungen und das Blatt wenden

Als Unterstützung auf dem Weg zur emotionalen Selbständigkeit erweisen sich vier Aspekte unseres Innenlebens als unerlässlich und hilfreich: Akzeptanz, Loslassen, Dankbarkeit und Verzeihen. Jeder Einzelne dieser Aspekte verhilft zu einer positiven, vertrauensvollen inneren Haltung uns selbst und dem Leben gegenüber. Diese Einstellung zu verinnerlichen verleiht Mut, um sich mit der eigenen emotionalen Geschichte auseinanderzusetzen.

Akzeptanz und Loslassen

Der erste Schritt auf dem Weg zur emotionalen Heilung ist die Erkenntnis, dass jede Person in sich einen emotionalen Schmerz trägt und auf unterschiedliche Art und Weise in ihrer Vergangenheit verletzt worden ist. Von unserer menschlichen Natur her sehnen wir uns nach Veränderung einer Situation, Verbesserung der Umstände oder Erfüllung eines Wunsches. Meistens verharrt man in den gegenwärtigen Umständen und erkennt nicht, dass diese Einstellung nicht zur Veränderung führt, sondern einen noch mehr an die gegenwärtige Situation bindet und den inneren Widerstand stärkt.

Die Akzeptanz ist immer der erste Schritt zur Veränderung. Die Akzeptanz unserer emotionalen Verletzungen öffnet den Weg zur emotionalen Selbständigkeit, weil wir mit diesem Schritt die Eigenverantwortung annehmen. Wir alle tragen in uns in unterschiedlichem Ausmaß die Spuren der alten Verletzungen in unserem Verhalten, unserer Denkweise und Einstellung zum Leben. Niemand kann diese Verletzungen wiedergutmachen. Nur wir selbst können etwas verändern.

Jemanden aus der Vergangenheit für die Umstände des Lebens zu beschuldigen dient in keiner Weise dazu, dass wir uns weiterentwickeln und unsere innere Schwere leichter wird.

Das Akzeptieren dieser Tatsache öffnet uns den Weg zur Veränderung und zur Klarheit, dass die Chance, innerlich frei und emotional selbständig zu werden, in unseren Händen liegt. Dieser Entschluss öffnet die Tür zu erfüllenden Beziehungen und gibt uns die Chance, dass wir lieben, ohne die Angst, verletzt zu werden.

Indem man sich voll und ganz auf das Hier und Jetzt einlässt, öffnet sich im eigenen Leben der Blick fürs Neue.

Solange wir gegen etwas ankämpfen, weil es uns belastet, ist es nicht möglich, frei zu werden, da wir alle Ressourcen für diesen aussichtslosen Kampf nutzen und somit für eine neue Lebensgestaltung keine Kräfte mehr zur Verfügung haben.

Im Kampf zu sein gegen das, was uns verletzt hat, nimmt uns die Chance, vertrauensvoll in eine Zukunft zu blicken, in der wir uns selbst frei von den Verletzungen wahrnehmen können und unsere Vollkommenheit spüren.

Im Leben kann man nicht alles kontrollieren, nicht jeder unserer Wünsche geht in Erfüllung. Bei uns liegt aber die Entscheidung, wie wir auf die Ereignisse des Lebens reagieren. Dieser Einblick verleiht uns eine enorme Kraft: In jedem Augenblick kann man sich entscheiden, neu zu beginnen, sich neu zu orientieren und, wenn man es allein nicht schafft, sich Unterstützung zu holen.

Wenn die Akzeptanz in uns sich verwurzelt hat, können wir endlich ein neues Drehbuch unseres Lebens schreiben.

Das Annehmen der Umstände führt zum Loslassen.

Loslassen ist eine Art Anpassung an ein Ereignis oder eine Situation. Wir akzeptieren, dass wir gewisse Dinge nicht verändern können. Der Prozess des Loslassens ist vergleichbar mit dem Bild eines Menschen, der sich in der Mitte einer Brücke befindet und ein letztes Mal zurück zum vertrauten Ufer blickt und dabei traurig, aber erleichtert ein letztes Mal dem Alten winkt. Nach diesem letzten Abschied dreht er sich um und geht mit unsicheren Schritten, aber voller Vorfreude zum neuen Ufer und wagt mutig das Neue.

Dankbarkeit

Wir haben als Kinder gelernt, „Danke!" zu sagen, wenn wir Geschenke oder Hilfe von anderen erhalten haben. Wir haben erlebt, dass wir durch unseren Dank bei anderen Freude, Respekt und Wohlwollen auslösen konnten. Es ging uns auch selbst gut, nachdem wir uns bedankt hatten. Durch eine dankbare Haltung nutzen wir bewusst die Chancen jedes Tages. Es fällt uns dann leichter, das Glückliche, Positive in jeder Situation zu erkennen.

Vieles von dem, das uns im Leben glücklich und zufrieden macht, ist ein Geschenk des Lebens und keineswegs selbstverständlich. Jedes Mal, wenn wir an etwas denken, für das wir danken können und möchten, fühlen wir uns mit dem Leben und anderen Menschen verbunden. Diese Verbundenheit verleiht Geborgenheit.

Vor dem Einschlafen und nach dem Aufwachen sollte man sich bewusst machen, wofür man sich bedanken kann. So fällt es leicht, mit einer positiven und gelassenen Einstellung durch den Tag zu gehen.

Verzeihen

Verzeihen bildet den Schlüssel zur Eigenverantwortung. Wer verzeiht, lässt nicht zu, dass andere Menschen oder Ereignisse das Leben dauerhaft belasten. Wer vergeben kann, öffnet sich für Neues. Dieser Prozess erfordert aber meist eine behutsame Herangehensweise, um alte Wunden heilen zu können.

Man kann die alten Schmerzen und Verletzungen nutzen, um über das hinauszuwachsen, was man uns angetan hat.

Wir können die Vergebung in unser Leben einladen und geduldig abwarten, dass der Keim des Verzeihens in uns ans Licht kommt.

Eine alte, weise Geschichte: Die Perlenkette

Jedes Lebensalter hat seine Weisheit. Die wertvollsten Schätze der Weisheit, die wir im Leben erfahren dürfen, sind die älterer Menschen. Mein Lehrer erzählte einmal von einer alten Großmutter, die sich mit ihrer Enkelin an den Strand gesetzt hatte und sich mit ihr die ganze Nacht über bis zum Sonnenaufgang unterhielt. Sie war eine Frau des Meeres, eine japanische Ama. Eine mutige, sanfte, stille Taucherin, die nach Seeohren tauchte, das sind schleimige Seeschnecken, in denen sich Perlen bilden. Ihr Leben war dem Meer gewidmet.

Bis zum Beginn des neuen Tages beobachtete sie gemeinsam mit der geliebten Enkelin das Meer. Die Zeit verging, ohne beim Meer Spuren zu hinterlassen. Es war immer derselbe Ozean, aber immer andere Wellen. Sie erklärte dem kleinen Mädchen mit sanfter Stimme, dass das Leben wie das Meer sei und die Menschen wie die Wellen darin, was bedeute, dass vieles von dem, was die Kleine einmal erleben würde, vergehen werde wie im Wogen des Meeres, wo die Wellen aufeinanderfolgen und ineinander verschmelzen und einander loslassen.

Sie erzählte der Enkelin vieles aus ihrer Vergangenheit, von ihrer Arbeit in den Tiefen des Meeres. Sie schilderte, wie die Frauen in der Region von Shima schon seit Jahrtausenden tauchen gingen.

Nachdem sie so von ihrem Leben berichtet hatte, sagte sie zur Enkelin: „Du stehst am Anfang, wo alles beginnt. Ich stehe dort, wo alles endet. Das Leben fühlt sich leicht an. So angenehm, wie sanfte Wellen schaukeln. Hör zu, wie das Wasser an die hölzernen Wände der Boote klatscht. Lass dich vom Leben schaukeln, staune und lächle. So wie die Wellen nach einander greifen und sich für einen kurzen, intensiven Moment tief umschlungen festhalten, so leben Menschen in Beziehungen. Aber so, wie die Wellen einander abrupt wieder loslassen, so lösen sich Beziehungen wieder auf. Die Menschen halten für einen kurzen Moment aneinander fest, lassen sich wieder los und nähern sich erneut an. Man kann nur in den Erinnerungen einen Augenblick der Nähe und der Liebe festhalten. Für deine Lebensreise, meine Liebe, werde ich dir eine Perlenkette schenken."

Sie bat das Mädchen, eine goldene Schnur in der Hand zu halten, um die Perlen aufzufädeln, und sagte:

„Die erste Perle, die ich dir schenke, ist die Perle der *Akzeptanz*. Die Kraft der Akzeptanz ist unbändig, so wie die Kraft des Wassers. So wie das Wasser ist die Akzeptanz sanft, ungebrochen und passt in jede Form, in die sie gegossen wird. Gehst du mit dieser Begleiterin durchs Leben, so wirst du immer in dir selbst verwurzelt sein. Die Akzeptanz beruhigt dein Herz und deinen Geist und erinnert dich daran, die Gegenwart zu genießen, denn so, wie dich diese Wellen lehren, wird auch dein Fluss des Lebens irgendwann im Meer münden, und alles wird vorbei sein.

Die zweite Perle, die ich dir schenke, ist das *Loslassen*. Beobachte, wie die Wellen miteinander verbunden sind und wie sie wieder auseinandergehen. So lasse von der Vergangenheit und den Menschen, die den Fluss des Lebens mit dir teilen, los. Bereue nie, Liebe zugelassen zu haben, auch wenn das Loslassen schwerfällt. Lass das Leben auf dich zukommen, lass dich von ihm führen.

Was ich dir noch schenken möchte, ist eine seltene, zweifarbige Perle, in der *Verzeihen* und *Dankbarkeit* ineinander verschmolzen sind. Wenn du sie trägst, werden deine Augen zu Perlen. Sie ist wie das Lächeln Gottes in deinen Augen. Jeden Tag beim Aufstehen denke an diese Perle. Halte sie in deinen Händen fest. Solange du auch nur einen Aspekt deines Lebens findest, wofür du dankbar bist, wirst du dich aufs Leben freuen. Du kannst es nicht einfach wollen, du kannst es nur geschehen lassen. Die Perle des *Verzeihens und* der *Dankbarkeit* erinnert dich daran, dass das Leben im Hier und Jetzt ist. Das Verzeihen lehrt dich, dass deine Zeit das Wertvollste im Leben ist. Bitte darum, verzeihen zu können. Schaue diesem Prozess zu, wie du jetzt den Wellen, die einander umarmen, zuschaust. Ab dem Augenblick, wo du darum gebeten hast, wird dein Herz auf das Vergeben vorbereitet. Niemand kann das Vergangene wiedergutmachen, und nur du kannst in deine Seele Erleichterung bringen."

Die Ama half der Enkelin, die Perlen auf die Kette zu fädeln, und bei Sonnenaufgang legte sie ihr die Kette um den Hals. Es waren die schönsten Perlen, die sie in ihrem Leben aus der Tiefe des Meeres hervorgeholt hatte. Die Kleine war sich nicht sicher, alles verstanden zu haben, aber empfand ein Gefühl der Wärme und der Freude, so wie sie es kannte, wenn ihre Mutter sie umarmte. In ihrer kindlichen Welt war das ein Zeichen dafür, dass sie der Großmutter in jener Nacht vertrauen konnte. Müde, aber glücklich über das schöne Geschenk, neigte sie ihren Kopf zur Großmutter hin und schlief auf deren Schoß ein.

2. Schritt
Auseinandersetzung mit dem Impulsbild des inneren Kindes

Seit einigen Jahrzehnten sind die Therapieformen, die auf dem Konzept des inneren Kindes basieren, richtiggehend in Mode. Die meisten Arbeitsvorschläge laden dazu ein, das innere Kind zu pflegen, zu beschützen und seine Sichtweise mit neuen Glaubenssätzen zu „heilen".

Die Psychologie beschäftigt sich schon seit zwei Jahrhunderten mit dem Thema des Aufbaus der Persönlichkeit; besonders wegweisend ist die Theorie, dass wir verschiedene Persönlichkeitsanteile in uns tragen. Roberto Assagioli, ein italienischer Psychiater des 21. Jahrhunderts, thematisiert beispielsweise in der von ihm entwickelten „Psychosynthese" die Präsenz von Subpersönlichkeiten. Diese Anteile stellen eine Vielfalt an Impulsen, Ideen, Emotionen und Bedürfnissen dar, die in einem einzelnen Individuum vorhanden sind und in diesem oft gegensätzliche Spannungen erzeugen. [10]
Assagioli lädt dazu ein, die eigenen Subpersönlichkeiten mit Mut zu betrachten und sich damit vertraut zu machen, dass die zahlreichen Konflikte, die aus ihnen entstehen, ein Zeichen von Vielfalt sind und für uns persönlichen Reichtum darstellen. [11]

Das Modell unterschiedlicher Ichs finden wir auch in der Transaktionsanalyse, wie Muriel James und Dorothy Jongeward in ihrem Buch *Spontan leben. Übungen zur Selbstverwirklichung* erklären:

„Jeder Mensch besitzt drei Ich-Zustände, die deutlich getrennte Quellen des Verhaltens darstellen: den Eltern-Ich-Zustand, den Erwachsenen-Ich-Zustand und den Kindheits-Ich-Zustand. Alle drei sind keine abstrakten Konzepte sondern Realitäten."[12]

Diese beiden Theorien der Persönlichkeitsanteile implizieren die Annahme, dass es in uns unterschiedliche Ichs gibt, die oft gegensätzliche Verkörperungen des eigenen Willens darstellen. Auch die von Helen und John Watkins entwickelte „Ego-States-Therapie" gründet auf der Theorie, dass es unterschiedliche Ich-Anteile (Ego-States) in der Psyche gibt.[13]

Zahlreiche Therapeutinnen und Therapeuten setzen sich mit dem Konzept des inneren Kindes auseinander, wie zum Beispiel Erika J. Chopich und Margaret Paul oder der Amerikaner John Bradshaw. Auch er geht von einem verletzten Kind aus, das aus einem Schutzbedürfnis heraus seine eigene Identität verleugnet.

„Das verletzte Kind in unserem Inneren bestimmt unser erwachsenes Leben auch noch durch eine nur schwach ausgeprägte Depression, die man als innere Leere empfindet. Diese Depression ist darauf zurückzuführen, dass das Kind ein falsches Selbst annehmen und sein wahres Selbst zurücklassen musste. Dadurch entsteht das Gefühl einer inneren Leere. Ich habe dieses Phänomen ‚Loch in der Seele' genannt. Mit dem Verlust seines wahren Selbst verliert der Mensch auch den Kontakt zu seinen wahren Gefühlen, Bedürfnissen und Wünschen."[14]

Gefangen in der dunklen Seite des inneren Kindes

Laut dem amerikanischen Psychologen Stephen Wolinsky wurden die Strategien, die ein Kind in seiner damaligen Situation entwickelt hat, erschaffen, „um das Chaos im Leben zu bewältigen."[15]

Dieser Ansatz gründet auf der Annahme der Quantenpsychologie, dass die innere Wirklichkeit vom „Beobachter/Schöpfer" kreiert wird. Demzufolge ist jeder Mensch der „Beobachter" seiner frühkindlichen traumatischen Erlebnisse. Der innere Beobachter speichert Bilder dieser Erfahrung und verinnerlicht sie als Wahrheit in Form von starren Erinnerungen.

Stephen Wolinsky beschreibt diese Tatsache sehr treffend: „In uns gibt es einen inneren Beobachter, der die Identität des verletzten inneren Kindes erschaffen hat." [16]

Aufgrund der alten Verletzungen tragen wir Erinnerungen in uns, welche die Wahrnehmung der Gegenwart verzerren und die zwischenmenschlichen Beziehungen belasten.

In der traumatischen Situation entwickelt man eine Überlebensreaktion auf die Verletzung, um den Schmerz zu bewältigen. Diese Reaktion wird gespeichert und immer wieder gespielt, wenn wir in eine ähnliche Situation wie die, in der die Verletzung passiert ist, geraten.

Diese Überlebensreaktion nennt Wolinsky Trancezustände. Der innere Beobachter erschafft in uns Trancezustände und nutzt sie, um das Kind gegen traumatische Erfahrungen, die es nicht annehmen kann, zu schützen. Es handelt sich also um Überlebensstrategien des Kindes, die sich in der Psyche verwurzeln und zu Verhaltensmustern des Erwachsenen werden, um das Leben zu bewältigen.

Die Trancezustände sind im Erwachsenenalter allerdings unangebracht, weil sie Mechanismen beinhalten, die sich auf Vergangenes und nicht auf die Gegenwart beziehen. Meistens entstehen diese Gefühle, wenn man sich unsicher oder hilflos fühlt.

„Die dunkle Seite des inneren Kindes hypnotisiert den Erwachsenen, sodass er in der Gegenwart auf diese Weise reagiert, als würde er sich in der Vergangenheit befinden. Das verletzte innere Kind missinterpretiert, misskonstruiert und missversteht viel von dem, was es sieht. Das kostbare innere Kind anzubeten heißt, seine dunkle Seite zu ignorieren". [17]

Der Versuch, das innere Kind zu heilen, indem man ihm neue Glaubenssätze gibt, ist nicht der richtige Fokus für diese Arbeit, da diese Perspektive die alte Identität des verletzten inneren Kindes am Leben

hält, und verwurzelt uns noch mehr in den alten Schutzmechanismen. Das innere Kind ist verletzt und heilungsbedürftig, es ist aber auch die Summe aus den Bewusstseinszuständen, die mit unseren emotionalen Verletzungen zusammenhängen.
In gewissen Situationen sind wir Erwachsene wie hypnotisiert, nämlich so, dass wir auf Ereignisse in der Gegenwart nach alten Mustern und Gewohnheiten der Vergangenheit reagieren. Unser verletztes inneres Kind hält uns in Schach durch seine Verletzungen und Überlebensstrategien. Diesen Aspekt betrachtet Wolinsky als dunkle Seite des inneren Kindes.

Die Reaktionsmuster im Hinblick auf die emotionalen Verletzungen, die im Kapitel 2 ausführlich beschrieben worden sind, erklären einige der möglichen Überlebensstrategien, die eine Person in verletzenden Situationen der Kindheit entwickeln kann. Diese Verhaltensweisen werden ein Teil unserer Identität, sie gehören zu unserem Alltag und prägen unsere Beziehungen. Sie bieten Schutz und bestimmen die verinnerlichten Strategien, nach denen wir mit den Mitmenschen in Beziehung treten.
Sich davon zu befreien ist ein langsamer, Geduld erfordernder Prozess, der mehrere Etappen umfasst. Das Symbolbild des verletzten inneren Kindes führt uns zu diesem Prozess heran.

Das Ziel der Arbeit mit dem inneren Kind in diesem Buch besteht darin, auf der einen Seite dieses Symbol als Zugang zu unserer Lebenskraft und unserem Naturell zu betrachten, auf der anderen Seite sollen wir erkennen, welche Macht das verletzte innere Kind über uns hat und wie wesentlich es ist, sich von seinen alten Verdrängungsmechanismen zu befreien.

3. Schritt
Ressourcen aufbauen

Im dritten Schritt geht es um Stärkung der persönlichen Ressourcen, die uns im Prozess der Auseinandersetzung mit den emotionalen Verletzungen und im emotionalen Training unterstützen können. Das Wort „Ressource" kommt vom franz. „la Ressource", auf dt. „Quelle" und bedeutet Fähigkeiten, Kraftquellen und hilfreiche, positive Impulse.

Immer, wenn man sich im Leben einer Veränderung stellt und sich mit belastenden Aspekte auseinandersetzt, ist es sinnvoll, erst Kraft zu tanken, um gestärkt durch den Prozess zu gehen. Innere psychische Ressourcen zu haben schafft das Fundament, Veränderungen erfolgreich durchzuführen.

In der Darstellung dieses Schrittes und in den dazugehörigen Übungsprogrammen im Praxisteil finden Sie unterschiedliche Anmerkungen und Techniken, die Ihnen erlauben, auf dem Weg zur ganzheitlichen Selbstentfaltung über Ihre unterschiedlichen Persönlichkeitsanteile zu reflektieren.

Mit folgenden Ressourcen beschäftigen wir uns in diesem Kapitel: Erstens mit dem Achtsamkeitstraining, das uns ermöglicht, zentriert zu sein und in der Kraft zu bleiben. Es ist ein Weg, mittels innerer Achtsamkeit Verstand und Gefühle in Einklang zu bringen und aus automatisierten Reaktionsmustern auszusteigen. Zweitens können wir anhand innerer Bilder wichtige Teilaspekte der Persönlichkeit bewusst leben und ihr Entwicklungspotenzial integrieren. Diese Bilder aktivieren jene Bewusstseinszustände, die uns auf dem Weg zur emotionalen Selbständigkeit kraftvoll unterstützen.

In weiterer Folge beschäftigen wir uns mit dem Drama-Dreieck, einem psychologischen und sozialen Modell aus der Transaktionsanalyse, das uns erlaubt, Verhaltensmuster, Rollenbilder und -spiele im Rahmen zwischenmenschlicher Beziehungen zu beleuchten.

Achtsamkeitstraining

Achtsamkeit ist jener psychische Zustand, der es uns ermöglicht, die Umstände des eigenen Lebens mit einem gewissen Abstand zu betrachten. Ist man achtsam, bemerkt man die kleinen Dinge des Lebens und unterbricht automatische Gedanken, Gefühlsabläufe und Verhaltensmuster. Durch eine achtsame, innere Haltung können wir eingeschlichene Verhaltensreaktionen auf äußere Reize oder innere Gefühle regulieren. Unter Achtsamkeit versteht man einen Prozess der De-Automatisierung der eigenen Denk- und Gefühlsgewohnheiten. Erreicht man den Zustand der Achtsamkeit, taucht man in eine tiefere äußere und innere Wahrnehmung.

Der amerikanische Therapeut Jon Kabat-Zinn beschreit in seinem Buch *Im Alltag Ruhe finden. Meditationen für ein gelassenes Leben* die Achtsamkeit folgendermaßen: „Achtsamkeit ist eine einfache und gleichzeitig hoch-wirksame Methode, uns wieder in den Fluss des Lebens zu integrieren, uns wieder mit unserer Weisheit und Vitalität in Berührung zu bringen. Sie gibt uns die Möglichkeit, Richtung und Qualität unseres Lebens verantwortlich zu bestimmen, einschließlich unserer Beziehung zu Familie, Arbeit und der Welt als Ganzes sowie – und das ist das Wesentlichste – unserer Beziehung zu uns selbst als Person."[18]

Achtsamkeit ist die offene Einstellung zum Leben, die es uns ermöglicht, die tieferen Zusammenhänge der eigenen Lebensumstände zu erkennen. Sie ermöglicht die Selbstbeobachtung und dadurch das bewusste Wahrnehmen und Reflektieren der eigenen Gedanken, Gefühle und Handlungsimpulse.

Erreicht man den Zustand der Achtsamkeit, ist man in der Lage, die eigenen Emotionen und Gefühle besser zu verstehen, automatische Reaktionsmuster zu lösen und neue Denk- und Handlungsweisen zu entwickeln.

Achtsamkeit führt unweigerlich zu einer ganzheitlichen Wahrnehmung und Akzeptanz unserer Realität. In diesem Zustand können wir jede Möglichkeit zur Veränderung, die uns zur Verfügung steht, vollkommen ausschöpfen.

Innere Bilder

Als Kind erlebten wir die Magie der Bilderwelten. Bei Erwachsenen können Tagtraumbilder bewusst entwickelt und für unser persönliches Wachstum und Wohlbefinden eingesetzt werden.

Der Neurobiologe und Hirnforscher Gerald Hüther definiert in seinem Buch *Die Macht der inneren Bilder* diese wie folgt: „Innere Bilder – das sind all die Vorstellungen, die wir in uns tragen und die unser Denken, Fühlen und Handeln bestimmen. Es sind Ideen und Visionen von dem, was wir sind, was wir erstrebenswert finden und was wir vielleicht einmal erreichen wollen. Es sind im Gehirn abgespeicherte Muster, die wir benutzen, um uns in der Welt zurechtzufinden. Wir brauchen diese Bilder, um Handlungen zu planen, Herausforderungen anzunehmen und auf Bedrohungen zu reagieren." [19]

Unbewusst arbeiten wir ständig mit inneren Bildern. Die meisten ahnen jedoch nicht, welches Potenzial in der Kraft der Fantasie steckt.

Die bewusste Arbeit mit archetypischen Bildern ermöglicht, vorhandene Glaubenssätze und Muster zu verändern und dem alten, manchmal entfaltungshemmenden Bild einen positiven Impuls zu geben.

Das bewusste Erleben innerer Bilder mit allen fünf Sinnen öffnet uns einen mächtigen Zugang zum schöpferischen Potenzial und zur mentalen Kraft. Durch imaginative Reisen und symbolische Darstellungen kann der Zugang zu innerer Weisheit und intuitiven Quellen geweckt werden.

Dieses Verfahren bietet die Chance, ein positives Selbstbild zu entwickeln und verborgene Ressourcen zu erkennen.

Die Arbeit mit inneren Bildern dient in diesem Fall dazu, jene Ressourcen zu aktivieren, die erlauben, aus den in der Kindheit entwickelten Schutz- und Reaktionsmechanismen auszusteigen.

Die inneren Bilder, die wir in unserer Arbeit nutzen, sind die des genannten inneren Kindes, des inneren Mannes und der inneren Frau, die alle gemeinsam die innere Familie bilden.

Innere Frau, innerer Mann und innere Familie

Wir alle sind von männlichen und weiblichen Qualitäten geprägt. Viele frühere Kulturen stellten diese Seiten des menschlichen Daseins in Mythen und Symbolen dar und machten sie so erfahrbar. Diese Aspekte zu entdecken und zu fühlen lässt uns auf tieferer Ebene mit uns selbst in Kontakt treten.

Das Männliche und das Weibliche zu integrieren wird durch die Auseinandersetzung mit archetypischen Bildern der inneren Frau und des inneren Mannes gemeinsam mit dem inneren Kind auf symbolischer Ebene möglich.

Der innere Tanz des Männlichen und des Weiblichen ermöglicht das Bewusstwerden ewigen Ineinanderfließens dieser gegensätzlichen Aspekte in völliger Poesie und Schönheit. Die Verbindung dieser beiden inneren psychischen Energien lässt uns in Frieden mit uns selbst und mit den Männern und Frauen in unserem Umfeld sein.

Das Symbol des Tao stellt mit eindringlicher Klarheit die Dualität, welche in unserem Dasein auf der Erde tief verwurzelt ist, grafisch durch die Verbindung von Yin und Yang dar. Aus diesen beiden Gegensätzen entsteht – durch ihren ewigen Wandel und die Verbindung von Männlichem und Weiblichem – eine Ganzheit, die das Rad des Lebens drehen lässt.

Betrachtet man das Symbol des Tao eingehender, so erkennt man, dass in der jeweiligen Polarität das Gegensätzliche ebenso vorhanden ist wie das Gleiche, da in der einen Hälfte des Tao ein Aspekt enthalten ist, der die Essenz der anderen Hälfte in sich trägt.

Bei jeder Frau bezeichnen wir als *innere Frau* die persönliche Wahrnehmung ihrer Weiblichkeit und ihre sozialen und psychischen Rollen als Frau. Das Bild, das sie vom anderen Geschlecht in sich trägt, nennt man *inneren Mann*. Bei einem Mann ist sein innerer Mann die Art und Weise, in der er auf psychischer und sozialer Ebene seine Männlichkeit lebt, und die innere Frau das Bild, das er auf die Frauen, denen er begegnet, projiziert.

Unsere männliche Seite umfasst Rationalität, logisches Denken und die konkrete Art und Weise, Probleme zu bewältigen und Lösungen zu finden. Sie hilft dabei zu handeln, Mut zu finden sowie neue Wege der Veränderung zu suchen und umzusetzen.

Der männliche Anteil ist mutig, stark und entschlossen; außerdem ist er ist mit konkreten Themen beschäftigt, zum Beispiel: Wie finanzieren wir unser Überleben? Wie können wir uns weiterentwickeln? Wie sehen unsere Ziele aus und wie setzen wir sie erfolgreich um?

Unser weiblicher Persönlichkeitsanteil symbolisiert unsere Sensibilität, also die Fähigkeit, andere wahrzunehmen und ihre Signale zu empfangen.

Der weibliche Persönlichkeitsanteil steht stellvertretend für das Vermögen, Zärtlichkeit und Liebe zum Ausdruck zu bringen, über Gefühle zu sprechen und Verletzlichkeit zu zeigen. Dieser Anteil schafft ein Klima des Vertrauens und des liebevollen Austausches; er sehnt sich nach Schönheit und Romantik.

Schließlich gibt es noch einen weiteren Persönlichkeitsanteil, das *innere Kind*. Es symbolisiert einerseits den Ausdruck von Lebensfreude, Spontanität, Kreativität und Offenheit und ist andererseits der Speicherort, der mit dem Schmerz der emotionalen Verletzungen, die man in den ersten Jahren des Lebens erlitten hat, verhaftet ist.

Die innere Frau und der innere Mann übernehmen symbolisch die elterlichen Rollen von Mutter und Vater für das innere Kind und verleihen auf emotionaler Ebene Selbstvertrauen und das Gefühl der Selbständigkeit.

Im folgenden Ansatz lässt uns die Arbeit mit dem inneren Mann und der inneren Frau erkennen, welche Beziehung wir zu unserer männlichen und weiblichen Seite haben und welchen dieser Persönlichkeitsanteile wir am meisten leben. Die Wirkung dieser Urbilder bereitet den Boden für eine Verbindung dieser Persönlichkeitsanteile.

Folgendes Beispiel beschreibt eindrucksvoll, wie wertvoll die Arbeit mit den Bildern des inneren Mannes und der inneren Frau sein kann.

Eine etwa 30-jährige, erfolgreiche und liebevolle Frau, die an einem meiner Seminare über die Integration des inneren Mannes und der inneren Frau teilnahm, sammelte interessante Erkenntnisse während der ersten Meditation:

Es fiel ihr sofort sehr leicht, ihren inneren Mann zu visualisieren; sie sah ihn als starken, kräftigen, lebendigen Typ, der auf einer Wiese saß, ihr das Gefühl der Geborgenheit gab und gleichzeitig den Eindruck vermittelte, alles im Griff zu haben. Sie fühlte sich ihm eng verbunden und ihr kam der Gedanke, dass sie sich genau so fühlen und die Unabhängigkeit und Kraft dieses Mannes spüren wollte.

Mit dem Bild der inneren Frau fühlte sie sich jedoch nicht verbunden. Sie konnte in der Feedback-Runde sehr deutlich beschreiben, wie es ihr beim Visualisieren der Frau ging. Sie sagte, dass sie eine gute Verbindung zum Bild des inneren Mannes hatte, aber sich bei der inneren Frau angespannt, unsicher, unangenehm und „wackelig" fühlte.

Als sie gefragt wurde, welche Gefühle sie der inneren Frau zuordnen würde, sagte sie, dass sie das Gefühl hatte, die Frau sei unsicher, noch ein Mädchen und würde sich nicht ganz als Frau fühlen. Sie hatte Angst, diese Gefühle wahrzunehmen, und fühlte in sich eine tiefe Anspannung, als sie darüber sprach.

In der Auseinandersetzung mit der Bedeutung dieses Bildes fiel ihr auf, dass es ihre Einstellung zur inneren Frau deutlich spiegelte.

Tatsächlich ging sie durchs Leben wie ein Mann und lebte alle Eigenschaften, die sie an dem Bild ihres inneren Mannes als wertvoll empfand. Sie war sehr entschlossen, wirkte im Außen selbstsicher und war der Meinung, dass sie im Leben alles im Griff hatte. Es fiel ihr schwer, sich mit der weiblichen Energie zu identifizieren, und sie lebte mehr ihren inneren Mann.

Nach außen hin schien sie immer alles unter Kontrolle zu haben. Alle hatten von ihr das Bild einer erfolgreichen Geschäftsfrau, die nichts und niemanden brauchte. Nur wenn sie diese Maske trug, war sie entspannt. Als sie beide Bilder miteinander verglich, wurde ihr bewusst, dass sie im Grunde ihre Weiblichkeit eher als belastenden Aspekt empfand und sich als Frau nicht wohlfühlte.

Die Beschäftigung mit den beiden Bildern wirkte auf sie sehr einleuchtend und klar. Es war für sie auch ein Ansporn, etwas zu verändern und der Ursache auf den Grund zu gehen.

Sie arbeitete weiter mit der Meditation und erkannte, dass sie auf das Bild ihrer inneren Frau das Bild ihrer Mutter projizierte. Da die Mutter nicht zu ihr gestanden war, entwickelte sie die Grundhaltung, nicht wie sie sein zu wollen. In der Meditation versuchte sie sich mit den Gefühlen, die die innere Frau bei ihr auslöste, auseinanderzusetzen, und entwickelte ganz bewusst ein neues Bild der inneren Frau.

Sie visualisierte oft eine Begegnung zwischen ihrem inneren Mann und ihrer inneren Frau und wie beide in Dialog und Beziehung miteinander treten. Durch diese Arbeit erlangte sie wichtige Erkenntnisse. In erster Linie wurde ihr klar, dass sie in sich eine ablehnende Haltung der Weiblichkeit gegenüber trug, weil sie das weibliche Vorbild ihrer Mutter abgelehnt hatte.

Da sie ihre innere Frau nicht wahrnahm, reagierte auch ihr Umfeld auf dieselbe Weise auf sie. Männer sahen immer ihren männlichen Anteil und nicht den weiblichen. Interessanterweise erkannte sie auch – so wie viele andere Teilnehmerinnen und Teilnehmer, die die Erfahrung mit dieser Arbeit gemacht hatten –, dass genau in der Weise, wie sie ihre innere Frau ignorierte und abwertete, sie manchmal von Männern behandelt wurde. Durch diese Erkenntnisse fiel es ihr leichter, sich als Frau zu akzeptieren, und sie begann eine andere Einstellung zu entwickeln.

Es ist möglich, durch diese inneren Bilder den verdrängten Inhalten unserer Psyche näher zu kommen und Selbstschutzmechanismen zu enttarnen, die die Beziehung zu uns selbst, zum anderen Geschlecht und zu weiteren Beziehungen beeinflussen.

Das Drama-Dreieck

Gefangen in alten Erinnerungen übernehmen wir in Beziehungen unterschiedliche Rollen. Wir schlüpfen von einer in die andere Rolle, erleben alte, eingefrorene Reaktionen und einen ständigen Wechsel unserer Positionen in der Kommunikation. Stephen Karpman definierte in den 1960er Jahren, inspiriert von Dramen und Märchen, ein Modell, das zwischenmenschliche Kommunikation im Kontext unterschiedlicher Rollen in Beziehungen darstellt. Es handelt sich dabei um das sogenannte „Drama-Dreieck". Dieses Modell bildet ein Beziehungsmuster zwischen drei Personen und ihren Rollen ab: Opfer – Täter/Verfolger/Ankläger – Retter. Dabei wird der Zusammenhang dieser Rollen und die Art des Wechsels von Karpman eindrücklich beschrieben.[20]

Dieses Modell hilft uns zu erkennen, welche Rolle wir durch den Einfluss der emotionalen Verletzungen übernehmen. Zum Beispiel lebt ein Mensch, der das aktive Reaktionsmuster in Bezug auf die Verletzung des Verlassenwerdens entwickelt hat und dadurch jedem helfen möchte, eindeutig die Rolle des Retters.

Befindet man sich in einer bestimmten Rolle und reflektiert über sie, so erkennt man, dass das Gegenüber automatisch mit der dazu passenden Rolle antwortet. Vor allem in der Kommunikation können wir erleben, dass diese Rollen das Ergebnis einer schnellen, intuitiven Interaktion sind.

Die Erzählung einer Kursteilnehmerin lässt im folgenden Beispiel die Rollenverteilung im Drama-Dreieck in einem kurzen Gespräch ihrer Familie leicht nachvollziehen:

Der Sohn sagt im aggressiven Ton zu seiner Mutter: „Du hast mich schon wieder gestört, nur um mir dein blödes Geschenk zu geben." (Täter)
Mutter: „Du bist immer ungerecht zu mir, du magst mich nicht. Egal, was ich für dich tue, es passt dir nicht." (Opfer)
Der Vater, der zufällig das Gespräch mithört, kommt dazu und sagt zum Sohn: „Hör auf, deine Mutter so zu behandeln. Das nächste Mal bekommst du anstatt eines Geschenks gar nichts. Wenn du dein eigenes Geld verdienst, wirst du sehen, was das bedeutet!" (Retter)
Nachdem er diesen Satz gesprochen hat, geht der Vater wütend weg und die Mutter beginnt zu weinen. (Opfer)
Der Sohn sagt zu ihr: „Mama, es tut mir leid. Du weißt, im Moment habe ich so viele Probleme und es geht mir gar nicht gut." (Retter)
Die Mutter, die nun durch das Einlenken des Sohnes getröstet und wieder beruhigt ist, geht zu ihrem Mann, der sie gerade eben vor dem Sohn verteidigt hat, und sagt zu ihm: „Du bist immer so streng zu ihm, es ist kein Wunder, dass er dich oft nicht respektiert." (Täter)
Der Vater antwortet: „Ja, du und er, ihr seid immer gegen mich. Das nächste Mal lasse ich es zu, dass er dich so behandelt. Du gibst ihm Macht über dich." (Opfer)

In diesem einfachen Beispiel aus dem Familienalltag können wir die Rollen des Drama-Dreiecks eindeutig erkennen. Der Verfolger und Ankläger, der vorwurfsvoll, herabsetzend, sehr kritisch und aggressiv agiert, ist in diesem Fall die Person, welche die Szene verlässt.

Der **Täter/Verfolger/Ankläger** wirkt wie ein Elternteil, der kritisiert und Bescheid weiß. Er versucht den anderen zu normen, zu mahnen und zu regeln. Davon überzeugt, dass seine Sichtweise die richtige ist, setzt er sich durch und man fühlt sich ihm ausgeliefert.

Der Verfolger drückt Kraft aus und versucht durch sein aggressives Verhalten die eigenen Ängste zu kompensieren. Diese Rolle verleiht Macht. Die Person in dieser Rolle versucht vor allem das Opfer zu beschuldigen, zu bestrafen oder zur Rechenschaft zu ziehen. Ähnlich wie der Retter behauptet der Verfolger zu erkennen, was die Ursache für eine problematische Situation ist (nämlich die Unfähigkeit oder Unwilligkeit des Opfers). Doch während der Retter mehr für Verständnis und sanfte Lösungen wirbt, wählt der Verfolger dafür Konsequenz und Strenge.

Die Rolle, die am häufigsten auf die Rolle des Verfolgers antwortet, ist die des Opfers.

In der **Opferrolle** haben wir oft mit den Trancezuständen des verletzten inneren Kindes zu tun.

Die Person befindet sich in einer Rolle, in der sie sich ausgeliefert fühlt und sich Hilfe wünscht. Das Opfer versucht im Verfolger oft Schuldgefühle zu wecken, indem es ihm die Schuld an seinem Schmerz gibt. Das Opfer ist auf der Suche nach einem Retter und unbewusst auch nach einem Verfolger, der ihm die Möglichkeit bietet, die Schuld an seinem Schmerz jemand anderem aufzuladen, und der es in seiner Opferrolle bestätigt. Mit anklagendem Ton versucht das Opfer in anderen Schuldgefühle zu erwecken und vermeidet dabei, eigene Erwartungen mitzuteilen. Das Opfer ist oft in der Beobachterrolle und in Warteposition. Es fordert viel von anderen und ist fassungslos und beleidigt, wenn andere seine Bedürfnisse und meist unausgesprochenen Wünsche nicht verstehen. Das Opfer bringt Schmerz und Schwäche zum Ausdruck und versteckt seine Kraft und enorme Macht.

Die dritte Rolle in diesem Modell ist der **Retter**. Hier wirkt ein innerer Elternteil, der sich oft anbietet, anderen zu helfen. Aber nicht immer besitzt er das Urteilsvermögen, anderen auch die Möglichkeit des Wachstums und der Selbständigkeit zu gönnen, vor allem deshalb, weil er meist auf die Mechanismen jenes Opfers anspringt, das sich gerne in seine Arme flüchtet.

Der Retter kümmert sich um die Bedürfnisse der anderen und hilft oft in Fällen, wo es sinnvoller wäre, das Opfer sich selbst helfen zu lassen, da dies ein wesentlicher Schritt in dessen persönlicher Entwicklung sein kann. Er hilft dem Opfer, lässt es aber in seiner Rolle und übernimmt dessen Verantwortung. In dieser Rolle hat man oft eine schlechte Beziehung zu sich selbst, hat oft Schuldgefühle, die einen dazu bringen, andere zu unterstützen. Diese Rolle aufzugeben fällt oft schwer, da die Person, die den Retter spielt, das Gefühl hat, die Verantwortung für das Glück anderer zu haben. Sie wird dafür bewundert und als hilfsbereite und selbstlose Person beschrieben. Meist hat sie das Gefühl, anderen helfen zu müssen, auch wenn sie nicht darum gebeten wurde. Dadurch lenkt sie sich von sich selbst ab und muss sich nicht mit den eigenen Bedürfnissen beschäftigen. Der Retter hat Angst, verlassen zu werden und nicht anerkannt zu sein. Manchmal wünscht er sich selbst so einen Retter zu haben, wie er es für andere ist. In dieser Rolle fühlt sich die Person gut und stark. Ihr Selbstwertgefühl nährt sich von der Bewunderung anderer. Der Retter ist von denjenigen abhängig, die seine Hilfe brauchen und seine Großzügigkeit erkennen. Nach außen hin zeigt er Güte, Großzügigkeit und Interesse für andere, innerlich versteckt er ungestillte Bedürfnisse, Einsamkeit, Leere und Angst vor dem Alleinsein.

Jeder Mensch erlebt alle drei Rollen, wobei auch Karpmann der Meinung ist, dass jeder meistens eine dieser Rollen spielt. Man verändert die Rolle, wenn man sich mit der eigenen Strategie unsicher fühlt und einer der anderen im Spiel Involvierten Anzeichen gibt, die Position zu wechseln.
Dieses Modell ermöglicht, einen klaren Blick auf unterschiedliche Rollenspiele zwischenmenschlicher Interaktion zu werfen, und erinnert auch an den Ansatz des US-amerikanischen Arztes und Psychiaters Eric Berne, der in seinem berühmten und empfehlenswerten Buch *Spiele der Erwachsenen: Psychologie der menschlichen Beziehungen* die These vertritt, dass Menschen die Neigung manifestieren, ihr Leben vor allem im privaten Bereich als Spiel zu betrachten und zu gestalten. [21]

4. Schritt
Bewusster Umgang mit Emotionen und Gefühlen

In diesem Abschnitt erkennen wir, welche emotionalen Zustände uns am häufigsten begleiten und in welchem Zusammenhang sie mit unseren Verletzungen stehen. Die Entfaltung des Körperbewusstseins hilft uns zu spüren, auf welche Art und Weise unser Gefühlsleben den Körper beeinflusst. Nach der bewussten Auseinandersetzung mit unserem emotionalen Leben und durch ein besseres Körperbewusstsein ist es möglich, sich mit den persönlichen emotionalen Verletzungen auseinanderzusetzen und mit Klarheit zu erkennen, wie sie uns und unser jetziges Gefühlsleben beeinflussen.

Die Übungen des Praxisteils bieten eine wesentliche und wirksame Unterstützung, um aus den automatischen Reaktionsmustern auszusteigen und mit Gelassenheit auch belastende Gefühlslagen in Kraft umzuwandeln.

Emotionen und Gefühle als Kompass fürs Leben

Eine Definition des Begriffs „Emotionen" zu geben ist sehr schwierig. In diesem Buch nehmen wir Bezug auf die Erläuterung, welche die französischen Psychiater Christophe André und François Lelord ausgearbeitet haben: „Zusammenfassend kann man sagen, dass eine Emotion eine plötzliche Reaktion unseres gesamten Organismus ist, die physiologische (unseren Körper betreffend), kognitive (unseren Geist betreffend) und Verhaltenskomponenten (unser Handeln betreffend) enthält." [22]

Wie eng Geist und Körper zusammenwirken, zeigt uns der Neurowissenschaftler Antonio R. Damasio in seinen neurophysiologischen Arbeiten. Er unterscheidet zwischen Gefühlen und Emotionen. Nach Damasio sind Gefühle immer verborgen, während Emotionen auf der Bühne des Körpers auftreten. Des Weiteren erkennt er die Grenzen der Erforschbarkeit von Gefühlen und Emotionen: „Von allen beschreibbaren geistigen Phänomenen entziehen sich Gefühle und ihre wichtigsten Varianten – Schmerz und Lust – bislang dem Verständnis der Biologie und speziell der Neurobiologie am hartnäckigsten." [23]

Im Gegensatz zu Emotionen sind Gefühle beständiger und weitaus weniger intensiv. Gefühle und Emotionen sind instinktive Reaktionen, die wir mit unserem Verstand schwer erfassen können.

Hinter emotionalen Ausbrüchen wie Wutanfälle, Panik, Angst oder einer tiefen Traurigkeit versteckt sich eine enorme Kraft, die uns in Verbindung mit unserem eigenen innersten Kern bringt. Unsere emotionale Welt braucht dabei Führung und Aufmerksamkeit.

Nachdem wir die emotionalen Verletzungen wie auch die daraus entstandenen Glaubenssätze und Verhaltensstrategien erkannt haben, ist es sehr wichtig, festzustellen, mit welchen Emotionen wir zum heutigen Zeitpunkt auf die Verletzungen, welche sich in früheren Jahren in uns manifestiert haben, reagieren.

In uns sind versteinerte emotionale Reaktionen vorhanden. Wenn eine Situation eintritt, die uns an die alten Verletzungen erinnert, dann reagieren wir blitzschnell mit den altbekannten Registern. Diese eingefrorenen emotionalen Reaktionen, die mit unseren seelischen Wunden einhergehen, können wir als emotionale Grundmuster bezeichnen.

Üblicherweise unterdrückt man unangenehme Emotionen und Gefühle. Unter ihrem Einfluss öffnen sich manchmal alte Wunden und alter Schmerz steigt in uns hoch. Es überrascht uns, dass er noch immer präsent ist, obwohl seit der Verletzung schon so viel Zeit vergangen ist.

Damasio beschreibt in seinem Buch *Der Spinoza-Effekt*, wie eine uns nicht bewusste Erinnerung, die in unserem emotionalen Gedächtnis gespeichert ist, wieder zu einem Aufleben der alten Emotionen und Gefühle führen kann: „Wir haben gesehen, wie eine nicht-bewusst konditionierte Erinnerung zu einer aktuellen Emotion führen kann. Doch das Gedächtnis ist in der Lage, das gleiche Kunststück auch ganz offen vorzuführen. Beispielsweise können Sie sich den Fast-Unfall, der Sie vor Jahren zu Tode erschreckt hat, ins Gedächtnis rufen und wieder ähnliche Furcht empfinden. Egal, ob es sich um eine aktuelle, frisch geprägte Vorstellung handelt oder um eine aus dem Gedächtnis konstruierte Vorstellung, der Effekt ist im Prinzip der gleiche. Ist der Reiz emotional besetzt, folgt eine Emotion, nur die Intensität ist unterschiedlich." [24]

Umgang mit der inneren Gefühlswelt

Wir entwickeln uns auf allen möglichen Ebenen weiter – spirituell und mental –, doch die emotionale Ebene bleibt häufig ein verborgener Bereich: Es braucht viel Mut und Offenheit, um diese Barriere zu überwinden.
Jedes Gefühl verlangt nach bewusster Integration und stellt den Schlüssel zu einer archetypischen Kraft dar. Wenn man sich gegenüber sogenannten „negativen" Gefühlen verschließt, unterdrückt man auch die Wurzeln der eigenen Kraft.
Der offene Ausdruck von Gefühlen und die Zurschaustellung des eigenen Temperaments werden von unserem Umfeld schnell negativ als übermäßige emotionale Handlungen abgestempelt und als Mangel an Selbstbeherrschung bezeichnet. Diese Einstellung und das Gefühl, alles im Griff haben zu wollen, um den Eindruck zu vermitteln, stark zu sein, trennt uns von unseren Empfindungen und führt zu emotionaler Starrheit.
Das Annehmen der ganzen Bandbreite des Gefühlslebens verleiht dem Menschen Mut und Kraft. Man fürchtet sich nicht mehr vor

der unbändigen Wut, vor dem Zittern durch Angst, vor der inneren Kälte der Trauer, vor der Scham oder dem Druck der Schuldgefühle. Die Entdeckung, dass dieses irritierende Wirrwarr in uns herrscht, bringt uns scheinbar von unseren Zielen ab und erschwert unser Beziehungsleben. Alles, was man verdrängt und nicht auslebt, lässt einen emotionalen Knoten entstehen, der in uns Anspannung und Irritation verursacht.

Die innere Achterbahn der Gefühlsschwankungen erweist sich als ein Schlüssel zur Kraft, wenn man sich ihr stellt und die gegenwärtige, emotionale Lage beobachtet und annimmt. Wer sich vor seinen Empfindungen verschließt, hat das Gefühl, ihnen ausgeliefert zu sein. Den Fluss im emotionalen Leben zu entfalten, verwurzelt uns in der eigenen Kraft und lässt uns intensiver und bewusster das Leben und unsere Wünsche und Bedürfnisse spüren.

Körper und Emotionen

Bereits in den 1970er Jahren fanden die Physiologen John und Beatrice Lacey in ihren Studien heraus, „dass das Herz nicht automatisch gehorcht, wenn das Gehirn ihm über das Nervensystem ‚Anordnungen' schickt. Stattdessen verhielt sich das Herz, als hätte es seine eigene unverkennbare Logik. Wenn das Gehirn dem Körper als Reaktion auf bestimmte Reize Erregungssignale sandte, beschleunigte sich auch der Herzschlag entsprechend. Häufig aber verlangsamte er sich sogar, während die anderen Organe mit Erregung reagierten. Das wies darauf hin, dass das Herz selektiert und nicht nur rein mechanisch auf die Signale des Gehirns reagiert." [25]

Die Psychoneuroimmunologie ist ein interdisziplinäres Forschungsgebiet, das sich mit der Wechselwirkung zwischen Psyche, Nervensystem und Immunsystem beschäftigt. Es gelang ihr in den letzten fünfzehn Jahren, entscheidende Fortschritte in der Erforschung der Verbindung von Körper und Emotionen zu erreichen.

Interessante Erkenntnisse über den Zusammenhang zwischen Körper und Emotionen haben unter anderem die Forscher des Institute of HeartMath, darunter Doc Childre und Howard Martin aus Boulder Creek, in Kalifornien erlangt, indem sie wissenschaftlich fundierte Forschungen über den Zusammenhang zwischen Herzrhythmus und Emotionen durchführten. Den Ergebnissen dieser Arbeit zufolge beeinflussen unsere Emotionen maßgeblich Verstand und Gesundheit – und sogar unsere Beziehungen.

Belastende Emotionen führen zur Veränderung des Herzrhythmus und zu Störungen des vegetativen Nervensystems, die sich negativ auf die körperliche und psychische Verfassung auswirken. Im Gegensatz dazu erzeugen angenehme Emotionen einen harmonischen Herzrhythmus. Disharmonie im Nervensystem führt zu Unkonzentriertheit und lässt das Herz und andere Organe in einen Stresszustand geraten, während harmonische Rhythmen Entspannung und inneres Gleichgewicht im Organismus bewirken.

Der Körper ist der Spiegel unseres Lebens; er erzählt die Geschichte über all die Prüfungen und Veränderungen, die wir im Laufe der Zeit erfahren haben. Jeder Aspekt unseres Körpers spiegelt einen unserer Charakterzüge wider, und alle Elemente des Körpers – die muskuläre Spannung, der Gesichtsausdruck, die Haltung und weitere Einzelelemente – reflektieren gemeinsam das komplexe System unseres (Innen-)Lebens.

In unterschiedlichen Körperregionen manifestieren sich Blockaden durch Verspannungen, Verhärtungen, Starrheit und eingeschränkte Bewegungsradien. Alles, was uns innerlich und äußerlich beschäftigt, hinterlässt Spuren, die den Rhythmus des Fließens unterbrechen, verlangsamen und manchmal sogar erstarren lassen können. Zum Beispiel hinterlassen bestimmte Sichtweisen in Bezug auf das Leben oder individuelle Überlebensstrategien im Laufe der Jahre im und am Körper sichtbare Zeichen.

Vittorio Caprioglio beschreibt diesen Prozess in seinem Buch *Il linguaggio del corpo* (Die Sprache des Körpers) auf folgende Art, die hier übersetzt wiedergegeben wird:

„In dem Versuch, seine Wut zu verdrängen oder Angst zu unterdrücken, verspannt das Kind seine Muskeln und hemmt seine spontane Beweglichkeit. Auf diese Art und Weise entsteht eine Art Rüstung auf der persönlichen und der muskulären Ebene, die die Beweglichkeit einschränkt.

Diese Rüstung hat den Sinn, sich vor unangenehmen Erfahrungen zu schützen, verhindert aber auch eine wahrhaftige Verbindung mit den eigenen Emotionen und der Außenwelt. Auf der Persönlichkeitsebene zeigt sich diese Prägung an einer Reihe von Verhaltensweisen, die nicht spontan, sondern konditionierte Reaktionen sind.

Sie manifestiert sich auch in Form von Einschränkung und mangelnder Vitalität. Auf muskulärer und körperlicher Ebene manifestiert sich diese Rüstung in Bewegungsmustern, die standardisiert sind. In Summe zeigt es sich in einem Verlust des spontanen Gebrauchs des eigenen Körpers." [26]

Das Wiedererleben bestimmter Emotionen, die auf körperlicher Ebene in Form von Spannungen oder Blockaden gespeichert sind, wie Traurigkeit, Wut, Scham, Erniedrigung – aber auch Freude und Kraft –, ermöglicht es, sich die untrennbare Verbindung zwischen Körper und Seele bewusst zu machen.

Das Lockern und Entspannen körperlicher Blockaden, eingeschränkter Körperhaltungen und Spannungen aktiviert den Fluss der Bewegungen und macht den Körper flexibler und geschmeidiger. Das beeinflusst wiederum die psychische Ebene und lässt uns einen gelassenen Umgang mit unseren emotionalen Höhen und Tiefen entwickeln. In dem Augenblick, in dem wir uns „in der eigenen Haut" wohlfühlen, entsteht auch Mut zum Austausch sowie die Sehnsucht nach Nähe und Offenheit sich selbst und den Mitmenschen gegenüber.

Um der Starrheit und der eingeschränkten Wahrnehmung zu entfliehen, ist es hilfreich, das Gefühl der „Ganzheit" zu erfahren und die eigene Wahrnehmung ganzheitlich zu entfalten. Genau diese Art der Wahrnehmung erlaubt es, vollkommen auf die Gegenwart fokussiert zu sein und jene Klarheit zu entwickeln, die unsere angeborene Intuition und das harmonische Verschmelzen mit dem eigenen Lebensfluss fördert. Fließende Bewegungen, das Gefühl der Leichtigkeit und die Fähigkeit, sich immer wieder zu zentrieren, erreicht man bewusst mit Atemtechniken, Dehnungsübungen, Energieübungen und Wahrnehmungsübungen. Sie gleichen die Energie im Körper aus und befreien auf emotionaler Ebene von Druck und Spannung.

Die Atemschwingung, die den Körper in seiner Lebendigkeit erfahrbar macht, verändert sich ständig. Das Atmen begleitet jede Handlung, jedes Gefühl und jeden Gedanken in unserem Leben.
Alle Handlungen wie Sprechen, Lachen, Singen, Weinen, Schreien, Schluchzen oder Seufzen werden vom Atem begleitet. Nichts prägt das Dasein mehr als der Atem, vom ersten bis zum letzten Atemzug. Emotionen können die Atmung vertiefen oder stören wie auch umgekehrt positive emotionale Zustände von einer tiefen, entspannten Atmung erzeugt werden können. Dieser Fluss des natürlichen Ein- und Ausatmens stellt eine archetypische Metapher für den Fluss des Lebens dar. In jeder Einatmungsphase laden wir uns mit Energie auf und nehmen Sauerstoff, Wahrnehmungen und Botschaften in uns auf. Im Ausatmen lassen wir los, was nicht mehr zu uns gehört.
Den eigenen, natürlichen Rhythmus beim Ein- und Ausatmen zu finden, hilft, im Gleichgewicht zu bleiben und körperliche und emotionale Spannungen loszulassen. Das Ein- und Ausatmen symbolisiert auch das Bedürfnis, sich selbst zu spüren und gleichzeitig offen zu sein und in Verbindung mit anderen zu treten.

Das Hineinfühlen und die spannungslösende Kraft des Atmens verlangen nach Aufmerksamkeit und Geduld, da die Arbeit an blockierten, tauben oder schmerzenden Bereichen des Körpers oft alte, unangenehme Emotionen, Gefühle oder Erinnerungen wachruft, welche eine liebevolle und langsame Integration verlangen.

Besonders wirksam ist Bewegung, die direkt mit dem Atemfluss einhergeht, wie es in den gezielten Körperübungen im Praxisteil dieses Buches oder in Bewegungsabläufen des Qigong oder Tai-Chi der Fall ist.

Im Fluss mit dem emotionalen Leben

Der emotionale Fluss ist das Gefühl des Vertrauens in uns, das es uns ermöglicht, zu spüren, was für uns stimmig ist. Wenn wir im Fluss mit unseren Emotionen und Gefühlen sind, lassen wir uns nicht von Kontrolle und Unsicherheit irritieren, ebenso wie wir nicht alles hinterfragen und überprüfen, was uns passiert und was wir uns zum Ziel setzen.

Es ist wichtig, sich immer wieder in die Beobachterrolle zu begeben und die Emotion, die in uns hochsteigt, wie ein unruhiges Kind zu behandeln, sie zu umarmen und zu versuchen, ihre Botschaft zu verstehen. Wer diese Art von Bewusstsein trainiert, spürt instinktiv die Kraft dieser Emotion und kann die ihr innewohnende Energie stets konstruktiv umsetzen. Diese konstruktive Einstellung lässt uns leichter aus den immer wiederkehrenden Gefühlszuständen, die mit den emotionalen Verletzungen verbunden sind, aussteigen.

Emotionen und die daraus entstandenen Gefühle sind die besten Führer, die erkennen lassen, was uns glücklich macht und woraus unsere Vision besteht.

Der gefühlsbeladene und heftige Ausdruck gewisser belastender Emotionen dient nicht unbedingt der Erleichterung, sondern lässt die betroffene Person nur noch tiefer im dominanten Verhaltensmuster feststecken.

Auf eindringliche Weise beschreiben diesen Aspekt die französischen Psychiater Christophe André und François Lelord:

„Wenn Sie Ihre Emotionen in Form eines ‚Sich-Abreagierens' zum Ausdruck bringen, kann das Nachteile haben, und zwar für Ihre Stimmung (indem die Emotion, die Sie eigentlich dämpfen wollten, noch verstärkt wird), für Ihre Gesundheit (indem Ihre körperlichen Reaktionen heftiger ausfallen) und für Ihre Beziehungen mit den anderen." [27]

Emotionen bestimmen auch unser Wohlbefinden und üben Einfluss auf unsere Gesundheit aus. Zu einem tiefen Entspannungszustand zu gelangen ermöglicht, jede unruhige Gefühlslage zu klären und wieder zur Mitte zu finden. Emotionen anzunehmen und zu versuchen, ihnen einen Namen zu geben, lässt uns zentrierter und klarer werden.
Die bewusste Wahrnehmung unserer Empfindungen erleichtert die Kommunikation und bewirkt einen gelassenen Umgang in zwischenmenschlichen Beziehungen.
Durch das regelmäßige Aufschreiben der Gefühlszustände, die den Alltag begleiten, tritt man mit der eigenen Gefühlswelt in Beziehung und kann dadurch gelassen die unterschiedlichen Gefühlsregungen annehmen, ohne sich darin gefangen zu fühlen.

5. Schritt
Versöhnung mit den Ahnen

In der Auseinandersetzung mit emotionalen Verletzungen wird deutlich, wie viele Glaubenssätze, Verhaltensweisen und emotionale sowie psychische Einschränkungen mit unserer Vergangenheit und der Geschichte der Ahnen zusammenhängen. Die emotionalen Verletzungen entstehen nicht nur in der Kindheit, sie werden auch von Generation zu Generation weitergegeben.

Den Ahnen begegnen

In vielen Kulturen spielt die Verehrung von Vorfahren eine zentrale Rolle und prägt generationenübergreifende Beziehungen. Nordamerikanische Indianer wandten sich an die Weisheit der Ahnen, um Rat in wichtigen Angelegenheiten zu bekommen.
Die Römer achteten mit Ehrfurcht auf die Pflege ihrer den Laren (Ahnengeister) und Penaten (Hausgeister) gewidmeten Hausaltäre, weil sie um deren Bedeutung für das Wohlergehen der ganzen Familie wussten. Die Kelten feierten den Jahreswechsel am Grab ihrer Ahnen, das sie als heiligen Ort betrachteten.

Leider pflegen die Menschen der heutigen, globalisierten Gesellschaft sowohl ihre Beziehung zu den Vorfahren als auch zu ihren Verwandten immer weniger. Diese Tendenz erschwert den Zusammenhalt in Beziehungen und den Selbstbezug. Was uns als Möglichkeiten und Schwierigkeiten in die Wiege gelegt wurde, stammt zum Teil von unseren Vorfahren ab, von Mutter und Vater, Großeltern und Urgroßeltern. Und wenn der Blick sich weitet, erkennt man eine unendliche Reihe von Müttern und Vätern hinter sich. Ihre Spuren, ihre Gene, ihre Lebensgeschichten, ihre Ängste und ihr Mut leben in uns weiter.

Über die Ahnen verbinden wir uns mit dem Ursprung des Lebens, mit der schöpferischen, ewigen Spirale des Lebens, die durch unsere Vorfahren hindurch zu uns fließt und die wir weitergeben, in welcher Form auch immer.

Die Rückverbindung mit den Ahnen verlangt, dass wir innehalten und uns in vollkommener Ruhe, Dankbarkeit und Entspannung sowohl in die eigene Vergangenheit zurückversetzen als auch in das Gedächtnis der Familie eintauchen. Durch Übungen und Reflexionen erkennt man, dass man vieles mit seinen Ahnen gemeinsam hat und gleichzeitig einzigartig ist. In diesem Prozess der Selbsterkenntnis soll man bewusst spüren, welche Aspekte aus der Ahnenreihe übernommen wurden. Einige davon begleiten den weiteren Lebensweg, andere dürfen abgelegt werden.

Respektvoll und urteilsfrei zu den familiären Wurzeln zu stehen ermöglicht, wertvolle Erkenntnisse in Bezug auf die Familiengeschichte und auf die Verhaltensweise unserer Vorfahren zu gewinnen. Dadurch entsteht Mitgefühl und Verständnis für die persönliche Biografie und eigene, einschränkende Verhaltensmuster.

Wir alle sind verbunden mit unseren Eltern, mit unseren Großeltern und mit den unsichtbaren Dynamiken, welche die Familiensysteme über Generationen hinweg bestimmen, begleiten und beeinflussen.

Ein verborgenes Talent

Die Geschichte einer Teilnehmerin aus einem meiner Selbsterfahrungsseminare über die Ahnenarbeit veranschaulicht mit spannender Klarheit die tiefe Verbindung, die wir mit unseren Vorfahren haben, und die Aspekte des eigenen Lebens, welche in unserer Persönlichkeit weiter existieren, ohne dass uns dies bewusst ist.

Jene 30-jährige Frau, Teilzeitangestellte in einem Büro, war eine ruhige, bildhübsche Person, hilfsbereit und konfliktscheu. In ihrer Körpersprache konnte man sehr deutlich Zurückhaltung erkennen. Sie war harmoniebedürftig und suchte immer den Weg der Klärung, den Weg der Harmonie. Im Seminar bewegte sie sich sehr vorsichtig, ihr Blick ging immer wieder zu Boden, man hatte den Eindruck, sie wolle im Boden versinken. In der Vorstellungsrunde des Seminars sprach sie mit leiser Stimme und äußerte den Wunsch, ihre Talente zu erkennen. Sie hatte sich im Leben immer von anderen leiten lassen. In der Gruppenarbeit erzählte sie kaum von sich. Sie schien zu denken, dass das, was sie zu sagen hatte, nicht wichtig war und es niemand hören wollte.

Während der Verbindungsmeditation mit ihren Ahnen stieg ein Bild in ihr hoch, das sie nicht zuordnen konnte: Sie sah ihre Großmutter in jungen Jahren auf einer Bühne stehen und singen. Sie schilderte, wie diese Szene unterbrochen wurde und ein großer, grober Mann mit Schnurrbart die junge Frau mit Gewalt von der Bühne zerrte. Das Bild schien ihr nicht relevant zu sein und sie kümmerte sich nicht weiter darum. Am Ende des Seminars war sie enttäuscht, meinte, es habe alles nichts genutzt, sie habe kaum etwas über sich erfahren, nur ein paar nette Bekanntschaften gemacht.

Eine Teilnehmerin schloss mit ihr Freundschaft und erzählte mir ein Jahr später, dass diese junge Frau nach dem Seminar wieder im Traum das Bild der Meditation gesehen hatte. Sie habe danach mit ihrer Mutter darüber gesprochen. Aus dem Gespräch mit der Mutter ergab sich eine spannende Erkenntnis, da sie ihr bestätigte, dass diese Situation tatsächlich stattgefunden hatte. Ihre Großmutter wollte Sängerin werden, doch ihr Vater verbot ihr zu singen und zwang sie dazu, am Bauernhof zu bleiben und einen Mann zu heiraten, der sich um den Hof kümmerte. Deshalb empfand die Großmutter ein Leben lang eine tiefe Traurigkeit und verweilte oft in einer lähmenden, verzweifelten Stimmung. Sie misstraute ihrem Vater und auch ihrem dominanten Ehemann und vergaß auf ihre eigenen Bedürfnisse und Träume.

Diese Geschichte berührte die junge Frau, und aufgrund des Gesprächs mit der Mutter erinnerte sie sich, dass sie als Kind immer gerne laut sang, während ihr Vater in Ruhe die Zeitung lesen wollte. Immer wieder sagte er: „Sei endlich still!" Sie erinnerte sich, dass ihr das Singen eine riesige Freude bereitet hatte, und sie konnte dieses Gefühl nun wieder spüren. Aufgrund des Gesprächs mit der Mutter und dieser Erinnerung hatte sie eine interessante Eingebung. Sie entschloss sich dazu, eine Stimmausbildung zu beginnen. Die Gesangslehrerin erkannte ihr Talent sofort. Sie trainierte ein Jahr lang, und die junge, vorsichtige Frau gewann von Tag zu Tag mehr Sicherheit. Es kam so weit, dass sie eineinhalb Jahre später in einem Konzert auftrat. In der Enkelin lebte das Gesangstalent der Großmutter weiter.

Familienmuster wiederholen sich

Häufig wiederholen sich in Familiensystemen Schicksale, Verhaltensweisen, Schicksalsschläge und bestimmte Situationen. Jede Familie stellt ein lebendiges System dar, deren Teile sich wechselseitig beeinflussen, was die erfahrenen Familientherapeutinnen Monica McGoldrick, Randy Gerson und Sueli Petry in ihrem gelungenen Buch *Genogramme in der Familienberatung* erklären:
„Eine Familie umfasst nach unserer Definition alle Menschen, die aufgrund ihrer gemeinsamen biologischen, rechtlichen, kulturellen und emotionalen Geschichte so wie einer implizit vorhandenen gemeinsamen Zukunft miteinander verbunden sind. Das körperliche, soziale und emotionale Wohlbefinden eines Familienmitglieds steht in einer tief greifenden wechselseitigen Abhängigkeit vom Familiensystem; Veränderungen in einem Teil des Systems schlagen sich in anderen Teilen nieder. Zudem sind interfamiliäre Interaktionen und Beziehungen von Mustern geprägt, die dazu neigen, sich zu wiederholen. Genau diese Muster sind es, die es uns erlauben, mithilfe eines Genogramms hypothetische Voraussagen über die weitere Entwicklung einer Familie oder eines ihrer Mitglieder zu treffen." [28]

Das Trainingsprogramm im Praxisteil dieses Buches lässt uns die Kraft unserer Herkunft wiederfinden, und wir erlangen dadurch eine erweiterte Sicht über uns selbst sowie ein tieferes Selbstbewusstsein für unsere Talente und den uns zustehenden Platz im Familiensystem.

Generationenübergreifende, unsichtbare Loyalität

Die generationenübergreifende, unsichtbare Loyalität ist ein Aspekt, der auffällt, wenn man die eigene Familiengeschichte oder die anderer Menschen erforscht.
Man fühlt sich oft unbewusst dazu verpflichtet, die psychologische und soziale Identität der eigenen Familie zu bewahren. So wiederholen sich alte Muster, Glaubenssätze und Verhaltensweisen, die im Familiensystem vorhanden sind, aus Treue der Familie gegenüber, aber – meiner Erfahrung und Meinung nach – auch aus dem Bedürfnis, die eigene Vergangenheit zu heilen. Das Verborgene, Unerledigte drängt immer wieder an die Oberfläche.
Der amerikanische Familientherapeut Murray Bowen nennt dieses Phänomen eine „generationenübergreifende Übertragung" von Familienmustern. Nach seiner Theorie weisen Beziehungsmuster aus einer Generation eine Entwicklungstendenz für die Beziehungen der Nachkommen der nächsten Generation auf. [29]

Wir werden in unserer Familiengeschichte oft mit jenen Bereichen konfrontiert, die Heilung verlangen und die es uns ermöglichen, hinsichtlich unserer Persönlichkeit zu wachsen und authentischer zu leben. Ein Mensch ist nicht frei in seiner Entfaltung, wenn er der Familie den Rücken zukehrt und sich von ihr entfernt, sondern wenn er die Verstrickungen des familiären Systems, die ihn betreffen, erkennt und löst.
Das erreicht man, indem man den Ahnen mit Dankbarkeit und Respekt einen Schritt näher kommt und von dort die Kraft schöpft, den eigenen Lebensweg zu beschreiten.

Die Notwendigkeit dieser Schritte erkennen wir durch die berührenden Worte einer Pionierin der Psychogenealogie, Ann Ancelin Schützenberger. In ihrem Therapieansatz geht sie davon aus, dass wir als einzelnes Glied der Geschlechterfolge nicht darüber bestimmen, ob und wann Ereignisse und Traumata der Ahnen sich auch im Verlauf unseres Lebens manifestieren.

„In gewisser Weise sind wir weniger frei, als wir glauben. Aber wir können unsere Freiheit wiedergewinnen und mit der Wiederholung aufhören, wenn wir verstehen, was vor sich geht, wenn wir diese Fäden in ihrem Kontext und ihrer Komplexität erfassen. Dann können wir endlich unser eigenes Leben leben und nicht das unserer Eltern oder Großeltern oder z.B. eines verstorbenen Bruders, den wir bewusst oder unbewusst ‚ersetzen'.

Diese komplexen Bindungen können gesehen, gefühlt oder geahnt werden, wenigstens teilweise, aber meistens spricht man nicht davon: Sie werden erlebt, gehören aber zum Unaussprechlichen, Undenkbaren, Unsagbaren, Geheimnisvollen.

Es gibt eine Möglichkeit, auf diese Bindungen und unsere Wünsche Einfluss zu nehmen, damit unser Leben so wird, wie wir es uns wünschen, sodass es unseren wirklichen Wünschen, unseren tiefsten Bedürfnissen entspricht (und nicht dem, wie ‚man' uns gerne hätte)."[30]

6. Schritt
Umgang mit inneren und äußeren Widerständen

Hier finden Sie eine inspirierende Auseinandersetzung mit den häufigsten Reaktionen, die auftreten können, wenn man sich entscheidet, die eigene emotionale Abhängigkeit aufzugeben und ehrlich hinter die Fassade der eigenen Bedürftigkeit zu schauen. In diesem Prozess entsteht oft ein Gefühl der Leere, des Chaos und innere und äußere Widerstände bilden sich heraus. Innere Widerstände, die aus der Angst entstehen, sich zu verändern, und äußere Widerstände, die uns andere Menschen entgegenbringen, wenn wir nicht mehr bereit sind, in zwischenmenschlichen Beziehungen die alte Rolle zu spielen, die sie schon von uns kennen.

Die Entscheidung, in diesem Abschnitt darüber zu sprechen, dient der Absicht, Ihnen effektive Werkzeuge anzubieten, um den Augenblick der Krise und Verzweiflung auf dem Weg zur emotionalen Selbständigkeit zu beseitigen.

Widerstände auf dem Weg zur Selbstentfaltung

Hindernisse treten nicht nur innerlich auf, sondern auch im Umfeld, im Alltag, in unseren Beziehungen.

Dieses Kapitel bietet Ihnen vielfältige Unterstützung dabei, mit Motivation und Kraft den Weg der Heilung zu beschreiten. Auf den folgenden Seiten werden Widerstände und Hindernisse besprochen, die sich manifestieren, wenn man versucht, Denk- und Verhaltensmuster zu enttarnen und in weiterer Folge neue, erfolgreiche Lebensstrategien anzuwenden.

Vielleicht stellt sich auch während der Lektüre dieses Buches der Gedanke ein, dass alles schwierig sei und der Versuch, etwas zu ändern, keinen Sinn habe und es keine Lösung für all die Probleme im Leben gebe. Aber genau dann, wenn man diese Widerstände spürt, ist es wichtig, weiterzumachen und nicht die Hoffnung aufzugeben, dass sich das Leben verändern kann.

An einem meiner Trainingsprogramme für „Schattenintegration" nahm eines Tages eine liebevolle 33-jährige Frau teil. Diese Frau war sehr beliebt in ihrem Umfeld, wirkte außergewöhnlich hilfsbereit und selbstlos und war in der ganzen Verwandtschaft, Bekanntschaft und im Freundeskreis als eine Art „Mutter Teresa" bekannt.

In der Vorstellungsrunde erzählte sie, dass sie immer ein offenes Ohr für alle hätte und dass viele sie zu jeder Tages- und Nachtzeit anriefen, um ihr Leid zu klagen. Sie war immer bereit, zuzuhören oder jemanden zu besuchen, um zu helfen. Es kam sogar so weit, dass ihr Partner sich von ihr trennte, weil er den Eindruck hatte, sie sei für alle da, nur er und ihre Beziehung würden auf der Strecke bleiben.

Sie ließ sich dadurch aber nicht davon abbringen und lebte nun ohne Partner weiter wie bisher. Diese Tatsache, sich nicht mehr um ihn kümmern zu müssen, führte dazu, dass sie sich nur noch mehr um die anderen sorgte und ihre Tage mit Terminen und Tätigkeiten zupflasterte.

Wie sie erzählte, las sie aus reinem Zufall ein Buch über „Schattenintegration" von der berühmten amerikanischen Therapeutin Debby Ford, wodurch ihr bewusst wurde, dass ihre Rolle und die Charakterausprägung, die sie im Außen lebte, im Grunde auch eine Schattenseite darstellten und möglicherweise eine Kompensation waren, um Liebe und Zuwendung zu erhalten und das Gefühl zu haben, für andere unersetzlich zu sein.

Sie erzählte, dass ihr durch das Lesen des Buches bewusst wurde, dass sie Wut empfand für die Menschen, denen sie half. Ihre Absicht war es, durch die Teilnahme am „Schattenintegrationstraining" heraus-

zufinden, warum sie im Außen immer freundlich und nett zu allen war und versuchte, jedem zu helfen. Einerseits fühlte sie sich nicht verstanden und wurde wütend auf die anderen, weil sie maßlos waren und ihre Grenzen nicht respektierten, andererseits war sie wütend auf sich selbst, weil sie nicht in der Lage war, sich abzugrenzen.
Sie versuchte, diese Wut auf unterschiedliche Weise zu verstecken, und fühlte sich ihr ausgeliefert. Sie schluckte ihren Zorn hinunter und war darauf bedacht, äußerlich immer ein positives Eigenbild aufrechtzuerhalten und ihre liebevolle, entspannte Seite zu zeigen.

Diese innere Zerrissenheit, auf der einen Seite höflich und herzlich zu sein, ein engelhaftes Selbstbild aufrechtzuerhalten und auf der anderen Seite eine Wut in sich zu tragen, die sie sprichwörtlich zum Kochen brachte, wurde mit jedem Tag belastender.
Nun wurde ihr bewusst, dass ihre Wut nicht nur ein negativer Charakterzug, sondern eine vollkommen normale Reaktion ihres Unbewussten, ihrer Seele, auf die Tatsache war, dass sie bis dato nie ihr eigenes Leben gelebt hatte, sondern immer den anderen zur Verfügung stand.
Sie erinnerte sich nicht mehr daran, wann sie das letzte Mal etwas für sich selbst gemacht hatte, und war felsenfest davon überzeugt, dass es nicht richtig ist, sich um sich selbst zu kümmern, wenn es anderen nicht gut geht.

Durch die Arbeit im „Schattenintegrationstraining" wurde ihr bewusst, dass ihre Tendenz, Menschen helfen zu wollen, nicht nur Ausdruck ihrer Hilfsbereitschaft war, sondern auch ein antrainiertes Verhalten.

Mit der Absicht herauszufinden, wann ihr belastendes Verhaltensmuster entstanden war, erlebte sie während einer geführten Meditation am zweiten Tag des Trainings eine intensive, aufschlussreiche Erinnerung.
Sie war ungefähr vier Jahre alt, und ihre Mutter lag krank im Bett. Die Großmutter zog ins Haus, um bei ihnen zu leben. Sie erinnerte sich,

dass sie vergnügt im Garten spielte, als die Großmutter sie erbost zurechtwies, wie sie nur so ein schlimmes Kind sein könne, das spiele, während seine Mama krank im Bett liege.

Sie schämte sich und fühlte sich schuldig, der rote Ball glitt ihr aus den erstarrten Händen, und sie brach in Tränen aus. Ihre Verzweiflung stieg noch mehr, als niemand da war, um sie zu trösten. Die Großmutter zeigte ihr die kalte Schulter, ging zurück ins Haus und ließ das kleine Mädchen allein im Garten weinen.

Sie erinnerte sich, dass sie ab diesem Zeitpunkt aufhörte zu spielen, aus Angst, jemand könnte sie dabei ertappen, und versuchte, pflichtbewusst, hilfsbereit zu sein und auf die Bedürfnisse der anderen zu achten, auch kümmerte sie sich trotz ihres jungen Alters um die Mutter. Die Mutter war etwa eineinhalb Jahre lang krank. Auf diese Weise erhielt sie von der Großmutter großes Lob, und je mehr Lob sie bekam, desto mehr Verantwortung versuchte sie zu übernehmen und präsentierte sich als kleine Erwachsene.

Die Großmutter war auf die hilfsbereite Enkelin sehr stolz und sie wurde ihr Liebling. Es ging sogar so weit, dass das Mädchen, als es 13 Jahre alt war, zur kranken Großmutter zog, um sich um sie zu kümmern.

Durch die Meditation und das offene Auseinandersetzen mit ihrer Geschichte in der Gruppe wurde der Frau bewusst, dass sie von Kindheit an gelernt hatte, sich um die anderen zu kümmern, dafür Lob und Anerkennung zu ernten, aber dabei auf sich zu vergessen. Alle bewunderten sie für ihr großes Herz, ihre Fähigkeit, auf jeden Menschen einzugehen und genau zu spüren, was er braucht. Auch in ihrem Beruf als Lehrerin war sie sehr engagiert und verwendete ihre Ressourcen und Kräfte für die Unterstützung vor allem jener Kinder, die am meisten Schwierigkeiten und Schwächen aufwiesen.

Zwei Monate später gab es das nächste Treffen. In der Zwischenzeit hatte sie sich dazu entschlossen, mit ihrer Mutter über die Kindheit und ihre Großmutter zu sprechen, um so Erklärungen zu finden. Die Mutter erzählte, dass auch die Großmutter zeitlebens im Schicksal der engelhaften Helferin gefangen gewesen war. Selbst am Sterbebett fühlte sich die Großmutter schuldig, diejenigen, die sie pflegten, zu belasten. Ihre letzten Gedanken galten so auch den anderen und nicht sich selbst.

Die Mutter war froh, dass ihre Tochter endlich etwas für sich tat, und riet ihr überraschenderweise, sie solle ihre Scham- und Schuldgefühle loslassen.

Diese Erzählung bewegte die Frau sehr und motivierte sie noch mehr dazu, ihr Verhaltensmuster zu lösen, da sie erkannte, dass dieses Muster von Generation zu Generation weitergegeben wurde. Sie entschloss sich dazu, allen Freunden und Freundinnen, Familienmitgliedern und Bekannten ein nettes, freundliches E-Mail mit einem Gedicht über die Selbstliebe und die Selbstverwirklichung zu senden. Sie schrieb darin, dass sie im letzten Jahr gelernt hätte, wie wichtig es ist, andere glücklich zu machen und zu unterstützen, aber es am allerwichtigsten sei, sich selbst zu lieben, auf sich zu achten und auf die eigenen Bedürfnisse Rücksicht zu nehmen, denn nur so entstehe ein ausgeglichener Fluss von Geben und Nehmen in unseren Beziehungen.

Sie sendete diese Nachricht und bekam die unterschiedlichsten Antworten. Überraschenderweise stand die Mehrheit ihres Freundeskreises und der Familienmitglieder zu ihr und wünschte ihr auf ihrem neuen Weg alles Gute.

In vielen Antwortmails hingegen bedankten sich die Menschen für den Brief, um sie im selben Atemzug wieder um Hilfe zu bitten. Trotzdem fühlte sich die junge Frau erleichtert, da sie ihre Bedürfnisse endlich zur Sprache gebracht hatte.

Für einige Wochen gelang es ihr recht leicht, die neuen Erkenntnisse umzusetzen, und sie war stolz auf ihre Fortschritte, bis zu dem Zeitpunkt, als sie bemerkte, dass einige aus ihrem engsten Freundeskreis sich immer seltener bei ihr meldeten.

Daraufhin wurde sie traurig und rief zwei dieser wichtigen Freundinnen an. Eine der beiden traf sie kurz darauf in einem Kaffeehaus. Diese wirkte etwas distanziert und sagte: „Was ist mit dir los, dass du dich so verändert hast? Früher warst du immer für mich da, und jetzt liegt dir unsere Freundschaft nicht mehr am Herzen. Ich fühle mich verraten und im Stich gelassen." Die Freundin konnte ihren Beweggrund zur Veränderung nicht nachvollziehen – schließlich habe sie ja ohnehin schon alles, was man im Leben braucht, und solle überhaupt nichts verändern, denn sie erhalte ja Bewunderung und Liebe von allen. Warum noch mehr vom Leben wollen?

Das war für sie das Schlimmste, was ihr jemand sagen konnte. Nach diesem Treffen fühlte sie eine tiefe Machtlosigkeit und Frustration. Sie hatte durch diese Begegnung noch einmal sehr deutlich die Angst gespürt, dass die anderen sie nicht mehr lieben und sie zur Egoistin abstempeln würden, wenn sie nicht brav und hilfsbereit sei. Sie begann, alles infrage zu stellen, und bereute die Absicht, sich zu verändern. Durch die Angst, abgelehnt zu werden und das erfolgreiche Selbstbild der liebevollen Helferin nicht aufrechterhalten zu können, entstand ein Widerstand der Veränderung gegenüber. Außerdem fühlte sie sich schuldig, da sie durch ihre Entscheidung anderen Menschen Hilfe und Unterstützung entzog.

Indem sie ihre Freundin jahrelang unterstützt hatte, hatte sie diese entmachtet und mutete ihr nicht zu, ihre Probleme allein zu bewältigen. Umso schwieriger war es jetzt für die Freundin, auf ihre Hilfe, wenn auch nur in geringer Form, zu verzichten.

Sie fühlte sich angespannt, weil sie erkannte, wie viele Menschen in ihrem Umfeld auf sie im Grunde das Bild einer Mutter projizierten, die immer für ihr Kind da sein muss. Es wurde ihr bewusst, dass die meisten dieser Menschen keine wirkliche Mutter hatten, die sich um sie kümmerte. Diese Erkenntnis beruhigte sie und gab ihr die Kraft, ihren Entschluss, innerlich frei zu werden, weiter zu verfolgen.

Nach diesem Wechselbad der Gefühle kontaktierte sie die andere Freundin. Sie unterstrich in diesem Gespräch klar und mit sicherer Stimme, dass sie soeben dabei war, auf ihre eigenen Bedürfnisse einzugehen und diese auch zu verwirklichen.

Nachdem sie ihrer Freundin alles erklärt hatte, fühlte sie sich erleichtert und erwartete von der Gegenseite Vorwürfe und wenig Verständnis. Überraschenderweise reagierte diese Freundin mit fröhlicher Stimme und sagte: „Endlich hast du es geschafft, auf dich zu schauen, und es freut mich sehr, dass du erkannt hast, dass man nicht nur für andere leben kann."

Die Freundin war ehrlich zu ihr und meinte weiter, dass sie sich immer über ihre Hilfe freute und diese auch immer wieder brauchte. Diese positive und ermutigende Reaktion gab ihr einen kräftigen Ansporn, den Weg zur Veränderung mit raschen Schritten anzugehen.
Erleichtert durch diesen Austausch, fühlte sie sich zum ersten Mal verstanden. Dadurch wurde ihr bewusst, dass viele Menschen, die von ihrer Hilfe abhängig gewesen waren, ihre Veränderung kaum akzeptieren würden, während andere, die auch gelernt hatten selbständig zu sein, ihre Absicht leichter akzeptierten und sie sogar dabei unterstützen konnten.
Sie begann, sich Schritt für Schritt zu verändern und sich treu zu sein, und dies ohne Schuldgefühle. Wenn nun jemand sie um Hilfe bat, versuchte sie, nicht immer sofort Ja zu sagen, sondern Zeit zu gewinnen und zu antworten, dass sie erst überprüfen müsse, ob es sich bei ihr ausgehe.
Als sie zum dritten Termin des Trainings kam, wirkte sie vollkommen verändert. Sie wirkte entspannter, gelassener, weniger müde und sogar jünger. Sie erzählte uns allen ihre Erlebnisse mit einer gewissen Leichtigkeit, entschuldigte sich nicht mehr für alles, was sie sagte, und fühlte nicht mehr das Bedürfnis, für jeden, der etwas braucht, zu springen. Sie verspürte auch nicht mehr diese tiefe, brennende Wut.

Auf dem Weg zur Selbstentfaltung erleben wir oft Widerstand, weil wir plötzlich nicht mehr den Erwartungen der Mitmenschen entsprechen. Auf der anderen Seite erleben wir oft auch innere Widerstände. Es handelt sich um subtile Mechanismen, die tief in uns verwurzelt sind und uns meist unbewusst von dem Entschluss abbringen, sich selbst zu verändern.

Diese Art von Widerstand entsteht meist aufgrund der Angst vor Veränderung. Wenn wir den Entschluss fassen, uns zu verändern, empfinden wir trotzdem eine tiefe Angst davor, was mit dem eigenen Umfeld durch die Veränderung passieren könnte. Wie wir gesehen haben, bieten Verhaltensmuster und Glaubenssätze auch einen Schutz vor Schmerz. Auf diesen Schutz zu verzichten ist nicht leicht und verlangt Geduld, Vertrauen und auch eine gute Portion Selbstironie, damit die Widerstände, die sich auf diesem Weg zeigen, mit Gelassenheit betrachtet werden können.

Sobald man ein Verhaltensmuster erkannt hat und damit nicht mehr in Resonanz gehen will, fühlt man sich oft müde und leer. Das ist einerseits ein positives Zeichen, weil sich etwas zu lösen beginnt, aber andererseits deutet es auch darauf hin, dass man einen neuen Zugang zur eigenen Kraft finden muss. Glaubenssätze und Verhaltensmuster halten uns regelrecht gefangen; oft sind wir über Jahre hinweg in diesem System blockiert und verbrauchen unsere Kraft, wenn wir in einschränkenden Verhaltens- und Denkweisen agieren und reagieren. Das macht müde und man hat das Gefühl, ständig auf der Stelle zu treten und immer wieder mit den gleichen Problemen zu kämpfen.

Wenn wir aufhören zu kämpfen und eigene Glaubenssysteme und Verhaltensweisen akzeptieren, setzen wir Kraft frei, die bisher für den Widerstand aufgebracht wurde.

Bei dieser anfänglichen Erkenntnis entdeckt man das jeweilige Muster in jedem Lebensbereich, und es scheint kaum bewältigbar zu sein. Man wird sich der Tatsache bewusst, oft nur zu reagieren, statt zu leben, und nicht der rationale, sichere und freie Mensch zu sein, der man bis dato zu sein glaubte. Jede Übung und jede Reflexion scheinen auf einmal eine unüberwindbare Herausforderung zu sein – alles wird mühsam und erscheint mitunter sinnlos.

Folgende Beispiele schildern, wie sich der innere Widerstand auf subtile Art und Weise einschleichen kann.

Eine entschlossene und disziplinierte Sportlerin, die an einem Seminar für „Selbstwahrnehmung" teilnahm, erzählte, dass sie durch ihre sportliche Disziplin in ihrem Leben gewohnt sei, alles, was sie sich vornehme, auch zu erreichen. Wenn es aber darum ging, an sich selbst zu arbeiten und eigene Muster aufzulösen, konnte auch ihre Selbstdisziplin nicht helfen. Sie brachte es so zum Ausdruck: „Manchmal habe ich das Gefühl, dass mein innerer Widerstand und meine Schuldgefühle, mich um mich selbst zu kümmern, sich zum Beispiel in einem Anruf einer Person, die mich braucht, ausdrücken. Oder es tauchen plötzlich hunderttausend Gedanken auf über Dinge, die ich noch zu tun habe. Es ist so, als ob ich mir nicht gönnte, Zeit für mich zu nehmen und für mich selbst etwas zu verändern."

Manchmal manifestieren sich innere Widerstände durch seltsame körperliche Reaktionen.
Eine gute Freundin, die einmal als junge Lehrerin mit Kindern und Jugendlichen arbeitete, erzählte, dass sie auf ihrem Weg zum persönlichen Wachstum begann regelmäßig Wahrnehmungs- und Intuitions-Übungen zu machen. Vor allem, wenn es darum ging, Übungen betreffend ihres Verhaltensmusters zu machen, empfand sie plötzlich ein starkes Gefühl der Lähmung.
Als sie von diesem Gefühl erzählte, begann sie schwerer zu atmen: „Wenn ich mich hinsetzen will und meine Übungen machen möchte, tritt in meinem Solarplexus ein Gefühl der Verspannung auf. Ich setze mich hin und versuche mich zu überwinden. Vor mir steht mein Laptop und auf dem Couchtisch liegt neben den Skripten der Übungen eine Zeitschrift. Wenn ich zu den Übungen greifen möchte, fühle ich mich total gelähmt, werde plötzlich müde, habe ein schweres Gefühl im Kopf und muss mich hinlegen. Das ist mir mehrere Male passiert. Manchmal habe ich das Gefühl der Lähmung körperlich wahrgenommen. Dieses Gefühl beunruhigte mich und verführte mich

schon mehrmals dazu, einen Blick in die Zeitschrift zu werfen oder kurz im Internet zu surfen. Eine packende und lähmende Angst hielt mich davon ab, an mir zu arbeiten."
Hat man sich vielleicht dazu entschlossen, an sich zu arbeiten, dann läutet auf einmal das Telefon, der noch zu erledigende Einkauf wartet oder das Gassigehen mit dem Hund ist plötzlich wichtiger und scheinbar unaufschiebbar. Hauptsache, wir beschäftigen uns nicht mit uns selbst. Den inneren Schweinehund zu überwinden ist tatsächlich nicht leicht, aber einer der wesentlichsten Schritte auf dem Weg zur Selbsterkenntnis und -entfaltung.

Wichtig ist, keine Schuldgefühle zuzulassen. In uns allen ist möglicherweise in irgendeiner Form ein Schutzmechanismus vorhanden, der uns nicht erlaubt, die gewohnte Umgebung und die liebgewonnenen Muster loszulassen, um dem Neuen zu begegnen. Es ist oft leichter, sich mit den Themen anderer zu beschäftige, als zu beginnen, im eigenen inneren Chaos aufzuräumen.

Empfehlenswert ist, mit den eigenen Widerständen so umzugehen, wie es gerade vonnöten ist. Eine Möglichkeit wäre; die eigenen Gedanken, Wahrnehmungen und Gefühle niederzuschreiben und eine Art Tagebuch des inneren Widerstandes zu führen. Dabei ist es auch eine enorme Erleichterung, zu erkennen, dass die Ursache des Widerstandes oft darin liegt, dass wir nicht wirklich überzeugt davon sind, dass es uns gut gehen darf und wir es auch schaffen können, selbst unseres Glückes Schmied zu sein. Häufig ist der innere Widerstand ein Ausdruck des Gefühls, dem Leben und anderen gegenüber ausgeliefert zu sein. Ein Gefühl, das man empfindet, wenn man nach außen orientiert ist und vieles tut, um anerkannt, geliebt und gesehen zu werden.

Der Veränderungsprozess wird von vielen Hindernissen und Widerständen begleitet. Sie sind eine Einladung dazu, die eigenen Grenzen zu überwinden, um im Leben vorwärtszuschreiten.

Mit Hindernissen gelassen umgehen

Um diese Barrieren zu bewältigen, ist es notwendig, eine neue Perspektive zu entwickeln, damit wir diese Hemmnisse neu bewerten können. In jeder Blockade steckt eine Botschaft, die der Weiterentwicklung dienlich ist.

Wer mit Hindernissen oder Widerständen konfrontiert wird, sollte sich fragen, wie es ihm in der letzten Zeit – etwa über eine Dauer von sechs bis acht Wochen hinweg – ergangen ist. Lebte man im Einklang mit dem eigenen Lebensrhythmus? Was empfand man als belastend? Fragen Sie sich, was Sie brauchen würden, um diese Hindernisse zu bewältigen. Spüren Sie in sich hinein, und versuchen Sie, sich daran zu erinnern, ob Sie vielleicht etwas vernachlässigt haben, das wesentlich auf Ihrem Weg zur Freiheit ist oder war. Erkennen Sie, auf welche Art und Weise Sie sich blockiert fühlen und ob Sie auf sich selbst wütend sind, weil Sie jenes Hindernis nicht beseitigen können.

Ein weiterer wesentlicher Punkt ist die Erkenntnis, dass jedes Hindernis auch eine Spiegelung jenes Aspektes darstellt, der tief im eigenen Unbewussten verwurzelt ist.
Blockaden stellen häufig ein Ergebnis unserer vergangenen Überzeugungen dar, die uns in der Gegenwart noch immer stillstehen lassen.

Meist projizieren wir durch die Erinnerung an Konflikte, Traumata und unglückliche Ereignisse, die wir in unserer Kindheit erlitten haben, ein negatives Bild auf die Gegenwart und die Zukunft, wodurch wir wie in einem ewigen Kreislauf immer wieder auf Hindernisse auf unserem Weg stoßen. Wenn die eigenen Eltern häufig ängstlich und besorgt waren, ist man vielleicht auch so geworden und leidet darunter.

Es ist wichtig, zu realisieren, dass man zwar nicht wirklich die Kontrolle über die Hindernisse hat, sich aber in die Beobachterrolle begeben kann, um zu spüren, welche Botschaft hinter der Blockade verborgen ist. Ebenso ist es grundlegend, zu begreifen, dass diese Barrieren bewältigbar sind – und nicht etwa unüberwindbar. Wir sind dazu in der Lage, unsere Lebensenergie durch unseren mentalen Fokus so fließen zu lassen, dass sich das Hindernis auflöst und in Kraft und Weisheit umgewandelt wird.

Fokussiert man sich auf Hindernisse und Widerstände, nährt man das Gefühl der Schwere und der Blockade. Oft bauen wir um diese Blockaden noch mehr Hemmnisse auf, da wir das Gefühl haben, ihnen gegenüber ohnmächtig zu sein. Durch die Angst sind wir auf das Negative konzentriert und malen uns die schlimmsten Szenen aus. So hat man nur Hindernisse und Angst im Blickfeld und riskiert, genau das zu manifestieren, wovor man sich am meisten fürchtet.

Stattdessen sollte man sich immer wieder bewusst für das Positive und Schöne im Leben entscheiden, den Fokus also auf das legen, was einem selbst guttut.

Hindernisse sind vor allem dann präsent, wenn man das Gefühl des Mangels entwickelt und der Meinung ist, es generell „nicht zu schaffen". Wir sollten in diesem Fall auf zwei Dinge achten: In erster Linie ist es keineswegs „in Stein gemeißelt", dass sich das, was in der Vergangenheit geschehen ist, in unserer gegenwärtigen Situation in gleicher Weise wiederholen muss. Wir betrachten Hindernisse und Widerstände oft mit einer unflexiblen Einstellung. Es ist wichtig, die Zukunft nicht durch den Filter der Vergangenheit zu sehen, sondern jede Möglichkeit offenzulassen.

Zweitens ist es nach einer Reflexionsphase oder Denkpause sehr förderlich, zu erkennen, welche Überzeugungen und inneren Glaubenssätze diese Barrieren und Hemmnisse widerspiegeln.

Jedes Hindernis hat drei Botschaften für uns. Zunächst stellt es eine Aufforderung dar, dass man innehalten und spüren soll, dass sich vielleicht ein neuer Weg für uns öffnet. Die zweite Botschaft ist die Einladung dazu, in Bezug auf die eigenen Ziele Bilanz zu ziehen – über jene Schritte, die man bereits umgesetzt hat, und über zukünftige Pläne. Jede Blockade lädt dazu ein, sich neu zu orientieren. Ebenso erhalten wir den Anstoß dazu, Vertrauen zu finden und eine offene Einstellung zu bewahren. Die dritte Botschaft besteht darin, zu realisieren, dass man die Verantwortung für die erfolgreiche Veränderung der Lebensumstände selbst trägt.

Wenn wir Vertrauen haben, ist fast alles möglich. Sehen wir das Leben als Abenteuer, so können wir Freiheit, Kraft und Begeisterung in unserem Dasein finden.

Die Reaktion des Umfelds

Aus psychologischer Sicht macht man durch die Arbeit an der Veränderung der emotionalen Ebene, also unserer Muster, einen Schritt in Richtung der emotionalen Reife, damit man emotionale Selbständigkeit erreicht. Die erste Instanz, die darauf reagiert, ist unser Umfeld. Menschen, mit denen man in Beziehung steht, reagieren auf Veränderung oft mit Widerstand; sie fragen gehäuft, was passiert sei und warum man plötzlich mit „Nein" antworte, wo man doch sonst immer „Ja" gesagt habe. Sie spüren, dass man ihnen nicht mehr dieselbe Energie gibt wie zuvor. Der Energiefluss ist unterbrochen, und sie drücken dies oft mit Sätzen aus wie: „Ich erkenne dich nicht mehr wieder. Du bist ganz anders geworden. Du bist ein Schatten deiner selbst." Doch die Resonanz kann auch positiv sein; dies ist meist dann der Fall, wenn die Mitmenschen ähnliche Schritte hinter sich haben und diese Entwicklung nachvollziehen können. Lebt man beispielsweise über Jahre in einer Beziehung, so entstehen gewisse Gewohnheiten und ein bestimmtes Gleichgewicht.
Verändert man etwas an diesem Gleichgewicht, so führt dies dazu, dass der andere Mensch verstört ist und die Welt nicht mehr versteht.

Was konkret geschieht, ist, dass man selbständiger wird und die Energie für sich selbst einsetzt – nicht mehr, um geliebt zu werden. Wenn man sich für das Neue entscheidet – dies könnte unter dem Leitgedanken:

„Ich heile mein Leben und entscheide mich für die Liebe" stehen –, brechen häufig viele Strukturen zusammen, aber man gewinnt ein neues Gleichgewicht und ein Vielfaches mehr an Freiheit. Man findet endlich zu sich selbst, erhält Zugang zur eigenen Kraft und lebt authentisch.

Am Anfang dieses Weges beschleicht uns meist das Gefühl, dass wir etwas verloren hätten. Nach einer gewissen Zeit erkennen wir aber, keine Einbußen erlitten zu haben.

Es kann sehr hilfreich sein, alle kleinen oder großen Fortschritte aufzuschreiben, die man bisher erreicht hat und die ein Beweis für die eigene Entwicklung sind.

Die Reaktion der anderen ist sehr häufig mit ihrer eigenen Furcht verknüpft. Sie haben Angst davor, etwas zu verändern, Angst, uns zu verlieren, und befürchten, dass wir durch diese neuen Schritte nicht mehr für sie erreichbar sind.

Man sollte sie über die eigene Veränderung und die Sehnsucht nach Entfaltung informieren und offen darüber sprechen.

Zweifel hinter sich lassen

Was dabei hilft, aus diesem tiefen Loch des Zweifelns und der alten Gewohnheiten herauszukommen, ist, sich immer wieder vor Augen zu halten, dass man sich willentlich dazu entschlossen hat, endlich frei zu werden und erfüllende Beziehungen zu leben.

Man muss sich von der Einstellung und Sichtweise trennen, die sich immer wieder einstellt und die folgendermaßen ausgedrückt werden kann: „Mein Leben ist problematisch."

Die meisten von uns sind auf Mängel und Probleme fokussiert, weil unser Umfeld und unsere Gesellschaft auf diese Perspektive fokussiert sind.

Wenn wir unsere Perspektive verändern und das Gute im Leben betrachten, dann beginnen wir, unsere Kraft zu spüren.

Wir lenken von nun an unseren Lebensweg eigenständig, sind innerlich gelassen und lassen uns immer seltener mit unseren Mitmenschen auf das Spiel nach den Drehbüchern unserer und ihrer Muster ein. Man bleibt in der Kraft, wenn man an seinem Entschluss festhält, auch wenn ringsherum alles wie auf einer Achterbahn zu verlaufen scheint.

Es gibt an jedem Tag des Lebens etwas, wofür man dankbar sein kann, und jeder Augenblick trägt das kreative Potenzial der Veränderung und der neuen Orientierung in sich.

Wie wir auf die Umstände und Überraschungen des Lebens reagieren, ist unsere persönliche Entscheidung; ebenso müssen wir stets damit rechnen, dass uns etwas aus dem Fluss reißt. Das, was wir unserer Meinung nach unbedingt festhalten müssen, sind meist Illusionen. Insofern haben wir nichts zu verlieren – wir können uns nur selbst finden.

Die Lehre der Leere

In dem Augenblick, in dem man sich dazu entscheidet, sein Leben zu verändern und sich von der Last der Vergangenheit zu befreien, damit man in Einklang mit der Intuition sowie der eigenen Natur leben kann, sieht man sich häufig mit der Leere konfrontiert. Das Alte entspricht uns nicht mehr, und das Bedürfnis nach Veränderung wird immer stärker. Wir möchten das, was auf dem Weg zur Freiheit geschehen ist, wie auch alles, was wir im Laufe des Prozesses der Selbsterfahrung und der Herzheilung wahrgenommen und verstanden haben, innerlich integrieren und im Außen manifestieren. In irgendeiner Form, die sich bei jedem Mensch unterschiedlich zeigen kann, verliert man ab diesem Punkt das Gefühl der eigenen Identität. Ebenso entgleitet auch teilweise die Gewissheit, über sich selbst Bescheid zu wissen, und wir fühlen uns, als hätte uns jemand durchgeschüttelt.

In der Außenwelt leidet man oftmals unter dem Gefühl der Stagnation und würde gerne eine Handlung setzen, um eine umsetzbare Lösung für die Flucht aus diesem scheinbaren Stillstand zu finden. Doch es fällt schwer, die Kraft dafür aufzubringen, um der Leere und der Stagnation zu entrinnen, vor allem deshalb, da man nicht weiß, in welche Richtung der nächste Schritt gesetzt werden soll.

Die Leere ist ein wichtiger, notwendiger Prozess für unser Leben. Sie heilt, lässt uns Abschied vom Alten nehmen und verbindet uns mit dem Neuen – zuerst im intuitiven Sinn. Man kann das Neue nur gefühlsmäßig erfassen und nicht logisch festhalten.

Ein subtiles Gefühl der Veränderung, das sich teilweise aus Angst und – ganz tief in uns, aber leicht spürbar – aus Freude zusammensetzt, erfüllt das Herz. Diese Emotion erlaubt es, frei und entspannt zu sein – aber nur dann, wenn es gelingt, angesichts der Orientierungslosigkeit ruhig und gelassen zu bleiben und darauf zu vertrauen, dass sich das Richtige im richtigen Augenblick zeigen werde.

Wenn die Angst überhandnimmt, ist es fast unmöglich, das Gefühl der Leere und der Stagnation zu ertragen. Man sucht in diesem Fall unruhig und hektisch nach einer Lösung, ist aber nicht dazu in der Lage, tatsächlich einen Ausweg zu finden. Das Verlorensein und die Leere sind oft schwirig auszuhalten, da man sich abgeschnitten und getrennt fühlt, ganz ohne Zugehörigkeit. Diese Phase bildet jedoch das Tor zu ungeahnten Möglichkeiten und die Einweihung eines neuen Lebensabschnittes.

Die Leere stellt eine Einladung dar, zum eigenen Sein zurückzufinden und zur Ruhe zu kommen. Sie lädt dazu ein, sich auf das Wesentliche zu konzentrieren und alles, was nicht mehr zu einem gehört, loszulassen. Oftmals ist dies eine Phase, in der man Bilanz zieht – also das Vergangene analysiert – und sich auf das Neue vorbereitet. In dieser Zeit ist es wichtig, an die Vergangenheit zu denken, ohne zu urteilen, etwa über Dinge, die sich nicht in der Weise ereignet haben, in der man es sich erwartet hätte. Vielleicht steckt in jedem Ereignis – in der Weise, wie es eingetreten und verlaufen ist – eine tiefere Bedeutung, die wir meist nicht unmittelbar danach und oft auch noch

einige Jahre später nicht erkennen können. Möglicherweise hilft es in diesen Momenten, darum zu bitten, dass uns die Botschaft der Vergangenheit klar wird.
Wenn Leere in unser Leben tritt, brauchen wir Zeit für uns selbst, damit wir besser und bewusster mit der Situation umgehen können. Es ist notwendig, ausnahmslos mit sich selbst konfrontiert zu sein und Schmerzen, Gedanken, Sorgen und Ängste, die sich im Alltag unter dem Schutzmantel der vielen Verpflichtungen verstecken, auftauchen zu lassen.
Im Verlauf dieser Umbruchphase hilft der Kontakt mit der Schönheit der Natur und des Lebens. Es kann inspirieren, sich am Ufer eines Flusses in Flussrichtung hinzusetzen und sich daran zu erinnern, dass das Dasein lebenswert ist, auch wenn man gerade nicht alle Antworten kennt. In diesem Abschnitt machen sich unsere Schatten bemerkbar, damit wir sie integrieren und lernen, wieder zu lieben.

Wenn wir aus dem Gefühl der Leere und der Orientierungslosigkeit herausfinden wollen, ist es wichtig zu erkennen, was uns belastet. Was hindert daran, frei zu werden? Was tolerieren wir in unserem Leben, obwohl wir damit nicht einverstanden sind? Welche Dinge, von denen wir spüren, dass sie nicht mehr dazugehören, blockieren am meisten und warum finden wir nicht den Mut dazu, uns zu verändern?
Man findet so lange immer wieder eine Ausrede, die davon abhält, die bereits spürbare Veränderung durchzuführen, bis die Leere den entscheidenden Anstoß dazu gibt, sich zu verändern.

Die Leere in uns ist das eindeutige Zeichen dafür, dass wir auf dem besten Wege dazu sind, etwas Positives und Grundsätzliches im Leben zu verändern. Die Leere ist die Brücke zwischen dem Alten und dem Neuen. Wenn man von Angst befallen wird, befindet man sich in der Mitte der Brücke, hat also noch nicht ganz Abschied vom Alten genommen, während man das Neue nur intuitiv spürt, ohne es erfassen zu können.

Das innere Chaos willkommen heißen

In dieser Phase des Umbruchs begegnet uns auch oft das Gefühl, dass in unserem Inneren Chaos herrscht. Dieses innere Chaos ist ein Zeichen der Veränderung, der dynamischen Natur des Lebens. Diese innere Unordnung zeigt, dass alte Denkmuster, Schutzmechanismen und Verhaltensmuster langsam ihre Wurzeln verlieren. Durch den Mut und die Arbeit an uns selbst haben wir die Gelegenheit dazu, eine neue Ordnung aus diesem inneren Chaos – welches Freiheit und Lebendigkeit bedeutet – entstehen zu lassen. Die innere Unordnung ist Treibstoff der Veränderung; sie ist Energie, die zur Herzheilung und Bewusstseinserweiterung führt.

Die Botschaft des inneren Chaos besteht aus Geduld und der Aufforderung, Vertrauen ins Leben zu haben, sowie der Notwendigkeit, mit dem Fluss des Lebens in Verbindung zu bleiben.

Die Durchführung von Ritualen, die bei der Problematik des Loslassens helfen können, unterstützt uns dabei, Ordnung und Raum für das Neue zu schaffen.

Es ist wichtig, ehrlich zuzugeben, dass man in manchen Momenten nicht weiß, welchen Weg man gehen soll, und Angst davor hat, zu erkennen, dass innere Unruhe und die hektische Suche nach dem nächsten Schritt oft verzweifelte Versuche sind, die eigene Angst zu kontrollieren und den Schmerz zu ertragen.

Je offenherziger man dieses Gefühl akzeptiert und es als positives Zeichen der Veränderung begrüßt, desto leichter kann man zu sich selbst, also zur eigenen wahren Natur, finden.

7. Schritt
Die Beziehungs- und Kommunikationsfähigkeit entfalten

In diesem Schritt geht es darum, durch Anregungen und Techniken die eigene Beziehungsfähigkeit und Empathie zu verbessern. Auf den nächsten Seiten folgen auch einige Tipps, damit wir uns näher mit der Praxis wertvoller Anregungen auseinandersetzen zu können, um einander von Herzen begegnen zu können.

Sich für einander öffnen

Wenn wir im Austausch mit dem anderen Menschen plötzlich den eigenen Schmerz und die Verletzlichkeit spüren, sollten wir versuchen, die Frustration nicht auf das Gegenüber zu projizieren. Wer verletzt ist, macht häufig Vorwürfe. Wer versucht, sich zu schützen, kann beobachten, dass man angespannt, starr, ängstlich und aggressiv wird. In dem Augenblick, in dem wir unsere eigene Verletzlichkeit zulassen und über unseren Schmerz offen sprechen können, wird es unserem Gegenüber möglich, sich zu öffnen. Dann gehen wir mit einer einfühlenden, versöhnlichen Einstellung aufeinander zu.

Jede Beziehung, in der es darum geht, den eigenen Lebensraum eng mit dem Partner zu teilen, verlangt nach Offenheit, Liebesfähigkeit und klarer Kommunikation. Es bedarf aber auch der passenden Rahmenbedingungen, eines angemessenen Maßes an Zeit und des

Willens, einen Raum zu schaffen, in dem sich die Präsenz der anderen Person ausdehnen und öffnen kann, um das gemeinsame „Wir" zu leben. Vor allem zu Beginn der Beziehung sind wir erstaunt über die Ähnlichkeit, die wir mit unserem Partner zu haben scheinen. Hierbei vergessen wir, dass viele am Anfang einer Beziehung sich so zeigen, wie der andere uns gerne sehen würde. Durch Empathie spüren wir, was dem Gegenüber gefällt und wie seine Ideale und Werte aussehen. Aus diesem Grund versuchen wir, diese Eigenschaften zu verkörpern, um der von uns geliebten Person ans Herz zu wachsen.

Irgendwann im Laufe der intimen Partnerschaft drängt unsere Authentizität jedoch nach außen – dann können wir niemand anderer mehr sein als die Person, die wir sind.

Es sind wichtige Voraussetzungen für eine Beziehung, dass man sich treu bleibt und dazu bereit ist, auf seinen Partner und dessen Bedürfnisse einzugehen sowie ihm auch unsere Bedürfnisse mitzuteilen.

Empathie, der Schlüssel zur Liebe

Die prägnante Definition des Einfühlungsvermögens der tschechischen Psychologin Jirina Prekop lässt uns die Wichtigkeit dieser Eigenschaft erfassen:
„Die Einfühlung dient der Konfrontation der Gefühle, sie ist quasi ein Kabel zwischen dem Sender und dem Empfänger. Der Sinn des Konfliktes ist dabei nicht der Kampf, sondern die Versöhnung und der erneuerte Fluss der Liebe." [31]

Ein ausgeprägtes Einfühlungsvermögen zu besitzen verschafft in jedem Bereich des Lebens – vor allem in zwischenmenschlichen Beziehungen – einen enormen Vorteil. Die wichtigste Voraussetzung dafür besteht darin, die eigenen Gefühle bewusst wahrzunehmen und sie ehrlich zu äußern, sodass die Mitmenschen eine Möglichkeit erhalten, tief sitzende Gefühle zu erfassen.
Emotionen und Gefühle sind ansteckend, wie der deutsche Arzt und

Neurobiologe Joachim Bauer uns erinnert:
„Nicht nur der Ausdruck unserer Mimik, auch die mit ihr verbundenen Gefühle können sich von einem Menschen auf den anderen übertragen. Phänomene der Gefühlsübertragung sind uns derart vertraut, dass wir sie als selbstverständlich voraussetzen. Wir stutzen erst dann, wenn sie uns dadurch auffallen, dass sie, sagen wir bei einem Menschen ohne Anteilnahme, plötzlich ausbleiben. Menschen reagieren selbst wie unter Schmerz, wenn sie den Schmerz einer anderen Person miterleben." [32]

Wir reagieren nicht nur psychisch, sondern auch körperlich auf die Begegnung mit unseren Mitmenschen. Wir können unser Einfühlungsvermögen auch entfalten, wenn wir lernen, die Zeichen unseres Körpers zu spüren. Meist sind wir aber tief in Gedanken versunken, sodass wir die Signale des Körpers nicht wahrnehmen.

Liebe leben bedeutet auch, miteinander liebevoll und freundlich, respektvoll und wohlwollend umzugehen.

Unsere Art, Beziehungen zu leben, ist ein Spiegel unserer eigenen, inneren Einstellung zum Leben. Wir wünschen uns geliebt und wahrgenommen zu werden, doch dies bleibt nur ein Wunsch, solange wir nicht dazu fähig sind, Bedürfnisse und Einstellungen klar zu kommunizieren.

Wir leben in einem System von Vernetzungen und Interaktionen. Jeder Tag ist geprägt und begleitet von Beziehungen. Durch unser Verhalten und Sein sind wir ständig miteinander verbunden und es gibt keinen Augenblick, in dem wir nicht kommunizieren. Jede Interaktion ist eine Form der Kommunikation, die auf unterschiedlichen Ebenen stattfindet. Meistens ist uns nur die verbale Ebene der Kommunikation bewusst, und wir unterschätzen die Wichtigkeit anderer Ausdrucksformen wie Mimik, Gestik und Körpersprache.

Aus dieser Perspektive heraus scheint es einleuchtend, dass innere Klärung und das Identifizieren des eigenen Kommunikationsstils notwendig sind, um eine stimmige, liebevolle, individuelle Art der Kommunikation zu entwickeln.

» Wie verläuft unsere Kommunikation mit den Mitmenschen?
» Wie behandeln wir sie?
» Wie kommunizieren wir die eigenen Bedürfnisse?
» Sind wir in der Lage, unsere Bedürfnisse und Wünsche so mitzuteilen, dass uns der andere Mensch versteht und erfassen kann, was wir meinen?

Die Antworten auf diese Fragen bieten oft wertvolle Hinweise über die eigene Art des Kommunizierens.

Missverständnisse

Worte sind mächtig. Sie können aufrichten und anfeuern, aber auch verletzen.
Wir sprechen, gestikulieren, teilen uns mit Blicken mit und selbst beim Schweigen senden wir Botschaften nach außen oder reagieren auf äußere Impulse.

Selbstbeobachtung führt uns zur wertvollen Erkenntnis, dass vieles unbewusst in der Kommunikation geschieht, und lässt innerlich das Gefühl der Versöhnung mit sich selbst entstehen. Wer ehrlich reflektiert, wie und was er anderen sagt und wie er mit ihnen umgeht, wird erkennen, dass vieles davon nicht dem idealen Selbstbild entspricht. Oft sind die Reaktionen der anderen Menschen ein Spiegel des eigenen inneren Dialoges.
Durch den schnellen Lebensrhythmus im Alltag und ständigen Zeitdruck werden wir häufig dazu gezwungen, Zeit rational, kompetent und gut organisiert einzuteilen. Begegnet man den Mitmenschen auf empathischer Ebene, öffnet sich ein Raum für den Austausch, der aus Wertschätzung, Respekt, Ruhe und Geborgenheit besteht, in dem sich alle frei fühlen, ihren Standpunkt zu vertreten, ohne dabei zu riskieren, ihr Gesicht zu verlieren oder dafür verurteilt zu werden.
Oft vergessen wir aber auf unsere emotionale Intelligenz, und wir

werden, getrieben von Ängsten und emotionaler Anspannung, verletzlich, starr und wollen uns schützen. Befindet man sich in diesem Zustand, so wird schnell der Angriff zur besten Verteidigung. Wir sind dann nicht in der Lage zu spüren, was in der Kommunikation gerade wirklich Priorität hat.

In der zwischenmenschlichen Kommunikation entwickelte sich in den letzten Jahren der Trend, optimale Strategien der Kommunikation zu suchen und anzuwenden. Bei diesen Ansätzen ist man sehr beschäftigt und konzentriert auf das, was man erreichen will und was einem fehlt.
Wenn wir uns aber auf die Ebene des Herzens konzentrieren, hat dieser innere Affenzirkus der Gedanken ein Ende.

Zehn goldene Regeln für die empathische Kommunikation

1. **Achtung und Wertschätzung zeigen**

Der Gesprächspartner fühlt sich wahrgenommen, wenn man ihm gegenüber Interesse zeigt. Das bedingt, sich bewusst Zeit zu nehmen, um der Person das Gefühl zu geben, wichtig zu sein. Die Aufmerksamkeit und das Gefühl, dass man nicht unter Zeitdruck steht, während man das Gespräch führt, sind Zeichen des Respekts.
Häufig versuchen wir, Dinge zu verschweigen, und verlassen uns auf unsere Fähigkeit zu argumentieren, während wir davon überzeugt sind, dass es anderen nicht auffällt.
Unsere verbale Sprache ist jedoch nicht die einzige Übermittlerin von Botschaften, sondern auch Gestik und Mimik. In den meisten Fällen wird schnell bemerkt, dass es eine Diskrepanz gibt zwischen dem, was wir verbalisieren, und dem, was wir wirklich empfinden.

2. Sich in die Lage des anderen versetzen

Um empathisch zu sein, ist es wichtig, sich in die Lage der anderen Person zu versetzen, um zu spüren, was diese im Augenblick braucht. Will man sich in die Lage des anderen Menschen versetzen, so ist es wichtig, gut zu beobachten, Körpersprache und Gesichtsausdruck des Gegenübers deuten zu lernen und vor allem zu erkennen, welche Emotionen dieses empfindet.

Versuchen wir, offen für die anderen zu sein, ihre Bedürfnisse, Ängste und Unsicherheit zu spüren. Wenn wir ein offenes Ohr für sie haben, so ermöglicht ihnen dies, sich zu öffnen und uns gegenüber ehrlich und entspannt zu sein.

3. Zuhören

Zuhören ist etwas, was uns niemand beibringt. Aktives Zuhören bedeutet, das Gegenüber für einige Minuten zu erfassen und sich ausschließlich darauf zu konzentrieren, was es sprachlich ausdrückt, sowie auf seine Körpersprache zu achten.

Man denkt nebenbei nicht an etwas anderes und versucht auch nicht, sein Gegenüber zu unterbrechen, sondern hört einfach zu, sodass der andere ausreichend Gelegenheit dazu findet, sich mitzuteilen.

Diese Art des Zuhörens ist ein Zeichen von Respekt, Akzeptanz und liebevoller Zuwendung. Wenn wir zuhören und dabei auf den anderen Menschen fokussiert sind, schenken wir ihm das Wertvollste, das wir im Leben haben – unsere Zeit.

Wenn wir unserem Gesprächspartner das Gefühl geben, dass wir ihm unsere gesamte Aufmerksamkeit schenken und ihn nicht unterbrechen, so signalisieren wir, dass er uns wichtig ist, und die Person fühlt sich uns gegenüber sicherer und entspannter. Dadurch wird ihr im Zuge des Austausches immer mehr bewusst, was sie braucht. Aus der Tiefe ihrer Seele dürfen alle Emotionen und Gefühle hochkommen, die sie bedrücken, beschäftigen oder verwirren.

Auf diese Art und Weise erkennt man die Gefühlslage des Gegenübers. Meist glauben Menschen, zu wenig Zeit zu haben und sich deswegen durchsetzen oder schützen zu müssen.

Zuhören verlangt nach Übung und hängt von der Fähigkeit ab, beobachten und gleichzeitig still bleiben zu können. Wer es gewohnt ist, Zeit allein zu verbringen und auf die eigenen Bedürfnisse zu achten, kann auch anderen leichter zuhören.
Wenn der andere spürt, dass sein Schmerz gewürdigt wird und seine Probleme ernst genommen werden, so öffnet und entspannt er sich. Auch wenn man das Gefühl hat, dass die andere Person etwas erlebt, das man selbst erfahren hat, sollte man sich daran erinnern, dass jede Erfahrung einzigartig und individuell ist. Versuchen wir nicht zu sagen: „Tja, das kenne ich gut. Damals als ich ...", sondern hören wir einfach zu. Es fällt uns oft schwer, empathisches Zuhören zu erleben, da unser Lebensrhythmus immer schneller geworden ist und man sich kaum Zeit nimmt, geruhsame Gespräche zu führen.
Man sollte sich nicht dazu verpflichtet fühlen, dem anderen beim Zuhören Lösungen anzubieten. Wenn das Gegenüber unsere Liebe verspürt, hat bereits ein Stück Heilung stattgefunden. Unser Fokus beim empathischen Zuhören sollte darauf liegen, dass man einfach für den anderen Menschen da ist, ohne etwas erreichen zu wollen, egal, ob man sich mit ihm in einer privaten oder beruflichen Beziehung befindet.

4. Vorwürfe und Schuldzuweisungen vermeiden

Das Bedürfnis, in jedem Fall recht zu haben, sollte man flexibel handhaben und versuchen, den Gesichtspunkt des anderen zu verstehen. Das Zuhören sowie das Verstehen der Sichtweise und der emotionalen Lage des Gegenübers sind Zeichen der Liebe.
Man sollte Vorwürfe, Herabsetzungen und Schuldzuweisungen in der Kommunikation vermeiden. Tauchen diese Aspekte auf, verhärten sich die Fronten und die Probleme bleiben möglicherweise ungelöst.

Anstatt einen Verantwortlichen für das Problem zu suchen, sollte man sich distanzieren (und besser nach vorne schauen), um die konkrete Situation mit Abstand zu betrachten. Im Fall von leichten Konflikten ist es meist auch hilfreich, offen über die eigene emotionale Lage zu sprechen. Speziell in diesen Fällen ist Klarheit gefragt, vor allem, wenn man den inneren Drang verspürt, der anderen Person Schuld zuzuschieben.

5. Klares Äußern von Wünschen und Bedürfnissen

Je klarer man eigene Bedürfnisse, Erwartungen und Meinungen kommuniziert, desto besser funktioniert eine Beziehung. Nach Jahren enger Freundschaft oder des Zusammenlebens verfällt man nur allzu leicht dem Irrglauben, der andere wisse ohnehin, was man denkt. Klares Äußern von eigenen Gedanken ist die Basis für ein positives, grundlegendes Gefühl in jeder Form von Beziehungen. Dieses Grundgefühl können wir erreichen, indem wir Du-Botschaften vermeiden und Ich-Botschaften formulieren. Du-Botschaften sind wie Vorwürfe und erzeugen Trennung. Ich-Botschaften bewirken Betroffenheit und ermöglichen, die eigene emotionale Lage zu erklären, während Du- oder Sie-Botschaften schnell als erhobener Zeigefinger empfunden werden können.

Zum Beispiel könnte man sagen: „Mir ist aufgefallen, dass ich mich unverstanden und vernachlässigt fühle, wenn du dich auf diese bestimmte Weise verhältst."

Wenn wir bei der eigenen Wahrnehmung bleiben und dem anderen mitteilen, wie es uns mit seinen Handlungen ergeht, dann wird er zuhören und unsere Botschaften ernst nehmen.

Ich-Botschaften sind zum Beispiel:
- » Es hat mich verletzt, dass ...
- » Mir ist aufgefallen, dass ...
- » Ich wünsche mir, dass ...

» Die aktuelle Situation, oder das, was geschehen ist, wirkt auf mich nicht stimmig, weil ...

Empathische Kommunikation bedeutet in erster Linie, ehrlich zu sich selbst und zu den anderen zu sein sowie eigene Bedürfnisse und Wünsche klar zu kommunizieren.
Schwierig wird es, wenn man sich provoziert fühlt. Oft reagiert man in dieser Phase unter dem Einfluss des eigenen Verhaltensmusters. In solchen Situationen ist es zu Beginn des emotionalen Reifungsprozesses eine große Herausforderung, gelassen und offen zu bleiben. Aber wenn man während des Gesprächs mit dem eigenen Herzen in Verbindung bleibt, kann man mit einer liebevollen Einstellung auf das Gegenüber eingehen. Auf diesem Weg gelingt es uns, einander mit gegenseitigem Respekt und mit Empathie zu unterstützen. So kann Aggression ins Positive umgewandelt werden.

6. Ausreden lassen

Ein wesentlicher Aspekt in der Kommunikation ist es, andere ausreden zu lassen. Auf diese Art und Weise hat jeder Mensch das Gefühl, wertgeschätzt zu werden, und fühlt sich nicht unter Druck gesetzt, schnell zu Ende sprechen zu müssen.
Wenn wir jemanden nicht ausreden lassen, üben wir nicht nur verbal, sondern auch durch Mimik und Gestik Druck aus. Um das zu vermeiden, ist es sinnvoll, auf die eigene Körpersprache zu achten.

7. Die eigene emotionale Lage und die des Gegenübers während des Gesprächs erkennen

Um auf der Ebene des Herzens zu sprechen, sollten wir uns bewusst auf jene Emotionen fokussieren, die während des Gesprächs in uns vorgehen. Wesentlich für eine ausgeglichene Kommunikation ist es, präsent zu sein, sich zu öffnen für die verbalisierte Botschaft des Gegenübers und seine emotionale Lage. Es ist wichtig, zuhören zu können, ohne dass man sich dabei berufen fühlt, Lösungen anzubieten oder dem Gesprächspartner das Gefühl zu vermitteln, man wisse besser um sein Leben Bescheid als er selbst, weil man ihm nicht zutraut, es selbst zu regeln. Oft bezweifelt einer der Gesprächspartner die Aussagen des anderen, weil er der Meinung ist, die tatsächlichen Gedanken des Gegenübers zu kennen. Auch in dieser Situation hilft das Erfragen der eigenen Beweggründe, um die wahre Botschaft der anderen Person herauszufinden.

8. Kritik und Urteil loslassen

Man sollte darauf achten, dass man nicht ständig über dieselben alten Themen redet. Wurde eine Situation schon einmal besprochen und geklärt, so sollten die früheren Aspekte des Streites und der Missverständnisse nicht mehr thematisiert werden.

Ist man anderen gegenüber kritisch eingestellt, so wird das vom Gegenüber unweigerlich bemerkt. Es ist von großer Bedeutung, im Austausch mit anderen höflich und bewusst mit Kritik umzugehen. Immer wenn wir andere beschuldigen, etwas falsch gemacht zu haben, schaffen wir eine Barriere. Diese Schranke trennt uns nicht nur von anderen, sondern auch vom eigentlichen Inhalt, weil wir in dieser Phase ausschließlich darauf bedacht sind, uns selbst zu bestätigen, aber nicht in der Lage sind, auf die anderen einzugehen. Dies ist durch Selbstbeobachtung erlernbar. Die Kritik bekommt eine andere Dimension, wenn wir uns bewusst machen, dass es im Grunde so viele Wahrheiten wie Menschen auf der Welt gibt und dass möglicherweise jede Wahrheit das Gegenteil einer anderen Wahrheit darstellt. Wir dürfen nicht vergessen, dass wir alle die Realität durch den Filter der eigenen Wahrnehmung, Lebenserfahrung und der eigenen Werte wahrnehmen. Bewusst mit Kritik umzugehen und andere nicht mit Tadel und Belehrungen zu belasten schafft eine tiefe Verbindung zu unseren Mitmenschen.

9. Keine Angst vor Konflikten haben

Konflikte bieten eine Möglichkeit der Klärung und bauen eine Brücke zwischen uns und dem Gegenüber. Sie gehören zur Natur des Menschen. Sie stärken uns, wenn wir keine Angst vor ihnen haben. Wer sich dem Konflikt stellt, lernt auch, sich abzugrenzen. Angst vor Konflikt blockiert die eigene Entwicklung. Aus Angst, Konflikten ausgesetzt zu sein, neigen wir dazu, uns anzupassen und das zu tun, was sich der Mitmensch von uns wünscht.

Begegnet man Konflikten offen, ist man auch in der Lage, die eigene Meinung mit Takt und Diplomatie zu äußern. Mut zur Offenheit macht uns frei und unabhängig von den Wünschen, Bedürfnissen und Vorstellungen anderer.

In der Kommunikation ist es immer notwendig, sich erst klar zu machen, was man durch das Gespräch erreichen möchte. Wenn es für uns möglich ist, die eigenen Absichten zu klären und keine Angst vor dem Austausch zu haben, wird jede Gelegenheit eines Dialoges zur Möglichkeit der Weiterentwicklung und des Wachstums.

10. Danke sagen können

Im Austausch mit anderen ist es unerlässlich, die eigene Dankbarkeit zu betonen und sie ihnen bewusst mitzuteilen. Schließlich ist es nicht selbstverständlich, dass uns nahestehende Menschen unterstützen, für uns sorgen und uns zuhören. Wann immer jemand mit uns Zeit verbringt, uns Empfehlungen gibt und uns begleitet, schenkt er uns Zeit seines Lebens. Zeit ist die wertvollste Ressource, die man besitzen kann, denn jeder Augenblick, der vergangen ist, wird nie wieder zurückkehren.

Wenn wir bewusst die Dankbarkeit im Herzen tragen und zum Ausdruck bringen, schaffen wir Brücken von Mensch zu Mensch, die stabil und sicher sind.

> *The gray ceiling on the earth*
> *Well it's lasted for a while*
> *Take my thoughts for what they're worth*
> *I've been acting like a child*
> *In your opinion, and what is that?*
> *It's just a different point of view (...)*
>
> *The old picture on the shelf*
> *Well it's been there for a while*
> *A frozen image of ourselves*
> *We were acting like a child*
> *Innocent and in a trance*
> *A dance that lasted for a while*
>
> **Lyrics to „Your Winter"**
> **by Sister Hazel**

Praxisteil

Einführung

Die innere Weisheit gründet auf unserer Lebenserfahrung und auf dem Wissen, das man erfahrungsmäßig verinnerlicht hat. Menschen können viel theoretisches Wissen anhäufen, ohne dass es berührt und Bestandteil ihres eigenen Lebens wird.
Mit der Absicht, dass die theoretischen Ansätze dieses Buches zu Ihrer persönlichen Erfahrung werden können, habe ich diesen Praxisteil sorgfältig zusammengestellt.

Fortschritte und Veränderungen erreicht man aus eigener Kraft, durch die innere Entscheidung, frei zu werden und endlich nach dem Ureigensten leben zu wollen, frei von Anpassung und ständigen Selbstzweifeln.

Durch die Vielfalt der Übungen dieses Praxisteils und vor allem durch die Zeit, die Sie mit den Übungen verbringen werden, beschäftigen Sie sich intensiv mit Ihrer persönlichen Geschichte, erkennen Aspekte, die Ihnen vielleicht bis zum heutigen Tag verborgen waren. So finden Sie Lösungsansätze und neue Zugänge zur ganzheitlichen Selbstentfaltung.

Durch das Üben übernehmen wir die Eigenverantwortung und erkennen, dass in erster Linie wir selbst einen nachhaltigen Fortschritt erreichen können. Um diese Verantwortung zu tragen, brauchen wir manchmal Unterstützung. Wenn man erkennt, dass sich die Übungen als belastend erweisen, ist es empfehlenswert, eine therapeutische Begleitung in Anspruch zu nehmen. Der erste Schritt zur Veränderung kann in der Tat der Schritt sein, Hilfe in Anspruch zu nehmen.

Die folgenden Meditations- und Übungsmöglichkeiten haben sich im Laufe der Jahre angesammelt und wurden (aus vielen weiteren) für dieses Buch ausgewählt, da sie sich in der Praxis zu diesem Thema als am wirksamsten herausgestellt haben. Dank des Engagements von vielen Freunden und Freundinnen, von interessierten Menschen, die an Veranstaltungen teilgenommen haben, und von Klientinnen und Klienten, dank ihrer und meiner Erfolge und Stolpersteine sind die Übungen in dieser Form entstanden.

Die Ausführung der Übungen lässt Sie die theoretischen Ansätze des Buches mit allen Sinnen erfassen. Fühlen Sie sich frei in der Gestaltung der Übungsprogramme beziehungsweise Übungsabläufe. Die folgenden Übungsvorschläge lassen sich in vier unterschiedliche Arten einteilen; sie finden bei jeder Übung die jeweilige Kategorie angeführt.

Wir finden Selbstreflexionsübungen, Meditationsübungen, Techniken für bewusstes Träumen, Übungen, die Heilungsimpulse verleihen, Körperübungen sowie geführte, innere Reisen. Die Techniken, die bei den Übungen verwendet werden, sind unterschiedlich und greifen zurück auf das Repertoire aus meiner täglichen Praxis: unterschiedliche Formen der kreativen Visualisierung, intuitives Schreiben, Körperübungen und Selbstbehandlungen aus der taoistischen Kampfkunsttradition, Trancetechniken, Einfühlungstechniken, Rollenspiele usw. Die Vielfalt der Übungen erlaubt es, unterschiedliche Persönlichkeiten in ihrer Entfaltung individuell zu unterstützen und dabei deren Anforderungen und Bedürfnissen zu entsprechen. Es ist für Sie empfehlenswert, sich selbst mit den verschiedenen Übungen auseinanderzusetzen, entspannt und intuitiv der eigenen Stimme zu folgen und sich so für die Übungen zu entscheiden. Sie finden in der Folge unterschiedliche, nach Thema geordnete, zielorientierte Übungsprogramme, die Ihnen ermöglichen, ein Übungsprogramm mit einem klaren Ziel über einen bestimmten Zeitraum durchzuführen.

Selbstreflexionsübungen
Diese Art der Übung setzt sich das Ziel, die Selbstwahrnehmung auf körperlicher und psychischer Ebene zu stärken und ein realistisches Selbstbild zu entwickeln. Die Reflexionsübungen dienen dazu, sich in Bezug auf die eigenen Stärken und Schwächen einschätzen zu können und dementsprechend auch offen und ehrlich mit sich umzugehen. Dies schafft ein stabiles Fundament für die Selbsterkenntnis und ermöglicht konkrete Schritte zur Veränderung.

Meditationsübungen
Diese Übungen bewirken einen tiefen Entspannungszustand und ermöglichen dank der gezielten Anwendung von Visualisierungstechniken die Stärkung der eigenen Ressourcen. So erlangt man einen vertrauensvollen und positiven Zugang zu sich selbst – mit einer entsprechenden Steigerung des Selbstwertgefühls und mehr Vertrauen ins Leben allgemein.

Bewusstes Träumen
Diese Übungen unterstützen den Menschen, die Weisheit und Botschaft der Träume für die eigene Entwicklung zu nutzen. Träume liefern viele Hinweise, die in erster Linie der Selbsterkenntnis dienen und auch für die Integration von Persönlichkeitsanteilen bedeutsam sind. Durch diese Übungen ist es möglich, eine wesentliche Ordnungs- und Klärungsarbeit zu leisten.

Übungen für Heilungsimpulse
Die Person erlangt durch diese Übungen tiefe Entspannung, einen gelassenen Zugang zu sich selbst und zu den Lebensumständen. Neue Impulse stärken die Fähigkeit, im Hier und Jetzt zu leben, ohne die Projektionen der alten, vergangenen Muster auf die Gegenwart.

Geführte innere Reisen
Die inneren Reisen, die Sie auf den separat erhältlichen Begleit-CDs zum Buch finden, ermöglichen, die theoretischen Ansätze des Buches

und die Selbsterfahrung, die man beim Üben gesammelt hat, auf lebendige Art und Weise zu verinnerlichen. Die inneren Reisen wurden gestaltet mittels tiefer Entspannungstechniken und angenehmer, beruhigender Musik. Beim Hören entspannt sich die Person, Spannungen werden abgebaut. Die Arbeit mit den inneren Reisen, die geführte Meditationen sind, entwickelt eine Eigendynamik, bei der die Person durch das Erleben der Heilkraft der inneren Bilder wieder Selbstvertrauen und Urvertrauen erlangt.

Wir würden uns freuen, wenn Sie uns einen kurzen Erfahrungsbericht über Ihre Arbeit mit unseren Übungsprogrammen via E-Mail zukommen lassen. Unsere E-Mail-Adresse speziell zu diesem Zweck lautet: **emotional-selbstaendig@akademiebios.at**

Einführungsübung zum Ressourcenaufbau
Übung 1: Die Perle der Weisheit

Dauer
4 Wochen

Wirkung
Dieses Übungsprogramm dient dem Ziel, Ihnen neue Impulse auf dem Weg zur inneren Klärung und Entfaltung anzubieten. Es geht darum, grundlegende und konstruktive Eigenschaften zu aktivieren und bewusst zu leben.

1. Woche:
Die Kraft der Akzeptanz spüren

Die Akzeptanz ist eine der stärksten Kräfte, die uns im Leben unterstützten, das Beste aus dem gegenwärtigen Moment zu machen. Akzeptieren heißt, sich bewusst zu machen, dass das Einzige, was wir wirklich bestimmen können, nicht der Verlauf unseres Lebens ist, sondern unsere Reaktionen auf die Lebensumstände und was wir daraus machen.

Wirkung
Diese Übung ermöglicht, das Potenzial an Kraft, das die innere Einstellung der Akzeptanz in sich birgt, auszuschöpfen.

Dauer
ca. eine halbe Stunde

Vorbereitung
Nehmen Sie eine bequeme Position auf einem Sessel ein, sitzen Sie aufrecht und achten Sie darauf, dass Ihre Fußsohlen flach auf dem Boden aufliegen. Ihre Hände ruhen auf Ihrem Schoß. Schließen Sie die Augen und atmen Sie tief ein und aus.

Übung
Nehmen Sie sich Zeit, um die Empfindungen in Ihrem Körper wahrzunehmen. Fokussieren Sie jene Stellen am Körper, die mit dem Sessel oder dem Fußboden in Berührung sind.

Entspannen Sie sich und achten Sie darauf, wie der Atem durch Ihren Brustkorb und Bauch strömt. Konzentrieren Sie sich auf den natürlichen Rhythmus Ihres Atems. Beobachten Sie, wie Ihre Gedanken vorbeiziehen.
Entspannen Sie sich, nehmen Sie Ihre Gedanken, Sorgen, Bilder, Gefühle und Körperempfindungen wahr. Nehmen Sie diese Gedanken und Gefühle zur Kenntnis. Lassen Sie sie kurz verweilen und lassen Sie sie dann gehen.

Beobachten Sie, wie jeder Gedanke auf Sie wirkt, und lassen Sie auch ihn los. Lassen Sie ihn vorbeiziehen und bedanken Sie sich bei ihm. Versuchen Sie, nichts bewirken zu wollen. Beobachten Sie, was passiert, geben Sie sich den Raum, denn Sie müssen, um diese Erfahrung zu erleben, mit Ihren Gedanken anwesend sein. Fühlen Sie Zweifel, Ängste, Sorgen und nehmen Sie sie zur Kenntnis. Spüren Sie, was Ihr Gedankenfluss ist.
Entspannen Sie sich und stellen Sie sich folgende Fragen:

» Was möchte ich hier bewirken?
» Wohin will ich?
» Was will ich als Nächstes machen?

Versuchen Sie, diese Fragen in vollkommener Ruhe zu beantworten. Entspannen Sie sich in diesem Moment, in dem Sie die Vielfalt an Gedanken, Gefühlen, Wahrnehmungen erkennen, und nehmen Sie sie als Bestandteil Ihres Lebens an.
Konzentrieren Sie sich dann auf einen Gedanken oder eine Situation, die für Sie schwierig war oder ist. Es könnte ein besonders belastender Gedanke, eine Vorstellung oder Situation sein oder aber auch eine

Person. Fühlen Sie die Gefühle, die in Ihnen entstehen. Spüren Sie genau hin, wie es Ihnen geht. Behalten Sie diese Gefühle im Bewusstsein. Schaffen Sie einen Raum, um das Unbehagen auf mitfühlende Art und Weise zu lösen.
Erkunden Sie langsam, in welchen Bereichen Ihres Körpers dieser Aspekt gespeichert ist.

Wenn Sie wahrnehmen, dass Sie angespannt sind, sich dagegen auflehnen oder die Erfahrung „wegschieben" wollen, erkennen Sie, wie viel Widerstand in Ihnen hochkommt. Versuchen Sie, diese Gedanken und die damit verbundenen Erfahrungen, Personen oder Situationen, die Ihnen Unbehagen bereiten, einfach anzunehmen und zu beobachten.

Fokussieren Sie diese Gefühle in einem Bild und umhüllen Sie es mit einer goldenen Farbe. Dann stellen Sie sich vor, Sie stehen vor diesem Bild und lassen zwischen sich und dem Bild eine Lichtwand von unten nach oben entstehen. Betrachten Sie nun das Thema durch diese Lichtwand.

Atmen Sie tief, legen Sie eine Hand aufs Herz und die andere unterhalb des Nabels und wiederholen Sie 5-mal mit lauter Stimme:
„Ich nehme die Situation an, so wie sie ist. Ich schaffe in meinem Herzen einen Raum, um sie zu akzeptieren."
Atmen Sie tief und versuchen Sie, diese Gefühle anzunehmen und gleichzeitig die Spannung durch langsames Ausatmen zu reduzieren.

Auch wenn Ihr Verstand Ihnen sagt, dass Sie nicht dazu in der Lage sind, fokussieren Sie sich auf Ihr Herz, das Sie mit der Hand am Brustkorb wahrnehmen, und schaffen Sie so den geeigneten Rahmen für diese Transformation.
Abgesehen von Empfindungen in Ihrem Körper achten Sie darauf, welche Gedanken Sie beunruhigen und von dieser Situation ausgelöst werden. Lassen Sie sie vorbeiziehen und fokussieren Sie sich auf die innere Klarheit und Kraft, die Sie spüren.

Entspannen Sie sich und atmen Sie langsam das Unbehagen aus.
Beobachten Sie die Wertungen Ihres Verstandes, wenn zum Beispiel
Gedanken auftauchen wie: „Das ist gefährlich. Das ist nicht richtig.
Du hast es nicht verdient. Es wird immer schlimmer."
Bedanken Sie sich bei Ihrem Verstand für diese Warnungen und
kehren Sie zu Ihrer Mitte zurück.

Machen Sie sich bewusst, dass Sie viel mehr als Ihre Gedanken und
Gefühle sind und dass Ihnen durch die tiefe Erfahrung der Akzeptanz
die Möglichkeit gegeben wurde, anders damit umzugehen.
Sie werden spüren, dass die Angst und die unangenehmen Gefühle
Sie mittlerweile nicht mehr beschäftigen und Sie sich wieder stark
fühlen.
Nachdem Sie die Spannung und die unangenehmen Gefühle ausgeatmet haben, kommen Sie langsam wieder zu sich und spüren bewusst
den Bereich rund um Ihren Nabel. Versuchen Sie, sich bewusst mit
Ihrer Kraft zu verbinden.

Konzentrieren Sie sich nun auf Ihr Herz und entspannen Sie sich.
Atmen Sie tief und lenken Sie Ihre Aufmerksamkeit ins Hier und Jetzt.
In diesem Augenblick fühlen Sie in sich die Kraft der Liebe, der Gegenwart und Ihres schöpferischen Geistes.
Wiederholen Sie 3-mal den Satz: „Die Liebe heilt mich."

Anschließend visualisieren Sie in Ihrem Herzen eine pulsierende
Sonne, die sich so weit ausdehnt, dass Ihr gesamter Körper von ihr
umhüllt wird.
Achten Sie wieder auf den natürlichen Rhythmus Ihres Atems. Fühlen
Sie bewusst den Kontakt Ihrer Füße mit dem Boden, spüren Sie Ihre
Hände, Ihren Kopf und sobald es für Sie passt, öffnen Sie langsam die
Augen.

Machen Sie sich bewusst, dass die Akzeptanz eines der Tore ist, die die
Kraft der Liebe uns zur Verfügung stellt.

2. Woche:
Loslassen

Wirkung

Diese Übung hilft Ihnen, das Gefühl des Loslassens zu bewirken und von alten Situationen, Glaubenssätzen, Verhaltensmustern und Menschen, die Sie belasten, loszulassen. Die Übung lässt Sie das Loslassen als offenen Prozess empfinden.

Dauer

30 Minuten

Vorbereitung

Nehmen Sie sich an einem Tag Zeit, an dem Sie nicht viel vorhaben und Sie auch beruflich nicht in Anspruch genommen werden. Setzen Sie sich entspannt hin und atmen Sie langsam und tief. Behalten Sie den natürlichen Rhythmus Ihrer Atmung bei und visualisieren Sie sich dann selbst, wie Sie am Ufer eines Flusses sitzen und dem Fließen des Wassers zuschauen.

Übung

Bleiben Sie beim Bild des fließenden Gewässers und visualisieren Sie, wie Sie in den Fluss hineingehen und baden und dann neue weiße Kleider, die am Ufer liegen, anziehen. Beobachten Sie, wie von weit her ein kleines Boot auftaucht, in dem ein alter, weiser Mann sitzt. Das Boot kommt auf Sie zu, und der alte weise Mann bittet Sie, in das Boot einzusteigen. Stellen Sie sich vor, wie Sie neben dem alten Mann sitzen. Der alte Mann überreicht Ihnen einige Steine, die das, was Sie loslassen möchten, symbolisieren.

Auf Ihrer Reise über den Fluss versuchen Sie, sich zu entspannen. Dann nehmen Sie einen Stein in die Hand und denken bewusst an eine Sache, die Sie loslassen möchten: eine Situation, ein Gefühl, das Sie blockiert. Stellen Sie sich vor, Sie blasen das Gefühl in den Stein hinein, und wenn Sie das Gefühl haben, Sie haben sich einigermaßen von dem, was Sie loslassen möchten, getrennt oder zumindest innerlich die Entscheidung getroffen, sich davon zu trennen, werfen Sie den Stein dankbar in den Fluss. Wiederholen Sie diesen Vorgang maximal 4- bis 5-mal mit der entsprechenden Anzahl von Steinen.

Danach wiederholen Sie innerlich langsam die Affirmation „Ich bin im Fluss mit dem Leben, ich bin verwurzelt in meiner Mitte". Wenn es für Sie stimmig ist, spüren Sie, wie Sie sich vom Fluss treiben lassen und sich sicher fühlen durch die Anwesenheit des alten, weisen Mannes neben sich, der auch ein Symbol für Ihre Intuition und Ihre innere Führung ist. Dann visualisieren Sie einen Regenbogen, der über das Boot gespannt ist und Sie auf dieser Reise begleitet. Wenn Sie die Übung beenden, atmen Sie langsam, bringen die Hände in Gebetshaltung (mit gefalteten Händen) vor sich und bitten im Innersten um den Prozess des Loslassens.

Abschluss

Bleiben Sie mit entspannten Armen und Schultern sitzen und führen Sie die *Mudra des Flusses des Lebens* aus. Die Hände liegen schalenförmig übereinander mit den Handflächen nach oben. Es wird intuitiv entschieden, welche Hand oben oder unten liegt, die Spitzen der Daumen berühren sich. Die Mudra wird auf der Höhe des Solarplexus, am Übergang von Brustkorb zur Magengrube, gehalten. Während Sie die Mudra halten, fokussieren Sie Ihren Geist wieder auf das Bild des fließenden Gewässers, atmen Sie einige Male tief, und wenn es für Sie stimmig ist, hören Sie mit der Übung auf, indem Sie sich auf Ihre Füße fokussieren und die Augen langsam öffnen.

Wiederholungen

Sie können diesen Abschlussteil der Übung auch immer wiederholen, wenn etwas Belastendes, das Sie loslassen möchten, in Ihrem Leben auftaucht. Führen Sie diese Übung während der Woche jeden Tag durch.

3. Woche:
Die Dankbarkeit fühlen

Wirkung
Diese Übung lässt Sie die Kraft der Dankbarkeit spüren und Sie erkennen, dass es in Ihrem Leben viel Segen gibt.

Dauer
eine halbe Stunde

Vorbereitung
Setzen Sie sich ruhig hin, atmen Sie entspannt und tief in den Bauch, schließen Sie sanft die Augen und führen Sie die Hände in Gebetshaltung. Machen Sie sich bewusst, dass gute Laune und Dankbarkeit Hand in Hand gehen. Zählen Sie dann an jedem Finger je einen Aspekt auf, für den Sie dankbar sind. Das kann z.B. der erste Sonnenstrahl nach einem Regentag sein oder die Tatsache, dass Ihr Chef Sie mit einem Lächeln im Büro empfangen hat.

Danach fokussieren Sie sich auf Ihr Herz und visualisieren, wie Sie auf einem Waldweg gehen. Dort kommen Sie langsam zu einer goldenen Tür. Sie haben in Ihrer Hand einen goldenen Schlüssel, mit dem öffnen Sie die Tür und gehen zum Tor Ihres Herzens. Dort begegnen Sie allen Menschen, mit denen Sie in Liebe verbunden sind. Begegnen Sie dem, was Ihnen am Herzen liegt, wofür Sie dankbar sind, und begegnen Sie Menschen aus Ihrer Vergangenheit, die Sie lieben. Verbringen Sie dort Zeit und entdecken Sie auf dieser inneren Reise die Schätze Ihres Herzens. Wenn es für Sie genug ist, gehen Sie wieder zurück, lassen Sie das Tor offen oder schließen Sie es mit dem goldenen Schlüssel wieder, und kommen Sie zurück an den Start Ihrer Reise. Danach führen Sie die Hände wieder in Gebetshaltung zum Herzen und wiederholen sie die Affirmation „Ich bin für mein Leben dankbar, so wie es ist". Anschließend atmen Sie langsam und tief, legen eine Hand auf den Bauch und die andere aufs Herz.

Abschluss
Atmen Sie 5-mal tief in den Bauch, fokussieren Sie sich auf Ihren Herzschlag, sagen Sie laut Danke und öffnen Sie sanft die Augen. Spüren Sie bewusst Ihre Füße und schreiben Sie danach eine Liste mit Aspekten, wofür Sie dankbar sind. Heben Sie die Liste auf.

Wiederholungen
Wiederholen Sie die Übung eine Woche lang 1-mal täglich.

4. Woche:
Das Verzeihen einladen

Wirkung
Durch diese Übung ist es für Sie möglich, das Gefühl des Verzeihens und der Vergebung in sich zu bewirken.

Dauer
eine halbe Stunde

Vorbereitung
Entspannen Sie sich, setzen Sie sich mit aufrechtem Rücken hin, legen Sie eine Hand aufs Herz und die andere auf den Bauch unterhalb des Nabels und atmen Sie 10-mal tief ein und aus.

Übung
Setzen Sie sich entspannt und gelassen hin und visualisieren Sie sich am Ufer eines Flusses, den Fluss beobachtend. Sehen Sie dem ständig wechselnden Tanz des Wassers zu und spüren Sie, wie Sie immer mehr mit dem Fluss verbunden sind. Sie gehen dann zu einer Brücke und visualisieren dort, wie die Person, der Sie verzeihen möchten, Ihnen gegenübersteht. Achten Sie auf Ihren Herzschlag und wiederholen Sie 3-mal die Affirmation: „Die Liebe heilt mich, ich bin in meiner Mitte und im Hier und Jetzt verwurzelt".

Führen Sie dann die Mudra der Herzheilung durch. Die Hände liegen übereinander. Die ersten und zweiten Glieder der Zeigefinger berühren sich und die Daumenspitzen berühren die Spitzen der Zeigefinger. Schultern und Arme sind entspannt. Die Mudra wird auf der Höhe des Solarplexus gehalten. Diese Mudra bringt ein inneres Gefühl der Ruhe mit sich, beruhigt die Gedankenflut und aufgewühlte Gefühle.

Versuchen Sie, sich in Ihrer Vorstellungskraft das Gesicht der Person, der Sie verzeihen möchten, vorzustellen. Schauen Sie ihr in die Augen, sagen Sie ihr von Herzen kommend alles, was Ihnen in den Sinn kommt, auch alle negativen und belastenden Gedanken. Erinnern Sie sich, dass wir uns das Verzeihen wünschen können und einen fruchtbaren Boden dafür vorbereiten können, indem wir ehrlich zu uns selbst sind. Dann visualisieren Sie, wie zwischen Ihnen und der Person in der Mitte der Brücke eine Lichtwand hochfährt. Sagen Sie Ihrem Gegenüber: „Ich bitte um die Kraft, verzeihen zu können, weil Du nicht so warst, wie ich es mir erwartet habe." Lassen Sie dann das Bild Ihrer Vorstellung selbständig arbeiten und beobachten Sie die Reaktionen der Person in Ihrem Bild.

Wiederholen Sie beim Anblick der Person: „Ich akzeptiere, dass du nicht so warst, wie ich es mir erwartet hatte." Und dann visualisieren Sie, wie Sie, die Person oder Sie beide einander den Rücken kehren und jeder zurück zum Ufer geht. Verabschieden Sie sich auf diese Art von der Person und, wenn Sie am Ufer angekommen sind, visualisieren Sie dort Menschen und Symbole, die Ihnen Freude bereiten und die Aspekte darstellen, die Ihnen momentan im Leben Halt, Motivation und Lebensfreude bereiten.

Abschluss
Lösen Sie die Mudra, legen Sie die Hände in den Schoß, atmen Sie 5-mal tief in den Bauch, öffnen Sie langsam die Augen und bedanken Sie sich für die Möglichkeit, verzeihen zu können.

Wiederholung
Wiederholen Sie diese Übung eine Woche lang jeden Tag. Sie können die Übung mit unterschiedlichen Personen und Situationen durchführen. Seien Sie mit sich selbst geduldig, weil das Verzeihen wie eine Pflanze ist, die viel Pflege und klares Wasser braucht, um in Ihrem Herzen zu erblühen.

Übungsteil 1
Dem inneren Kind begegnen

Eine empathische Verbindung zum inneren Kind erweckt Lebensfreude und den Wunsch, einen stimmigen Lebensweg einzuschlagen. Im anschließenden Übungsteil finden Sie Anleitungen, die dabei helfen, die Gedankenanstöße von Kapitel 2 und 3 in die Praxis umzusetzen.

Bevor man mit den Übungen beginnt, sollte man alle Anweisungen durchlesen und darauf achten, welche davon einen persönlich ansprechen und berühren. Registrieren Sie auch bewusst, welche in Ihnen Widerstand erzeugen. Vergleichen Sie Ihre persönliche Auswahl mit den Vorschlägen aus dem Buch und spüren Sie in Ruhe, welche Übungen für Sie wirklich stimmig sind.

Ich wünsche Ihnen viel Freude, Disziplin, Motivation und Kraft bei der Durchführung der Übungen.

TEST: Wie emotional selbständig sind Sie?

Folgender Test bietet die Möglichkeit, zu überprüfen, wie es Ihrem inneren Kind geht.

Eine Stunde Zeit sollte für die Durchführung des Tests ausreichend sein. Suchen Sie sich einen ungestörten Platz, setzen Sie sich bequem hin und atmen Sie eine Zeit lang tief ein und aus. Dann lesen Sie jede einzelne Frage- und Antwortmöglichkeit durch. Versuchen Sie, mit Ruhe und Ehrlichkeit die passende Möglichkeit zu wählen, und wenn eine Aussage in Ihnen Widerstand erzeugt, lesen Sie weiter und kehren Sie später zu dieser Frage zurück.

1) **Haben Sie ein starkes Bedürfnis danach, bestätigt, anerkannt und gelobt zu werden?**
   a) Ich kann dieses Bedürfnis in den jeweiligen Situationen erkennen und es bestimmt nicht mein Verhalten.
   b) Es berührt mich nicht, was die anderen denken.
   c) Ja, aber nur von den Menschen, die für mich Autorität ausstrahlen und von denen ich glaube, dass sie im Leben erfolgreicher sind als ich.
   d) Ja, von allen Menschen.

2) **Haben Sie Angst, von Ihrem Partner abgelehnt oder verlassen zu werden? Wenn ja, wie oft?**
   a) nie
   b) immer, wenn meine Partnerschaft in einer spürbaren Krise ist
   c) 1- bis 2-mal im Monat
   d) mindestens 1-mal pro Woche

3) **„Ich habe das Gefühl, dass ich nicht gut genug bin und nie etwas richtig mache."**
   a) Ich denke nie so über mich.
   b) Ich denke selten so über mich.
   c) Ich denke immer wieder Ähnliches.
   d) Ich denke jeden Tag so über mich.

4) **„Es fällt mir schwer, Konflikte zu bewältigen; meistens gebe ich nach oder versuche von vornherein, eine Auseinandersetzung zu vermeiden."**
   Wie zutreffend beschreibt Sie diese Aussage?
   a) überhaupt nicht zutreffend
   b) selten zutreffend
   c) gelegentlich zutreffend
   d) meistens zutreffend

5) „Ich habe den Kontakt zu meinen seelischen und körperlichen Bedürfnissen vernachlässigt. Ich spüre nicht, wann ich müde, hungrig oder unruhig bin."
   a) Ich nehme meine Bedürfnisse wahr.
   b) Ich spüre meine Bedürfnisse nur, wenn ich allein bin.
   c) Ich muss mich immer wieder bewusst konzentrieren, um meine Bedürfnisse zu erkennen.
   d) Ja, dieser Satz trifft auf mich zu.

6) Haben Sie bis zum heutigen Tag vor allem mit Menschen eine Beziehung geführt, die bedürftig waren und/oder ein problematisches Leben geführt haben? Haben Sie versucht, ihnen zu helfen oder sogar für sie Verantwortung übernommen?
   a) nie
   b) selten
   c) mindestens die Hälfte meiner Beziehungen sind bis heute so
   d) immer

7) „Ich komme aus einem problematischen Familiensystem, in dem psychische oder körperliche Gewalt herrschte sowie Nervenzusammenbrüche, Wutausbrüche, Ablehnung, Gleichgültigkeit und Schuldzuweisungen nicht selten waren."
   Wie treffend ist diese Aussage für Ihre Stammfamilie?
   a) gar nicht zutreffend
   b) selten zutreffend
   c) zutreffend
   d) absolut zutreffend

8) Welche dieser Aussagen passen auf Sie?
   a) Ich schäme mich nie für mein Verhalten.
   b) Ich schäme mich selten für mein Verhalten.
   c) Ich schäme mich des Öfteren für mein Verhalten und bin mir gegenüber sehr kritisch.
   d) Ich schäme mich sehr oft und habe Angst davor, kritisiert zu werden.

9) „Ich sage häufig nicht direkt ‚Nein', wenn andere etwas von mir verlangen, sondern versuche, auf ihre Bedürfnisse einzugehen. Ich will ihre Zuneigung nicht verlieren."
Inwiefern treffen diese Aussagen auf Sie zu?
   a) Diese Aussage beschreibt mich überhaupt nicht.
   b) Diese Aussage passt nur selten zu meinem Verhalten.
   c) Diese Aussage beschreibt, wie ich mich häufig verhalte.
   d) Diese Aussage beschreibt mein Verhalten, wie es immer ist.

10) Welche der folgenden Aussagen beschreibt Ihre Wahrnehmungsfähigkeit am besten?
   a) Ich bin mir meiner Gefühle immer bewusst.
   b) Wenn es mir gut geht, nehme ich meine Gefühle bewusst wahr.
   c) Es fällt mir schwer, zu spüren, was ich fühle, und mit der Aufmerksamkeit bei mir zu bleiben.
   d) Ich kann meine Gefühle nicht wahrnehmen oder ausdrücken.

11) „Ich beobachte mich selbst dabei, das zu tun, was andere von mir erwarten." Wie oft trifft diese Aussage auf Sie zu?
   a) nie
   b) selten
   c) gelegentlich
   d) immer

12) „Meine größte Angst besteht darin, verlassen zu werden. Ich tue alles, um die Beziehung aufrechtzuerhalten."
   a) Ich verhalte mich nie so.
   b) Ich verhalte mich nur bei gewissen Menschen so, vor allem bei jenen, die mir das Gefühl vermitteln, sie wären mit mir unzufrieden.
   c) Ich handle vor allem in meiner Partnerschaft so.
   d) Ich handle in jeder zwischenmenschlichen Beziehung so.

13) „Meistens klingen Vorschläge von anderen für mich wie ein Befehl, dem ich gehorchen muss." Trifft dies auf Sie zu?
   a) nie
   b) selten
   c) häufig
   d) immer

14) „Ich erkenne meine Bedürfnisse nicht und kann meine Ziele nur schwer definieren."
   a) Diese Aussage trifft überhaupt nicht auf mich zu.
   b) Diese Aussage trifft selten auf mich zu.
   c) Diese Aussage trifft häufig auf mich zu.
   d) Diese Aussage trifft hundertprozentig auf mich zu.

15) Haben Sie das Gefühl, ständig hohe Leistungen vollbringen zu müssen?
   a) nie
   b) gelegentlich
   c) häufig
   d) immer

16) Welche der folgenden Aussagen trifft auf Sie zu?
   a) Ich genieße Sinnlichkeit und Sexualität als Bestandteil meines Lebens.
   b) Ich kann Sinnlichkeit und Sexualität zulassen, wenn mein Partner offen auf mich zugeht und ich mich geliebt fühle.
   c) Ich kann nach langer Zeit Vertrauen aufbauen und mich sexuell für meinen Partner öffnen.
   d) Ich fühle mich in meiner Sexualität blockiert und schäme mich für meinen Körper.

17) Sie zeigen nicht Ihre wahren Gefühle, da Sie sich davor fürchten, von anderen abgelehnt zu werden.
   Trifft diese Aussage auf Sie zu?

a) nie
b) fast nie
c) gelegentlich
d) immer

18) **Sie glauben, dass andere besser wissen, was richtig für Sie ist; oft machen Sie die Wünsche der anderen zu Ihren eigenen.**
a) Ich erkenne in jeder Situation meine Bedürfnisse.
b) Diese Aussage trifft selten auf mich zu.
c) Diese Aussage trifft oft auf mich zu.
d) Diese Aussage trifft immer auf mich zu.

19) **Sind Sie so hilfsbereit, dass Sie darüber Ihre eigenen Bedürfnisse vergessen? Versuchen Sie, die Anliegen und Wünsche der anderen zu spüren, bevor diese sie überhaupt artikuliert haben?**
a) Ich verhalte mich nie so.
b) Ich verhalte mich selten so, und wenn ich es bemerke, bemühe ich mich, meine eigenen Bedürfnisse wieder wahrzunehmen.
c) Ich verhalte mich nur in der Partnerschaft so.
d) Ich verhalte mich bei geliebten Menschen immer so.

20) **Wie reagieren Sie, wenn andere Ihre Erwartungen enttäuschen?**
a) Ich nehme den Vorfall an und versuche zu verstehen, warum die Person meine Erwartungen nicht erfüllt hat. Ich bin zwar traurig, suche aber den Kontakt zu dem anderen Menschen, um die Situation zu klären.
b) Ich zeige Verständnis für die Person, die meine Erwartungen nicht erfüllt hat, und versuche, auf ihre Beweggründe einzugehen.
c) Ich bin gekränkt und hoffe, dass die Person selbst erkennt, was mich verletzt hat, wobei ich sie mit Rückzug und Ablehnung bestrafe.
d) Ich fühle mich zutiefst gekränkt, ziehe mich zurück und verberge meine Enttäuschung.

Auswertung

Nachdem Sie alle Fragen beantwortet haben, überprüfen Sie bitte in der Tabelle, welche Punktezahl den ausgewählten Fragen zugeordnet ist. Zählen Sie die jeweiligen Punkte zusammen und lesen Sie dann die Beschreibung zu Ihrem Punktestand durch.

Frage	a	b	c	d	Punkte
1	0	3	5	8	
2	0	3	5	8	
3	0	3	5	8	
4	0	3	5	8	
5	0	3	5	8	
6	0	3	5	8	
7	0	3	5	8	
8	0	3	5	8	
9	0	3	5	8	
10	0	3	5	8	
11	0	3	5	8	
12	0	3	5	8	
13	0	3	5	8	
14	0	3	5	8	
15	0	3	5	8	
16	0	3	5	8	
17	0	3	5	8	
18	0	3	5	8	
19	0	3	5	8	
20	0	3	5	8	

0 bis 53 Punkte

Sie haben eine recht gute Verbindung zu Ihren inneren Bedürfnissen. Manchmal zweifeln Sie an sich, aber Sie finden immer wieder die Kraft, um weiterzumachen und dem Leben mit einer positiven Einstellung zu begegnen. Sie sind zwar auf der Suche nach Ihrem Lebensweg, aber Ihr inneres Kind empfindet oft Freude.

Es braucht die Zeit, um sich noch bewusster mit seinem Heilungs- und Kreativitätspotenzial verbinden zu können, damit Sie Ihren persönlichen Weg und Ihre Lebensvision mit voller Kraft ausleben können.

54 bis 107 Punkte

Sie haben gelernt, gut zu funktionieren und holen sich die Liebe der anderen, indem Sie gute Leistung erbringen oder auf die Bedürfnisse Ihrer Umwelt eingehen. Es gelingt Ihnen gleichzeitig immer wieder, zurück zu sich selbst zu finden. Äußerlich haben Sie wahrscheinlich alles gut im Griff und sind eine Person, die davon überzeugt ist, alles allein zu schaffen. **Möglicherweise spüren Sie Ihren Schmerz nicht bewusst und verdrängen ihn, um gut zu funktionieren.**

Sie setzen wahrscheinlich viel Kraft ein, um Belastendes zu verdrängen. Die Energie, die Sie aufwenden, um die Dinge nicht außer Kontrolle geraten zu lassen, könnten Sie für Ihre Entfaltung nutzen. Für Sie ist es wichtig, innerlich frei zu werden sowie Ihre Bedürfnisse zu spüren und im Alltag zu integrieren.
Es strengt Sie vermutlich an, Beziehungen mit anderen Menschen zu führen, bei denen Sie das Gefühl haben, sich sehr um ihre Zuneigung bemühen zu müssen. In diesem Fall sind Sie angespannt, da Sie immer wieder deren Bestätigung suchen und diese auch brauchen, damit Sie sicher sind, von ihnen geliebt zu werden.

108 bis 160 Punkte

Wahrscheinlich wenden Sie viel Zeit und Energie auf, damit andere eine positive Meinung von Ihnen haben. Sie möchten Anerkennung und Akzeptanz ernten und richten sich nach den Bedürfnissen Ihrer Mitmenschen. Für Sie hat es große Bedeutung, sich der Liebe anderer gewiss zu sein und mit allen eine harmonische Beziehung zu führen. Möglicherweise suchen Sie, sobald jemand auf Sie wütend ist, sofort die Schuld bei sich selbst und fühlen den Drang, sich zu rechtfertigen. In anderen Situationen reagieren Sie sofort gekränkt und haben das Gefühl, unfair behandelt zu werden, weil Sie der Meinung sind, andere würden sich Ihnen gegenüber nicht so verhalten, wie Sie es verdient hätten. Oft schwanken Sie zwischen Zufriedenheit sowie Ausgeglichenheit und großer Unruhe hin und her, wobei Sie auch in Panik verfallen können, wenn die anderen nicht so auf Sie reagieren, wie Sie es sich vorgestellt haben. Sie haben Angst davor, nicht verstanden, nicht wahrgenommen oder nicht gemocht zu werden.

Sie konfrontieren manchmal die Personen, die Sie enttäuschen, mit Ihrem Schmerz und wollen, dass diese Ihnen das geben, was Ihnen in Aussicht gestellt wurde. Es fällt Ihnen in einem solchen Fall schwer, Verständnis für die Situation anderer zu zeigen, und Sie reagieren wütend, aggressiv und sehr bedürftig.

Womöglich gelingt es Ihnen nur selten, in einer Situation, in der ein hoher emotionaler Druck besteht, entspannt zu bleiben und eigene Bedürfnisse wahrzunehmen, ohne sich von anderen beeinflussen zu lassen. Sie sind darauf fokussiert, dass sich der alte Schmerz und die tiefe Verletzung, die Sie in Ihrer Vergangenheit erlitten haben, nicht wiederholen. Sie wurden vielleicht schon als Kind von dem Gefühl geplagt, sich verstellen und ändern zu müssen, um geliebt zu werden. Es ist denkbar, dass Sie als Kind kaum Geborgenheit und Akzeptanz erfahren haben.

Die größte Herausforderung besteht für Sie darin, sich mit dem Schmerz der Ablehnung und des Verlassenwerdens auseinanderzusetzen.

Es ist wichtig, zu erkennen, dass es eine utopische Erwartung ist, von allen geliebt und geschätzt zu werden, und dass dies nicht das Ziel des Lebens darstellt. Es ist für Sie auch unbedingt notwendig, festzustellen, wie häufig sich Ihr Verhalten danach richtet, den Mangel an Liebe und Anerkennung, den Sie möglicherweise in der Vergangenheit erlebt haben, zu kompensieren.

Beginnen Sie damit, Ihre eigenen Bedürfnisse zu erkennen und zu akzeptieren. Dadurch kommen Sie in die Lage, festzustellen, dass die anderen Menschen oft aufgrund ihrer Verletzungen gewisse Verhaltensweisen an den Tag legen, Beziehungen enden können und das Leben Veränderung mit sich bringt. Damit es Ihnen gut gehen kann, ist es für Sie notwendig, dass Sie sich selbst das geben, was Sie sich von außen wünschen, indem Sie anfangen, bewusst auf sich zu achten und zu erkennen, was Ihnen wirklich Freude bereitet und Ihnen das Gefühl von Freiheit schenkt. Es ist wichtig, hinter den eigenen Wünschen zu stehen, auch wenn viele Menschen in Ihrem Umfeld sie nicht begreifen und damit unter Umständen nicht einverstanden sind.

Zielorientierte Übungsprogramme

Individuelles Übungsprogramm (0–53 Testpunkte)

Dauer
4 Wochen

Ablauf
Hören Sie sich 1-mal pro Woche die geführte innere Reise „Heilsame Versöhnung mit der pränatalen Phase und Geburt" auf der Begleit-CD 1 „Innere Reisen der Heilung" an. Tragen Sie in der Zeit immer ein Foto bei sich, das Sie als Kind darstellt. Betrachten Sie die Abbildung von Zeit zu Zeit, um zu spüren, was das Kind in Ihnen braucht, damit es Freude und Gelassenheit empfinden kann.

Individuelles Übungsprogramm (54–107 Testpunkte)

Es gibt zwei Varianten für Ihr individuelles Übungsprogramm, je nachdem wie intensiv Sie sich dem Thema widmen können.

Variante A

Dauer
4 Wochen

Ablauf

1. Woche:
Bevor Sie damit beginnen, mit dem inneren Kind zu arbeiten, hören Sie sich die geführte innere Reise „**Heilsame Versöhnung mit der pränatalen Phase und Geburt**" auf der Begleit-CD 1 „Innere Reisen

der Heilung" 2-mal pro Woche an. Erinnern Sie sich daran, dass die Kraft, die Sie zur Verdrängung des Schmerzes benötigt haben, umgelenkt werden kann und es dadurch möglich wird, das Leben in kurzer Zeit wieder in einen harmonischen Fluss zu bringen.

2. und 3. Woche:
Nach der ersten Woche führt man 2 Wochen lang **Übung 3** durch. Dazu machen Sie auch 3-mal pro Woche die **Übung 4**.

4. Woche:
Am Ende des 3-wöchigen Übungsprogramms empfehle ich, die **Übung 9** durchzuführen.

Variante B (intensiv)

Dauer
8 Wochen

Ablauf

1. Woche:
Hören Sie sich in dieser Woche die geführte innere Reise „**Heilsame Versöhnung mit der pränatalen Phase und Geburt**" auf der Begleit-CD 1 „Innere Reisen der Heilung" 1-mal an.

2. Woche:
Führen Sie in dieser Woche **Übung 2** und die obengenannte innere Reise durch.

3. Woche:
Arbeiten Sie in dieser Woche ausschließlich mit der **Übung 3**.

4. und 5. Woche:
In diesen beiden Wochen arbeiten Sie mit der **Übung 5**.

6. Woche:
Widmen Sie sich nun ausschließlich der **Übung 6**.

7. Woche:
Trainieren Sie Ihr Unbewusstes in dieser Phase mit **Übung 8**.

8. Woche:
Nun führen Sie zusätzlich zu **Übung 8** als Abschluss des Programms **Übung 9** durch.

Sollten Sie sich danach auch für andere Übungen aus dem **Praxisteil** dieses Buches interessieren, können Sie sich intuitiv für eine oder mehrere davon entscheiden und diese durchführen.

Individuelles Übungsprogramm (108–160 Testpunkte)

Dauer
12 Wochen

Ablauf

1. Woche:
Hören Sie sich 1-mal die geführte innere Reise „**Heilsame Versöhnung mit der pränatalen Phase und Geburt**" auf der Begleit-CD 1 „Innere Reisen der Heilung" an. Führen Sie zusätzlich **Übung 3** durch.

2. Woche:
Beschäftigen Sie sich nun mit **Übung 2** 1-mal und hören Sie sich die obengenannte **innere Reise** an.

3. Woche:
Während man sich in diesem Zeitraum weiterhin mit der **inneren Reise** beschäftigt, wiederholt man **Übung 3**. Es ist sinnvoll, diese beiden Übungen an zwei unterschiedlichen Tagen durchzuführen.

4. bis 6. Woche:
In dieser Phase von 3 Wochen vertieft **Übung 4** das Empfinden und **Übung 8** sollte zusätzlich durchgeführt werden, jeweils mindestens 2-mal pro Woche.

7. und 8. Woche:
In der 7. und 8. Woche empfehle ich, sich mit **Übung 8** alle zwei Tage auseinanderzusetzen.

9. Woche:
Nach Abschluss des bisherigen Programms rate ich, **Übung 12** durchzuführen und dann für 14 Tage eine Pause einzulegen, in der man das Buch beiseite legt.

10. und 11. Woche:
Pause

12. Woche:
Nach der Pause sollte man **Kapitel 1** (noch einmal) durchlesen oder die **innere Reise** durchführen. Beobachten Sie dabei, ob und wie Sie auf das Gelesene oder die Meditation nun anders als beim ersten Durchlesen oder -hören reagieren!

Meditationsübung
Übung 2: Versöhnung mit der pränatalen Phase

Wirkung
Diese Meditationsübung hilft dabei, Kontakt mit der pränatalen Phase aufzunehmen. Sie wirkt unterstützend, wenn man eine Versöhnung mit der Zeit der Schwangerschaft initiieren möchte. Die Übung ermöglicht, die eigenen Wurzeln kennenzulernen. Sie bewirkt, dass man sich in die Lage der Mutter hineinversetzen kann. Richtungsweisend sind hierbei sowohl der Moment, in dem Ihre Mutter erfuhr, dass sie schwanger war, als auch die Art und Weise, in der diese Information von ihr aufgenommen wurde. Möglicherweise beeinflusste diese Reaktion auf die Schwangerschaft auch die eigenen Wurzeln, denn es stellt sich die Frage, ob wir in diesem Leben willkommen waren oder nicht.

Dauer
Planen Sie für die Durchführung dieser Übung eine Stunde Zeit ein. Achten Sie darauf, dass Sie während dieser Zeit nicht gestört werden und dass die Möglichkeit vorhanden ist, sich gut zu entspannen.

Vorbereitung
Ich empfehle, ein Glas lauwarmes Wasser zu trinken, bevor man mit der Übung beginnt. Eventuell kann auch eine sanfte und angenehme Trommelmusik im Hintergrund laufen, die – archetypisch betrachtet – an den Herzschlag erinnert, welcher die erste Verbindung eines Menschen zu seiner Mutter darstellt. Nehmen Sie 3 Pölster und legen Sie sie auf den Boden. Setzen Sie sich auf einen davon, während Sie die anderen beiden so positionieren, dass sie Ihnen gegenüberliegen. Auf eines dieser Kissen legen Sie ein Foto Ihrer Mutter, das aus der Zeit stammt, in der sie schwanger war. Sie können auch den Namen Ihrer Mutter auf ein Blatt Papier schreiben und darunter Ihren eigenen Namen. Falls Sie keine Fotografie der Mutter aus dieser Lebensphase besitzen, so können Sie stellvertretend ein Bild, das eine schwangere

Frau darstellt, auf den Polster legen – so, dass man nur den Bauch sieht und nicht das Gesicht. Eine weitere Variante besteht darin, eine kindliche Zeichnung zu machen, auf der die schwangere Mutter abgebildet ist.
Wählen Sie die Variante, bei der Sie bemerken, dass sie Sie auf emotionaler Ebene berührt. Auf den dritten Polster legen Sie schließlich ein Blatt Papier mit dem Namen Ihres Vaters oder ein Foto von ihm. Das Bild sollte idealerweise aus der Zeit stammen, in der Sie geboren wurden.

Übung
Beobachten und spüren Sie eine Zeit lang, was die beiden Plätze in Ihnen auslösen. Dann positionieren Sie sich so, dass Ihr Blick auf den Polster mit dem Foto der schwangeren Mutter gerichtet ist. Verbinden Sie sich nun mit dem Platz Ihrer Mutter und versetzen Sie sich in die Situation, als Sie selbst noch ein Fötus im Mutterleib waren. Versuchen Sie zu spüren, wie es ihrer Mutter damals erging, und nehmen Sie die Gefühle, die auf Sie einströmen, einfach an.

Visualisieren Sie nun, wie Sie Ihre Hände auf den Bauch der schwangeren Mutter legen und umarmen Sie sie. Spüren Sie, wie aus der Mitte Ihres Herzens über Hände und Bauch hinweg ein Licht fließt, das bis zum Fötus vordringt. Wenn das Licht den Fötus erreicht hat, teilen Sie dem Kind mit, dass Sie sich auf es freuen, und sagen Sie zu ihm, dass Sie sich auf seine Geburt freuen. Sagen Sie ihm, dass Sie es lieben und so annehmen, wie es ist. Wenn es Ihnen passend erscheint, sagen Sie zu ihm auch folgenden Satz: „Ich werde dich dabei unterstützen, deine Lebensvision zu verwirklichen." Nachdem Sie die Verbindung mit dem Kind gespürt haben – und nur, wenn es für Sie stimmig ist und keine Widerstände kommen – bedanken Sie sich bei Ihrer Mutter. Nur dann, wenn Sie es tatsächlich so empfinden, erklären Sie ihr, dass Sie sie so annehmen, wie sie ist. Danken Sie ihr, dass sie Sie auf die Welt gebracht hat.

Danach wenden Sie sich dem Polster mit dem Foto Ihres Vaters zu. Stellen Sie sich Ihren Vater vor, wie er Sie als Säugling in den Armen hält. Wenn Ihnen dies schwerfällt, verzichten Sie darauf. Bedanken Sie sich bei ihm für seine Begleitung und dass Sie durch ihn auf die Welt gekommen sind. Visualisieren Sie, wie Ihr Vater mit Ihnen einen schönen Waldweg entlanggeht und wie Sie ihm Ihre Hand reichen. Spüren Sie die Verbindung zwischen der Kinderhand und der Hand Ihres Vaters. Das hilft dabei, die Verbindung zum inneren Mann herzustellen und die innere Führung anzunehmen; Sie empfinden ein Gefühl der Geborgenheit. Nachdem Sie mit Ihrem Vater ein Stück des Weges gegangen sind, beobachten Sie, wie Sie langsam den Weg allein weitergehen. Sehen Sie, wie Sie erwachsen werden und Ihr eigenes inneres Kind auf den Armen tragen. Das innere Kind kann sich in verschiedenen Altersstufen zeigen. Wenn Sie die Verbindung zum inneren Kind spüren, lösen Sie den Kontakt mit dem Vater liebevoll auf. Positionieren Sie sich jetzt so, dass Sie gegenüber den beiden Plätzen Ihrer Eltern sitzen. Fühlen Sie sich in Ihre schwangere Mutter und in Ihren Vater ein und spüren Sie, ob und wie sich Ihre Gefühle für sie verändert haben.

Sollten Sie einen starken Widerstand gegen diese Übung empfinden, empfehle ich Ihnen, sich zuerst mit Ihrem inneren Kind zu beschäftigen. Sobald man seinem inneren Kind ein Gefühl der Geborgenheit geben kann, ist diese Übung leichter durchzuführen. Tritt während der Übung eine Blockade auf – wenn Sie also etwa die Verbindung zur Mutter nicht spüren können –, so bedanken Sie sich und gehen dazu über, sich mit dem Bild des Vaters zu befassen.

Abschluss
Abschließend legen Sie beide Hände auf den Brustbereich über dem Herzen und bedanken Sie sich bei Ihren Eltern, wenn es sich für Sie richtig anfühlt.

Wiederholungen
Es ist ratsam, diese Übung so lange durchzuführen, bis man sich von Herzen bedanken kann und den Funken der Versöhnung spürt. Sollte dies nicht gleich der Fall sein, so kann die Übung nach 3 bis 4 Wochen wiederholt werden. Wenn man sich mit dem Thema bisher noch kaum beschäftigt hat, sollte man diese Übung meiner Erfahrung nach in etwa 4-mal durchführen, bis eine Versöhnung verspürt werden kann.

Eine weitere Möglichkeit besteht darin, nach einer Begleitung zu suchen, die Sie durch die Übung führt, Ihnen Unterstützung schenkt und den Rücken stärkt. Man kann sich auch vorstellen, dass ein Schutz-Engel oder ein Krafttier als symbolische Begleitung zur Seite steht.

Selbstreflexionsübung
Übung 3: Reflexion über die Kindheit

Wirkung
Diese Übung unterstützt uns in der Auseinandersetzung mit der Entwicklung des inneren Kindes von der Geburt bis zur Pubertät und lässt uns den Zeitrahmen festlegen, in dem es zu den wesentlichsten Verletzungen kam.

Dauer
Nehmen Sie sich für diese Übung 1 bis 2 Stunden Zeit. Achten Sie darauf, dass Sie zur Ruhe kommen können und es Ihnen möglich ist, sich zu entspannen.

Vorbereitung
Bilden Sie einen Kreis aus 7 Stühlen, wobei ein Sessel für Sie als erwachsene Person reserviert ist; auf diesen Platz platzieren Sie ein aktuelles Foto von sich selbst, das Ihnen gefällt. Auf den zweiten Stuhl legen Sie ein Blatt Papier, das mit der Aufschrift „pränatale Phase" versehen ist. Auf den folgenden Sessel legen Sie ein Foto, das Sie im

Alter von 0 bis 5 Jahren zeigt, und auf den nächsten Stuhl platzieren Sie ein Foto von sich im Alter von 6 bis 10 Jahren. Der fünfte Stuhl wird mit einem Foto versehen, das Sie im Alter von 11 bis 15 Jahren zeigt, der sechste mit einem Foto von Ihnen im Alter von 16 bis 19 Jahren und der siebente und letzte Sessel erhält ein Symbolbild, das für die Heilung Ihres inneren Kindes steht. Dieses Bild soll Sie mit Ihrer eigenen Kraft und Ihrem Umsetzungsvermögen verbinden.

Wenn Sie keine Fotos haben, schreiben Sie Ihren Namen auf ein Blatt Papier und dazu das passende Alter.

Übung

Setzen Sie sich nun nacheinander auf jeden der Stühle und beginnen Sie dabei mit dem Platz, der Sie in Ihrem gegenwärtigen Alter darstellt. Auf jedem Stuhl achten sie auf Folgendes: Entspannen Sie sich zuerst und fühlen Sie in Ruhe in sich hinein, wie es Ihnen geht. Achten Sie auf die Zeichen Ihres Körpers und auf die Atmung. Beobachten Sie dann, welche Gefühle in Ihnen aufsteigen, und spüren Sie, in welchem Alter Ihr inneres Kind liebevolle Zuwendung und Liebe am meisten braucht. Begeben Sie sich dann zu dem Stuhl, auf dem das Symbol der Heilung liegt, und schreiben Sie detailliert auf, was Sie brauchen, damit es Ihnen gut geht, und welche Phase der Kindheit oder Pubertät der Heilung bedarf. Vielleicht können Sie im Zuge dessen auch festhalten, was dabei der Heilung dienen könnte.

Schließen Sie in weiterer Folge die Augen und visualisieren Sie sich selbst als Kind, wie Sie in dem Alter, in welchem Sie auf dem jeweiligen Foto zu sehen sind, an dieser Stelle sitzen. Visualisieren Sie den Fötus in der pränatalen Phase oder Ihre schwangere Mutter, deren Bauch von Licht umhüllt ist. Lassen Sie danach die Visualisierung des Kindes im Alter von der Geburt bis zum fünften Lebensjahr folgen, dann im Alter von 6 bis 10 Jahren, 11 bis 15 Jahren und schlussendlich im Alter von 16 bis 19 Jahren. Stellen Sie sich um jeden Sessel eine goldene Lichthülle vor, die als Symbol für die Heilung zu verstehen ist. Atmen Sie, spüren Sie Ihre Kraft und visualisieren Sie rings um sich

und die visualisierten Kinder einen Platz der Heilung und der Lebendigkeit. Malen Sie sich aus, wie alle gemeinsam auf einer Wiese stehen und sich an den Händen halten. Wenn es für Sie stimmig ist, nehmen Sie den Platz des Fötus oder der schwangeren Mutter ein und fühlen, wie Sie gemeinsam von einer Lichthülle umgeben sind, wie auch die Einzelnen wiederum von einer eigenen Lichthülle eingefasst sind.
Spüren Sie nun, wie Sie als erwachsene Person alle Persönlichkeitsanteile tief ins Herz geschlossen haben und diese Aspekte Ihrer Vergangenheit in sich tragen. Lassen Sie diesen Eindruck wirken und entspannen Sie sich. Verinnerlichen Sie dieses Bild der Heilung. Gestalten Sie ab jetzt Ihre Gegenwart neu und fühlen Sie sich mit Ihrer Vergangenheit versöhnt.

Abschluss
Wenn Sie nun die Augen öffnen, betrachten Sie jedes Foto, das zum Sesselkreis gehört, nehmen Sie alle in die Hand und legen sie auf Ihr Herz. Atmen Sie tief durch und entspannen Sie sich.

Wiederholungen
Führen Sie diese Übung 1- bis 2-mal im Abstand von 2 Wochen durch.

Übung für Heilungsimpulse
Übung 4: Sich selbst liebevoll annehmen

Wirkung
Ziel dieser Übung ist es, sich selbst so, wie man ist, zu akzeptieren.

Dauer
5 Minuten

Vorbereitung
Die Übung wird am besten gleich nach dem Aufstehen mit leerem Magen durchgeführt, nachdem man ein Glas Wasser getrunken hat.

Übung
Setzen Sie sich auf einen Sessel, in den Schneidersitz oder in den Fersensitz und halten Sie beide Hände übereinander und in Form einer Schale vor dem Herzen. Wiederholen Sie nun 10-mal laut den Satz: „Die Liebe heilt mich".
Dann atmen Sie 10-mal so tief wie möglich in den Bauch und stoßen beim Ausatmen mit offenem Mund die Luft hinaus, so, als ob Sie die Kerzen auf einer Geburtstagstorte ausblasen würden. Beim Einatmen können Sie eine leichte Bewegung des Rumpfes nach hinten und beim Ausatmen eine Beugung nach vorne durchführen. Danach wiederholen Sie den ersten Teil der Übung, halten die Hände in Form einer Schale vor der Brustmitte auf der Höhe des Herzens und wiederholen 10-mal mit lauter Stimme die Affirmation: „Die Liebe heilt mich."

Abschluss
Der Abschluss der Übung besteht darin, die Hände in Gebetshaltung zu bringen und 3-mal tief in den Bauch zu atmen.

Wiederholungen
Diese Übung kann 2-mal täglich 5 bis 6 Wochen lang ausgeübt werden.

Meditationsübung
Übung 5: Die eigenen Bedürfnisse bewusst wahrnehmen

Wirkung
Durch diese Übung entdecken Sie Ihre Bedürfnisse und öffnen sich für einen liebevollen Umgang mit sich selbst.

Dauer
2 bis 3 Stunden

Vorbereitung
Falls vorhanden, nehmen Sie ein Fotoalbum Ihrer Kindheit zur Hand.

Übung
Setzen Sie sich hin und entspannen Sie sich, atmen Sie tief in den Bauch ein und legen Sie beide Hände aufs Herz. Sprechen Sie nun innerlich bewusst Ihre Absicht aus: „Ich will heilen und mich von den Fesseln der emotionalen Abhängigkeit befreien."

Denken Sie an Ihre Kindheit und fokussieren Sie das erste Bild, das Ihnen in den Sinn kommt. Es ist egal, ob es ein Foto von Ihnen ist, das Sie als Kind zeigt, oder eine Situation – wenn dieses Bild hochkommt, atmen Sie tief, hüllen es in Licht ein und spüren, in welche Gefühlslage es Sie versetzt. Tauchen Sie danach langsam wieder aus dieser Visualisierung auf und öffnen Sie die Augen.
Nehmen Sie das Fotoalbum zur Hand und betrachten Sie die Fotos, die Sie als Kind darstellen, sowie Bilder von Eltern, Geschwistern und Freunden. Sollten Sie über keine Fotos verfügen, versuchen Sie einfach, zurückzudenken und sich zu erinnern.

Abschluss
Abschließend beantworten Sie schriftlich die folgenden Fragen. Erst nachdem Sie alle Punkte beantwortet haben, lesen Sie in Ruhe die Antworten durch.

- » Woraus bestand meine Hauptgefühlslage als Kind?
- » War ich fröhlich, traurig, oft wütend oder verzweifelt?
- » Was hätte ich als Kind gebraucht, um mich hinsichtlich meiner Persönlichkeit sicher und bewusst zu entfalten?
- » Welche der Mängel und Entbehrungen, die in meiner Kindheit entstanden sind, haben sich bis in die Gegenwart erhalten?
- » Was brauche ich, um mich wohlzufühlen?
- » Wie möchte ich mich in meinem Leben, in meinen Beziehungen fühlen?
- » Wann fühle ich mich authentisch und innerlich frei?

Wiederholungen
Nach ein paar Tagen können Sie die Fragen noch einmal durchlesen und eventuell Antworten ergänzen. Schreiben Sie aufmerksam eine Liste Ihrer Bedürfnisse auf und in den darauffolgenden Wochen widmen Sie dem Erfüllen Ihrer Wünsche bewusst Zeit.

Übung für bewusstes Träumen
Übung 6: Bewusstes Träumen

Wirkung
Diese Übung ermöglicht es, das Unbewusste gezielt darum zu bitten, mithilfe der Träume tief sitzende Blockaden zu lösen.

Dauer
eine halbe Stunde vor dem Einschlafen

Vorbereitung
Suchen Sie ein Foto, das Sie als Kind zeigt und das in Ihnen ein starkes Gefühl auslöst. Es muss nicht unbedingt eine traurige oder besonders glückliche Aufnahme sein, sondern ein authentischer Ausdruck der Gefühle, die in Ihrer Kindheit vorherrschten. Legen Sie dieses Foto sowie Schreibzeug oder ein Aufnahmegerät griffbereit auf Ihr Nachtkästchen.

Übung
Betrachten Sie das Bild vor dem Einschlafen. Anschließend legen Sie eine Hand auf den Bauch und die andere auf den Bereich des Herzens; visualisieren Sie sich selbst, wie Sie auf einer schönen Wiese unter einem Baum sitzen und Ihr inneres Kind in den Armen halten.
Nun legen Sie eine Hand auf das Herz des inneren Kindes und bitten es, sich für die Heilung zu entscheiden. Stellen Sie sich diese Szene in goldenes Licht getaucht vor. Wenn Sie bemerken, dass auch das Kind vollständig in Licht gehüllt ist, finden Sie ein Symbol für seine Heilung. Lassen Sie jetzt einfach Symbole in Ihnen aufsteigen, wie zum Beispiel

einen Regenbogen, einen sonnigen Tag, einen frischen Windhauch, einen Strand, einen Stein, eine Muschel, ein Tier, Aktivitäten wie das Fliegen oder Ähnliches. Suchen Sie nach einem Bild, das Sie mit dem Gefühl der Heilung des inneren Kindes verbindet. Vertrauen Sie Ihrer Intuition und versuchen Sie, das Symbol weder zu erklären noch zu analysieren.

Notizblock und Schreibzeug oder ein Aufnahmegerät haben Sie auf Ihr Nachtkästchen gelegt, um nach dem Aufwachen Ihre Träume schriftlich festhalten oder aufnehmen zu können.

Notieren Sie sich Ihre Träume und versuchen Sie dabei, besonders die Art Ihrer Gefühle, die in den Träumen vorherrschen, festzuhalten. Das innere Kind könnte sich traurig, schmutzig oder leblos fühlen. Wenn Sie ein Traum besonders berührt hat, können Sie mit diesem arbeiten, indem Sie eine Szene heraussuchen, sich darauf konzentrieren und sie in blaues Licht gehüllt visualisieren. Konzentrieren Sie sich auf das eingehüllte Bild und versuchen Sie intuitiv, die Botschaft des Bildes und in weiterer Folge des Traumes herauszufinden. Schließen Sie in der Woche, in der Sie sich mit den Träumen beschäftigen, immer wieder die Augen und rufen Sie sich die Szene, die Sie mit dem inneren Kind verbindet, ins Gedächtnis. Bitten Sie es, Ihnen zu vermitteln, was es braucht, um die emotionale Abhängigkeit zu lösen und die alten Muster loslassen zu können.

Abschluss
Beobachten Sie im Laufe der Woche auch, was sich in Ihren zwischenmenschlichen Beziehungen verändert. Gehen Ihre Beziehungspartner nun anders mit Ihnen um – oder Sie mit ihnen? Werden Sie vielleicht plötzlich wütend, da Ihnen unangenehme Dinge, die früher selbstverständlich für Sie waren, wieder auffallen und Sie stören? Notieren Sie alles, was Ihnen auffällt und lesen Sie Ihre Aufzeichnungen eine Woche später wieder durch.

Wiederholungen
Wenn diese Übung für Sie wirksam war, dann wiederholen Sie sie immer wieder etwa eine halbe Stunde jeden Tag vor dem Einschlafen oder zumindest jeden zweiten Tag eine Woche lang und lassen vor dem nächsten Wiederholungszyklus mindestens einen Monat vergehen.

Selbstreflexionsübung
Übung 7: Einfühlungsübung mit dem inneren Kind

Wirkung
In dieser Übung setzt man sich mit der emotionalen Abhängigkeit auseinander. Wenn wir diesen Aspekt in uns spüren, sind wir meist auf uns selbst wütend. Anstatt diesen Umstand anzuerkennen, leugnen wir ihn und versuchen, alles zu tun, um uns das Gegenteil zu bestätigen. Wir gehen zum Beispiel eine neue Beziehung ein oder suchen in der Außenwelt nach Ablenkung, anstatt den Schmerz einer Trennung zu akzeptieren, anzunehmen und zu heilen.

Dauer
2 Stunden

Vorbereitung
Achten Sie darauf, Ruhe zu haben und nicht gestört zu werden. Sie benötigen ein Foto, das Sie als Kind darstellt. Wählen Sie ein Foto, das Ihnen zusagt und bei dem Sie das Gefühl haben, dass darauf ein ehrlicher und authentischer Ausdruck Ihrer Kindheit dargestellt ist. Falls kein Foto vorhanden ist, können Sie auch ein Symbolbild nehmen oder Ihren Namen in großen Buchstaben auf ein Blatt Papier schreiben.

Übung
Setzen Sie sich bequem und entspannt hin, dann legen Sie eine Hand aufs Herz. Legen Sie die andere Hand auf den Bauch und platzieren Sie sie unterhalb des Nabels, denn hier verfügt man über eine Verbindung

mit der Mitte des Körpers, in der die Quelle der Lebenskraft ruht. Atmen Sie 10-mal tief und langsam in den Bauch ein und aus. Spüren Sie, wie Ihr Körper zur Ruhe kommt. Das Foto legen Sie nun Ihnen gegenüber auf den Boden. Betrachten Sie das Foto und versuchen Sie, mithilfe des Bildes mit der oder dem Kleinen eine Verbindung herzustellen.

Lesen Sie dann die folgenden Fragen durch und beantworten Sie bitte spontan eine nach der anderen, ohne das Geschriebene durchzulesen.

- » Welche Dinge tat ich als Kind nur, um geliebt zu werden?
- » In welchen Beziehungen habe ich mich selbst verleugnet, um Liebe zu erhalten?
- » Welche Dinge habe ich getan und worauf habe ich verzichtet, um geliebt zu werden?

Schreiben Sie bitte die Namen jener Menschen auf, zu denen Sie Beziehungen hatten, in denen Bedürftigkeit gelebt wurde.

- » Wie hat mich diese Abhängigkeit in der Wahrnehmung meiner Bedürfnisse und in Bezug auf meine Entscheidungen eingeschränkt?
- » Welche Vorteile hat mir die emotionale Abhängigkeit verschafft?
- » Wie möchte ich anderen Menschen meine Liebe zeigen?
- » Wie möchte ich geliebt werden?
- » Wie lassen sich meine zwischenmenschlichen Beziehungen ohne emotionale Bedürftigkeit gestalten?

Lesen Sie nun die Antworten 1-mal durch. 3 Tage später lesen Sie Ihre Antworten erneut durch und ergänzen, was Ihnen unter Umständen zwischenzeitlich weiterführend dazu eingefallen ist.

Abschluss
Als Abschluss der Übung verfasst man einen Abschiedsbrief, der an die emotionale Abhängigkeit und an die Muster, die sie verursacht

hat, adressiert ist. Im Grunde hat die Form der Bedürftigkeit die Möglichkeit geboten, Liebe zu erhalten und mit anderen in Beziehung zu treten. Indem der Leidensdruck so groß wurde, dass man bereit war, etwas dagegen zu tun, wurde ein Tor geöffnet, das den Weg in die Freiheit ermöglichte. Nachdem Sie den Brief geschrieben haben, verbrennen Sie ihn und streuen die Asche symbolisch fürs Loslassen in einen Fluss. Spüren Sie für sich, ob es notwendig ist, auch an Menschen, mit denen Sie entsprechende Beziehungen geführt haben, einen Abschieds- und Dankbarkeitsbrief zu schreiben. Falls ja, verbrennen Sie auch diese Briefe und streuen dann die Asche in einen Fluss oder einen Bach.

Wiederholungen
Diese Übung ist 1- bis 2-mal im Abstand von 2 Wochen durchzuführen.

Meditationsübung
Übung 8: Identifikation eigener Kompensationsstrategien

Wirkung
Steigerung des Selbstwertgefühls

Dauer
1 Stunde

Vorbereitung
Es ist hilfreich, den Ablauf der Übung mit der eigenen Stimme aufzunehmen, um sich so von ihr führen zu lassen. Auch wenn anfangs Widerstände vorhanden sind, ist es für das Selbstwertgefühl sehr hilfreich und unterstützend, zu lernen, die eigene Stimme anzunehmen. Wenn die Arbeit in dieser Form durchgeführt wird, hat diese Übung erwiesenermaßen eine bessere Wirkung.

Übung
Setzen Sie sich entspannt hin und atmen Sie 5-mal in den Bauch. Beobachten Sie dann den natürlichen Rhythmus der Atmung und entspannen Sie jeden Teil Ihres Körpers. Visualisieren Sie sich nun in einer Grotte, die – ähnlich dem Mutterbauch – Geborgenheit und Schutz bietet. Sie sind entspannt und allein, niemand kann Sie überraschen. In dieser Grotte gibt es Licht und alles, was Sie brauchen, damit es Ihnen gut geht.

» Wie möchte ich die Zeit in dieser Grotte verbringen?
» Vielleicht mit Schreiben, Lesen oder Hören der Lieblingsmusik?

Richten Sie die Höhle so ein, wie es für Sie passt, sodass Sie sich wohl, geborgen und beschützt fühlen. Danach richten Sie den Blick auf den Ausgang und fokussieren Sie die Welt außerhalb der Grotte.

» Was sehe ich?
» Wer ist da draußen?
» Habe ich ein gutes Gefühl, wenn ich hinausgehe?

Stellen Sie sich vor, dass es draußen jemanden gibt, zu dem Sie sich hingezogen fühlen. Sehen Sie nun, wie diese Person Sie freundlich begrüßt und Sie liebevoll umarmt.
Spüren Sie, wie Sie sich Liebe, Anerkennung und Bestätigung von diesem Menschen wünschen. Visualisieren Sie danach, wie Sie von dieser Person stattdessen kritisiert und verurteilt werden.

» Wie reagiert diese Person auf mich?
» Wie kritisiert sie mich?
» Wie fühle ich mich, wenn ich auf diese Weise behandelt werde?

Ziehen Sie sich langsam in Ihre Höhle zurück und spüren Sie den Schmerz der Ablehnung in sich.

> » Rege ich mich auf oder bin ich traurig, wenn jemand mich so behandelt?
> » Was würde ich tun, um Kontakt zu dieser Person herzustellen?
> » Würde ich mich kleinmachen oder mit Wut reagieren?
> » Oder würde ich mich in meine Traurigkeit und Lähmung zurückziehen?

Zurück in Ihrer Grotte, spüren Sie noch einmal in sich hinein, ob Sie den Mut haben, noch einmal hinauszugehen.
Fokussieren Sie sich auf das gleiche Bild, aber diesmal behandelt Sie die Person gut, akzeptiert Sie, nimmt Sie an, wertet Sie nicht ab und ermöglicht es Ihnen, sich frei zu fühlen.

> » Wie fühle ich mich, wenn ich positiv begrüßt und wahrgenommen werde?
> » Wie ist meine Reaktion?
> » Kann ich mich dieser Person gegenüber öffnen?

Spüren Sie, wie Sie die freundliche Behandlung, die Anerkennung und das Lob dieses Menschen annehmen und genießen. Ziehen Sie sich dann wieder in die Grotte zurück und spüren Sie, wie es Ihnen jetzt ergeht.

> » Was ist anders?

Erkennen Sie den deutlichen Unterschied zwischen beiden Erfahrungen und entscheiden Sie sich jetzt dafür, sich diese Liebe, Anerkennung, Zuwendung und Bestätigung jeden Tag selbst zu geben, ohne sie in der Außenwelt zu suchen.

Abschluss
Der beste Zeitpunkt für diese Meditation ist vor dem Schlafengehen. Dann sollte man auf seine Träume achten. Wenn man sich nach dem Aufwachen an die Träume erinnert, sollte man sie niederschreiben.

Es können sich interessante Aspekte zeigen und alte, verletzende Situationen, die Ursache für einen emotionalen Schmerz waren, können sich lösen.

Wiederholungen
Es ist empfehlenswert, diese Meditation innerhalb von 2 Wochen 1- bis 2-mal durchzuführen.

Übung für Heilungsimpulse
Übung 9: Auseinandersetzung mit der Kindheit und Pubertät

Wirkung
In dieser Übung lernen Sie, das innere Kind als etwas ständig Präsentes, das Ihr Leben in jedem Moment begleitet, zu begreifen und es bewusst zu einem Teil Ihres Alltags zu machen. Nach Durchführung dieser Übung haben Sie ein deutlich besseres Gefühl für die vielen unterschiedlichen Facetten Ihrer Persönlichkeit als davor.

Dauer
2 Stunden, und jeweils 10 bis 15 Minuten pro Wiederholung

Vorbereitung
Sie benötigen Fotos Ihrer Kindheit (vom Babyalter bis zur Pubertät)

Übung
Nehmen Sie sich einen Nachmittag lang Zeit, entspannen Sie sich, hören Sie Ihre Lieblingsmusik und betrachten Sie Fotos aus der Zeit, in der Sie noch ein Baby waren, sowie aus Ihrer Volksschulzeit und darauffolgend aus Ihrer Pubertät.
Suchen Sie dann jeweils ein Foto zum entsprechenden Alter heraus: Babyfoto, 3 Jahre alt, 5 oder 6 Jahre alt, 9 Jahre alt, 11 Jahre alt, 15 Jahre alt.

Sie können Bilder verwenden, die bis zu Ihrem 20. Lebensjahr reichen. Erstellen Sie aus diesen Fotos eine Collage, die Sie nach Fertigstellung einrahmen und aufhängen können. Zusätzlich können Sie auch etwas, das Sie mit Heilung in Verbindung bringen, dazumalen oder Bilder aus Zeitschriften ausschneiden und der Collage beifügen.

Schreiben Sie darunter ein für Sie stimmiges Sprichwort oder ein paar Sätze, wie zum Beispiel:
„Ich beginne ein neues Leben. Ich bin geborgen in meiner Kraft. Ich ruhe in meiner Mitte. Ich bin mit meiner inneren Stimme verbunden. Ich spüre meine Intuition. Ich bin in meiner Energie."

Hängen Sie diese Collage so auf, dass Sie jeden Tag daran vorbeigehen und sie betrachten können. Es ist gleichgültig, wo sie hängt, ob im Vorzimmer, Schlafzimmer oder im Büro – der Platz soll sich dort befinden, wo das Bild für Sie persönlich am besten hinpasst.

Abschluss
Betrachten Sie daraufhin 1-mal pro Woche dieses Bild und nehmen Sie die vielen Aspekte Ihres Ichs bewusst wahr. Versuchen Sie herauszufinden, was Sie brauchen, um zu heilen und ganz zu werden.

Wiederholungen
Nehmen Sie sich über 4 Wochen lang 1-mal pro Woche 10 bis 15 Minuten Zeit, um die Fotocollage zu betrachten. Gönnen Sie sich in diesen 4 Wochen ausreichend Zeit sowohl für Aktivitäten, die Ihnen Freude bereiten, als auch für ruhige Momente.

Innere Reisen
Innere Reise 1: „Heilsame Versöhnung mit der pränatalen Phase und Geburt"

Diese innere Reise finden Sie auf der Begleit-CD 1 „Innere Reisen der Heilung", die Sie extra erwerben können.

Wirkung
Eine Versöhnung mit den Eltern soll stattfinden. Das innere Kind wird bereits in der pränatalen Phase willkommen geheißen.

Dauer
30 Minuten

Vorbereitung
Setzen Sie sich entspannt hin und atmen Sie 5-mal in den Bauch. Beobachten Sie dann den natürlichen Rhythmus der Atmung und entspannen Sie jeden Teil Ihres Körpers.

Übung
Hören Sie sich entspannt die geführte Reise an. Lassen Sie sich von den Bildern begleiten.

Abschluss
Lassen Sie sich Zeit, um langsam wach zu werden. Fühlen Sie hinein, welche Bilder Ihnen aus der geführten Meditation in Erinnerung geblieben sind.

Wiederholungen
Hören Sie sich die innere Reise 1-mal pro Woche über einen Zeitraum von 4 Wochen an.

Übungsteil 2
In sich ganz werden

Dieser Übungsteil lässt Sie die Ressourcen der Gegenwart nutzen und Ihr Potenzial erkennen. Sie nehmen Kontakt mit dem eigenen schöpferischen Potenzial auf. Dadurch können sich einige der automatisierten Reaktionsmuster lösen, die unser Beziehungsleben einschränken. Durch folgende Techniken und Übungen stärken Sie Ihre Ressourcen für eine tief greifende Veränderung.

Zielorientierte Übungsprogramme

Ziel: Achtsamkeit entwickeln und persönliche Grundmuster erkennen

Dauer
4 Wochen

Ablauf

1. bis 4. Woche:
Führen Sie die **Übung 10** und die **Übung 11** 1-mal pro Woche durch.
Beginnen Sie in den 4 Wochen jeden Tag in der Früh mit der **Übung 12**.

Sie können zusätzlich 1- bis 2-mal pro Woche die geführte innere Reise „**Achtsamkeitstraining**" auf der CD „Die inneren Reisen der Heilung" hören.

Ziel: Persönliche Ressourcen entfalten und einen authentischen Selbstausdruck entwickeln

Dauer
7 Wochen

Ablauf

1. bis 4. Woche:
Arbeiten Sie mit der **Übung 13** (diese dauert 4 Wochen) und führen Sie dazu 3-mal pro Woche die **Übung 12** aus.

5. bis 7. Woche:
In diesem Zeitraum beschäftigen Sie sich mit der **Übung 14**.

Ziel: Stärkung des Selbstvertrauens und Durchsetzungsvermögens

Dauer
5 Wochen

Ablauf
Führen Sie die **Übung 15** über 5 Wochen hinweg durch, wobei jeweils ein Teil der 5-teiligen Übung eine Woche lang ausgeübt wird.

Ziel: Mit der inneren Weisheit Kontakt aufnehmen

Dauer
4 Wochen

Ablauf
Folgen Sie dem Programm der **Übung 1** und hören Sie sich 1-mal pro Woche die innere Reise „**Im Fluss mit dem Leben sein**" an.

Ziel: Integration der inneren Frau und des inneren Mannes

Dauer
4 Wochen

Ablauf
Führen Sie die **Übung 16** 1-mal pro Woche für 4 Wochen lang durch. Sie können als Integration die innere Reise „**Begegnung mit der inneren Frau und dem inneren Mann**" 1-mal pro Woche anhören.

Selbstreflexionsübung
Übung 10: Achtsamkeitstraining

Wirkung
Diese Übung fördert die Entfaltung der eigenen Selbstwahrnehmung und bietet eine wesentliche Unterstützung, in belastenden Situationen Abstand zu bewahren.

Dauer
ca. 45 Minuten

Vorbereitung
Suchen Sie sich für diese Übung einen Platz, wo Sie ungestört sind. Setzen Sie sich mit aufrechtem Oberkörper hin, legen Sie eine Hand auf den Bauch, die andere auf den Brustkorb. Atmen Sie langsam und tief. Achten Sie beim Atmen darauf, dass Sie entspannt, ruhig und gelassen sind.

Übung
Beginnen Sie Ihren Atem zu beobachten. Entspannen Sie sich dabei und versuchen Sie ganz bewusst, eventuelle Spannungen, die im Körper auftreten können, durch die Atmung zu lösen. Atmen Sie dann gezielt zu den verspannten Bereichen hin und nutzen Sie Ihre

Wahrnehmung, um Spannungen im Körper durch Ihren klaren Fokus darauf mittels bewussten Atmens zu lösen.
Konzentrieren Sie sich auf die verspannten Bereiche und visualisieren Sie, wie Sie sanft die Verspannungen ausatmen. Entspannen Sie sich ganz bewusst dabei.
Sobald Sie das Gefühl haben, dass Ihr Körper etwas freier geworden ist, beginnen Sie langsam und gelassen zu atmen. Beobachten Sie einfach den Atem.

Konzentrieren Sie sich dann auf Ihren Körper. Fühlen Sie, wie Sie eins mit Ihrem Körper sind, und werden Sie sich bewusst, dass Sie mehr als Ihr Körper sind. Mit Ihrem Bewusstsein können Sie sich in Ihrem Körper verankern und seine Ressourcen nutzen. Sie können durch Ihren Geist, in Ihrer Vorstellung, weit reisen und die Barrieren von Zeit und Raum hinter sich lassen.
Spüren Sie, wie es Ihnen mit diesen Gedanken geht, und kehren Sie langsam mit Ihrer Aufmerksamkeit zurück in Ihren Körper.

Dann beobachten Sie bitte, wie Ihre Gedanken Einfluss auf Ihren Körper nehmen können.
Entspannen Sie sich und lassen Sie die Gedanken vorbeiziehen, wobei Sie bewusst Gedanke für Gedanke fokussieren und gewahr werden, welche Gefühle diese Gedanken Ihrem Körper verleihen. Gedanken bewirken Spannung sowie Entspannung und Gelassenheit.

Entspannen Sie sich bewusst und langsam. Erkennen Sie, dass Sie, indem Sie Ihre Gedanken beobachten können, Abstand von ihnen nehmen können und in diesem Moment nicht bewusst denken. Erkennen Sie, wie Sie bewusst Ihre Gedanken wahrnehmen und steuern können. Sie können dabei Ihrem Körper helfen, trotz belastender und aufregender Gedanken ruhig zu bleiben.
Beobachten Sie Ihre Gedanken und stellen Sie sich vor, diese seien wie die Wellen des Meeres. Visualisieren Sie sich selbst jetzt am Meer. Sie betrachten den ewigen Tanz der Wellen und Sie spüren, dass Sie trotz

dieser Wellen tief in sich ruhen können. Ein Gedanke folgt dem anderen. Sie sind viel mehr als Ihre Gedanken.
Sie sind der Beobachter, der am Strand die Gedanken wahrnimmt, höflich begrüßt und offen und bereit ist, neue Gedanken wahrzunehmen.
Beobachten Sie jetzt die Wellen Ihrer Emotionen. Fokussieren Sie sich auf Ihren Körper und spüren Sie, wie es Ihnen geht, wenn Sie an etwas Freudvolles, Freundliches denken.
Wie geht es Ihnen, wenn Sie an etwas Belastendes, Erdrückendes denken?

Fühlen Sie sich eins mit Ihren Gedanken, Emotionen und Gefühlen. Erkennen Sie, wie Sie mehr sind als Ihre Emotionen. Sie sind mehr als Ihre Wut oder Ihre Angst.

Schauen Sie Ihren Emotionen zu. Stellen Sie sich vor, Sie sitzen in einem Sesselkreis. In diesem Sesselkreis sind nur Sie selbst und mehrere Ihrer Gefühlszustände. Auf einem Sessel sitzt Ihre Freude, auf einem anderen Ihre Angst. Ihre Emotionen und Gefühle manifestieren einen Teil von Ihnen, der fröhlich und gelassen ist, aber auch den, der Angst hat und sich nichts Neues zutraut.

Entspannen Sie sich und beobachten Sie langsam die unterschiedlichen Teile Ihrer Persönlichkeit. Beobachten Sie, wie sich die Emotionen in Ihrem Selbstausdruck verändern. Manchmal erleben Sie einen Teil von sich, der lustig und fröhlich ist, dann wieder einen Teil, der ängstlich und angespannt ist.

Atmen Sie gelassen und erkennen Sie die Vielfalt der Gefühle und Emotionen als riesiges Geschenk des Lebens. Erkennen Sie, dass Sie viel mehr sind als Ihre belastenden Emotionen und dass Sie mit wachem Geist und Herz viel mehr bewirken können.

Entspannen Sie sich, verabschieden Sie sich gelassen von diesem Kreis Ihrer Emotionen und Gefühle. Erinnern Sie sich daran, dass Sie jederzeit in diesen Kreis zurückkehren können, um dort Klarheit zu tanken und zu erkennen, wie wichtig es ist, Ihre Empfindungen immer wieder mit Abstand zu betrachten. Machen Sie sich bewusst, dass Sie mehr sind als Ihre Emotionen und Gefühle. Sie können Ihren Gefühlszustand erfolgreich beeinflussen.

Abschluss
Atmen Sie einige Male tief ein und aus. Fühlen Sie sich bewusst in Ihren Körper ein. Nehmen Sie Ihre Füße wahr und bewegen Sie sanft Ihre Extremitäten. Dann öffnen Sie langsam die Augen. Abschließend stehen Sie auf, gehen durch den Raum und nehmen wieder durch langsame und bewusste Bewegungen Kontakt mit Ihrem Körper auf. Wenn es für Sie wesentlich ist, können Sie sich notieren, was Sie in dieser Übung am meisten berührt hat und was für Sie die wertvollsten Erkenntnisse gebracht hat.

Wiederholungen
Es ist empfehlenswert, diese Übung 8 Wochen lang 1-mal pro Woche durchzuführen. Führen Sie diese Übung so oft durch, wie es für Sie stimmig ist.

Selbstreflexionsübung
Übung 11: Persönliche Grundmuster erkennen

Wirkung
Diese Übung hilft dabei, Kontakt mit den verletzten Seiten des inneren Kindes aufzunehmen und sich bewusst zu machen, auf welche Art und Weise diese Blockaden unsere Entwicklung einschränken.

Dauer
1 Stunde

Vorbereitung
Achten Sie darauf, während dieser Zeit ungestört zu sein. Entspannen Sie sich, schließen Sie die Augen, atmen Sie 5-mal tief in den Bauch und beginnen Sie dann mit der Übung.

Übung
Listen Sie die infrage kommenden Glaubenssätze Ihres inneren Kindes auf, die Ihnen im Theorieteil des Buches aufgefallen sind, wie zum Beispiel: „Ich bin dumm", „Ich schaffe es sowieso nicht". Wählen Sie dann einen Glaubenssatz, der Sie einschneidend in Ihrem Verhalten beeinflusst. Schreiben Sie diesen in großen Buchstaben auf. Lesen Sie sich den Satz einige Male laut vor und beobachten Sie, welches Gefühl er in Ihnen auslöst.
Beantworten Sie dann folgende Fragen:

» An welcher Körperstelle befindet sich der Schmerz?
» Wenn ich diesen Schmerz vollständig spüre, welche Gefühle und Emotionen zeigen sich und wie verändert sich meine Weltsicht dadurch?
» Aus welchen Erfahrungen oder Erlebnissen ist dieser Glaubenssatz möglicherweise entstanden?
» Was hat mich an diesen Situationen am meisten verletzt?
» Schützt diese innere Überzeugung mich vor einem Schmerz?
» Auf welche Art und Weise beeinträchtigt dieser Glaubenssatz mein Selbstwertgefühl?
» Übernehme ich durch diesen Glaubenssatz eine bestimmte Rolle, wie zum Beispiel „Versager", „Opfer" oder „brav sein"?

Lesen Sie die Antworten durch und bewahren Sie Ihre Aufzeichnungen auf.
Beobachten Sie in den darauffolgenden Wochen Ihr Verhalten im Alltag und achten Sie darauf, ob sich in Bezug auf diesen Glaubenssatz etwas verändert.

Eine Woche später nehmen Sie einen Stuhl und stellen einen zweiten gegenüber auf. Setzen Sie sich nun auf einen Stuhl und legen auf den gegenüberliegenden ein Blatt Papier, worauf Sie in großen Buchstaben Ihren Glaubenssatz schreiben.

Beobachten Sie den Stuhl gegenüber von Ihnen.
Beantworten Sie dann folgende Fragen:

» Fühle ich mich gefangen in diesem Glaubenssatz oder in dieser Rolle?
» Welche Gefühle löst die Auseinandersetzung mit dieser inneren Überzeugung und dieser Rolle in mir aus?

Spüren Sie diese Gefühle langsam in Ihrem Körper und verbinden Sie sich mit diesem Gefühlszustand. Fühlen Sie bewusst Ihren Atemrhythmus und atmen Sie langsam durch den Mund aus, bis Sie zur Ruhe kommen.

Beobachten Sie Ihre Atmung. Machen Sie sich bewusst, dass Sie in diesem Augenblick Ihre Realität neu gestalten können. Beobachten Sie, wie Sie durch den vitalen Impuls der Atmung zur Ruhe kommen und aus der inneren Ruhe heraus sich vom Einfluss dieses Glaubenssatzes befreien können.

Abschluss
Verabschieden Sie nun diesen Glaubenssatz durch einen Abschiedsbrief. Verbrennen Sie diesen Brief und streuen Sie die Asche am selben oder in den nächsten Tagen in einen schönen Bach oder Fluss.

Wiederholungen
Es ist empfehlenswert, diese Übung über einen Zeitraum von 4 Wochen mindestens 1-mal pro Woche durchzuführen.

Übung für Heilungsimpulse
Übung 12: Das Herz berühren

Wirkung
Die folgende Übung zielt darauf ab, den Körper zu beruhigen, das Körperbewusstsein zu stärken und uns mit dem Gefühl des Vertrauens, der Ruhe und der Liebe zu verbinden.

Dauer
45 Minuten

Vorbereitung
Suchen Sie einen ruhigen Ort, wo Sie die Übung ungestört durchführen können.

Übung

1. Position:
Stellen Sie sich hin, die Füße etwa schulterbreit auseinander, heben Sie beide Hände auf Höhe des Solarplexus und formen Sie die Mudra der Herzheilung. Sie bilden diese, indem Sie Ihre Handflächen übereinanderlegen und dann die Zeigefinger so beugen, dass sie die Spitzen der Daumen berühren. Daumen und Zeigefinger bilden nun 2 Kreise, während sich die äußeren Bereiche der ersten und zweiten Glieder der Zeigefinger berühren. Halten Sie die Mudra der Herzheilung in dieser Position und atmen Sie dabei 10-mal tief in den Bauch.

2. Position:
Nun führen Sie die Mudra auf die Höhe des Herzens und drehen die Hände so um, dass die Spitzen der Finger und die Handflächen in Richtung des Bodens weisen.

Während Sie die Mudra in dieser Position halten, atmen Sie 5-mal tief in den Brustkorb, wobei Sie langsam durch den Mund wieder ausatmen.

3. Position:

Dann öffnen Sie die Mudra so, dass sie eine Art Knospe bildet – orientieren Sie sich an der Abbildung oben. Daumen und Zeigefinger verbleiben in ihrer ursprünglichen Stellung, bilden also noch immer 2 Kreise, während die Spitzen der anderen Finger einander berühren und eine Knospe oder Schale formen. Behalten Sie die stehende Position bei und halten Sie die Hände weiterhin zur Knospe gefaltet. Entspannen Sie die Ellenbogen und die Schultern, während Sie 5-mal tief in den Bauch atmen. Fokussieren Sie sich auf Ihre Mitte sowie den Bauch und entspannen Sie sich erneut.

4. Position:
Dann öffnen Sie die Mudra und führen eine Hand auf die Höhe der Stirn und die andere zum Nabel. Der Kreis, den Daumen und Zeigefinger der einen Hand bilden, berührt nun auf Bauchhöhe den unteren Rand des Nabels, während Daumen und Zeigefinger der anderen Hand den Bereich in der Mitte der Stirn oberhalb der Augenbrauen berühren. Verharren Sie in dieser Position und atmen Sie dabei 5-mal tief in den Bauch, während Sie sich auf den Nabel fokussieren.

Abschluss
Heben Sie Ihre Hände in Gebetshaltung auf Höhe des Herzens. Atmen Sie 5-mal entspannt und natürlich tief in den Bauch und spüren Sie die Wirkung der Übung.
Legen Sie abschließend eine Hand auf den Bauch und die andere auf das Herz und wiederholen Sie 3-mal die Affirmation: „Die Liebe heilt mich."

Wiederholungen
Damit Sie die Wirkung dieser Behandlung intensiv wahrnehmen können, ist es empfehlenswert, sie über einen Zeitraum von 8 Wochen hinweg 1-mal pro Woche durchzuführen. Wenn Sie nach dieser Phase eine längere Übungspause einlegen, stellt sich der Effekt der Behandlung bei erneutem Üben trotz der Pause sofort wieder ein.

Übung für Heilungsimpulse
Übung 13: Stärkung der eigenen Ressourcen auf dem Weg zur Selbstentfaltung

Wirkung
In dieser Übung setzen Sie sich mit Ihren Träumen, Wünschen, Talenten und unterstützenden Gefühlen auseinander, die Ihnen ermöglichen, Ihre Ziele mit Begeisterung, Klarheit und Durchsetzungsvermögen zu verwirklichen.

Dauer
Diese Übung hat 3 unterschiedliche Teile, die Sie im Laufe von 4 Wochen durchführen können.

Vorbereitung
Achten Sie darauf, dass Sie nicht gestört werden. Sie benötigen für diese Übung weißes Packpapier oder alternativ dazu glattes, weißes Tapetenpapier entsprechend Ihrer Körpergröße, Fotos von Ihnen als Kind, A-4-Blätter in unterschiedlichen Farben und eventuell Ansichtskarten oder Ausdrucke, die für Sie bestimmte Themen, die in Ihrer Jugend bedeutend waren, symbolisieren. Sie werden dies beim Durchlesen der Übung verstehen.

Teil A

Dauer
2 Stunden

Wirkung
Mit dieser Übung stärken Sie Ihre Ressourcen für tief sitzende Blockaden und schwierige Lebenslagen.

Vorbereitung
Sie benötigen für diese Übung auch die Hilfe einer anderen Person. Nehmen Sie Packpapier Ihrer Körpergröße entsprechend, legen Sie es auf den Boden und bitten Sie die andere Person, die Umrisse Ihres Körpers mit einem Farbstift nachzuzeichnen.

Übung
Setzen Sie sich entspannt vor der Silhouette Ihres Körpers hin und beginnen Sie Fotos Ihrer Kindheit anzuschauen. Beantworten Sie dann folgende Fragen:

» Welche Träume und Wünsche hatte ich als Kind?
» Von welchem Beruf habe ich geträumt?
» Welche Reise wollte ich unternehmen?

Sehen Sie in weiterer Folge Fotos der letzten Jahre an und fühlen Sie hinein, welche Träume, Vorstellungen und Bedürfnisse Sie hatten und noch haben. Nehmen Sie sich die Zeit, um diese Fragen durchzugehen:

» Wie wirkt dieser Zeitsprung von der Kindheit bis zum Erwachsenenalter auf mich?
» Welche meiner Kindheitsträume durfte ich verwirklichen?
» Welche sind meine aktuellen Träume, Wünsche, Pläne und Absichten?

Lesen Sie dann alle Antworten durch. Nehmen Sie danach Buntstifte und tragen Sie innerhalb der Silhouette Ihres Körpers Sätze und Wörter ein, die Ihre Träume und Wünsche von der Vergangenheit bis zur Gegenwart zum Ausdruck bringen. Sie können auch, wenn es für Sie stimmiger ist, Bilder auf Ihre Silhouette kleben, die Ihre Wünsche und Träume symbolisieren. Lassen Sie sich Zeit, um das Plakat zu gestalten. Sie können es eine Woche später nochmals auflegen und mit neuen Elementen erweitern. Versuchen Sie, bei der Gestaltung des Plakats so ehrlich wie möglich zu sich selbst zu sein, und seien Sie nicht zu bescheiden beim Formulieren und Eintragen Ihrer Erwartungen, Träume, Wünsche und Bedürfnisse. Fühlen Sie wirklich, was Sie sich als Kind immer gewünscht und erträumt haben und was für Sie bis zur Gegenwart eine wesentliche Erwartung darstellt. Bewahren Sie das Plakat einige Wochen auf, Sie werden es beim dritten Teil der Übung wieder benötigen. Sie können das Plakat auch immer wieder betrachten, während Sie sich mit dem Teil B der Übung beschäftigen, und zusätzliche Eintragungen vornehmen.

Teil B

Dauer
mehrere Stunden im Zeitraum von 2 Wochen

Vorbereitung
Diesen Teil der Übung sollten Sie nur durchführen, wenn es für Sie stimmig ist. Wenn Sie kein gutes Gefühl dabei haben oder es Ihnen schwerfällt, mit Ihren Freunden und Freundinnen, Bekannten und anderen geliebten Menschen diese Übung durchzuführen, dann können Sie diesen Teil weglassen und gleich zu Teil C übergehen.
In Teil B ist vorgesehen, dass Sie folgende Fragen aufschreiben und diese mehreren Menschen in Ihrem Umfeld geben und diese bitten, sie ehrlich zu beantworten. Suchen Sie mindestens 3 bis 10 Personen aus Ihrem Familien- und Freundeskreis.

Fragen
1) Wie nimmst du mich wahr?
2) Welche positiven Eigenschaften würdest du mir zuschreiben?
3) Welche Talente besitze ich deiner Meinung nach?
4) Welche Stärken habe ich deiner Meinung nach?
5) Was stört dich an mir und warum?
6) Welche Unternehmungen teilst du gerne mit mir?
7) Was siehst du für mich als wichtige Lebensziele?
8) Was könnte ich deiner Meinung nach in meinem Leben verbessern?

Geben Sie die Fragen diesen Menschen und lassen Sie Ihnen mindestens 10 Tage Zeit, um in Ruhe und Ehrlichkeit den Fragebogen zu beantworten. Wenn Sie beim Bitten um Beantwortung der Fragen beobachten, dass jemand mit der Aufgabe überfordert ist, suchen Sie andere Kandidaten oder Kandidatinnen. Wenn anfänglich Widerstand bei einer Person entsteht, ist es nicht ratsam, die Übung mit ihr durchzuführen. Seien Sie verständnisvoll der Person gegenüber und unterstreichen Sie im Gespräch, dass es Ihnen nichts ausmacht, wenn sie das Gefühl hat, bei der Aufgabe überfordert zu sein. Das kann nämlich häufig vorkommen. Nach dem für die Beantwortung vorgesehenen Zeitraum bitten Sie die Personen, die Ihnen geholfen haben, um die Rückgabe der Fragebogen.

Übung
Nehmen Sie sich gute 3 Stunden Zeit, setzen Sie sich hin und lesen Sie alle Antworten durch. Unterstreichen Sie mit einem Leuchtstift das, was Ihnen wesentlich ist, und wenn Sie damit fertig sind, beantworten Sie folgende Fragen:

- » Welche sind meine Stärken?
- » Welche sind meine Talente?
- » Welche Eigenschaften mögen meine Mitmenschen an mir?
- » Welche Aspekte meiner Persönlichkeit stören die Menschen in meinem Umfeld?
- » Wie wünsche ich mir, von den anderen wahrgenommen zu werden?

Sie können diese Antworten ausführlicher formulieren, indem Sie aufschreiben, wie Sie gerne von Ihren Familienmitgliedern gesehen werden wollen, wie von Ihren Berufskollegen und wie von Ihren Freunden und Bekannten. Nach dem Beantworten der Fragen lesen Sie sie nochmals durch und legen die Aufzeichnungen zur Seite. In der nächsten Woche führen Sie den Teil C durch.

Teil C

Dauer
2 Stunden

Übung
Für diesen Teil der Übung nehmen Sie sich wieder ausreichend Zeit, ca. 2 Stunden. Nehmen Sie 5 Stühle oder Pölster und bilden Sie damit einen Sitzkreis. Danach schreiben Sie auf 4 bunte Zettel folgende Themen. Suchen Sie für jedes Thema eine andere, stimmige Farbe aus.

Schreiben Sie:
1) Ihren Namen
2) Die Sätze: „Ich bin kraftvoll und nutze meine seelische und geistige Kraft für die Verwirklichung meiner Vision. Ich glaube an mich."
3) Die Affirmation: „Ich beschreite den neuen Weg mit Vertrauen. Ich befinde mich auf dem richtigen Weg."
4) Die Affirmation: „Ich nehme mich an, so wie ich bin. Ich liebe mich, so wie ich kann. Ich verzeihe mir."

Setzen Sie sich dann in diesem Kreis auf den Platz, den Sie für sich ausgesucht haben, und legen Sie auf die anderen Plätze die beschrifteten Zettel. Danach setzen Sie sich nacheinander auf jeden der noch übrigen Plätze im Kreis. Fühlen Sie hinein, wie der jeweilige Platz Sie berührt. Wie reagiert Ihr Körper auf die verschiedenen Plätze? Stellen Sie sich in die Mitte des Kreises und fühlen Sie, wie jeder Platz einen

Teil Ihrer Persönlichkeit darstellt. Dies ist ein wesentlicher Schritt, der Ihnen hilft, bewusst, motiviert und positiv die weiteren Schritte auf Ihrem Lebensweg zu setzen.

Nehmen Sie jedes einzelne Blatt Papier, lesen Sie laut die daraufstehenden Sätze und richten Sie Ihren Blick auf den jeweiligen Platz, der für diesen Aspekt von Ihnen steht. Wenn Sie alle Affirmationen gelesen haben, gehen Sie von der Mitte zurück zu dem Platz, der für Sie reserviert ist. Fokussieren Sie sich auf jeden einzelnen Platz und stellen Sie sich vor, dass auf jedem Platz die geschriebenen Wörter zu Licht werden und Sie dieses Licht einatmen. Es fließt innerlich zu Ihrer Mitte und sammelt sich im Bauch.

Wiederholen Sie diesen Vorgang mit jedem Blatt Papier. Bedanken Sie sich bei diesen Aspekten und schließen Sie die Kreisübung, indem Sie Ihre Hände öffnen und in einer symbolischen Geste alle diese Teile in sich aufnehmen und in sich integrieren.

Abschluss
Eine Woche nach dem dritten Teil der Übung können Sie die Übung abschließen. Sie benötigen dafür ca. 3 Stunden. Achten Sie darauf, dass Sie nicht gestört werden. Legen Sie das Plakat des ersten Teils der Übung vor sich auf den Boden, dann die Fragen aus dem zweiten Teil mit den Antworten und auch die Zettel der Kreisübung vom dritten Teil. Beobachten Sie alles aufmerksam und gelassen, und dann lesen Sie alles durch. Nach dem Lesen setzen Sie sich gegenüber dieser Aufzeichnung auf den Boden und verfassen Sie eine Art Absichtserklärung für Ihr Leben oder definieren Sie die Absichtserklärung, indem Sie einen Einladungsbrief an die neue Person, die Sie darstellen, verfassen. In diesem Brief fassen Sie zusammen, was Sie über sich erfahren haben. Erwähnen Sie, was Sie brauchen, um Ihre Absichtserklärung zu verwirklichen, und bedanken Sie sich für die Ressourcen, die Sie haben.

Dann können Sie, wenn es für Sie stimmig ist, die Silhouette Ihres Körpers ausschneiden und zusammen mit den Fragebögen verbrennen und die Asche als kraftvollen Wunsch für Ihre Weiterentwicklung symbolisch auf einer hochgelegenen Wiese dem Wind übergeben.

Ihre Absichtserklärung und die Affirmationen sollten Sie mindestens 6 Monate aufbewahren, gelegentlich durchlesen, sich dabei beobachten und eventuell notieren, wie die Aspekte, auf die Sie sich fokussiert haben, sich in Ihrem Leben verwirklichen lassen. Wenn der Zeitpunkt für Sie gekommen ist und es für Sie stimmig ist, können Sie eines Tages die Absichtserklärung und die Blätter mit den Affirmationen verbrennen und auch diese, wie oben beschrieben, als symbolische Geste dem Wind übergeben.

Wiederholungen
Es ist empfehlenswert, diese Übung 1-mal im Jahr zu wiederholen.

Selbstreflexionsübung
Übung 14: Auseinandersetzung mit dem Drama-Dreieck

Wirkung
Diese Übung erlaubt Ihnen, sich mit den unterschiedlichen Rollen des Drama-Dreiecks auseinanderzusetzen.

Dauer
3 Wochen

Vorbereitung
Suchen Sie für die Übung einen ruhigen Ort und achten Sie darauf, dass Sie nicht gestört werden. Sie benötigen für die Übung A-4-Blätter in unterschiedlichen Farben (mindestens drei) und Sessel oder Pölster.

Übung
Bilden Sie mit 4 Stühlen einen Kreis. 3 der Stühle stellen die Rollen des Drama-Dreiecks dar und einer ist für Sie. Schreiben Sie auf 3 A4-Blätter jeweils den Namen einer Rolle des Drama-Dreiecks: Helfer, Täter und Opfer. Sie können, wie in der Vorbereitung empfohlen, für jede Rolle eine andere Farbe nehmen. Ein Stuhl ist für das Opfer, einer für den Täter und einer für den Helfer. Auf den vierten Stuhl setzen Sie sich und betrachten von dort aus die unterschiedlichen Plätze. Nehmen Sie wahr, wie jeder dieser Plätze auf Sie wirkt, und versetzen Sie sich rein intuitiv in eine Rolle nach der anderen, indem Sie den jeweiligen Platz einnehmen und sich einfühlen. Gehen Sie alle durch. Die Reihenfolge entscheiden Sie intuitiv.

Wenn Sie auf Ihrem Platz sind, versuchen Sie, sich in die jeweilige Rolle hineinzufühlen. Denken Sie daran, dass der Verfolger anklagt und kritisiert, andere zurechtweist, Vorwürfe macht und auf Fehler bedacht ist. Der Täter entwertet sein Gegenüber und macht aus ihm ein Opfer.
Das Opfer verteidigt sich, ist enttäuscht, fühlt sich hilflos und abhängig. Das Opfer hat keinen Zugang zu seinen Ressourcen und Lösungsmöglichkeiten und verliert sich in Selbstmitleid. Es sendet bewusst oder unbewusst Signale an den Retter, der ihm prompt zu Hilfe eilt.
Der Helfer steht zum Opfer – oft ungefragt und ungebeten – ist großzügig mit Ratschlägen und Empfehlungen und bereit, Verantwortung zu übernehmen. Er verstärkt dadurch die Rolle des Opfers und gibt ihm das Gefühl, dass er eine Lösung für es und sein Leben hat. Der Helfer bestätigt das Opfer in seiner Opferrolle, und manchmal wird in einem Kreislauf ein Opfer zum Täter und weist den Helfer zurecht.

Lesen Sie die kurzen Beschreibungen im dritten Kapitel, und während Sie auf jedem der Plätze sitzen, beantworten Sie entspannt folgende Fragen:

- » Wie geht es mir in dieser Rolle?
- » Welche Vorteile bringt mir diese Rolle in meinem Leben?
- » Bei welchen Menschen habe ich das Gefühl, diese Rolle zu spielen?
- » Welche Nachteile bringt mir diese Rolle?
- » Welche Menschen in meinem Umfeld spielen diese Rolle?
- » Wie kann ich aus dieser Rolle aussteigen?

Beantworten Sie alle Fragen für jede der Rollen, während Sie auf dem Platz sitzen, den Sie dieser Rolle zugeteilt haben. Danach setzen Sie sich wieder auf Ihren eigenen Platz zurück und vergleichen die Antworten miteinander.

Im Vergleich beantworten Sie folgende Fragen:

- » Welche Rolle liegt mir am meisten?
- » Welche Rolle bei meinen Mitmenschen stört mich am meisten?
- » Was kann ich tun, um aus der Rolle auszusteigen?
- » Wie kann ich weniger angreifen, mich weniger verteidigen oder weniger anderen zu Hilfe eilen?

Listen Sie diese Möglichkeiten auf.

- » Welche Wörter oder Stimmlagen aktivieren meine bevorzugte Rolle?

Überlegen Sie, wie Sie in Zukunft anders reagieren könnten.

- » Welche Rolle aktiviere ich bei meinem Gesprächspartner am häufigsten, wenn ich in jener Rolle des Drama-Dreiecks bin, die mir am meisten liegt?
- » Ist mir bewusst, welche Wörter oder Signale ich sende, sodass ich bei anderen Menschen diese Rolle aktiviere?
- » Welche anderen Möglichkeiten könnte ich entfalten, welche Wörter oder nonverbalen Signale könnte ich anstelle dieser Auslöser verwenden?

» Was würde mir in Gesprächen ermöglichen, meine emotionale Lage zu spüren, um mit Ruhe und Distanz die Situation zu betrachten?

Danach lesen Sie alle Antworten durch und beobachten sich in den folgenden 2 bis 3 Wochen selbst, wenn Sie in Ihrer Rolle des Drama-Dreiecks sind. Beobachten Sie die Menschen und versuchen Sie zu erkennen, wann die anderen in den Rollen des Drama-Dreiecks handeln. Führen Sie in diesem Zeitraum eine Art Tagebuch mit Ihren Beobachtungen und Erkenntnissen im Umgang mit Ihren Mitmenschen und sich selbst. Sie werden feststellen, dass Sie immer freier von dieser Rolle werden und immer mehr Verständnis und Toleranz für die anderen entwickeln. Durch die Beobachtung und das Erkennen der Auslöser wird es Ihnen leichter fallen, ein Gespräch auf der Sachebene zu führen und auf die anderen offen und empathisch einzugehen. Nach den 3 Wochen setzen Sie sich hin, lesen die Aufzeichnungen der Übung nochmals durch und schreiben eine Art Absichtserklärung für Ihre Kommunikation.

» Wie möchte ich mich beim Kommunizieren fühlen?
» Was möchte ich mit meiner Kommunikation erreichen?

Schreiben Sie genau auf, wie Sie sich die Kommunikation mit Ihrem Gegenüber vorstellen, dann verbrennen Sie alle Ihre Aufzeichnungen, auch jene des Tagebuches für diese Übung – nur die Absichtserklärung nicht, und streuen die Asche der Aufzeichnungen symbolisch in einen Fluss. Dieses Ritual ist ein Symbol für die Äußerung der Absicht, sich von alten Mustern zu lösen und einen neuen Beginn zu wagen.

Abschluss
Lesen Sie Ihre Absichtserklärung für die Kommunikation über einen Zeitraum von 8 Wochen 1-mal pro Woche durch und überprüfen Sie regelmäßig, ob Sie etwas verändern möchten und ob Sie in der Lage sind, die Absichtserklärung auch zu verwirklichen. Während der Auseinandersetzung mit Ihrer Absichtserklärung versuchen Sie vermehrt zu

beobachten, wie es Ihnen dabei geht. Sie werden sehen, dass Sie immer reflektierter mit Ihren Kommunikationszielen umgehen und dadurch Ihre Beziehungsfähigkeit und Empathie stetig wachsen.

Wiederholungen
Es ist empfehlenswert, die Übung 1-mal pro Jahr oder Halbjahr durchzuführen.

Selbstreflexionsübung und Heilungsimpuls
Übung 15: Ganzheitliche Entfaltung der Persönlichkeit

Wirkung
Diese Übung ermöglicht Ihnen, über einen Zeitraum von 5 Wochen unterschiedliche, persönliche Ressourcen zu aktivieren.

Allgemeine Vorbereitung
Nehmen Sie sich für jeden Teil dieser Übung ausreichend Zeit. Jede Einheit kann 1 bis 2 Stunden dauern. Achten Sie darauf, dass Sie ungestört sind und vor der Durchführung der Übung in einen möglichst entspannten Zustand gelangen.

Ablauf

1. **Woche:**
Die eigene Kraft spüren

Wirkung
Diese Übung hilft Ihnen, sich ihrer eigenen Kraft bewusst zu werden.

Dauer
eine halbe Stunde

Vorbereitung
Nehmen Sie 2 Stühle, platzieren Sie einen Stuhl gegenüber dem anderen. Auf einen Stuhl legen Sie ein A-4-Blatt Papier mit den Worten „Kraft" und „Stärke" oder eine Zeichnung, die für Sie diese Begriffe versinnbildlicht. Lassen Sie sich diese Begriffe durch den Kopf gehen. Denken Sie an alles, was Sie durch Ihre Kraft umsetzen können. Visualisieren Sie dann, wie auf dem Stuhl, der Ihre Kraft darstellt, eine Lichtkugel oder ein anderes passendes Symbol, das aus Licht besteht, entsteht.
Beginnen Sie dieses Licht einzuatmen und in Ihrer Mitte aufzunehmen. Fokussieren Sie sich auf Ihre Atmung und nehmen Sie Energie durch das Licht auf. Sobald Sie das Gefühl haben, Ihre gesamte Mitte und den Bauchraum gefüllt zu haben, legen Sie eine Hand unterhalb des Nabels auf den Bauch und die andere auf Ihren Solarplexus und wiederholen Sie 7-mal mit lauter und sicherer Stimme die Affirmation: „Ich bin in meiner Kraft geborgen."

Abschluss
Am siebten Tag der Übung schreiben Sie bitte mindestens 10 Aspekte auf, die Sie verwirklichen können, wenn Sie in der Kraft sind, und formulieren Sie für sich eine persönliche Definition des Begriffes „in der Kraft sein", die Sie immer wieder lesen und sich dadurch bewusst machen.

Wiederholungen
Führen Sie die Übung in dieser Woche jeden Tag in der Früh oder am Abend durch.

2. Woche:
Die Geborgenheit stärken

Dauer
eine halbe Stunde

Vorbereitung
Entspannen Sie sich bewusst durch eine tiefe und natürliche Atmung.

Übung
Nehmen Sie ein Kinderfoto von sich selbst und betrachten es jeden Morgen gleich nach dem Aufwachen, eventuell noch im Bett. So kann die Information der Übung direkt im Unbewussten gespeichert werden. Verbinden Sie sich bewusst mit Ihrem inneren Kind und visualisieren Sie, wie Sie mit ihm an Orten Ihrer Kindheit spazieren gehen. Versuchen Sie nun, dem Kind in Ihrer Visualisierung die Geborgenheit zu geben, die Sie selbst in der Kindheit gebraucht hätten. Schreiben Sie auf ein Blatt Papier jene Aspekte in Ihrem Leben, die Ihnen Geborgenheit geben.

Wenn Sie das notiert haben, listen Sie die Namen der Menschen auf, die Ihnen Geborgenheit geben oder gegeben haben sowie die Orte, Situationen und Hobbys, die für Sie ein Hort der Zuflucht sind oder waren. Listen Sie alles auf, was Sie mit Geborgenheit und Sicherheit in Verbindung bringen.

Abschluss
Am Ende der Woche versuchen Sie wahrzunehmen, ob Sie bei Ihrem inneren Kind eine Veränderung spüren. Achten Sie darauf, ob das Gefühl der Geborgenheit präsenter geworden ist.

Lesen Sie nun die Liste der Namen und der Dinge durch, die Ihnen Geborgenheit vermitteln. Hängen Sie das Blatt Papier auf Ihre Pinnwand und versuchen Sie bewusst, diese Liste in Ihr Leben zu integrieren. Finden Sie regelmäßig für die Aktivitäten und Menschen Zeit, die Ihnen Geborgenheit vermitteln.

Wiederholungen
Führen Sie die Übung im Laufe der Woche 1-mal pro Tag durch.

3. Woche:
Kontakt mit der inneren Stimme in uns aufnehmen

Dauer
eine halbe Stunde

Vorbereitung
Der ideale Zeitpunkt, um diese Übung durchzuführen, ist kurz vor dem Schlafengehen, sodass die Eindrücke und Impulse der Übungen auf der Ebene des Unbewussten aufgenommen werden können.

Übung
Nehmen Sie 2 Sessel und positionieren diese einander gegenüber. Setzen Sie sich auf einen der Stühle und auf den anderen legen Sie ein Blatt Papier, auf das Sie folgende Worte schreiben: „Ich vertraue meiner inneren Stimme und lasse mich von ihr führen." Sie können stattdessen auch ein Bild, das für Sie Sinnbild der Weisheit ist, verwenden. Schließen Sie die Augen. Legen Sie eine Hand auf den Solarplexus und die andere auf Ihr Herz, atmen Sie tief und entspannt 5- bis 10-mal ein und aus. Öffnen Sie nun die Augen und fühlen Sie, wie der Sessel Ihnen gegenüber auf Sie wirkt. Beantworten Sie nun intuitiv die Frage:

» Was lässt mich bewusst in Verbindung mit meiner inneren Stimme kommen?

Anschließend schließen Sie wieder die Augen und führen die folgende Visualisierung durch.
Folgender Text beschreibt die innere Reise, die Sie im Zuge der Übung durchführen sollten. Der Text wurde in der Du-Form geschrieben, um es Ihnen zu erleichtern, dass Sie diese Reise – geführt von der eigenen Stimme – durchführen können, indem Sie den Text aufnehmen. In diesem Fall sollten Sie den Text langsam und mit entspannter Stimme sprechen. Beachten Sie beim Aufnehmen des Textes, dass Sie die in eckigen Klammern angemerkten Pausen einhalten.

Atme 3-mal langsam und tief in den Bauch und entspanne dich.
[Pause von ca. 1 Minute]
Fühle dich frei und gelassen. [kurze Pause]
Du befindest dich am Ufer eines Flusses und sitzt dort auf einem wunderschön geschliffenen Stein. Du bist entspannt und gelassen. Du wartest fröhlich auf jemanden, der dich besuchen wird. [kurze Pause]
Wenn du genauer auf den Fluss schaust, siehst du ein Boot auf dich zukommen. Dieses Boot ist aus Holz, es ist groß und schön. Du fühlst dich weiterhin gelassen und entspannt. [kurze Pause]
Das Boot erreicht dich und du fühlst dich frei und gelassen.
In diesem Boot sitzt ein alter weiser Mann oder eine alte, weise Frau. Das Gesicht ist gütig und die Augen strahlen Weisheit und jene Zufriedenheit aus, die man nur hat, wenn man weiß, man hat das Leben in Verbindung mit dem eigenen Naturell gelebt. Entspanne dich und fühle in dir die Kraft dieser Begegnung. [kurze Pause]
Blicke nun der Person, die auf dich wartet, in die Augen. [kurze Pause]

Mit sicheren und freundlichen Gesten kommt sie auf dich zu. Du kannst ihr alle deine offenen Fragen, deine Träume und Wünsche erzählen. Du bist gelassen, bewusst und vertrauensvoll. Du wirst ins Boot eingeladen. Steig ein und setze dich hin. Das Boot setzt sich in Bewegung und so wie der Fluss deiner Lebenszeit, der immer weiter vorwärts fließt und nicht aufgehalten werden kann, fahrt ihr weiter. Entspanne dich und fühle dich frei. [kurze Pause]
Beobachte, wie sicher du dich fühlst, während das Boot seinen Weg weiterfährt. [kurze Pause]
Das Boot fährt auf dem Fluss und du beobachtest die Vielfalt des Lebens an beiden Ufern. [Pause]

Während der gesamten Reise ist dein Begleiter immer neben dir. Er symbolisiert deine Intuition. Erzähle ihm deine aktuellen Fragen, Sorgen und Hoffnungen. [längere Pause von ca. 2 bis 3 Minuten]
Vertraue darauf, dass du eine hilfreiche und konkrete Antwort und Unterstützung bekommen wirst. Atme tief. Entspanne dich und öffne langsam die Augen.

Wenn Sie diese Übung regelmäßig durchführen, werden Sie bemerken, dass Sie Ihre Intuition immer besser spüren. Durch diese innere Meditation könnte es sein, dass die Begegnung auch im Traum passiert und dass Sie wertvolle Antworten durch die inneren Reisen in Ihren Träumen erlangen.

Abschluss
Am Ende der Woche schreiben Sie einen Einladungsbrief an Ihre Intuition und bedanken sich bei ihr. Lesen Sie anschließend in einem entspannten Zustand Ihren Brief, verbrennen Sie ihn und verstreuen seine Asche bei den Wurzeln eines Baumes.

Wiederholungen
Führen Sie diese Übung täglich durch. Falls das nicht möglich sein sollte, zumindest 2-mal pro Woche, um einen nachhaltigen Zugang zur eigenen inneren Stimme zu erlangen.

4. Woche:
Ein inneres Zuhause gestalten

Wirkung
Bei dieser Übung geht es um die Steigerung des Gefühls der Selbstsicherheit und des Selbstwertgefühls

Dauer
ca. 1 Stunde

Vorbereitung
Finden Sie einen Ort, wo Sie sich ungestört entspannen können. Legen Sie sich hin, atmen Sie tief abwechselnd in den Brustkorb und in den Bauch, bis Sie einen Zustand tiefer Entspannung erreicht haben. Sie sollten diese Visualisierungsübung unbedingt in einem entspannten Zustand durchführen.

Übung

Sie können eventuell den folgenden Text, der Sie durch diese Reise führt und der zu diesem Zweck in der Du-Form verfasst wurde, mit Ihrer eigenen Stimme mit einem Diktiergerät aufnehmen und sich von dieser Aufnahme begleiten lassen. Beachten Sie beim Aufnehmen des Textes, dass Sie die in eckigen Klammern angemerkten Pausen einhalten. Während der Durchführung der Übung könnten Sie zusätzlich zur Aufnahme auch Entspannungsmusik mit Naturgeräuschen im Hintergrund laufen lassen.

Entspanne dich, atme tief und fühle dich frei und gelassen. [Pause]
Durchwandere geistig deinen ganzen Körper.
[längere Pause von 2 bis 3 Minuten]

Wenn du nun entspannt bist, visualisiere dich an einem wunderschönen Naturort. [kurze Pause]
Du gehst nun zu einem schönen Platz, einem Ort der Ruhe und der Kraft. Auf dem Weg dorthin gehst du auf einem Waldpfad. [kurze Pause zur Visualisierung]
Links und rechts vom Weg siehst du Blumen, Pflanzen und viele schöne, lebendige Naturelemente. Entspanne dich, geh weiter auf dem Weg, genieße die Geräusche, die Gerüche, den Duft der Blüten und die warme, strahlende Kraft der Sonne. [kurze Pause zur Visualisierung]
Du kommst jetzt an eine Waldlichtung. Dort, mitten auf der Wiese gibt es einen Platz, der für dich ab jetzt dein inneres Zuhause sein wird.
[kurze Pause]

Baue nun bitte den Platz auf. Er kann eine Hütte oder ein Holzhaus sein. Entscheide dich für jene Behausung, die dein inneres Zuhause versinnbildlicht und für dich stimmig ist.
Beginne damit, die Grundstruktur entstehen zu lassen. Du kannst jedes Mal, wenn du das Bedürfnis danach hast, wieder hierher zurückkommen und dein inneres Zuhause verändern und umgestalten. [kurze Pause]

Bitte, gehe jetzt dorthin, wo du eine schöne Terrasse finden kannst oder entstehen lassen möchtest. Auf dieser Terrasse triffst du nun jemanden, der dir Trost, Halt und Unterstützung gibt. Dieser Helfer empfängt dich mit einer liebevollen Umarmung. [kurze Pause]
Setze dich und erzähle ihm, wie es dir geht und was du brauchst. [kurze Pause]
Fühle seine Anwesenheit, die dir Geborgenheit gibt.
[Pause]

Wenn du dich müde fühlst, gib dem Impuls nach und schlafe mit dem Bewusstsein ein, dass du unterstützt und begleitet wirst und nicht allein bist. Atme tief und entspanne dich, fühle dich frei und gelassen. Jederzeit kannst du wieder zurück zu deinem inneren Zuhause kommen, dich mit deinem Helfer unterhalten und dort auch andere Menschen treffen, um dich auszutauschen.
Gestalte dir dein Zuhause so, dass du dort Geborgenheit erfahren kannst, deine Stärken wahrnehmen und dich dabei entspannen kannst. [kurze Pause]

Nimm die Eindrücke mit allen deinen Sinnen wahr. Was siehst du, was hörst du, was riechst du, was fühlst du? [Pause]
Verändere alles, was dich stört, und richte diesen Platz so ein, dass er sich für dich gut anfühlt. [Pause]
Du kannst jederzeit an diesen Ort zurückkehren und dich entspannen.
Atme tief und öffne langsam die Augen.

Abschluss
Wenn es Ihnen passend erscheint, machen Sie einen Spaziergang und lassen Sie sich die Bilder der Meditation durch den Kopf gehen.

Wiederholungen
Diese Übung sollten Sie in dieser Woche mindestens 3- bis 4-mal wiederholen. Wenn es für Sie stimmig ist, könnten Sie ein Plakat mit Bildern, die Ihr inneres Zuhause symbolisieren, gestalten oder zeichnen.
Hängen Sie diese Zeichnung oder Collage für 2 bis 3 Wochen auf, sodass Sie im Vorbeigehen immer wieder einen Blick darauf werfen können.

5. Woche:
Schritte des neuen Weges setzen

Wirkung
Diese Übung unterstützt beim Definieren der nächsten Schritte und Ziele, die uns den Weg zur Veränderung ebnen.

Dauer
Teil 1: 1 Stunde
Teil 2: 20 Minuten

Vorbereitung
Sammeln Sie einige Bilder, die die unterschiedlichsten Straßenformationen zeigen – gerade, kurvenreiche, hügelige oder alpine Straßen. Sie können diese Bilder aus Magazinen heraussuchen oder von Webseiten. Drucken Sie diese Bilder im Format A4 oder A5 aus.

Übung

Teil 1:
Setzen Sie sich am Boden auf einen Polster. Rund um sich legen Sie die Bilder der Straßen. Beobachten Sie entspannt diese Bilder, Fotos oder Ausdrucke.

Atmen Sie tief und versuchen Sie, einen entspannten Zustand zu erreichen. Betrachten Sie nun Ihr Leben von der Vergangenheit bis zum heutigen Tag als eine Reise.

» Welche der Straßen, die vor mir auf dem Boden liegen, könnte die Metapher meiner Lebensreise sein?

Wenn Sie das Gefühl haben, dass ein Bild dabei ist, das Ihr Leben versinnbildlichen könnte, legen Sie das Bild gegenüber von sich auf und schieben Sie die anderen zur Seite.

Atmen Sie tief und bewusst, schließen Sie die Augen und versuchen Sie, ein Gefühl der tiefen Entspannung zu erreichen. Fokussieren Sie sich auf die Frage:

» Welches Bild einer Straße bringt mein Gefühl für meinen zukünftigen Weg zum Ausdruck?

Anschließend öffnen Sie die Augen, nehmen die Bilder, die Sie zur Seite gelegt haben, zur Hand und suchen eines aus, das Ihren zukünftigen Weg beschreibt. Sollte kein passendes dabei sein, zeichnen Sie die Straße Ihres zukünftigen Lebens auf.

Legen Sie nun beide Bilder vor sich hin. Betrachten Sie diese Bilder für einige Minuten, atmen Sie weiter tief und entspannt. Beantworten Sie dann folgende Fragen schriftlich oder innerlich für sich selbst:

» Wie war mein Lebensweg bis jetzt?
» Fließend oder voller Stolpersteine?
» Gerade, kurvenreich oder ein Bergauf und Bergab?
» Welche Straße symbolisiert am klarsten mein zukünftiges Leben?
» Was sind die nächsten 5 Schritte, die ich auf diesem Weg setzen möchte und werde?
» Was unterstützt mich in der Verwirklichung dieser Schritte und was blockiert mich dabei?
» Welche Fähigkeiten und Ressourcen brauche ich, um diese Schritte zu setzen?
» Welche Menschen können mir helfen, diese Schritte umzusetzen?
» Welche innere Einstellung brauche ich für diese Schritte?

Nachdem Sie alle Fragen beantwortet haben, schließen Sie die Augen und fokussieren sich auf Ihre Mitte. Atmen Sie einige Male tief in den Bauch und lesen Sie Ihre Antworten durch.

Nehmen Sie 5 A-4-Blätter aus starkem Papier oder Buntpapier, das etwas dicker ist als herkömmliches Kopierpapier. Schreiben Sie nun auf diese Blätter jeweils einen der ersten 5 Schritte Ihres zukünftigen Weges und ordnen Sie sie chronologisch oder nach Priorität. Breiten Sie dann die Blätter auf dem Boden aus und stellen Sie sich abwechselnd auf jedes dieser Blätter. Stehen Sie nun auf einem Blatt, wiederholen Sie mindestens 10-mal mit lauter Stimme den darauf formulierten Schritt in der Präsensform, so, als ob Sie ihn jetzt verwirklichen würden. Schreiben Sie nun auf die Rückseite des Blattes alle Hilfen, die Ihnen in den Sinn kommen, um diesen Schritt umsetzen zu können.

Führen Sie diesen Vorgang für jedes dieser 5 Blätter durch.

Teil 2:

Nachdem Sie den Hauptteil der Übung durchgeführt haben, nehmen Sie an den übrigen Tagen der Woche jeweils die Blätter der 5 Schritte zur Hand und positionieren diese nach Ihrer Prioritätsordnung auf dem Boden. Stellen Sie sich darauf und wiederholen Sie einige Male laut Ihre Formulierung zum jeweiligen Schritt.

Stellen Sie sich vor, dass die Wörter, die das Ziel beschreiben, zu Licht werden und Sie diese Information durch Ihre Füße aufnehmen. Fühlen Sie, wie das Licht von den Füßen in Richtung Körpermitte fließt und Ihren Bauch erfüllt.

Wiederholen Sie diesen Vorgang für alle 5 Blätter und massieren Sie anschließend Ihre Mitte kreisförmig mit übereinander gelegten Händen. Nun wiederholen Sie 3-mal die Affirmation: „Ich bin geborgen in meiner Kraft und ich bin auf dem richtigen Weg."

Abschluss
Am Ende der Woche nehmen Sie Ihre Aufzeichnungen und alle 5 Blätter zur Hand und verbrennen sie. Übergeben Sie dann die Asche dem Wind auf einer hochgelegenen Wiese.

Hängen Sie das Bild jener Straße auf, die Ihren zukünftigen Lebensweg darstellt, und schreiben Sie auf die Rückseite die 5 Schritte, die Sie für diese Übung formuliert haben.
Alle 14 Tage oder 1-mal im Monat betrachten Sie dann das Bild und gehen Ihre Schritte durch.

Wiederholungen
Führen Sie den **Teil 1** 1-mal in der Woche und den **Teil 2** jeden Tag durch.

Übung für Heilungsimpulse
Übung 16: Begegnung mit dem inneren Mann und der inneren Frau

Wirkung
Durch diese Übung treten Sie mit Ihren männlichen und weiblichen Seiten in Kontakt. Sie können auf der Gefühlsebene durch die Bilder der Übung Ihren weiblichen und männlichen Persönlichkeitsanteil erfahren; dadurch bekommen Sie einen konstruktiven Zugang zu diesen kreativen Kräften.

Dauer
ca. 45 Minuten für den ersten Schritt, später noch 3-mal 45 Minuten (innerhalb eines Monats) und abschließend nochmals eine halbe Stunde

Vorbereitung
Um diese Übung durchzuführen, suchen Sie sich einen ruhigen Platz, am besten einen Ort in der Natur, an dem es fließendes Wasser gibt –

ein Bach oder ein Wasserfall wären ideal. Der Wasserfall symbolisiert, archetypisch betrachtet, die Verbindung der männlichen und weiblichen Aspekte. Wenn es Ihnen nicht möglich sein sollte, solch einen Ort physisch zu besuchen, können Sie ihn auch visualisieren.

Sollten Sie die Übung zu Hause durchführen, empfehle ich, im Hintergrund eine CD abzuspielen, auf der Geräusche von fließendem Wasser zu hören sind.

Übung
Entspannen Sie sich und atmen Sie tief. Lehnen Sie sich, wenn Sie die Übung in der Natur durchführen, an einen Baumstamm oder setzen Sie sich zu dem Bach oder Wasserfall. Schließen Sie die Augen, atmen Sie tief und entspannen Sie sich gut. Visualisieren Sie mit geschlossenen Augen Ihre innere Frau und Ihren inneren Mann. Wenn Sie eine Frau sind, beginnen Sie mit der inneren Frau, sind Sie ein Mann, so fangen Sie mit dem inneren Mann an zu arbeiten. Versuchen Sie bewusst zu spüren, wie sich die innere Frau sowie der innere Mann anfühlen. Nehmen Sie ihre Wirkung wahr und spüren Sie in sich hinein. Lassen Sie ihr/sein Aussehen auf sich wirken und beobachten Sie, wie Sie darauf reagieren. Versuchen Sie, im Anschluss daran zu spüren, wie der innere Mann auf die innere Frau wirkt und umgekehrt.

Dann visualisieren Sie, wie sich beide gegenüberstehen und einander in die Augen blicken; ein goldener Lichtstrahl – oder wählen Sie dafür eine Farbe, die für Sie stimmig ist – verbindet die Herzen der beiden. Wenn es Ihnen passend erscheint, verschmelzen Mann und Frau ineinander und werden zu Licht, das anschließend in Ihr Herz fließt.

Sollte diese Übung nicht auf Anhieb funktionieren, so probieren Sie sie einfach ein paar Tage später noch einmal. Es ist empfehlenswert, diese Meditationsübung so lange durchzuführen, bis die Verbindung der beiden Archetypen liebevoll und natürlich entsteht.

Legen Sie abschließend die Hände auf Ihr Herz und bedanken Sie sich bei Ihrer inneren Frau und dem inneren Mann, weil sie es Ihnen ermöglichen, Ihre Lebensvision in die Realität umzusetzen.

Optimal ist es, diese Übung 4-mal, und zwar 1-mal pro Woche, durchzuführen.

Beantworten Sie im Zuge dessen nach jeder Meditation folgende Fragen:

» Mit welchem Archetypus fühle ich mich mehr verbunden?
» Steht mir die innere Frau oder der innere Mann näher?
» Wie unterstützt mich mein innerer Mann im Leben?
» Wie unterstützt mich meine innere Frau im Leben?

Abschluss
Am Ende der 4 Wochen sollten Sie sich, nachdem Sie die Übung 4-mal durchgeführt und unterschiedliche Antworten auf die Fragen notiert haben, erneut hinsetzen und folgende Fragen beantworten.

» Welches Ritual, das ich im Alltag durchführe, verbindet mich mit der Kraft des inneren Mannes?
» Welches Ritual, das ich im Alltag durchführe, verbindet mich mit der Kraft der inneren Frau?
» Wie unterstützen mein innerer Mann und meine innere Frau mein inneres Kind?

Lassen Sie nochmals 14 Tage vergehen, dann lesen Sie alle Aufzeichnungen aufmerksam durch und schreiben je einen Einladungsbrief an den inneren Mann und an die innere Frau. Optimal wäre es, einen individuellen Brief sowohl an den inneren Mann als auch an die innere Frau zu adressieren und ein Schreiben an beide als Paar, wobei auch das innere Kind integriert ist.

Lesen Sie diese Briefe 1 Woche lang jeden Tag vor dem Schlafengehen durch. Verbrennen Sie die Briefe nach dieser Frist und streuen Sie die Asche rund um einen Baum, der einen kräftigen Stamm besitzt und der auf einer schönen Wiese steht.

Wiederholungen
Führen Sie diese Übung 1-mal pro Woche 4 Wochen lang durch.

Innere Reisen
Innere Reise 2: „Achtsamkeitstraining"

Diese innere Reise finden Sie auf den CDs, die Sie separat erwerben können.

Wirkung
Diese Übung lässt uns die eigene Selbstwahrnehmung entwickeln und ermöglicht, einen gelassenen Umgang mit den Emotionen zu entfalten. Durch die bewusste Entfaltung der Beobachtungsgabe gelingt es, aus den automatisierten Reaktionsmustern auszusteigen und mit mehr Selbstvertrauen durchs Leben zu gehen.

Dauer
30 Minuten

Vorbereitung
Setzen Sie sich entspannt hin und atmen Sie 5-mal in den Bauch. Beobachten Sie dann den natürlichen Rhythmus der Atmung und entspannen Sie sich.

Übung
Hören Sie sich entspannt die geführte Reise an. Achten Sie bewusst auf die Reaktionen Ihres Körpers während des Zuhörens.

Abschluss
Atmen Sie entspannt und gehen Sie anschließend in der Natur spazieren.

Wiederholungen
Hören Sie sich die innere Reise über einen Zeitraum von 4 Wochen 1-mal in der Woche an.

Innere Reisen
Innere Reise 3: „Den emotionalen Fluss harmonisch erleben"

Diese innere Reise finden Sie auf den CDs, die Sie separat erwerben können.

Wirkung
Diese Übung unterstützt den Prozess des Loslassens. Die inneren Bilder der Reise lassen eine tiefe Verbindung und Vertrauen zur eigenen Intuition entwickeln.

Dauer
40 Minuten

Vorbereitung
Setzen Sie sich entspannt hin und denken Sie an einen langsam strömenden Fluss und atmen Sie 5-mal in den Bauch.

Übung
Sie könnten die Inhalte des Dialoges mit dem Begleiter notieren und beim Wiederholen der Übung immer wieder mit den älteren Aufzeichnungen vergleichen.

Abschluss
Atmen Sie entspannt und fokussieren Sie sich auf das Bild des fließenden Gewässers.

Wiederholungen
Führen Sie diese Übung über einen Zeitraum von 4 Wochen 1-mal in der Woche durch.

Innere Reisen
Innere Reise 4: „Begegnung mit der inneren Frau und dem inneren Mann"

Diese innere Reise finden Sie auf den CDs, die Sie separat erwerben können.

Wirkung
Diese geistige Übung sendet einen Impuls an Ihr Unbewusstes, der Sie dazu befähigt, den Weg der Aussöhnung mit Ihrem inneren Mann, Ihrer inneren Frau und Ihrem inneren Kind mit einer höheren Motivation beschreiten zu können. Die bewusste Integration dieser Persönlichkeitsanteile öffnet den Zugang zu tief verborgenen Talenten und verdeckten, persönlichen Ressourcen.

Dauer
40 Minuten

Vorbereitung
Setzen Sie sich entspannt hin und denken Sie an eine weite Wiese und atmen Sie langsam.

Übung
Atmen Sie entspannt und versuchen Sie mit allen 5 Sinnen Ihre inneren Bilder zu erfassen.

Abschluss
Gehen Sie spazieren und lassen Sie die Bilder der inneren Reise nachwirken.

Wiederholungen
Führen Sie diese Übung über einen Zeitraum von 4 Wochen 1-mal in der Woche durch.

Übungsteil 3
Impulse für die emotionale Heilung setzen

Dieser Übungsteil wurde konzipiert, um eine bewusste Auseinandersetzung mit den eigenen Verletzungen zu bewirken und um sie aufzuarbeiten. Das Hauptziel dieser Übungen ist, sich mit dem emotionalen Aspekt der Verletzungen zu verbinden und über die Art und Weise zu reflektieren, wie diese Verletzungen uns schützen und gleichzeitig auch unsere Authentizität einschränken. Es ist empfehlenswert, zuerst diesen Übungsteil durchzuführen und dann den nächsten, wo man anhand des Tests genauer erkennen kann, von welcher Verletzung man beeinflusst wird.

Sie können das zielorientierte Übungsprogramm wählen oder zuerst alle Übungen durchlesen und dann als Erstes die Übung, die Sie am meisten berührt, durchführen. In diesem Fall sollte die Ausführung der Übung nach der eigenen Intuition erfolgen. Außerdem sollte man sich auf 2, maximal 3 Übungen konzentrieren und sie innerhalb des empfohlenen Zeitraums durchführen.

Zielorientiertes Übungsprogramm

Ziel: Impulse für die emotionale Heilung setzen und sich in zwischenmenschlichen Beziehungen öffnen

Dauer
4 Wochen

1. Woche:
Führen Sie die **Übung 17** 1-mal und die **Übung 18** jeden Tag durch.

2. Woche:
Führen Sie die **Übung 19** jeden Tag durch.

3. Woche:
Beschäftigen Sie sich mit der **Übung 20** jeden Tag in dieser Woche.

4. Woche:
Arbeiten Sie 1-mal in dieser Woche mit der **Übung 17** und jeden Tag mit der **Übung 18**.
Wenn es Ihnen passend erscheint, hören Sie 1- bis 2-mal in der Woche die geführte innere Reise **„Den emotionalen Fluss harmonisch erleben"** auf der CD „Innere Reisen der Heilung" an.

Selbstreflexionsübung
Übung 17: Erkennen der emotionalen Verletzungen

Wirkung
Diese Übung ermöglicht es, mit den eigenen emotionalen Grundmustern in Verbindung zu treten.

Dauer
Für den ersten und zweiten Teil der Übung 2 bis 3 Stunden am 1. Tag, für den dritten Teil dann 1 Stunde am 2. Tag

Vorbereitung
Wählen Sie für diese Übung am besten einen Tag aus, an dem Sie Urlaub haben oder über freie Zeit verfügen und an dem Sie idealerweise allein sind.

Übung

Diese Übung besteht aus 3 Teilen. Führen Sie die ersten beiden Teile der Übung am selben Tag durch und legen Sie dazwischen eine Pause ein. Am folgenden Tag führen Sie den dritten Teil durch.

1. Teil:
Betrachten Sie Fotos, die Ihre Kindheitstage dokumentieren. Achten Sie darauf, welche Gefühlslage Sie aus der Körpersprache und aus den Augen Ihres jüngeren Ichs herauslesen können.

Beobachten Sie, wie die anderen Familienmitglieder auf Sie wirken, und versuchen Sie bewusst zu spüren, wie Sie sich fühlen, wenn Sie mit diesen Bildern aus der Vergangenheit konfrontiert werden.
Wenn Sie das Gefühl haben, genug Zeit mit den Fotos verbracht zu haben, und Ihrer damaligen Gefühlslage näher gekommen sind, dann beantworten Sie die Fragen im nächsten Abschnitt.
Sollten Sie keine Fotos aus der Kindheit zur Verfügung haben, können Sie stattdessen Folgendes tun: Legen Sie sich frei und gelassen hin und schließen Sie die Augen. Lassen Sie nun langsam die Erinnerungen an Ihre frühen Jahre aus der Tiefe des Unbewussten emporsteigen.

Wenn Sie die Übung auf diese Art und Weise durchführen, verbinden Sie sich mit den ersten Erinnerungen, die Ihnen auf Anhieb einfallen. Gehen Sie so weit in Ihre Jugendjahre zurück, wie es Ihnen möglich ist. Gestalten Sie diese innere Reise auf spielerische Art und Weise; nehmen Sie die Bilder, die sich zeigen, einfach an, ohne ein Urteil zu fällen und ohne sie in irgendeine Richtung lenken zu wollen.

Wenn Sie eine emotionale Verbindung mit Ihrer Kindheit aufgenommen haben, beenden Sie diesen Teil der Übung. Nachdem Sie die Augen wieder geöffnet haben, lassen Sie sich zunächst ein wenig Zeit, um sich zu sammeln, und führen Sie den nächsten Teil der Übung durch.

2. Teil:
Setzen Sie sich in einer bequemen Position hin. Lesen Sie sich folgende Fragen durch und beantworten Sie dann eine nach der anderen, indem Sie die Antworten auf die Fragen aufschreiben, ohne eine Pause zu machen.
Benutzen Sie vor allem Adjektive, um den emotionalen Zustand Ihrer Kindheit zu definieren, und lesen Sie sich die Antworten erst dann durch, wenn alle Fragen beantwortet sind:

- » Wie würde ich mich als Kind beschreiben?
- » War ich ein glückliches und offenes Kind oder traurig und zurückgezogen?
- » Welche Verletzungen habe ich in der Kindheit erlitten, die mir noch heute in Erinnerung geblieben sind?
- » Welche Menschen habe ich verletzt?
- » Wie habe ich als Kind reagiert, wenn ich verletzt wurde?
- » Habe ich mich zurückgezogen, war ich traurig, wütend oder verzweifelt?
- » Habe ich gekämpft oder rebelliert?
- » Habe ich den Menschen, der mich verletzt hat, auch verletzt?
- » Welche tiefen Verletzungen sind mir aus der Zeit der Kindheit oder Pubertät in Erinnerung geblieben und welche aus meinen späteren Lebensjahren bis hin zum heutigen Tag?

Listen Sie die Verletzungen intuitiv so auf, wie sie Ihnen in Erinnerung kommen, und notieren Sie dazu, wie sich der Auslöser der Verletzung gestaltete. Vermerken Sie dabei insbesondere, welche Person Sie verletzt hat. Schreiben Sie in weiterer Folge zu jeder Verletzung dazu, wie Sie darauf reagiert haben.

- » Von welchen Gefühlen wurde meine Reaktion begleitet?
- » Wie reagiere ich heute, wenn mich jemand verletzt, der mir nahesteht?

Nachdem Sie alle Fragen beantwortet haben, lesen Sie sich die Antworten langsam, aufmerksam und konzentriert durch. Danach schließen Sie für einige Minuten die Augen, richten den Oberkörper auf und legen beide Hände auf den Bauch unterhalb des Nabels. Atmen Sie tief. Entspannen Sie sich und versuchen Sie zu fühlen, wie Sie reagieren, wenn Sie verletzt werden. Oft handelt es sich um unterschiedliche Emotionen, die sich eine nach der anderen im Bewusstsein manifestieren. Machen Sie sich diese Emotionen in ihrer Gesamtheit langsam bewusst, behandeln Sie sie verständnisvoll und bleiben Sie liebevoll zu sich selbst. Wenn Sie das Gefühl haben, entspannt zu sein und darüber Bescheid zu wissen, wie Sie reagieren, wenn Sie verletzt werden, beantworten Sie diese letzten Fragen:

» Wie reagiere ich, wenn ich verletzt werde, und wie fühle ich mich in dieser Situation?
» Welche Emotionen kommen hoch, wenn ich verletzt werde?
» Kann ich bestimmen, in welcher Reihenfolge diese Emotionen auftauchen? (Werde ich z.B. zuerst traurig und fassungslos, dann wütend und ziehe mich dann in die Isolation zurück?)

Halten Sie schlussendlich alle Veränderungen, die Sie feststellen konnten, schriftlich fest. Schlafen Sie eine Nacht darüber.

3. Teil:
Am nächsten Tag lesen Sie alle Ihre Aufzeichnungen durch und beantworten Sie folgende Fragen:

» Wie fühlt sich mein emotionaler Schmerz an?
» Welche Emotionen und Gefühle sind damit verbunden?

Setzen Sie sich entspannt hin, schließen Sie die Augen und legen Sie eine Hand auf die Mitte Ihrer Brust. Versuchen Sie, Ihre Gefühle zu spüren und atmen Sie sie langsam aus. Wenn Sie eine gewisse

Erleichterung fühlen, dann atmen Sie ruhig weiter und spüren dabei bewusst Ihre Füße.

Schreiben Sie dann eine Art Absichtserklärung, um Ihren Schmerz in Kraft umzuwandeln, die etwa so aussehen kann:
„Ich lasse bewusst meinen Schmerz los und ich bitte meine innere Stimme, mir den Heilungsweg zu zeigen. Ich bitte darum, meinen Schmerz in Liebe umzuwandeln, und um die Kraft, verzeihen zu können."

Lesen Sie dann alle Ihre Antworten auf die Fragen durch und verbrennen Sie sie in einer mit Alufolie ausgekleideten, feuerfesten Schale. Während das Feuer brennt, lesen Sie sich Ihre Absichtserklärung laut vor.

Abschluss
Streuen Sie symbolisch die Asche in einen Fluss. Bewahren Sie die Absichtserklärung einen Monat lang auf und lesen Sie das Schriftstück an den darauffolgenden 4 Wochen 1-mal pro Woche durch. Wenn es Ihnen passend erscheint, verbrennen Sie auch dieses Schriftstück und verstreuen die Asche symbolisch an einem sonnigen Tag auf einer Wiese in den Wind. Der geeignetste Zeitpunkt dafür ist der Morgen, da er als Symbol für einen Neubeginn steht.

Wiederholungen
Führen Sie die Übung 2-mal im Abstand von 2 Wochen durch.
Beobachten Sie im Laufe der Tage, wie Sie sich in Bezug auf Ihre emotionalen Reaktionen verändern. Wiederholen Sie die Übung 2 Monate später noch einmal und beobachten Sie, was sich verändert hat.

Übung für Heilungsimpulse
Übung 18: Den emotionalen Fluss aktivieren

Wirkung
Die Übung sollte besonders dann durchgeführt werden, wenn Sie eine seelische Last mit sich tragen. Eine gewisse Regelmäßigkeit unterstützt das emotionale Fließen, sodass Sie sofort und intuitiv die positive und konstruktive Seite an der Sachlage erkennen können.

Dauer
eine halbe Stunde

Vorbereitung
Achten Sie darauf, dass Sie nicht gestört werden können. Wenn Sie möchten, kann im Hintergrund Ihre Lieblingsmusik laufen.

Übung
Setzen Sie sich aufrecht hin, schließen Sie die Augen und legen Sie eine Hand auf den Bauch unterhalb des Nabels, während die andere auf dem Solarplexus ruht. Beginnen Sie nun ganz entspannt und ruhig – ohne Druck – zu atmen; fühlen Sie den natürlichen Rhythmus der Atmung.

Konzentrieren Sie sich dann auf Ihr Herz und fühlen Sie, welche Emotion oder welches Gefühl Sie belastet, beschäftigt oder auch blockiert. Konzentrieren Sie sich darauf und nehmen Sie wahr, wie sich Ihr Körper anfühlt, wenn Sie in diesem Gefühlszustand sind. Beobachten Sie, wo dieses Gefühl im Körper sitzt. Je nachdem, wo Sie es wahrnehmen, visualisieren Sie nun, wie Sie es aus diesem Bereich als dunkles Licht ausatmen. Dieses dunkle Licht fließt dann in die Erde hinein. Wiederholen Sie diese Atmung 5- bis 10-mal, bis Sie Erleichterung verspüren. Danach lassen Sie den Atem einfach fließen und erspüren, welches positive Gefühl Sie dabei unterstützen könnte, diese Emotion zu bewältigen und sie in eine positive Empfindung umzuwandeln.

Stellen Sie sich vor, dass Sie helles, goldenes Licht einatmen. In diesem Licht ist das positive Gefühl, das Sie sich zuvor vorgestellt haben, gespeichert. Atmen Sie diese angenehme Gefühlsqualität ein und fühlen Sie, wie sich dieses Licht in jenem Körperbereich sammelt, in dem zuvor das belastende Gefühl lokalisiert war. Wenn man beispielsweise *Angst* ausgeatmet hat, dann könnte in dem goldenen Licht *Liebe*, *Mut* oder *Vertrauen* gespeichert sein. Atmen Sie diese neue Qualität weiterhin tief ein und beobachten Sie dann, wie sie sich zuerst im Herzen sammelt und dann tiefer sinkt, um in den Bauch zu fließen und sich dort zu speichern.

Wenn Sie das Gefühl haben, dass Sie das Neue verinnerlicht haben, legen Sie beide Hände übereinander auf den Bauch und massieren ihn etwa 15-mal kreisförmig im Uhrzeigersinn rund um den Nabel. Formen Sie danach mit den Händen eine Schale, indem Sie sie übereinanderlegen, und halten Sie diese vor Ihr Herz.

Am Ende der Übung können Sie sich auch, während Sie die Hände in Form einer Schale vor dem Herzen halten, am Ufer eines fließenden Gewässers sitzend visualisieren. Führen Sie sich vor Augen, wie Sie in Flussrichtung gewandt das Fließen des Wassers beobachten.

Abschluss

Wenn es Ihnen passend erscheint, so bedanken Sie sich für Ihre innere Kraft und für die Möglichkeit, das Belastende in eine positive, konstruktive Kraft zu transformieren. Machen Sie sich bewusst, dass alles umgewandelt werden kann; in jeder Blockade ruht ein schöpferisches Potenzial, das Sie vorwärtsbringen kann.

Wiederholungen

Führen Sie diese Übung wöchentlich 2- bis 3-mal durch, idealerweise kurz vor dem Schlafengehen, da man sich dann am leichtesten von etwaigen belastenden Gefühlen des Tages befreien kann.

Selbstreflexionsübung und Heilungsimpulse
Übung 19: Spaziergang mit den Emotionen

Wirkung
Diese Übung verhilft dazu, die Kraft unserer Emotionen und Gefühle wahrzunehmen und uns ihre positive Transformation bewusst zu machen.

Dauer
ca. 1 Stunde

Vorbereitung
Führen Sie diese Übung nach Möglichkeit in der freien Natur durch. Gehen Sie barfuß auf einer Wiese und verbinden Sie sich bewusst mit der Erde. Andernfalls visualisieren Sie sich auf einer Wiese.

Übung
Nachdem Sie Verbindung mit der Erde aufgenommen haben, legen Sie die Hände auf den Bauch. Atmen Sie 5-mal tief in den Bauch ein, dann lassen Sie 5 tiefe Atemzüge in den Brustkorb fließen. Legen Sie danach die Hände auf Ihr Herz und spüren Sie in sich hinein, welche Emotion oder welches Gefühl Sie belastet; fühlen Sie ebenso, welche positive Gefühlsregung Sie begleitet. Stellen Sie sich vor, dass diese Emotion aus dem Herzen herausfließt und neben Ihnen steht. Ihre Empfindung könnte eine symbolhafte Gestalt annehmen. Sie können sich zum Beispiel intuitiv vorstellen, dass Ihre Wut ein brüllender Löwe ist oder ein Ritter in Rüstung. Gehen Sie dann mit diesem Bild an Ihrer Seite spazieren, verbinden Sie sich mit ihm und lassen Sie sich auf einen Dialog mit dieser Personifikation ein. Spazieren Sie ein wenig weiter und laden Sie dazu eine weitere Emotion zu sich ein, die Ihnen dabei helfen kann, Ihren Gefühlszustand zu integrieren. Zum Beispiel könnten Sie zur Wut die innere Ruhe einladen. Sie könnte Ihnen in Form eines liebevollen Adlers erscheinen, eines Symbols für Ruhe und Weitsicht.

Wenn Sie den Spaziergang beispielsweise mit der *Angst* durchgeführt haben, dann laden Sie den *Mut* oder die *Liebe* ein. Fühlen Sie bewusst, welche positive Emotion oder welches positive Gefühl Sie dabei unterstützen kann, Ihre belastende Gefühlslage zu transformieren. Wenn nun also eine negative Emotion in Ihnen vorhanden ist, laden Sie das positive Pendant ein. Unterhalten Sie sich danach mit der positiven Emotion und erzählen Sie ihr, wie Sie gemeinsam mit ihr die kommende Zeit Ihres Lebens gestalten werden. Anschließend visualisieren Sie, wie Sie mit den beiden Empfindungen einen Kreis bilden und ihnen die Hand reichen. Stellen Sie sich mit Ihrer Visualisierungskraft vor, wie Sie die belastende Emotion dankbar verabschieden. Die positive Empfindung wird zu Licht und fließt mit dem nächsten Einatmen in Ihr Herz hinein.

Abschluss
Legen Sie eine Hand aufs Herz, die andere auf den Bauch. Atmen Sie tief und bedanken Sie sich dann für die Vielfalt an Emotionen, die Sie in Ihrem Leben erleben durften und dürfen. Denken Sie an Situationen, Menschen und Tätigkeiten, die Ihnen Freude bereiten.

Wiederholungen
Wenn Sie diese Übung inspiriert, so ist es empfehlenswert, sie über einen Zeitraum von 6 Wochen 4- oder 5-mal hintereinander durchzuführen.

Übung für bewusstes Träumen
Übung 20: Kreatives und bewusstes Träumen

Wirkung
Diese Übung hilft Ihnen dabei, aus der Verbindung mit dem Unbewussten wertvolle Hinweise über den Lebensweg zu erhalten.

Dauer
eine halbe Stunde

Vorbereitung
Achten Sie darauf, dass Sie nicht gestört werden. Stellen Sie sich neben Ihr Bett und positionieren Sie die Hände übereinanderliegend in Form einer Schale vor dem Herzen.

Übung
Visualisieren Sie ein Lichtbündel, das aus dem Herzen hinausfließt und eine goldene Straße vor Ihnen formt, die aus Ihrer Liebe besteht. Sprechen Sie nun laut die Affirmation aus: „Ich gehe den Weg meines Herzens. In diesem Leben finde ich den Weg, der für mich stimmig ist. Ich bin auf dem richtigen Weg."

Abschluss
Legen Sie sich anschließend ins Bett, schließen Sie die Augen und visualisieren Sie einen Ort in der Natur – am besten einen Wald mit mehreren Wegen, die sich vor Ihnen auftun. Sprechen Sie innerlich zu sich: „Ich entscheide mich für den richtigen Weg. Ich verwirkliche meine Lebensvision."

Wiederholungen
Führen Sie diese Übung jeden zweiten bis dritten Tag über eine Dauer von 2 bis 3 Wochen durch. Legen Sie sich dabei auch immer einen Notizblock mit Stift oder ein Aufnahmegerät zurecht, damit Sie Ihre Träume am Morgen notieren oder aufnehmen können. Es können wesentliche Hinweise für Ihre Entwicklung in den Träumen offenbart werden.

Übungsteil 4
Sich im Körper spüren

Die folgenden Übungen unterstützen die Entwicklung eines wachen Körperbewusstseins. Diese Übungen stammen aus der traditionellen taoistischen Kampfkunst.

Zielorientiertes Übungsprogramm

Ziel: **Beweglichkeit und bewusstes Atmen entfalten**

Dauer
8 Wochen

Ablauf

1. bis 8. Woche:
Führen Sie in allen 8 Wochen 1-mal pro Woche die **Übungen 21, 23** und **24** durch.

2., 4., 6. und 8. Woche:
Widmen Sie sich zusätzlich den **Übungen 22** und **25**.
Finden Sie auch Zeit für die innere Reise **„Über den Körper die Seele spüren"** von den Begleit-CDs „Innere Reisen der Heilung".

Übung für Heilungsimpulse
Übung 21: Tägliche Verbindung zur Liebe

Wirkung
Diese Übung hilft, das Gefühl der Liebe zu empfinden.

Dauer
ca. 20 Minuten

Vorbereitung
Wählen Sie einen ruhigen und bequemen Platz für die Durchführung und lassen Sie sich einfach Zeit.

Übung
Legen Sie die Hände in Form einer Schale übereinander und heben Sie sie auf Herzhöhe. Anschließend atmen Sie tief ein und aus.

Visualisieren Sie jetzt, wie Sie mit Ihren Händen die Erde – unseren blauen Planeten samt Wolken, Meer und Land – halten und aus Ihrem Herzen ein Lichtstrahl oder ein Lichtfluss zu ihr strömt. Verbinden Sie sich mit der Erde, beten Sie für sie und bedanken Sie sich dafür, dass Sie auf diesem Planeten sein dürfen. Bitten Sie auch alle anderen Menschen, die auf der Erde sind, darum, sich für die Liebe zu entscheiden und ihre Herzen zu öffnen.

Dann visualisieren Sie, wie die Erde zu einer goldenen Kugel wird und sich alles in Licht auflöst, wobei das Licht anschließend in Ihr Herz fließt. Bringen Sie die Hände in Gebetshaltung vor Ihr Herz und sprechen Sie all das laut aus, wofür Sie in Ihrem Leben dankbar sind.

Abschluss
Legen Sie eine Hand auf den Bauch, die andere auf das Herz und denken Sie an einige Aspekte Ihres Lebens, wofür Sie dankbar sind.

Wiederholungen
Führen Sie diese Übung alle 2 Wochen mit einer gewissen Regelmäßigkeit über einen Zeitraum von 3 Monaten hinweg durch.

Selbstreflexionsübung
Übung 22: Schulung der Wahrnehmung für den eigenen Körper

Wirkung
Diese Übung hilft, eine gute Beziehung zum eigenen Körper zu entwickeln.

Dauer
1 Stunde

Vorbereitung
Nehmen Sie sich Zeit, am besten an einem Tag, an dem Sie nicht arbeiten müssen und kaum Verpflichtungen nachzugehen haben. Suchen Sie sich eine angenehme Umgebung, zu Hause oder in der Natur, eventuell im Wald, am Ufer eines Flusses oder eines Baches. Wenn Sie zu Hause sind, kann angenehme Entspannungsmusik im Hintergrund laufen.

Übung
Setzen Sie sich hin (sich hinzulegen ist nicht empfehlenswert, da man bei dieser Übung leicht einschlafen kann) und beginnen Sie, 10-mal bewusst und entspannt tief zu atmen. Achten Sie darauf, ganz langsam durch den Mund auszuatmen. Fokussieren Sie nun Ihre Aufmerksamkeit auf den Körper. Beginnen Sie bei den Händen. Versuchen Sie, diese bewusst zu spüren und sich in diesen Körperteil „hineinzuatmen".
Konzentrieren Sie sich auf die Hände, eine nach der anderen, und achten Sie auf ihre Form, spüren Sie die Hautoberfläche, dann das Gefühl, das Sie in der Hand haben. Atmen Sie weiter tief und nehmen Sie die

Hand als einen Teil von Ihnen wahr. Sagen Sie zu sich: „Diese Hand gehört zu mir." Gehen Sie dann über zur anderen Hand.

Danach befassen Sie sich mit den Armen, gehen weiter zu den Schultern, zum Kopf, dann zum Becken. Fühlen Sie bewusst, wie sich das Becken anfühlt, und fühlen Sie, dass Sie gerne in Ihrem Körper sind.

Atmen Sie tief weiter. Gehen Sie nun über zu den Beinen. Fokussieren Sie sich zuerst auf das rechte Bein, von der Hüfte, über das Knie und den Knöchel bis zu den Zehenspitzen. Spüren Sie, wie das Bein mit Ihrem gesamten Körper verschmilzt, und sprechen Sie nun laut: „Dieses Bein gehört zu mir, ich nehme es an." Dann gehen Sie über zum anderen Bein und konzentrieren sich zum Schluss noch einmal bewusst auf Ihre Füße.

Wenn Sie sich in jeden Körperteil hineingefühlt haben und nun spüren, dass eine bewusste Verbindung mit jedem Teil des Körpers entstanden ist, so fokussieren Sie sich auf Ihr Herz. Konzentrieren Sie sich auf den Herzschlag und versuchen Sie, ihn bewusst wahrzunehmen.

Legen Sie eine Hand aufs Herz in der Mitte der Brust und die andere auf den Bauch – spüren Sie nun, wie das Herz das Symbol der Freude und der Lebendigkeit ist. Erlauben Sie sich, Freude zu leben.

Atmen Sie weiterhin tief. Legen Sie abschließend, wenn Sie das Gefühl haben, dass Sie und Ihr Körper gut miteinander verbunden sind, eine Hand auf Ihr Herz und die andere auf den Solarplexus, der sich knapp oberhalb des Bauches befindet. Entspannen Sie sich.

Nehmen Sie Kontakt mit den Geräuschen rund um Sie auf. Atmen Sie tief und halten Sie diese Stellung der Hände für einige Atemzüge aufrecht. Sobald Sie das Gefühl haben, dass Sie mit Ihrem Herz verbunden sind, können Sie die Übung langsam beenden.

Positionieren Sie abschließend die Hände in Gebetshaltung vor dem Brustkorb und nehmen Sie noch ein paar ruhige, tiefe Atemzüge.

Abschluss

Legen Sie sich nach dieser Übung hin und spüren Sie nach, was sich verändert hat.

Wiederholungen
Es ist empfehlenswert, diese Übung insgesamt 3 Monate lang durchzuführen und in den ersten 4 Wochen 2-mal pro Woche zu üben. Nachdem Sie die Übung verinnerlicht haben, können Sie sie auf eine Durchführung pro Woche reduzieren. Es ist auf jeden Fall ratsam, sich mindestens alle 14 Tage Zeit für diese Übung zu nehmen.
Mit zunehmender Übung wird es Ihnen immer leichter gelingen, sich mit den einzelnen Körperteilen zu verbinden. Bleiben Sie dabei dennoch aufmerksam für jeden einzelnen Teil Ihres Körpers.

Selbstreflexionsübung
Übung 23: Einfühlen in den Körper

Wirkung
Mit dieser Einfühlungsübung findet man heraus, welche Botschaft ein eventueller Schmerz oder eine Verspannung in einem bestimmten Körperteil transportiert, was uns also ein gewisser Körperbereich oder ein bestimmtes Organ mitteilen möchte. Diese Übung kommt aus dem Bereich der Kampfkunst und zielt darauf ab, zu erkennen, aus welchem Grund uns der Körper ein Zeichen gibt.

Dauer
1 Stunde

Vorbereitung
Nehmen Sie sich für diese Übung ca. 1 Stunde Zeit und suchen Sie sich einen ruhigen Ort.

Übung
Setzen oder legen Sie sich hin und berühren Sie mit den Händen Ihren Körper. Platzieren Sie zum Beispiel beide Hände auf den Bauch oder eine Hand auf das Herz und die andere auf den Bauch – oder legen Sie beide Hände verschränkt unter den Kopf. Atmen Sie tief und achten Sie

darauf, ein Gefühl der Entspannung zu erreichen. Wenn es für Sie stimmig ist, visualisieren Sie einen Lichtfluss vom Kopf bis zu den Füßen.

Wenn Sie das Gefühl haben, dass Sie den gesamten Körper spüren, richten Sie Ihre Aufmerksamkeit auf den Teil, der schmerzt. Atmen Sie nun tief in diesen Bereich und versuchen Sie, während Sie atmen, Kontakt mit dem Schmerz aufzunehmen.
Anfangs kann sich der Schmerz während der ersten Atemzüge kurzzeitig verstärken; konzentrieren Sie sich trotzdem weiterhin auf diese Empfindung und visualisieren Sie Licht, das schwingt und sich abwechselnd in unterschiedlichen Formen bewegt. Die Wahrnehmung des Lichtes erfolgt intuitiv – manchmal in Wellenform, als Spirale oder als Wirbel. Dann umhüllen und füllen Sie den schmerzenden Bereich des Körpers mit einem königsblauen Licht. Die Farbe Blau steht für Klarheit, Heilung und für die Verbindung zum Hier und Jetzt. Legen Sie nun beide Hände auf Ihr Herz und fragen Sie sich, worin die Botschaft dieses Schmerzes besteht. Häufig erhält man bei den ersten Malen der Durchführung keine Antwort.

Durch regelmäßiges, tägliches Üben in der 1. Woche sowie 2- bis 3-malige Durchführungen in der 2., 3. und 4. Woche wird der Vorgang in unserem System gespeichert und kann dann jederzeit schnell abgerufen werden. Wenn man dieselbe Stelle öfter befragt, kann man unterschiedliche Antworten erhalten und auf diese Weise immer weiter in die Tiefe vordringen. Auf diese Weise wird das Gedächtnis des Körpers befragt.

Abschluss
Umgeben Sie sich abschließend ganz mit einer Lichthülle, die Sie dabei unterstützt, die Botschaft klarer zu empfangen. Atmen Sie tief weiter.

Wiederholungen
Wenn Sie mit der Übung beginnen, ist es empfehlenswert, die ersten 6 Wochen regelmäßig 1-mal pro Woche zu üben und mit unterschiedlichen

Körperteilen zu arbeiten. Nachdem Sie den Ablauf der Übung verinnerlicht haben, können Sie sie jedes Mal durchführen, wenn Sie das Gefühl haben, dass Ihr Körper eine Botschaft sendet, mit der Sie sich bewusst auseinandersetzen sollten.

Übung für Heilungsimpulse
Übung 24: In der eigenen Mitte verwurzelt sein

Wirkung
Diese Übung ist eine Zentrierungs- und Erdungsübung. Sie aktiviert unsere energetische Mitte und verankert die innere Ruhe. Durch eine regelmäßige Durchführung der Übung ist es möglich, in die Kraft und Entspannung zu kommen.

Dauer
eine halbe Stunde

Vorbereitung
Stellen Sie sich schulterbreit hin. Entspannen Sie die Schultern, legen Sie beide Hände auf den Bauch, eine auf den Solarplexus, die andere unterhalb des Nabels. Atmen Sie 5-mal tief in den Bauch.

Übung
Verbinden Sie sich mit Ihrer Mitte, bedanken Sie sich bei Ihrem Bauch und spüren Sie in sich die Kraft. Kommen Sie nun langsam zur Ruhe und führen Sie eine kreisförmige Massage durch, wobei eine Hand den Bauch hält und Sie mit den Fingerkuppen der anderen kreisförmig im Uhrzeigersinn rund um den Nabel massieren. Massieren Sie diese Kreise rings um den Nabel sanft in den Bauch hinein.

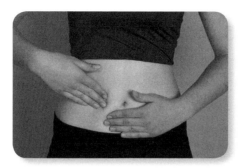

Entspannen Sie sich, atmen Sie tief in den Bauch und lassen Sie Ihre übereinanderliegenden Hände einige Zeit darauf ruhen. Fühlen Sie die Wirkung der Massage und verbinden Sie sich mit der tiefen Atmung.

Nachdem Sie für einige Sekunden nachgespürt haben, verbinden Sie den Bereich des Nabels mit dem Solarplexus, indem Sie eine Hand am Nabel liegen lassen und die andere auf den Solarplexus legen. Atmen Sie tief in dieser Position und spüren Sie bewusst Ihre Mitte.

Wiederholen Sie dabei 3-mal laut die Affirmation: „Ich bin geborgen in meiner Kraft und fühle mich sicher auf meinem Platz."

Abschluss
Legen Sie die Hände, wie in der Vorbereitung, eine auf den Solarplexus und die andere unterhalb des Nabels. Atmen Sie langsam 5-mal tief ein und aus.

Wiederholungen
Wenn Sie mit der Übung beginnen, ist es empfehlenswert, sie die ersten 3 Wochen 2- bis 3-mal pro Woche durchzuführen, bis Sie den Vorgang verinnerlicht haben. Wenn Sie die Übung beibehalten möchten, sollten Sie mindestens 1-mal pro Woche üben, um weiterhin von ihrer Wirkung zu profitieren.

Übung für Heilungsimpulse
Übung 25: Körperselbstbehandlung

Wirkung
Diese Behandlung zielt darauf ab, das Körperbewusstsein zu unterstützen und uns in der Selbstwahrnehmung ein Gefühl der Ganzheit zu verleihen.

Dauer
ca. eine halbe Stunde

Vorbereitung
Suchen Sie sich einen ruhigen Ort, an dem Sie sich hinlegen können und nicht gestört werden, und entspannen Sie sich.

Übung
Nehmen Sie eine bequeme Position ein und platzieren Sie eine Hand auf dem Bereich unterhalb des Nabels und die andere auf dem Herzen.

Bleiben Sie für 10 tiefe Atemzüge in dieser Position und spüren Sie währenddessen den natürlichen Rhythmus des Atems. Während Sie liegen, konzentrieren Sie sich bewusst auf beide Hände und versuchen Sie so, beide Bereiche des Körpers miteinander zu verbinden. Führen Sie die Hand vom Herzen zum Kreuzbein (auf Höhe des Gesäßes am Rücken) mit der Handfläche zum Körper hin.

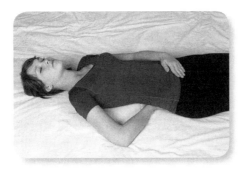

Fokussieren Sie sich auf die Verbindung zwischen der Hand, die vorne am Bauch liegt, und der Hand, die sich hinten am Kreuzbein befindet. Atmen Sie 10-mal tief. Achten Sie dabei auf eine natürliche Bauchatmung.

Dann legen Sie beide Hände auf den Bauch und bilden die *Mudra der Kraft*.

Die Hände bilden ein Dreieck, indem die Spitzen der Daumen wie auch die Spitzen der Zeigefinger einander berühren. In der Mitte des Dreiecks befindet sich der Nabel.

Halten Sie diese Mudra, während Sie 5-mal tief in den Brustkorb und 5-mal tief in den Bauch einatmen. Achten Sie darauf, beim Ausatmen immer langsam auszuatmen – und bei diesem Teil der Behandlung auch immer durch den Mund auszuatmen.

Danach führen Sie die Knie zur Brust, legen die Arme sanft um die Knie und ziehen sie leicht zur Brust.

Bleiben Sie für 5 bis 6 tiefe Atemzüge in dieser Position und richten Sie Ihre Aufmerksamkeit auf das Kreuzbein.

Dann lösen Sie diese Stellung sanft, setzen sich auf die Fersen, führen die Stirn zum Boden und legen sie dort auf die Hände, die Sie flach aufeinanderlegen.

Atmen Sie tief und bleiben Sie in dieser Stellung, während Sie 5-mal tief in den Bauch atmen und dabei Atemzug für Atemzug die Schultern immer mehr entspannen.

Danach richten Sie sich langsam – Wirbel für Wirbel – wieder auf, bleiben dabei auf den Fersen sitzen. Halten Sie die Hände gefaltet in

Gebetshaltung vor dem Herzen und bleiben Sie in dieser Stellung, während Sie 5-mal tief in den Bauch atmen. Lassen Sie sich etwas Zeit und spüren Sie nach, wie Ihr Körper auf die Behandlung reagiert.

Abschluss
Stehen Sie langsam auf, trinken Sie ein Glas lauwarmes Wasser und machen Sie, wenn Sie die Möglichkeit haben, einen kleinen Spaziergang oder gehen Sie ein paar Schritte durch die Wohnung.

Wiederholungen
Es ist empfehlenswert, die gesamte Übung 1- bis 2-mal pro Woche durchzuführen. Wenn Sie mit der Behandlung beginnen, sollten Sie sie 4 Wochen lang ohne Unterbrechung durchführen, damit der Ablauf und die Wirkung verinnerlicht werden können.

Innere Reisen
Innere Reise 5: „Über den Körper die Seele spüren"

Diese innere Reise finden Sie auf den CDs, die Sie separat zum Buch erwerben können.

Wirkung
Diese Übung hilft Ihnen, ein intensives Körperbewusstsein zu entwickeln und mit Klarheit die Zeichen Ihres Körpers zu deuten.

Dauer
30 Minuten

Vorbereitung
Setzen Sie sich entspannt hin und achten Sie auf einen natürlichen und gelassenen Atemrhythmus.

Übung
Atmen Sie entspannt und versuchen Sie, sich langsam auf die Bilder der Reise einzulassen. Fokussieren Sie sich immer wieder auf Ihren Solarplexus und versuchen Sie, ihn durch sanftes Atmen in diesen Bereich zu entspannen.

Abschluss
Gehen Sie spazieren oder bewegen Sie sich intuitiv zum Rhythmus ihrer Lieblingsmusik.

Wiederholungen
Führen Sie diese Übung über einen Zeitraum von 4 Wochen 1-mal in der Woche durch.

Übungsteil 5
Die emotionalen Verletzungen erkennen

Dieser Übungsteil wurde speziell zu dem Zweck konzipiert, um eine bewusste Auseinandersetzung mit den emotionalen Verletzungen zu ermöglichen, damit diese in weiterer Folge geklärt werden können.

Hier finden Sie zu jeder emotionalen Verletzung 2 Übungen, um über die eigenen Verletzungen zu reflektieren und aus dem Reaktionsmuster auszusteigen. Es ist empfehlenswert, nach der Durchführung des Tests die Übungen zu absolvieren, die jenen Verletzungen zugeordnet sind, wo Sie die höchste Punktezahl erreicht haben. Auf der anderen Seite können Sie alle Übungen dieses Teils durchlesen und sich intuitiv mit denjenigen beschäftigen, die Sie berühren. Wenn Sie die Wirkung dieses Übungsteils steigern möchten, empfehle ich Ihnen, das zielorientierte Übungsprogramm des Teils „Impulse für die emotionale Heilung setzen" vorzuziehen.

TEST: Welche emotionalen Verletzungen beeinflussen Ihre persönliche Entwicklung?

Dieser Test soll Ihnen dabei helfen, sich und andere besser zu verstehen, indem Sie die Verletzungen erkennen, die in Ihrem Leben aktiv wirken. Jede beantwortete Frage ist mit einer Punktezahl versehen, die angibt, wie stark die jeweilige emotionale Verletzung ausgeprägt ist. Die Erfahrung hat gezeigt, dass sich das Ergebnis der Punktezahl der einen Verletzung selten deutlich von dem einer anderen abhebt, sondern sich vielleicht nur geringfügig unterscheidet oder sich sogar deckt. Das spricht dafür, dass in uns allen mehrere Verletzungen vorhanden sind.

Ich empfehle, den Test durchzuführen, wenn Sie feststellen möchten, ob Sie eine herausragende (also maßgebliche oder dominante) Verletzung in sich tragen oder ob Sie – wie die Erfahrung annehmen lässt – mit 2, 3 oder mehr Hauptverletzungen konfrontiert sind.

Lesen Sie sich nach der Ausführung des Tests die Beschreibung jener Verletzung oder Verletzungen noch einmal durch, bei der oder bei denen Sie am meisten Punkte gesammelt haben. Finden Sie dann für sich heraus, ob die Übungen, die für die Auflösung und Heilung dieser Verletzung(en) entwickelt worden sind, für Sie stimmig sind und ob Sie sie durchführen möchten.

Anleitung

Geben Sie neben jeder Aussage an, inwieweit diese auf Sie zutrifft:
1 = *beschreibt mich fast nie*
2 = *beschreibt mich selten*
3 = *beschreibt mich manchmal*
4 = *beschreibt mich oft*
5 = *beschreibt mich fast immer*

Arbeiten Sie in Ihrem persönlichen Rhythmus. Ihre erste Reaktion gibt oft die besten Hinweise.

Lassen Sie keine Aussage aus, denn dies macht Ihre Ergebnisse ungültig. Beurteilen Sie, so gut Sie können, und fahren dann mit der nächsten Aussage fort.

1) Ich habe das Gefühl, niemandem vertrauen zu können.
2) Ich fühle mich oft ungerecht behandelt.
3) Ich habe oft Angst davor, verlassen zu werden.
4) Ich habe Angst vor Kritik.
5) Meine Eltern haben mir das Gefühl gegeben, sich für mich zu schämen.
6) Ich schäme mich für viele Bereiche meines Lebens: für mein Aussehen, meine Arbeit, meine Kinder und ihr Verhalten. Aus diesem Grund ziehe ich mich zurück.
7) Ich mache alles, um von den anderen angenommen zu werden.
8) Meine Eltern haben mir viel versprochen, aber nichts davon gehalten.
9) Ich fühle mich immer allein.
10) Wenn mich jemand kritisiert, versuche ich, mich unter Kontrolle zu halten, habe aber innerlich das Gefühl, dass mich dieser Mensch nicht liebt. Ich fühle eine innere Verzweiflung und Ablehnung.
11) Ich bin perfektionistisch veranlagt und habe oft das Gefühl, dass sich die anderen in ihrem Leben mehr anstrengen könnten.
12) Wenn ich alles unter Kontrolle habe, fühle ich mich wohl.
13) Ich fühle mich von den anderen nicht wahrgenommen.
14) Ich bin oft traurig und habe ständig das Bedürfnis, mit anderen Menschen in Kontakt zu kommen.
15) Ich habe das Gefühl, die Schuld an meinen Problemen zu tragen.
16) Ich empfinde tiefe, brennende Wut, vor allem wenn die anderen nicht bemerken, wie viel ich für sie tue und dass sie mich ungerecht behandeln.
17) Wenn mich jemand einmal enttäuscht, vertraue ich diesem Menschen nie mehr.
18) Ich fühle mich oft als Opfer des Lebens und habe das Gefühl, dass in meinem Dasein immer wieder Situationen eintreten, in denen ich mich ausgeliefert fühle.
19) Ich tue viel für die anderen und genieße unbewusst, dass sie von mir abhängig sind, weil sie glauben, ohne mich nicht zurechtzukommen.

20) Als Kind habe ich viel Zeit mit mir allein und mit meinen Fantasiefreunden verbracht.
21) Ich habe das Gefühl, immer auf der Flucht zu sein.
22) Ich habe das Gefühl, dass alles, was ich tue, falsch ist.
23) Als Kind habe ich mich in meine eigene Welt zurückgezogen.
24) Ich bin in meinen Ansichten oft starr und es fällt mir schwer, jemandem, der Versprechen nicht einhält, zu verzeihen.
25) In meinem Leben ergeben sich immer wieder Situationen, in denen ich das Gefühl habe, verschwinden zu wollen.
26) Ich habe das Gefühl, für alle Menschen in meinem Umfeld verantwortlich zu sein.
27) Ich bin am glücklichsten mit mir allein. Ich möchte zwar gerne mit den anderen verbunden sein, doch enge Beziehungen schnüren mir die Luft ab.
28) Ich bin sehr kritisch und bemerke sofort, welche Fehler andere in ihrem Verhalten aufweisen.
29) Meine Eltern kennen mich nicht wirklich. Sie kennen nur die Seiten von mir, die ich ihnen gezeigt habe.
30) Ich denke oft, dass ich einsam bin und dass mich niemand liebt.
31) Wenn sich die anderen lustig über mich machen, mache ich mich selbst ebenfalls über mich lustig – um angenommen zu werden, anstatt mich zu verteidigen.
32) Ich bin oft ungeduldig und wundere mich über die Langsamkeit meiner Mitmenschen.
33) Ich tue alles, damit geliebte Menschen bei mir bleiben und mich nicht verlassen.
34) Wenn jemand in dem, was er tut, sehr gut ist, versuche ich jeden seiner Fehler zu finden, um mich besser zu fühlen und beruhigt zu sein, dass der andere doch nicht so viel besser ist als ich.
35) Ich habe immer das Gefühl, dass ich tun muss, was richtig ist. Wenn ich es nicht tue, kasteie ich mich und bestrafe mich manchmal sogar.
36) Ich muss im Voraus alle Risiken einschätzen, damit alles schnell und gut läuft und ich mich wohlfühlen kann, ansonsten bin ich ständig in Alarmbereitschaft.

37) Ich empfinde tiefe Gefühle, doch es fällt mir schwer, diese verbal auszudrücken. Wenige Menschen in meinem Umfeld wissen, was ich wirklich für sie empfinde. Ich bemühe mich, meine Zuneigung mit anderen Mitteln zu zeigen.
38) Ich fühle mich oft abgelehnt, vor allem von den Menschen, die für mich wichtig sind.
39) In einer Gruppe fühle ich mich oft nicht zugehörig. Ich habe das Gefühl, besonders sein zu müssen, damit mich die anderen sehen.
40) Wenn jemand meine Erwartungen enttäuscht, bin ich sehr betrübt und ziehe mich zurück.
41) Ich mache oft etwas, um Aufmerksamkeit zu bekommen.
42) Ich bemerke immer wieder, dass die anderen mit ihrem Verhalten bei mir Schuldgefühle provozieren und ich mich darauf einlasse. Dadurch übernehme ich oft Verantwortung, die in Wirklichkeit gar nicht meine ist.

Auswertung

In den folgenden Tabellen finden Sie unter der Bezeichnung der emotionalen Verletzungen jeweils 6 Zahlen, die den nummerierten Fragen im Test zugeordnet sind. Tragen Sie Ihre von 1 bis 5 bezifferten Beurteilungen neben der entsprechenden Zahl der Frage ein.

Wenn Sie zum Beispiel bei Aussage 18 die „5" = „*beschreibt mich fast immer*" geschrieben haben, tragen Sie in das Feld rechts neben der 18 eine 5 ein. Zählen Sie dann die Punkte in der jeweiligen Kategorie zusammen. Ihr Gesamtergebnis für jede emotionale Verletzung wird zwischen 6 und 30 Punkten liegen.

Verlassen werden	
3	
14	
18	
26	
33	
41	
Summe:	

Ablehnung	
13	
21	
22	
23	
25	
38	
Summe:	

Ungerechtigkeit	
2	
11	
16	
24	
35	
40	
Summe:	

Vertrauensbruch	
1	
8	
12	
17	
32	
36	
Summe:	

Erniedrigung	
5	
6	
15	
19	
31	
42	
Summe:	

Kritisiert werden	
4	
7	
10	
28	
34	
39	
Summe:	

Isolation	
9	
20	
27	
29	
30	
37	
Summe:	

Übungen für die emotionale Verletzung des Verlassenwerdens

Übung für Heilungsimpulse
Übung 26: Kontakt mit der Verletzung des Verlassenwerdens aufnehmen

Wirkung
Diese Übung ermöglicht, in Verbindung mit der Verletzung des Verlassenwerdens zu kommen und unserem Unbewussten einen wesentlichen Heilungsimpuls zu geben.

Dauer
1 Stunde

Vorbereitung
Versuchen Sie bewusst, sich zu entspannen. Wählen Sie dafür einen angenehmen Platz aus, an dem Sie sich wohlfühlen und an dem Sie niemand stören kann. Legen Sie sich ein Fotoalbum zurecht, in dem sich Kinderfotos von Ihnen befinden.

Übung
Beginnen Sie die Übung damit, die Bilder zu betrachten – Fotos von Ihnen selbst, den Eltern und der Familie –, und beobachten Sie, welche Emotionen diese alten Bilder auslösen. Beobachten und fühlen Sie, wie es Ihnen als Kind ergangen ist. Wenn Sie sich diese Fotos idealerweise 2- bis 3-mal angesehen haben, legen Sie das Fotoalbum zur Seite und lesen sich zunächst die folgenden Fragen 1-mal durch; beantworten Sie sie anschließend schriftlich:

» Wann habe ich das Gefühl, dass mich jemand im Stich lässt oder verlässt?
» Welche Emotionen sind mit dieser Situation verbunden?
» Habe ich mich als Kind verlassen gefühlt?

- » Von welchen Menschen habe ich mich in meiner Kindheit und Jugendzeit verlassen gefühlt?
- » Von welchen Menschen habe ich mich im erwachsenen Alter verlassen gefühlt?

Lesen Sie jetzt die Antworten durch. Legen Sie sich danach hin, schließen Sie die Augen, atmen Sie 5-mal tief in den Bauch und dann 5-mal tief in den Brustkorb. Denken Sie währenddessen an sich selbst als Kind und versuchen Sie, sich bewusst zu spüren. Visualisieren Sie sich auf einer Wiese, auf der Sie Ihr inneres Kind treffen. Setzen Sie sich unter einen Baum, halten Sie das Kind an Ihre Brust, umarmen Sie es freundlich, liebevoll und herzlich. Legen Sie eine Hand auf das Herz des Kindes und ergründen Sie, wie es Ihnen dabei geht. Versuchen Sie, in Kontakt mit seinen Bedürfnissen zu kommen. Fragen Sie es, was es für die Heilung braucht. Wenn es Ihnen passend erscheint, genießen Sie die Umarmung mit Ihrem inneren Kind und entspannen Sie sich. Dann öffnen Sie die Augen.

Beantworten Sie nun die folgenden 2 Fragen:

- » Was brauche ich, um die Verletzung des Verlassenwerdens zu heilen?
- » In welcher Form beeinflusst diese Verletzung mein Leben?

Schreiben Sie alles auf, was Ihnen zu dieser Thematik in den Sinn kommt. Überlegen Sie sich bewusst, was Sie konkret in Ihrem Alltag tun können, um diesen Schmerz zu lindern. Beginnen Sie bewusst, auf Ihre Bedürfnisse zu achten, und beobachten Sie, ob es Ihnen schwerfällt, Nein zu sagen. Nachdem Sie sich alles notiert haben, formulieren Sie einen positiven Satz, der Ihr Heilungsbedürfnis zum Ausdruck bringt, und schreiben ihn auf. Beispiele dafür wären: „Ich heile mein Herz und bin mit der Liebe verbunden" oder „Ich achte auf mich und erfülle meine Bedürfnisse". Schreiben Sie diesen motivierenden Satz auf.

Abschluss

Wiederholen Sie diese Übung nach einer Woche und lesen Sie sich nun die Notizen zu beiden Frageblöcken durch. Verbrennen Sie alle Aufzeichnungen, die Sie im Zuge dieser Übung angefertigt haben, und verstreuen Sie die Asche symbolisch für das Loslassen in einen Fluss.

Legen Sie das Blatt Papier mit dem positiven Satz für die Dauer von 6 Wochen unter Ihr Kopfpolster und beobachten Sie die möglichen Veränderungen. Versuchen Sie 1-mal pro Woche, mit sich selbst einen liebevollen Dialog zu führen, und motivieren Sie sich auf dem Weg zur Selbstachtung und Veränderung.

Wiederholungen

Wiederholen Sie eventuell die Übung nach 2 Monaten noch einmal.

Übung für Heilungsimpulse
Übung 27: Das Herz heilen

Wirkung

Ziel dieser Übung ist das Auflösen des Schmerzes, der mit der Verletzung des Verlassenwerdens verbunden ist, und der Aufbau einer empathischen Verbindung zum inneren Kind.

Dauer

eine halbe Stunde

Vorbereitung

Suchen Sie sich einen bequemen und ruhigen Ort, an dem Sie sich wohlfühlen. Wenn Sie möchten, lassen Sie bei der Durchführung der Übung angenehme Musik im Hintergrund laufen, die es Ihnen ermöglicht, sich zu entspannen.

Übung
Finden Sie sitzend oder liegend eine bequeme Position, bei der Sie nicht in Gefahr laufen, einzuschlafen. Atmen Sie 10-mal tief in den Bauch und entspannen Sie sich. Fühlen Sie Ihren Körper, entspannen Sie sich bewusst und atmen Sie tief. Konzentrieren Sie sich auf den Bereich in der Mitte der Brust und spüren Sie, wie es sich anfühlt. Visualisieren Sie, wie Sie durch das Herz Licht ein- und ausatmen. Legen Sie dann beide Hände auf den Bauch und wiederholen Sie laut den Satz: „Ich heile mein Herz, die Liebe heilt mich!"

Denken Sie an Situationen, in denen Sie sich alleingelassen gefühlt haben, und an die Personen, von denen Sie glauben, dass sie Sie im Stich gelassen und verlassen haben. Erkennen Sie an, was Sie brauchen, und spüren Sie in sich, wie tief der Schmerz reicht, wenn Sie folgende Sätze lesen:
„Ich wurde verlassen, nicht gesehen und nicht beachtet."
„Ich wurde mit meinen Problemen und mit meinem Schmerz alleingelassen."
Fühlen Sie, wie diese Wörter auf Sie wirken und wie es Ihnen dabei geht. Erlauben Sie sich, frei zu werden. Verbinden Sie sich mit diesem Schmerz. Spüren Sie bewusst, welche Gefühle und Emotionen damit verbunden sind: Trauer, Wut, das Gefühl der Isolation, Scham. Atmen Sie tief ein und versuchen Sie, die Spannung, die aus diesen Gefühlen entsteht, auszuatmen. Wiederholen Sie 3-mal laut die Affirmation:
„Ich bin göttlich und vollkommen und die Liebe heilt mich."

Wenn Sie spüren, dass die Worte Sie berührt haben, atmen Sie Licht langsam und tief durch den Brustkorb ein. Spüren Sie, wie sich durch das Licht die Spannung in der Mitte des Herzens löst. Wenn Sie den Schmerz ausgeatmet haben und wenn es Ihnen passend erscheint, visualisieren Sie sich auf einer schönen Wiese. Treffen Sie dort Ihr inneres Kind und umarmen Sie es. Fühlen Sie sich frei und gelassen.

Abschluss
Sie können am Ende jedes Übungsdurchgangs Ihre Anmerkungen und Beobachtungen in Ihr Tagebuch schreiben.

Wiederholungen
Führen Sie diese Übung 3-mal in einer Woche durch und beobachten Sie, ob und wie sich Ihre Gefühle ändern.

Übungen für die emotionale Verletzung der Ablehnung

Übung für Heilungsimpulse
Übung 28: Die Liebe spüren

Wirkung
Durch diese Übung reflektieren Sie über die Verletzung der Ablehnung.

Dauer
1 Stunde

Vorbereitung
Achten Sie darauf, dass Sie diese Zeit in Ruhe verbringen und sich entspannen und frei fühlen können. Stellen Sie vor sich einen Stuhl auf, den Sie mit einem Foto, das Sie als Kind zeigt, bestücken. Dann setzen Sie sich.

Übung
Versuchen Sie zu spüren, wie es diesem Kind auf dem Bild gegenüber geht und was es empfindet; versuchen Sie bewusst zu fühlen, was das Gefühl der Ablehnung wie auch die Abwesenheit von Liebe in Ihrem inneren Kind bewirken und wo der Ursprung dieser Gefühle liegt.

Stellen Sie sich folgende Fragen:

» Wie fühle ich mich, wenn ich spüre, dass mir Ablehnung entgegengebracht wird?
» Welche Menschen im Umfeld lösen in mir das Gefühl aus, abgelehnt zu werden?
» Wann fühle ich mich abgelehnt?
» Was könnte mir helfen, diese Gefühle zu klären?

Beantworten Sie diese Frage für sich schriftlich oder nur innerlich. Sobald Sie das Gefühl haben, dass Sie mit dem Gefühl der Ablehnung verbunden sind, schließen Sie die Augen und legen Sie eine Hand auf den Solarplexus und die andere auf den Bauch im Bereich des Nabels. Atmen Sie nun 5- bis 10-mal tief in den Bauch ein und aus, lenken Sie dabei Ihre Aufmerksamkeit auf die Mitte der Brust. Spüren Sie, wie dieser Schmerz sich anfühlt. Atmen Sie tief in Ihr Herz ein und aus und bemühen Sie sich, die Spannung des Herzens auszuatmen. Visualisieren Sie sich jetzt in einer Lichthülle; wählen Sie dabei eine Farbe, die Ihnen Geborgenheit gibt. Sagen Sie anschließend zu sich selbst (entweder laut oder mit leiser Stimme oder auch nur innerlich) 6- bis 7-mal den Satz: „Ich liebe mich so, wie ich kann."
Fühlen Sie, wie dieser Satz auf Sie wirkt. Wenn es Ihnen passend erscheint, beobachten Sie dieses Kind auf dem Foto. Sagen Sie diesen Satz auch zu ihm: „Ich liebe dich so, wie ich kann." Dann spüren Sie, wie es sich für Sie anfühlt. Sobald Sie wahrnehmen, dass Sie mit dem Gefühl des Kindes verbunden sind, nehmen Sie ein Blatt Papier zur Hand und beantworten darauf diese Fragen:

» Wie möchte ich geliebt werden?
» Wie möchte ich lieben?

Tragen Sie diese Aufzeichnungen bei sich. Sie können diese in Ihrem Kalender oder in der Tasche aufbewahren. Versuchen Sie, diese dann eine Woche lang jeden Tag am Abend durchzulesen und zu integrieren.

Abschluss

Führen Sie die Übung eine Woche später erneut durch und beobachten Sie, welche Unterschiede Sie feststellen können. Nachdem Sie die Übung ein zweites Mal absolviert haben, hängen Sie das Foto, das Sie für die Übung verwendet haben, in Ihrer Wohnung auf und betrachten Sie es immer wieder. Wenn es Ihnen passend erscheint, können Sie auch einen Einladungsbrief verfassen, in dem Sie das kleine Kind zur Heilung motivieren und ihm Ihre Liebe zum Ausdruck bringen. Lesen Sie diesen Brief durch und verbrennen Sie ihn danach. Verstreuen Sie die Asche auf einer hochgelegenen Wiese symbolisch im Wind.

Wiederholungen

Führen Sie die Übung mit einem Abstand von einer Woche 2-mal durch.

Übung für Heilungsimpulse
Übung 29: In sich ruhen

Wirkung

Diese Übung ermöglicht, zur eigenen Mitte und zur Ruhe zu kommen.

Dauer

eine halbe Stunde

Vorbereitung

Nehmen Sie sich 30 Minuten Zeit und suchen Sie sich einen ruhigen Ort.

Übung

Setzen Sie sich bequem hin und atmen Sie 5-mal tief in den Bauch. Legen Sie dann eine Hand aufs Herz und die andere auf die Stelle unterhalb des Nabels. Spüren Sie bewusst die Verbindung, die zwischen Ihren Händen entsteht. Wenn Sie das Gefühl haben, dass Sie ausreichend entspannt und gelassen sind, richten Sie Ihre Aufmerksamkeit auf die Mitte der Brust und versuchen Sie dort, durch die Atmung bewusst jede Form von Anspannung zu lösen. Verbinden Sie sich mit dem Gefühl der Liebe. Denken Sie an jemanden, den Sie von Herzen lieben. Wenn Sie nun Liebe empfinden, beantworten Sie innerlich diese Frage:

» Wofür bin ich jetzt – in diesem Augenblick meines Lebens – dankbar?

Beginnen Sie dann eine innere Reise, in der Sie sich an einem sonnigen Tag auf einer schönen Wiese visualisieren. Dort gibt es einen Steinkreis. Bei den Felsblöcken handelt es sich um große, geschliffene Steine, die Ihnen aber nur bis zur Hüfte reichen. Setzen Sie sich auf einen dieser Steine und wenden Sie den Blick zur Mitte des Kreises. Visualisieren Sie in seiner Mitte Ihr inneres Kind und hinter ihm einen starken Baum, an den es sich anlehnt. Als Nächstes visualisieren Sie vor Ihrem inneren Auge, wie von Ihrem Herzen ein Lichtstrahl zum Herzen des Kindes fließt.

Wenn Sie das Gefühl haben, dass eine Verbindung zwischen Ihrem Herzen und dem des Kindes entstanden ist, sprechen Sie es folgendermaßen an: „Erinnere dich daran, dass du eine göttliche Schöpfung bist. Du bist vollkommen und trägst in dir die Liebe, die dein Herz heilt. Übernimm die Verantwortung für deinen Weg. Du wirst gesehen, geliebt und geachtet." Dann erheben Sie sich von dem Stein und gehen zu Ihrem inneren Kind, das sich noch immer in der Mitte des Kreises befindet, und verschmelzen mit ihm in einer lichtvollen Umarmung. Am Ende des Rituals führen Sie beide Hände in Form einer Schale vors Herz und sprechen laut: „Die Liebe heilt diesen Prozess. Ich vertraue darauf und lade die Veränderung in mein Leben ein."

Abschluss
Am Ende der Übung bedanken Sie sich, wenn es für Sie stimmig ist, bei den Menschen, die Sie lieben und zu denen Sie Vertrauen haben.

Wiederholungen
Führen Sie diese Übung über einen Zeitraum von 4 Wochen hinweg 1-mal pro Woche durch.

Übungen für die emotionale Verletzung der Ungerechtigkeit

Selbstreflexionsübung
Übung 30: Die Verletzung der Ungerechtigkeit heilen

Wirkung
Diese Übung ermöglicht eine heilsame Begegnung mit dem Schmerz, der aus der Verletzung entstanden ist, von anderen ungerecht behandelt zu werden.

Dauer
2 Stunden

Vorbereitung
Nehmen Sie sich für den restlichen Tag frei, gönnen Sie sich bewusst diese Zeit und legen Sie sich entspannt auf eine Trainingsmatte oder ein Bett. Hören Sie dabei eventuell angenehme und beruhigende Musik.

Übung
Atmen Sie langsam und bewusst ein und aus. Wandern Sie dann mit Ihrer Aufmerksamkeit durch den Körper, angefangen vom Kopf bis hinunter zu den Füßen. Entspannen Sie sich und stellen Sie sich innerlich die Frage:

» Wer ist oder war ungerecht zur mir?

Versuchen Sie, sich daran zu erinnern, wer Sie in Ihrer Vergangenheit ungerecht behandelt hat. Achten Sie währenddessen gut darauf, welche Gefühle dabei in Ihnen aufsteigen und richten Sie sich danach aus. Wenn Ihnen einige Personen eingefallen sind, schreiben Sie deren Namen auf ein Blatt Papier. Legen Sie das Papier gegenüber auf einen Stuhl und fühlen Sie, wie es Ihnen damit geht. Schließen Sie danach die Augen und versuchen Sie, bei jedem dieser Menschen zu spüren, welcher Schmerz in der Situation, als Sie sich ungerecht behandelt gefühlt haben, in Ihnen entstanden ist. Beispiele dafür könnten sein, als Sie sich von Ihrem Vater nicht mehr geliebt fühlten, da er Sie ungerecht behandelte, als Ihr Vorgesetzter Ihre Leistung nicht anerkannte und ihm Ihre Arbeit nicht ausreichend erschien oder als Ihre Schwester nicht begriff, dass Sie es als alleinerziehende Mutter schwerer im Leben hatten als sie.

Beantworten Sie im Anschluss daran schriftlich folgende Fragen:

» Wie fühlt sich für mich der Schmerz an, wenn ich ungerecht behandelt werde?
» Wie fühle ich mich dabei?
(Beispielsweise fühlt man sich nicht gesehen, ist traurig oder wütend; man ist verzweifelt und möchte nach Möglichkeit nichts mehr von der ungerecht handelnden Person wissen. Sie existiert quasi nicht mehr.)

Wenn Sie Ihre Antworten durchgelesen haben, legen Sie sich hin und atmen tief. Versuchen Sie sich zu entspannen. Fokussieren Sie dann Ihre Aufmerksamkeit auf den emotionalen Schmerz, den Ihre Verletzung verursacht, und fühlen Sie, wo sich diese emotionale Belastung im Körper zeigt. Atmen Sie jetzt langsam und tief ein und aus. Spüren Sie dabei intensiv, wie Sie durch das Ausatmen auch diesen Schmerz hinausatmen.

Abschluss
Wenn Sie sich leichter fühlen, öffnen Sie die Augen und verbrennen Sie Ihre Aufzeichnungen. Streuen Sie die Asche anschließend symbolisch in einen Fluss oder Bach.

Wiederholungen
Führen Sie diese Übung über einen Zeitraum von 4 Wochen hinweg einmal pro Woche durch.

Übung für Heilungsimpulse
Übung 31: Die eigene innere Wahrheit spüren

Wirkung
Diese Übung hilft Ihnen, auf Ihre innere Stimme zu hören.

Dauer
eine halbe Stunde

Vorbereitung
Setzen Sie sich bequem hin und atmen Sie 10-mal tief in den Bauch. Legen Sie dann eine Hand aufs Herz und die andere auf die Stelle unterhalb des Nabels. Fühlen Sie bewusst, wie Ihre Atmung ruhiger wird.

Übung
Setzen Sie sich so hin, dass bei jedem Bein das Knie, der Unterschenkel und der Oberschenkel einen rechten Winkel bilden (kreuzen Sie dabei keinesfalls die Beine). Es kann sehr hilfreich sein, zu diesem Zweck einen Polster unter Ihre Füße zu legen. Platzieren Sie ganz entspannt eine Hand auf Ihr Herz und die andere auf den Solarplexus; dann stellen Sie sich die folgenden Fragen 4-mal laut. Konzentrieren Sie sich danach auf die Atmung und atmen Sie 5-mal tief ein und aus. Schreiben Sie erst danach die Antworten auf die Fragen nieder:

> » Welche Gedanken und Handlungen sind in meinem Leben stimmig?
> » Traue ich mich, auf meine Intuition zu hören?
> » Wenn ich jetzt mein Bauchgefühl wahrnehmen und ihm trauen könnte, was würde ich tun?

Notieren Sie nun die Antworten. Nehmen Sie wahr, was Ihr Bauchgefühl dazu sagt und stellen Sie sich vor, wie Sie dieses Gefühl umsetzen würden. In Ihren Gedanken kommen vielleicht Gegenargumente hoch oder Ihnen könnten Menschen in den Sinn kommen, die möglicherweise etwas dagegen sagen würden.

Abschluss
Legen Sie sich nach der Beantwortung dieser Fragen hin und versuchen Sie sich zu entspannen. Sobald Sie der Meinung sind, einen guten Entspannungszustand erreicht zu haben, legen Sie Ihre Hände auf den Bauch und wiederholen 10-mal den Satz: „Ich fühle, was für mich stimmig ist. Ich bin am richtigen Weg und in jedem Augenblick ergeben sich neue Möglichkeiten zur Veränderung."

Wiederholungen
Führen Sie die Übung 4 Wochen lang jeweils 2-mal pro Woche durch.

Übungen für die emotionale Verletzung des Vertrauensbruches

Übung zur Selbstreflexion
Übung 32: Die Verletzung des Vertrauensbruches klären

Wirkung
Diese Übung unterstützt die Klärung der Verletzung des Vertrauensbruches in zwischenmenschlichen Beziehungen.

Dauer
2 bis 3 Stunden

Vorbereitung
Wählen Sie für diese Übung einen ruhigen Ort, lassen Sie im Hintergrund angenehme Musik spielen. Setzen Sie sich hin und entspannen Sie sich.

Übung
Wenn es Ihnen möglich ist, betrachten Sie Fotos der letzten 20 Jahre. Schließen Sie dann die Augen, legen Sie die Hände auf den Bauch und atmen Sie 10-mal tief ein und aus.

Beantworten Sie dann folgende Fragen:
» Wer hat mich in meinem Leben am meisten verletzt und mein Vertrauen gebrochen?
» Wie fühlt sich dieser Schmerz an?
» Wo sind diese Gefühle in meinem Körper präsent?

Schreiben Sie die Namen der Personen auf und vermerken Sie dabei auch, wie Sie sich verletzt gefühlt haben. Lesen Sie Ihre Notizen durch und überlegen Sie, wie oft Sie aufgrund dieser Verletzungen Ihr Verhalten in zwischenmenschlichen Beziehungen verändert haben.
Lesen Sie Ihre Aufzeichnungen nach ein paar Tagen – am besten innerhalb derselben Woche – erneut durch. Sollten Sie bemerken, dass Sie eine der notierten Personen tief berührt hat und die Erinnerung daran immer noch schmerzt, dann schreiben Sie Ihr einen Brief mit der Absicht, die Geschehnisse zu klären und das Unausgesprochene und Ihren Schmerz zu thematisieren.

Abschluss
Nach ein paar Tagen verbrennen Sie den Brief oder die Briefe in einer mit Alufolie ausgekleideten Schale und verstreuen die Asche im fließenden Wasser eines Baches oder Flusses.

Wiederholungen
Führen Sie die Übung im Abstand von einer Woche 2-mal durch.

Übung für Heilungsimpulse
Übung 33: Vertrauen entwickeln

Wirkung
Diese Übung hilft Personen, die sich verletzt fühlen, den Schmerz des Vertrauensbruches zu heilen. Ziel der Übung ist es, die innere Kraft zu spüren, sodass man sich, wenn es einen Konflikt gibt, nicht zurückzieht und dem Gefühl „Ich bin verletzt und darf niemandem vertrauen" verfällt.

Dauer
1 Stunde

Vorbereitung
Suchen Sie sich einen ruhigen Ort, wo Sie diese Übung ungestört durchführen können, und wiederholen Sie vor Beginn 3-mal die Affirmation „Ich vertraue dem Leben".

Übung
Versuchen Sie, sich tief gehend zu entspannen. Setzen Sie sich hin und legen Sie beide Hände auf den Bauch. Atmen Sie 10-mal tief in den Bauch ein und langsam wieder aus, um sich zu lockern. Diese Entspannung sollte vor allem auch im Schulterbereich spürbar sein. Legen Sie eine Hand aufs Herz, während die andere auf dem Bauch verweilt und wiederholen Sie den Satz: „Ich öffne mein Herz und heile meine Verletzung."
Denken Sie an eine Situation aus der Kindheit oder an eine Episode, die vor Kurzem stattgefunden hat, in der Sie sich in hohem Maße verletzt und verraten gefühlt haben – also einen Vertrauensbruch erlebten.
Visualisieren Sie sich an einem schönen Ort in der Natur, auf einer schönen Wiese zum Beispiel, auf der sich 2 große Steine befinden – so groß, dass Sie sich auf sie setzen können. Dann visualisieren Sie sich gegenüber der Person, die Sie verletzt hat, und versuchen Sie, sich in diese Situation, in diesen Schmerz hineinzufühlen. Erklären Sie sich selbst und dieser Person, warum sie Sie verletzt hat und was Sie sich stattdessen von ihr erwartet hätten. Das Gefühl des Verletztseins kann sehr eng mit dem Gefühl „meine Erwartungen werden nicht erfüllt" verbunden sein.
Versuchen Sie dann, sich vollkommen zu entspannen und sich in diese Person hineinzuversetzen, um zu erfahren, warum sie Ihnen nicht gegeben hat, was Sie gebraucht hätten.

- » Unter welcher Verletzung könnte diese Person leiden?
- » Was empfinde ich für die Person?

Atmen Sie tief und entspannen Sie sich. Wenn es Ihnen passend erscheint, so sagen Sie der Person, dass Sie dazu bereit sind, die vergangene Erfahrung und den Schmerz des Vertrauensbruches loszulassen. Spüren Sie, ob Sie wütend auf den Menschen werden, und versuchen Sie, wenn Sie Wut verspüren, diese langsam auszuatmen. Wenn es sich um andere Gefühle handelt, spüren Sie, wo diese im Körper gespeichert sind, und atmen Sie sie langsam aus.

Visualisieren Sie, wie die Person aus der Szene geht. Legen Sie Ihre Hände in Form einer Schale aufeinander und vor das Herz und bitten Sie innerlich darum, Ihr Herz zu heilen.

Abschluss
Wenn es Ihnen stimmig erscheint, sprechen Sie die folgende Affirmation 4- bis 5-mal aus: „Ich vertraue dem Leben und meiner Intuition."

Wiederholungen
Führen Sie diese Übung 4 Wochen lang hintereinander 2-mal pro Woche durch.

Übungen für die emotionale Verletzung der Erniedrigung

Übung für Heilungsimpulse
Übung 34: Zugang zur eigenen Kraft finden

Wirkung
Diese Übung hilft Ihnen dabei, Zugang zu Ihrer Kraft zu erlangen und in Ihrer Mitte verwurzelt zu sein.

Dauer
2 Stunden

Vorbereitung
Wählen Sie einen Tag aus, an dem Sie ausreichend Ruhe haben. Legen Sie Papier und Schreibzeug zurecht. Setzen Sie sich hin und legen Sie als Vorbereitung für diese Übung eine Hand auf den Bauch und die andere auf das Herz und atmen Sie eine Zeit lang tief ein und aus.

Übung
Beantworten Sie für sich schriftlich die folgenden Fragen:
» Welche kritischen oder abwertenden Gedanken habe ich mir selbst gegenüber?
» Wie oft verwende ich im alltäglichen, inneren Dialog diese abwertenden Gedanken?
» Habe ich das Gefühl, bei gewissen Menschen eine geringe Wertschätzung zu bekommen oder sogar erniedrigt zu werden?
» Welches Verhalten oder welche Aussagen der anderen lösen in mir diese Gefühle aus?

Lesen Sie dann die Antworten durch.
» Wie fühle ich mich dabei?

Schließen Sie dann die Augen und legen Sie wieder eine Hand aufs Herz und die andere auf den Bauch und folgen Sie dem natürlichen Rhythmus ihres Atems. Dann visualisieren Sie sich an einem wunderschönen Strand. Er ist das ideale Naturelement für diese Übung.
Sie visualisieren sich also an einem Strand, hinter Ihnen befindet sich die Öffnung einer Grotte. Stellen Sie sich nun vor, wie Sie diese Grotte betreten und Sie dabei ein Helfer mit einer Fackel begleitet. Sie kommen nun in eine Steinhalle und setzen sich dort entspannt und gelassen auf einen Stein. Gegenüber sehen Sie ein Feuer, das Feuer der Heilung. Betrachten Sie nun das Feuer und entspannen Sie sich dabei. Nehmen Sie Kontakt mit dem Feuer auf und visualisieren Sie, wie Ihr Herz sich mit dem Feuer verbindet und dadurch an Kraft und Lebendigkeit gewinnt. Im selben Augenblick stellen Sie sich vor, wie Sie strahlen und glücklich sind, soweit es Ihnen möglich ist.

Wiederholen Sie dann die Affirmation: „Ich bin in meiner Kraft verwurzelt, ich ruhe in meiner Mitte."
Anschließend verlassen Sie die Grotte und gehen wieder an den Strand. Visualisieren Sie nun über sich einen goldenen Lichtregen und fühlen Sie sich mit seiner Kraft verbunden. Wiederholen Sie die Affirmation: „Ich bin in meiner Kraft verwurzelt."

Legen Sie die Hände auf den unteren Bauchraum in Form der Mudra wie auf der Abbildung unten. Die Mudra erdet Sie und lässt Sie Ihre innere Kraft spüren.

Führen Sie die Mudra auf folgende Weise durch: Die Arme und Schultern sind entspannt, die Spitzen der Zeigefinger und der Daumen berühren sich und bilden ein Dreieck, die anderen Finger sind parallel zu den Zeigefingern. Die Zeigefinger und die Spitzen der anderen Finger zeigen nach unten, das Dreieck beginnt unterhalb des Nabels, wo die Daumen dessen unteren Rand berühren. Halten Sie die Mudra in dieser Position, während Sie 10-mal tief und entspannt in den Bauch atmen.

Abschluss
Wenn es sich für Sie gut anfühlt, schreiben Sie einen Einladungsbrief an Ihre Kraft. Personifizieren Sie Ihre Kraft und laden Sie sie ein. Schreiben Sie in dem Brief alle Ziele und Wünsche auf, die Sie durch Ihre Kraft verwirklichen können. Beschreiben Sie ausführlich, wie Ihre Kraft sich anfühlt.

Legen Sie diesen Brief für 3 bis 4 Wochen unter Ihren Kopfpolster. Lesen Sie sich den Brief 2- bis 3-mal pro Woche durch und ergänzen Sie ihn, wenn es für Sie passend erscheint. Nach 4 Wochen führen Sie die Übung noch ein letztes Mal durch. Lesen Sie den Brief durch, verbrennen Sie ihn und verstreuen die Asche auf einer hochgelegenen Wiese im Wind.

Wiederholungen
Führen Sie die Übung 4 Wochen lang jeweils 1-mal pro Woche durch.

Übung für Heilungsimpulse
Übung 35: Herzöffnung

Wirkung
Die Übung zielt darauf ab, emotionale und innere Unsicherheit in Vertrauen umzuwandeln.

Dauer
15 Minuten

Vorbereitung
Trinken Sie ein großes Glas lauwarmes Wasser.

Übung
Stellen Sie sich schulterbreit hin. Legen Sie beide Hände übereinander knapp unterhalb des Nabels auf den Bauch und atmen Sie 10-mal tief in den Bauch, wobei Sie Ihren natürlichen Atemrhythmus fühlen.

Nehmen Sie dann bewusst Kontakt zu Ihren Füßen auf und stellen Sie sich vor, dass aus ihnen tiefe Wurzeln in der Farbe Gold oder Orange in die Erde wachsen. Von der Erde fließt das goldene oder orange Licht hinauf durch die Beine bis zu Ihrer Mitte.
Wenn das Licht Ihre Körpermitte erreicht hat und Ihr Bauchraum mit

Licht gefüllt ist, beginnen Sie damit, den gesamten Bauchraum mit beiden übereinandergelegten Händen kreisförmig im Uhrzeigersinn zu massieren. Diese kreisförmigen Bewegungen führen Sie 20- bis 30-mal durch und legen die Hände dann wieder in ruhigem Zustand auf den Bauch, direkt unterhalb des Nabels.

Lassen Sie das Licht dann in Ihrem inneren Bild bis zum Kopf aufsteigen und auch bis in die Fingerspitzen vordringen. Das Licht soll für Sie eine angenehme Farbe haben, es kann für den oberen Teil des Körpers also beispielsweise auch ein hellblaues Licht sein. Wenn das Licht überall im Körper verteilt ist, fokussieren Sie sich auf Ihre Körpermitte und atmen 3-mal tief in den Bauch. Wiederholen Sie 7- bis 10-mal den Satz: „Ich bin geborgen in meiner Kraft."

Dann bringen Sie beide Hände übereinanderliegend in Form einer Schale vor Ihr Herz, wobei die Handflächen in Richtung Himmel weisen. Wiederholen Sie dann 7- bis 10-mal den Satz: „Ich öffne mein Herz."

Abschluss
Atmen Sie 3-mal tief, öffnen Sie die Augen und beenden Sie die Übung. Sie können auch die Füße zusammenstellen, die Hände in Gebetshaltung bringen und an etwas denken, wofür Sie in Ihrem Leben dankbar sind.

Wiederholungen
Wenn diese Übung Sie anspricht, führen Sie sie durch, wann immer Sie möchten. Es ist empfehlenswert, die Übung mindestens 2 Wochen lang täglich zu wiederholen, um sie zu verinnerlichen.

Übungen für die emotionale Verletzung des Kritisiertwerdens

Selbstreflexionsübung
Übung 36: Welche Rolle spielt Kritik in meinem Leben?

Wirkung
Nach dieser Übung können Sie beobachten, dass Sie anderen gegenüber toleranter werden. Wie wir bereits festgestellt haben, kritisiert man meist etwas, das auch an einem selbst kritisiert wurde, oder man kritisiert Dinge, die der eigenen Person in der Vergangenheit Schmerz verursacht haben. Durch diese Bewusstwerdung entfaltet sich unsere Empathie und wir können unsere Herzlichkeit mehr zeigen.

Dauer
15 Minuten

Vorbereitung
Nehmen Sie sich für diese Übung 15 Minuten Zeit, in denen Sie zur Ruhe kommen und sich eventuell ins Bett oder hinlegen können, um Entspannung zu finden. Wenn Sie Bewegung brauchen, können Sie alternativ dazu auch im Wald spazieren gehen. Nehmen Sie einen Notizblock und einen Stift mit.

Übung
Beantworten Sie die folgenden 2 Fragen – zuerst nur gedanklich, dann schriftlich:
» Wie reagiere ich, wenn ich kritisiert werde?
» Wen kritisiere ich am häufigsten und warum?

Wenn es bestimmte Menschen gibt, die Sie häufig kritisieren, dann schreiben Sie sich ihre Namen auf und notieren all das, was Sie an diesen Menschen auszusetzen haben. Oft stört uns an anderen genau das, was früher an uns selbst kritisiert worden ist.

Legen Sie die Antworten auf diese Fragen 2 oder 3 Tage lang beiseite und lesen Sie sie dann nochmals durch. Beobachten Sie, wie Sie nun darauf reagieren.

Abschluss
Achten Sie in Ihren Beziehungen darauf, ob es für Sie möglich ist, toleranter zu sein und mehr in die Beobachterrolle zu gehen.

Wiederholungen
Es ist empfehlenswert, diese Übung über einen Zeitraum von 3 Monaten 1-mal pro Monat durchzuführen.

Übung zur Reflexion und Heilungsimpulse
Übung 37: Integration des inneren Kritikers

Wirkung
Diese Übung ermöglicht, tief sitzende Selbstkritik loszulassen, unterstützt die Selbstwahrnehmung und steigert außerdem das Mitgefühl sich selbst gegenüber.

Dauer
1 bis 2 Stunden

Vorbereitung
Suchen Sie sich einen ruhigen Ort für die Ausführung dieser Übung und sehen Sie sich, sofern es Ihnen möglich und es für Sie stimmig ist, einige Fotos aus Ihrer Kindheit, Pubertät und Jugendzeit an. Führen Sie dieses Brainstorming mit den Fotos eine halbe Stunde lang durch.

Übung
Setzen Sie sich hin und denken Sie an jemanden, der Sie sehr stark kritisiert oder Ihnen Vorhaltungen gemacht hat. Sagen Sie sich innerlich bewusst: „Ich bin nicht so."

Kritik bleibt sehr gut im Gedächtnis, egal, ob Sie sie in der Kindheit gehört haben, ob sie von den Arbeitskollegen stammt oder von ehemaligen Partnern, als es zur Trennung kam. Lassen Sie im Verlauf der Übung zu, dass diese alten Erinnerungen wieder in Ihr Bewusstsein treten. Stellen Sie sich vor, dass die Person aus dieser Situation noch da ist, gehen Sie in die Erinnerung zurück und sagen Sie zu ihr: „Ich bin nicht so."

Versuchen Sie, der Person in der Vorstellung zu erklären, wie Sie sind, und sagen Sie ihr das, was Sie ihr damals nicht sagen konnten. Legen Sie offen, was Sie sich von ihr gewünscht und gebraucht hätten. Führen Sie dieses Gedankenspiel mit 2 oder 3 Situationen durch.

Als Beispiel dafür nehmen wir folgende Situation: Ihr Vater kritisiert Sie, da Sie zu wenig gelernt und zu oft Fußball gespielt haben. Begeben Sie sich in diese Situation zurück. Stellen Sie sich vor, Sie sind ein Kind und Ihr Vater sagt, Sie sollen das Fußballspielen aufgeben, da im Sportbereich ohnehin nie etwas aus Ihnen werden kann und nur die Schule wichtig ist. Sagen Sie ihm, dass Sie nicht so sind oder dass die Lage nicht so ist, wie er sie darstellt. Sie können ihm etwa mitteilen, dass Sie beides – Spiel und Schule – schaffen und dass Sie möchten, dass er Sie dabei unterstützt und Ihnen vertraut. Sie können auch hinzufügen, dass Sie sich dieses oder jenes Verhalten von ihm wünschen.

Wechseln Sie dann bewusst in eine andere Situation, etwa auf eine Wiese oder einen Strand, und versuchen Sie dort, dem inneren Kritiker zu begegnen. Sagen Sie 5-mal zu sich selbst: „Ich treffe jetzt meinen inneren Kritiker."

Er ähnelt oft einer Person, die wir sehr geschätzt haben und um deren Liebe, Zuwendung und Bewunderung wir stark gekämpft haben. Dabei kann es sich um einen Lehrer aus der Schulzeit handeln, eine Freundin oder die Großmutter, also Menschen, die wir als besondere Personen betrachtet haben. Es sind selten die Eltern, denn diese treten nur dann als innere Kritiker auf, wenn wir von ihnen als Kind außergewöhnlich stark kritisiert wurden. Es kann auch sein, dass ein ganz neues und ungewöhnliches Bild aus Ihrem Unbewussten auftaucht – eine Person, die Ihnen bewusst nicht in den Sinn gekommen wäre.

Oft muss man die Übung 2- oder 3-mal wiederholen, um eine Visualisierung des inneren Kritikers zu erhalten.

Verneigen Sie sich in Ihrer Vorstellung vor ihm, bedanken Sie sich dafür, dass er Sie begleitet und unterstützt hat, und sagen Sie, dass Sie sich durch ihn verbessern konnten. Machen Sie ihm aber klar, dass Sie ihn jetzt nicht mehr brauchen. Visualisieren Sie, wie Sie sich von ihm verabschieden. Sprechen Sie dann folgenden Satz: „Ab heute bin ich zu mir selbst warmherzig und liebevoll."

Abschluss
Schreiben Sie in der 4. Woche einen Abschiedsbrief an den inneren Kritiker oder allgemein an das Thema „Kritik". Verbrennen Sie den Brief daraufhin und streuen Sie die Asche in einen Fluss oder einen Bach.

Wiederholungen
Absolvieren Sie diese Übung 3-mal hintereinander, 1-mal pro Woche – vor allem dann, wenn Sie bemerken, dass Sie unter dieser Verletzung leiden.

Übungen für die emotionale Verletzung der Isolation

Übung für Heilungsimpulse
Übung 38: Sich öffnen

Wirkung
Diese Übung bewirkt das Gefühl, innere Offenheit und Gelassenheit zu erfahren und auch Nähe zuzulassen.

Dauer
1 Stunde

Vorbereitung
Trinken Sie zu Beginn der Übung ein Glas lauwarmes Wasser und suchen Sie sich eine Umgebung, in der Sie Ruhe haben und entspannt sein können. Wenn Sie möchten, können Sie im Hintergrund angenehme Musik laufen lassen.

Übung
Legen Sie sich hin und positionieren Sie sich so, dass Ihr Oberkörper etwas erhöht liegt. Legen Sie eine Hand auf das Herz und die andere Hand auf den Bauch. Atmen Sie nun 5-mal tief in den Bauch und 5-mal tief in den Brustkorb. Mit geschlossenen Augen beginnen Sie jetzt, Ihr Herz zu spüren, und atmen weiterhin tief in den Brustkorb, um die Spannung in diesem Bereich zu lösen. Sobald Sie das Gefühl haben, dass diese gelöst ist, konzentrieren Sie sich auf den gesamten Körper. Sie wandern mit der Aufmerksamkeit vom Kopf bis zu den Füßen und versuchen dabei, ein tiefes Gefühl der Ruhe zu erlangen.

Visualisieren Sie sich an einem schönen Naturort, an dem Sie unter einem Baum sitzen, sich an den Stamm lehnen und in Ihren Armen Ihr inneres Kind halten. Versuchen Sie, eine empathische Verbindung zu diesem Kind aufzubauen, und fragen Sie es, wie es ihm geht.

In Ihrer Vorstellung visualisieren Sie, wie Sie eine Hand auf das Herz des Kindes legen und folgenden Satz zu ihm sagen:
„Die Welt ist ein sicherer Ort für dich. Du darfst jetzt in Beziehung und in Kontakt mit anderen treten."
Dann umarmen Sie das Kind und fühlen Sie, wie es zu einer lichtvollen Gestalt wird und in Ihr Herz hineinfließt. Visualisieren Sie dann viele Menschen, die einen Kreis rund um Sie bilden. Stellen Sie sich nun Lichtstrahlen vor, die sowohl aus Ihrem Herzen als auch gleichzeitig aus den Herzen aller anderen Personen fließen. Diese Lichtstrahlen treffen sich in der Mitte und formen ein Rad, während sich rund um alle Anwesenden ein Lichtkreis bildet. Das ist ein Bild für das Unbewusste, das die Bereitschaft signalisiert, offen in der Begegnung mit den Mitmenschen zu sein.

Abschluss
Beim Abschluss dieser Übung ist es wichtig, das visualisierte Bild noch kurz festzuhalten und eventuell an etwas Positives, wofür man dankbar ist, zu denken. Man könnte auch 3-mal laut die Affirmation wiederholen: „Die Liebe heilt mich, ich bin dankbar für mein Leben und meine Mitmenschen."

Wiederholungen
Diese Übung sollten Sie 5 bis 6 Wochen hindurch 1-mal wöchentlich durchführen.

Übung für Heilungsimpulse
Übung 39: Die innere Freiheit fühlen

Wirkung
Diese Übung hilft, eine positive Lebenseinstellung zu pflegen.

Dauer
ca. 2 bis 3 Stunden, verteilt über einen Zeitraum von 3 Monaten

Vorbereitung
Suchen Sie sich für diese Übung einen Platz, wo Sie ungestört sein können. Setzen Sie sich mit aufrechtem Oberkörper hin, legen Sie eine Hand auf den Bauch, die andere auf den Brustkorb. Atmen Sie langsam und tief. Achten Sie beim Atmen darauf, dass Sie entspannt, ruhig und gelassen sind.

Übung
Dann setzen Sie sich hin und beantworten die folgenden 3 Fragen:

» Was bereitet mir Freude?
» Was macht mich innerlich frei?
» Wie möchte ich mich in meinen zwischenmenschlichen Beziehungen fühlen?

Legen Sie dann Ihre Notizen mit den Antworten auf diese Fragen für 3 Wochen unter das Kopfkissen. Lesen Sie sie 1-mal in der Woche durch und ergänzen Sie die Antworten. Notieren Sie sich alles, was Ihnen in diesen Wochen auffällt.
Nach den 4 Wochen formulieren Sie eine Absichtserklärung für Ihr Leben und für Ihre zwischenmenschlichen Beziehungen.

Abschluss
Bewahren Sie diese schriftliche Absicht auf und lesen Sie sie 3 Monate lang 1-mal pro Woche durch. Sie können sie anschließend verbrennen und die Asche symbolisch bei den Wurzeln eines Baumes im Wald ausstreuen oder diese weiterhin als wertvolle Erinnerung behalten.

Übungsteil 6
Versöhnung mit den Ahnen

Dieser Übungsteil dient vorrangig dem Ziel, eine Verbindung auf emotionaler Ebene zu unseren Ahnen zu schaffen. Dadurch entwickeln wir ein tiefes Gefühl der Zugehörigkeit, des Respekts und der Toleranz unserem Familiensystem gegenüber.

Zielorientiertes Übungsprogramm

Ziel: Bewusste Auseinandersetzung mit den Ahnen

Dauer
4 Wochen

Ablauf

1. Woche:
Führen Sie die **Übung 41** durch.

2. bis 4. Woche:
Arbeiten Sie mit der **Übung 40** und der **Übung 42** 1-mal pro Woche an unterschiedlichen Tagen.
Sie können zusätzlich 1- bis 2-mal pro Woche die geführte **innere Reise „Versöhnung mit der Ahnenreihe"** auf den CDs „Die inneren Reisen der Heilung" hören.

Selbstreflexionsübung
Übung 40: Intuitive Kontaktaufnahme mit den Ahnen

Wirkung
Bewusstes Verbinden mit den Ahnen und Klärung der Gefühle, die man für sie empfindet.

Dauer
1 Stunde

Vorbereitung
Sie benötigen Fotoalben und Fotos, die in Ihrer Ahnenreihe von den Eltern über die Großeltern bis zu Ihren Urgroßeltern reichen. Falls Ahnen-Stammbäume in Ihrer Familie vorhanden sind, nehmen Sie diese zur Hand und beschäftigen Sie sich eingehend damit.

Übung
Betrachten Sie zunächst bewusst die Fotos. Wenn Sie die Bilder ansehen und sich mit den Ahnen beschäftigen, so lassen Sie bitte Eindrücke, Gefühle und Wahrnehmungen fließen, ohne sich dabei auf ein bestimmtes Gefühl oder eine Wahrnehmung zu fokussieren.

Nehmen Sie daraufhin ein Blatt Papier und schreiben Sie Ihren Namen auf das untere Drittel des Blattes, dann oberhalb Ihres Namens die Namen Ihrer Eltern und noch eine Ebene darüber die Namen der Großeltern. Beobachten Sie währenddessen bewusst den Stammbaum, den Sie erstellt haben. Verbinden Sie sich in aller Klarheit mit dem Gefühl, dass Sie durch diese Menschen den Weg ins Leben gefunden haben. Schreiben Sie, wenn es sich für Sie stimmig anfühlt, zu jeder Person eine positive Eigenschaft auf, an die Sie sich aufgrund Ihrer Erfahrung mit diesem Menschen erinnern oder die Ihnen aufgrund von Erzählungen wieder in den Sinn kommt. Verbinden Sie sich mit diesen Eigenschaften und spüren Sie, inwiefern Sie sich diese wünschen und ob Sie sie auch in sich selbst spüren.

Dann setzen Sie sich auf einen Stuhl und stellen die Zeichnung Ihres Stammbaums in aufrechter Position auf der Sitzfläche eines anderen Stuhls gegenüber auf. Schließen Sie die Augen. Konzentrieren Sie sich auf den Bereich in der Mitte Ihrer Brust. Fühlen Sie in sich hinein, welche Emotionen Sie den Menschen gegenüber, die Ihre Familie darstellen, empfinden.

Wenn es für Sie stimmig ist, visualisieren Sie sich an einem Naturort, an dem Ihnen Ihre Eltern gegenüberstehen und hinter ihnen deren Eltern. Konzentrieren Sie sich dann auf Ihr Herz und fühlen Sie, wie es sich öffnet; vielleicht werden Sie von dieser Vorstellung berührt. Umarmen Sie Ihre Familienmitglieder innerlich und spüren Sie in Ihrem Herzen die Dankbarkeit für die Generationen, die vor Ihnen Erfahrungen gesammelt und ihre Weisheit weitergegeben haben, auch wenn es für Sie in der Vergangenheit nicht immer leicht war, in diese Familie hineingeboren zu sein. Versöhnen Sie sich mit ihnen und nehmen Sie die Gefühle an, die Sie für jedes einzelne Mitglied empfinden, ohne sie zu verurteilen.

Schließen Sie die Übung ab, indem Sie sich bewusst vor Augen führen, welche Ähnlichkeiten Sie mit Ihren Eltern oder Großeltern haben – vielleicht auf beruflicher Ebene, im Bezug auf Ihr Aussehen oder hinsichtlich gewisser Glaubenssätze und Muster.

Abschluss
Halten Sie diese Erkenntnisse schriftlich fest.

Wiederholungen
Diese Übung sollten Sie 1-mal durchführen. Wenn Sie das Bedürfnis haben, sie zu wiederholen, lassen Sie mindestens 1 Woche Zeit dazwischen vergehen.

Selbstreflexionsübung
Übung 41: Dank an die Ahnen und Beendigung alter Familienmuster

Wirkung
Diese Übung verhilft zum bewussten Wahrnehmen der Kraft unserer Ahnen.

Dauer
1 Stunde

Vorbereitung
Achten Sie darauf, dass Sie niemand stört, damit Sie sich während der Durchführung gut entspannen können. Bevor Sie mit der Übung beginnen, setzen Sie sich aufrecht hin und atmen Sie 10-mal tief ein und aus – richten Sie dabei die Aufmerksamkeit nur auf das Fließen der Atmung.

Übung
Nehmen Sie 4 Blätter Papier in Farben, die Ihnen gefallen, zur Hand. Schreiben Sie in die Mitte des 1. Blattes „weibliche Ahnenreihe mütterlicherseits", auf das 2. Blatt „männliche Ahnenreihe mütterlicherseits", auf das 3. Blatt „weibliche Ahnenreihe väterlicherseits" und auf das 4. Blatt „männliche Ahnenreihe väterlicherseits".

Legen Sie nun diese 4 Blätter Ihnen gegenüber auf einen Tisch oder auf den Boden. Nehmen Sie daraufhin intuitiv ein Blatt, das Sie anspricht, in die Hand und schreiben Sie ganz intuitiv alles auf, was Ihnen in Bezug auf diese Ahnenlinie einfällt. Denken Sie, bevor Sie zu schreiben beginnen, an Ihre Eltern und deren Eltern. Schreiben Sie intuitiv alles auf, also auch alle Stärken und Schwächen.

Nachdem Sie Ihre Gedanken auf dem 1. Blatt notiert haben, erfühlen Sie, welche der Verletzungen, die im vorigen Kapitel analysiert und besprochen wurden, in dieser Linie vorhanden sind. Wenn Sie diese

Aspekte für sich klar definieren können, schreiben Sie im Anschluss daran die Glaubenssätze und die daraus entstandenen Muster nieder. Notieren Sie die Glaubenssätze, die Sie bei sich selbst spüren, sowie auch jene, die Sie allgemein in der Linie bemerken, ohne dass sie Sie aktiv betreffen.

Führen Sie diese Übung auf allen 4 Blättern mit den jeweiligen Vorfahren durch.

Wenn Sie adoptiert wurden, führen Sie die Übung zuerst mit den Ahnenreihen Ihrer Adoptiveltern und dann mit den Ahnenreihen Ihrer biologischen Eltern durch. Verlassen Sie sich auf Ihre Intuition und beobachten Sie, was sich im Zuge des Verfassens der 4 Blätter herausstellt. Wir alle sind auf der Ebene des Unbewussten miteinander verbunden und tragen in uns das Gedächtnis der Ahnenlinien, auch derjenigen Menschen, die wir nie kennengelernt haben.

Setzen Sie sich anschließend auf ein Kissen und arrangieren Sie gegenüber 4 weitere. Legen Sie auf jedes der Kissen in einer intuitiven Reihenfolge jeweils eines der Blätter. Beobachten Sie jede Ahnenreihe und schließen Sie dann die Augen, wobei Sie sich und die 4 Blätter in einer strahlend hellen Lichthülle visualisieren.

Stellen Sie gedanklich eine Verbindung zwischen Ihrer Lichthülle und derjenigen aller Blätter her. Konzentrieren Sie sich auf diese Lichtverbindung und formulieren Sie innerlich folgende Absicht:
„Ich bedanke mich für meine Wurzeln, für eure Entscheidung, das Leben weiterzugeben. Ich entscheide mich bewusst dafür, alles von Euch Übernommene zurückzugeben, was mich nicht direkt unterstützt, meine Individualität, Einzigartigkeit und mein Potenzial in Klarheit zu leben.
Ich entscheide mich jetzt dazu, mein eigenes Leben zu leben und eure Lebenserfahrung in Weisheit umzuwandeln."

Wenn Ihnen bewusst wird, ob beziehungsweise welche negativen Aspekte Sie aufgrund der einen oder anderen Linie in sich tragen, fokussieren Sie sich bewusst auf diese Punkte und bringen Sie die Absicht zum Ausdruck, dieses Erbe in Zukunft nicht mehr zu tragen.

Ein Beispiel für diesen Schritt wäre folgende Aussage:
„Ich bedanke mich respektvoll bei euch. In Demut und mit Respekt sowie Wertschätzung äußere ich die Absicht, jenes Muster nicht mehr zu leben, das daraus besteht, dass in unserer Linie keine erfüllende Partnerschaft mit dem Menschen, den man liebt, gelebt werden darf."

Nachdem Sie ausgesprochen haben, was Sie zurückgeben, bitten Sie darum, dass sich diese Lichtverbindung lösen darf, jedoch ohne ganz durchtrennt zu werden. Wir sind im Universum immer miteinander verbunden, es gibt keine Separation, sondern nur ein friedvolles, wertschätzendes und bewusstes Bewahren der eigenen Grenzen.

Anschließend setzen Sie sich so auf Ihren Polster, dass Sie mit dem Rücken zu den Blättern mit den Ahnenlinien sitzen. Entspannen Sie sich, fühlen Sie sich befreit und spüren Sie die Kraft Ihrer Vorfahren, die Ihnen den Rücken stärkt. Wenn Sie diese Energie spüren können, stehen Sie auf, nehmen eine mit Alufolie ausgekleidete, feuerfeste Schale, stellen sie in die Mitte aller Pölster und verbrennen darin die Blätter der Ahnenlinien.

Abschluss
Begeben Sie sich am darauffolgenden Tag zu einem schönen, klaren Bach oder Fluss und verstreuen Sie dort die Asche. Sie können auch einen Stein nehmen und das Muster oder die Aspekte, die Sie den Ahnen zurückgegeben haben, in diesen einspeichern und ihn dann zu den Blättern in die Schale legen. Wenn Sie die Asche – und allenfalls auch den Stein – in den Fluss streuen, bedanken Sie sich bei Ihren Ahnen.

Wiederholungen
Führen Sie diese Übung alle 2 Wochen mit einer gewissen Regelmäßigkeit über einen Zeitraum von 3 Monaten hinweg durch.

Übung für Heilungsimpulse
Übung 42: Dankbarkeits- und Abschiedsbrief

Wirkung
Diese Übung empfehle ich, wenn Sie schon vieles an systemischer Arbeit, Selbsterfahrung und Klärungsarbeit geleistet haben.

Dauer
1 Stunde

Vorbereitung
Setzen Sie sich hin, versuchen Sie sich zu entspannen und atmen Sie 5-mal tief in den Bauch und verbinden Sie sich mit 3 Aspekten, wofür Sie dankbar sind. Sie können diese Aspekte auch niederschreiben, wenn es für Sie hilfreich ist.

Übung
Schreiben Sie an Ihre Ahnen einen Dankbarkeitsbrief, in dem Sie sich daran erinnern, dass Sie dank ihnen auf der Welt sind. Äußern Sie die Absicht, dass Sie bereit dazu sind, Ihr eigenes Leben zu leben, in Frieden mit der Vergangenheit zu sein und im Hier und Jetzt zu existieren. Erklären Sie darin des Weiteren, dass Sie nun darauf fokussiert sind, Ihre Vision zu verwirklichen, und familiäre Verstrickungen ablegen werden. Bedanken Sie sich bei den vergangenen Generationen und bitten Sie um Leichtigkeit, Ehrlichkeit, Wahrheit und Wertschätzung für die zukünftigen Generationen Ihrer Familie.

Abschluss
Wenn Sie diesen Brief geschrieben haben, verbrennen Sie ihn und streuen Sie die Hälfte seiner Asche im Zuge eines symbolischen Abschiednehmens in einen Fluss. Verteilen Sie die andere Hälfte der Asche auf einer schönen, hochgelegenen Wiese als Zeichen für eine bewusste Erinnerung an Ihre Wurzeln und als Markierung für Ihre positiven Wünsche, die Gegenwart und die Zukunft betreffend.

Wiederholungen

Es ist empfehlenswert, diese Übung immer wieder durchzuführen, wenn man das Gefühl hat, dass man sich mit Dankbarkeit verbinden möchte. Es ist eine Übung, die uns ermöglicht, eine positivere Sichtweise der Lebensumstände zu erlangen.

Innere Reisen
Innere Reise 6: „Versöhnung mit der Ahnenreihe"

Diese innere Reise finden Sie auf den CDs, die Sie separat zum Buch erwerben können.

Wirkung

Diese Übung sendet einen Impuls zur Klärung von Themen aus dem Familiensystem. Die inneren Bilder der Reise verbinden sich mit der Kraftquelle der Ahnen. Das Ehren der Ahnen lässt uns eine liebevolle innere Haltung unserer Vergangenheit gegenüber annehmen. Die bewusste Integration des Ahnenbewusstseins öffnet den Zugang zu tief verborgenen Talenten und verdeckten persönlichen Ressourcen.

Dauer

30 Minuten

Vorbereitung

Setzen Sie sich entspannt hin, denken Sie an eine weite Wiese und atmen Sie langsam.

Übung

Atmen Sie entspannt und versuchen Sie, sich langsam auf die Bilder der Reise einzulassen. Fokussieren Sie sich immer wieder auf Ihren Solarplexus und versuchen Sie, ihn durch sanftes Atmen zu entspannen.

Abschluss
Schreiben Sie alle Gedanken der Dankbarkeit Ihren Ahnen gegenüber auf, wenn es Ihnen passend erscheint.

Wiederholungen
Führen Sie diese Übung über einen Zeitraum von 4 Wochen 1-mal in der Woche durch.

Übungsteil 7
Umgang mit äußeren und inneren Widerständen

Dieser Übungsteil dient dem Ziel, Ihnen Unterstützung anzubieten, wenn Sie mit inneren und äußeren Widerständen konfrontiert werden. Auf dem Weg zur Auflösung von tief sitzenden Glaubenssätzen, Verhaltensmustern und Blockaden erfahren Sie, wie in Kapitel 5 beschrieben, innere und äußere Widerstände, die Sie möglicherweise an Ihrer Entscheidung, freier und offener zu werden, zweifeln lassen.

Zielorientiertes Übungsprogramm

Dieses Übungsprogramm hilft Ihnen, mit besonderer Aufmerksamkeit und Kraft die Widerstände auf dem Weg zur inneren Freiheit zu lösen.

Dauer
4 Wochen

Ablauf

1. Woche:
Führen Sie die **Übungen 44** und **47** 1-mal durch.

2. bis 4. Woche:
In der 2., 3. und 4. Woche führen Sie die **Übungen 43, 45** und **46** jeweils 1-mal pro Woche an unterschiedlichen Tagen durch. Sie können die Wirkung des Programms durch die wöchentliche Beschäftigung mit der inneren Reise „**Innere und äußere Widerstände bewältigen**" verstärken.

Übung für Heilungsimpulse
Übung 43: Verbindung mit der Kraft

Wirkung
Diese Übung ermöglicht Ihnen, Einheit und innere Ruhe zu erfahren.

Dauer
ca. eine halbe Stunde

Vorbereitung
Suchen Sie sich einen angenehmen Platz, setzen Sie sich und atmen Sie 5- bis 6-mal tief ein und aus. Achten Sie dabei besonders darauf, Ihren Schultergürtel zu entspannen.

Übung
Legen Sie beide Hände auf den Unterbauch, sodass der Nabel frei bleibt; die Fingerspitzen zeigen seitlich in Richtung Schambein. Atmen Sie nun 5- bis 6-mal ganz bewusst in Ihre Mitte und spüren Sie bewusst den unteren Bereich des Bauches. Wiederholen Sie danach 3-mal den folgenden Satz: „Ich bin geborgen in meiner Kraft."
Richten Sie sich anschließend auf und legen Sie Ihre Hände wieder auf den Bauch. Visualisieren Sie vor sich einen Lichtkreis, ein Symbol für Ihre Kraft. Steigen Sie nun mitten in diesen Lichtkreis und visualisieren Sie, wie aus dem Kreis zwischen Boden und Decke, Himmel und Erde, eine Lichtsäule entsteht. Diese Säule leuchtet in einer hellen, warmen Farbe wie Gold, Orange oder Rot. Visualisieren Sie die Lichtsäule ganz bewusst rings um sich und fühlen Sie die Geborgenheit und Kraft, die sie Ihnen schenkt. Sagen Sie dann mit lauter Stimme: „Ich bin mit meiner Kraft verbunden."

Abschluss
Schließen Sie die Augen, atmen Sie 3-mal tief in den Bauch und visualisieren Sie in der Mitte der Brust eine pulsierende Sonne, die immer strahlender und kraftvoller wird.

Wiederholungen
Diese Übung sollte in der ersten Woche 1-mal täglich, idealerweise am Morgen, durchgeführt werden. Danach genügt es, sie 2- bis 3-mal die Woche mindestens 3 Wochen lang zu praktizieren. Nach diesem Zeitraum haben Sie die symbolische Botschaft der Übung verinnerlicht. Wenn Sie dann im Alltag das Bild der Säule rund um sich visualisieren, fühlen Sie bewusst die Verbindung zu Ihrer Kraft.

Übung für Heilungsimpulse
Übung 44: Dankbarkeitsritual

Wirkung
Diese Übung zielt darauf ab, sich von unerwünschten Verhaltensmustern, Beziehungen, Freundschaften oder Orten zutrennen, diese loszulassen und sich in Dankbarkeit zu verabschieden.

Dauer
ca. eine halbe Stunde

Vorbereitung
Nehmen Sie Papier und Schreibzeug zur Hand – um damit die Briefe zu schreiben. Bereiten Sie weiters eine feuerfeste Schale vor (zum Beispiel aus Keramik oder Metall), die Sie mit Alufolie auskleiden, und legen Sie ein Feuerzeug bereit.

Übung
Von manchen Dingen – ob es sich dabei um ein Verhaltensmuster, eine Beziehung, eine Freundschaft oder einen Ort handelt – möchte man sich trennen. Zu diesem Zweck können Sie alles, was Sie aus Ihrem Leben verabschieden möchten, ungeachtet der tatsächlichen Gestalt, personifizieren und diesem Aspekt in Dankbarkeit einen Abschiedsbrief schreiben. Es ist für Sie wichtig, zu erkennen, warum dieser Bestandteil Ihres Lebens notwendig war und welcher Nutzen für Sie daraus entstanden ist.

Abschluss
Verbrennen Sie den Brief nach seiner Fertigstellung – dieser Akt steht symbolisch für Neubeginn und Abschied vom Alten. Streuen Sie die Asche anschließend in einen Bach oder einen Fluss.
Oft sind Verhaltensmuster, Menschen und Situationen, die uns belasten, wichtige Schlüssel für unsere Entfaltung – vor allem, wenn wir sie mit Abstand und Dankbarkeit betrachten.

Wiederholungen
Machen Sie diese Übung so oft, wie Sie das Bedürfnis danach haben, jemanden oder etwas aus Ihrem Leben zu verabschieden.

Selbstreflexionsübung
Übung 45: Hindernisse und Blockaden lösen

Wirkung
Durch diese Übung betrachten Sie Probleme, Ereignisse und Situationen mit Abstand und aus einer anderen Perspektive und können so konstruktive Lösungsansätze finden.

Dauer
1,5 Stunden

Vorbereitung
Nehmen Sie sich zu Beginn eine halbe Stunde Zeit, um sich zu entspannen.

Übung
Wenn Sie das Gefühl haben, gelöst zu sein, schreiben Sie Ihre Probleme – alles, was Sie im Augenblick blockiert und was Ihr Leben gegenwärtig beeinträchtigt – auf ein Blatt Papier. Nachdem Sie Ihre Probleme aufgelistet haben, fügen Sie folgende Affirmationen hinzu:

„Ich bin offen für die richtige Lösung. Ich erkenne die richtige Lösung in diesem Augenblick."

Lesen Sie sich nun die Aufzeichnungen durch. Halten Sie dann den Zettel mit beiden Händen und schließen Sie die Augen. Versuchen Sie sich einfach zu entspannen und die Lösung für dieses Thema bewusst einzuladen. Halten Sie die Augen geschlossen und visualisieren Sie, sich auf einer schönen Wiese an einem sonnigen Tag. Setzen Sie sich dort unter einen Baum, an den Sie sich anlehnen können. Entspannen Sie sich auf diese Art und Weise und laden Sie die für Sie passende Lösung ein, indem Sie sich folgende Fragen stellen:

» Was kann ich aus dieser Situation lernen oder für mich neu erfahren?
» Was kann ich tun, um den Fluss wieder zu aktivieren?

Achten Sie darauf, ob sich Bilder oder Zeichen auf der Wiese manifestieren und ob Ihnen Sätze, Ideen oder Menschen in den Sinn kommen.

Abschluss

Durch diese Übung wird Ihre Intuition angeregt. Es können vermehrt im Alltag intuitive Gedanken vorkommen, die Sie auf einem Notizblock aufschreiben können. Mögliche Lösungen könnten sich auch in den Träumen zeigen. Halten Sie also während dieser Übungswoche einen Notizblock und einen Bleistift oder ein Aufnahmegerät auf Ihrem Nachtkästchen bereit, sodass Sie am Morgen Ihre Träume notieren beziehungsweise aufzeichnen können.

Wiederholungen

Führen Sie diese Übung über einen Zeitraum von 2 Wochen hinweg 1-mal am Tag durch und dann immer wieder, wenn Sie das Gefühl haben, dass Sie sie brauchen.

Meditationsübung
Übung 46: Symbolische Meditation mit unseren Hindernissen und Blockaden

Wirkung
Diese Meditationsübung hilft Ihnen dabei, herauszufinden, welche Botschaft ein Hindernis oder ein Widerstand auf Ihrem Lebensweg zeigen will.

Dauer
ca. 1 Stunde

Vorbereitung
Suchen Sie sich einen ruhigen Ort und entspannen Sie sich. Setzen Sie sich hin und legen Sie beide Hände entspannt in Ihren Schoß. Atmen Sie tief und langsam. Fühlen Sie, wie sich Ihr Körper entspannt.

Übung
Sobald Sie entspannt sind, bitten Sie darum, dass sich das jetzige Hindernis, das sich in Ihrem Geist zeigt, in Form eines Symbols manifestiert. Sollte kein Bild vor Ihrem geistigen Auge auftauchen, so versuchen Sie zu spüren, ob diese Blockade vielleicht Ähnlichkeit mit einem Vorkommnis aus Ihrer Vergangenheit hat.
Schließen Sie die Augen und visualisieren Sie sich an einem schönen Platz – vielleicht auf einer Wiese oder an einem sonnigen Strand. Erfassen Sie das Symbol vor dem inneren Auge, atmen Sie tief durch und entspannen Sie sich. Stellen Sie dem Symbol, das Ihnen erscheint, folgende Fragen:
- » Wie sieht meine Vision konkret in meinem Leben aus?
- » Woraus besteht meine innere Überzeugung, die zu meiner Manifestation des Widerstands beigetragen hat?
- » Welche Lehre ziehe ich daraus?
- » Was sollte ich erfahren, damit ich auf meinem Weg weiter voranschreiten kann?

Konzentrieren Sie sich weiterhin auf das Symbol und stellen Sie ihm die Frage:
» Was darf ich erfahren, damit ich weiterkommen kann?

Konzentrieren Sie sich besonders auf diese Frage und beobachten Sie, wie sich das Symbol verändert. Fokussieren Sie sich auf das Bild, das Sie in Ihrer Visualisierung sehen, und wiederholen Sie immer wieder die Frage:
» Woraus besteht der nächste Schritt zur Lösung?

Beobachten Sie dabei aufmerksam, wie Sie sich fühlen und was sich ereignet.
Es kann sein, dass sich bei der ersten Durchführung dieser Übung noch nichts zeigt. Beim zweiten oder dritten Mal unterstützt die Übung Sie dabei, intuitiv Lösungen und Bilder für die Klärung eines Problems oder einer Blockade zu finden. Wenn Sie das Gefühl haben, dass die Energie beginnt, in Ihrer Psyche Ihre Kreativität anzuregen, und es zu einer Lösung kommen könnte, visualisieren Sie dieses Symbol, umhüllt von einem strahlenden, goldenen Licht, und bedanken Sie sich bei Ihnen sowie bei Ihrem Leben. Schließen Sie dann die Augen, halten Sie Ihre Hände übereinander, wobei die Handflächen auf den Solarplexus gerichtet sind, und atmen Sie 5-mal tief.
Wiederholen Sie dann 3-mal die Affirmation „Ich bin am richtigen Weg" und öffnen Sie die Augen.

Abschluss
Achten Sie in den folgenden Tagen darauf, was sich Ihnen zeigt und was in Ihrem Umfeld passiert, wobei Sie versuchen, sich bewusst zu entspannen. Es kann sein, dass Zeichen erkennbar werden, die Ihnen dabei helfen, Klarheit zu finden.

Wiederholungen
Führen Sie diese Übung in einer Woche, in der Sie ein Hindernis oder eine Blockade spüren, 2-mal durch.

Selbstreflexionsübung
Übung 47: Die Widerstände in unserem Umfeld bewältigen

Wirkung
Diese Übung hilft Ihnen, sich bewusst zu machen, auf welche Art und Weise die Menschen in Ihrer Umgebung eventuellen Widerstand gegen Ihre Veränderung manifestieren. Sie dient dem Ziel, das Verhalten dieser Personen zu verstehen.

Dauer
1 Stunde

Vorbereitung
Schreiben Sie sich in Ruhe die folgenden Sätze auf:
„Ich bin offen für die Veränderung und erkenne, dass alles, was geschieht, ein Zeichen der Veränderung ist. Ich finde den Mut, meinen Weg zu gehen."

Übung
Atmen Sie tief und setzen Sie sich hin. Versuchen Sie sich zu entspannen. Dann schreiben Sie die Namen all jener Menschen auf, von denen Sie fühlen, dass von ihrer Seite Widerstand gegen Ihre Veränderung kommt – von allen Personen, von denen Sie das Gefühl haben, dass sie jetzt nicht bereit dazu sind, zu erkennen, dass Sie sich verändern.

Reflektieren Sie über Ihre Beziehung zu jedem einzelnen Menschen, den Sie notiert haben. Während Sie die Übung durchführen, schreiben Sie zu jedem Menschen auf, was er sich von Ihnen Ihrer Meinung nach erwartet und auf welche Weise diese Erwartungen Sie möglicherweise einschränken. Spüren Sie, welche Aspekte Sie in der Beziehung zu dieser Person ändern möchten und auf welche Art Sie ihr Ihre Erkenntnisse vermitteln könnten. Schreiben Sie alles auf, was Ihnen einfällt.

Abschluss
Lesen Sie einen Tag später Ihre Aufzeichnungen durch und wählen Sie 1 bis 2 Personen aus der Liste, mit denen Sie über Ihre Erkenntnisse sprechen können.

Wiederholungen
Es ist empfehlenswert, diese Übung über einen Zeitraum von 2 bis 3 Monaten 1-mal im Monat durchzuführen.

Innere Reisen
Innere Reise 7: „Innere und äußere Widerstände bewältigen"

Diese innere Reise finden Sie auf den Begleit-CDs, die Sie separat zum Buch erwerben können.

Wirkung
Diese Übung hilft Ihnen, einen kreativen und gelassenen Umgang mit inneren und äußeren Widerständen zu entwickeln.

Dauer
30 Minuten

Vorbereitung
Setzen Sie sich entspannt hin und achten Sie darauf, dass Ihr Atemrhythmus entspannt und gelassen bleibt.

Übung
Fokussieren Sie sich immer wieder auf Ihren Solarplexus und versuchen Sie, ihn durch sanftes Atmen zu entspannen. Versuchen Sie, in einem hellen Raum bei Tageslicht diese innere Reise durchzuführen.

Abschluss
Gehen Sie spazieren oder bewegen Sie sich intuitiv zum Rhythmus Ihrer Lieblingsmusik.

Wiederholungen
Führen Sie diese Übung über einen Zeitraum von 4 Wochen 1-mal pro Woche durch.

Übungsteil 8
Beziehungs- und Kommunikationsfähigkeit erweitern

In diesem Übungsteil befinden sich mehrere Übungen, die es Ihnen ermöglichen, über Ihre Beziehungsfähigkeit zu reflektieren, Ihr Einfühlungsvermögen und Ihre Kommunikationsfähigkeit zu verbessern und konstruktive Lösungsansätze zur Verbesserung Ihrer Beziehungen zu entwickeln, um frei und verbunden Beziehungen leben zu können.

Zielorientiertes Übungsprogramm

Ziel: Die eigene Beziehungskompetenz überprüfen und verbessern

Dauer
6 Wochen

Ablauf

1. Woche:
Führen Sie die **Übung 48** 1-mal durch.

2. Woche:
Führen Sie die **Übung 49** 1-mal durch.

3. Woche:
Führen Sie die **Übung 50** 1-mal durch.

4. Woche:
Führen Sie die **Übungen 51** und **52** 1-mal durch.

5. Woche:
Führen Sie die **Übungen 53** und **54** 1-mal durch.

6. Woche:
Führen Sie die **Übungen 49** und **51** 1-mal durch.

Sie können die Wirkung des Trainings verstärken, indem Sie sich 1-mal pro Woche die innere Reise „**Heilung und Entfaltung der Beziehungsfähigkeit**" anhören.

Zielorientiertes Übungsprogramm

Ziel: Die eigene Kommunikationsfähigkeit verbessern

Dauer
4 Wochen

Ablauf

1. bis 4. Woche:
Führen Sie die **Übung 55** 1-mal pro Woche durch.
Führen Sie dann die **Übungen 56, 57 und 58** jeweils 1-mal pro Woche durch.
Führen Sie die Übungen so durch, dass Sie an einem Tag nur eine der vorgeschlagenen Übungen durchmachen.
Hören Sie sich jede Woche die innere Reise „**Empathie, Schlüssel zur Liebe**" an.

Selbstreflexionsübung
Übung 48: Bilanz aus einer Beziehung ziehen

Wirkung
Diese Übung erlaubt Ihnen zu erkennen, welche Beziehungsmuster und alte Verletzungen Ihre nahen Beziehungen konditionieren und blockieren.

Dauer
Planen Sie für diese Übung ca. eine Woche Zeit ein, in der Sie sich jeden Tag 1 bis 2 Stunden für die Durchführung der Übung Zeit nehmen. Der gesamte Ablauf nimmt insgesamt 5 Wochen in Anspruch.

Vorbereitung
Nehmen Sie Papier und Bleistift zur Hand. Setzen Sie sich entspannt und gelassen hin und versuchen Sie, sich auf sich selbst zu konzentrieren. Optimal ist es, wenn Sie uneingeschränkt Zeit haben und Sie niemand bei der Durchführung der Übung stören kann.

Übung
Entspannen Sie sich, atmen Sie tief in den Bauch, legen Sie eine Hand auf das Herz und die andere auf das Solarplexus-Chakra. Atmen Sie 5-mal tief in den Bauch. Wenn Sie spüren, dass Sie gelassen sind, beantworten Sie folgende Frage:

» Mit welchen Menschen führe ich momentan die wichtigsten Beziehungen?

Listen Sie die Namen der Menschen auf, mit denen Sie eine tiefe Verbindung haben und die eine wichtige Bezugsperson für Sie darstellen. Lesen Sie anschließend diese Liste 2-mal durch.

Wählen Sie dann 3 bis 4 Personen davon aus. Entscheiden Sie sich dabei für Menschen, die einerseits wichtig für Sie sind, bei denen

Sie aber andererseits Konflikte spüren, die die Beziehung mit ihnen beeinträchtigen. Versuchen Sie auch zu erkennen, wo Sie sich in der Beziehung mit ihnen nicht wohlfühlen.

Nachdem Sie sich auf die Aspekte konzentriert haben, schreiben Sie die Namen separat jeweils auf ein Blatt Papier.

Für jeden dieser Menschen beantworten Sie folgende Fragen:

- » Was verbinde ich mit diesem Menschen?
- » Was liebe ich an ihm?
- » Warum ist diese Beziehung für mich wichtig?
- » Was verletzt mich in dieser Beziehung?
- » Was wünsche ich mir von dieser Person, welche Erwartungen habe ich an sie?
- » Welche dieser Erwartungen kann diese Person nicht erfüllen?
- » Was kritisiere ich an dieser Person und was werfe ich ihr vor?
- » Warum stört mich dieser Aspekt an der Person so sehr?
- » Was ist die Ursache dieses Missfallens?
- » Inwiefern hat diese Person meine Erwartungen enttäuscht?
- » Hat in der Vergangenheit eine andere Person meine Erwartungen auf dieselbe Art und Weise enttäuscht? Wenn ja, wie?
- » Könnte ich dieser Person mitteilen, was ich ihr bis jetzt noch nie gesagt habe?
- » Wie stelle ich mir diese Beziehung in der Zukunft vor?
- » Worüber werde ich mit dieser Person sprechen, wenn ich sie das nächste Mal treffe?

Bitte beantworten Sie diese Fragen so ehrlich wie möglich für jede der 3 bis 4 Personen, die Sie ausgewählt haben.

Lesen Sie dann die Arbeitsblätter durch und notieren Sie sich alle Übereinstimmungen, die Sie bei diesen Beziehungen erkennen können. Falls vor allem in Bezug auf Ihre Erwartungen oder speziell bei Verletzungen Ähnlichkeiten vorkommen, notieren Sie alles

Gleichartige. Lassen Sie dann die Notizen liegen und wiederholen Sie diese Übungen eine Woche später noch einmal mit 3 bis 4 Personen. Führen Sie diese Übung für weitere 4 Wochen durch.

Abschluss
Lesen Sie alle Ihre Aufzeichnungen durch und beantworten Sie im Anschluss die folgenden Fragen:

» Beobachte ich, wenn ich meine Antworten durchlese, gewisse Ähnlichkeiten in meinen Reaktionen auf die Beziehungen zu diesen Personen? Zum Beispiel, dass ich mich zurückziehe, wenn ich verletzt werde?
» Wie reagiere ich im Allgemeinen, wenn ich in einer engen zwischenmenschlichen Beziehung verletzt werde?

Schreiben Sie 3 Hilfestellungen auf, die Sie dabei unterstützen, Ihre Beziehungen besser zu leben. Zum Beispiel, indem Sie den anderen stets Ihre Bedürfnisse mitteilen, ihnen sagen, wenn Sie sich verletzt fühlen, ohne dass Sie sich gleich zurückziehen, oder indem Sie Ihre Erwartungen anderen gegenüber offen erklären und auch zu erkennen bereit sind, inwieweit Ihr Gegenüber Ihre Bedürfnisse und Erwartungen erfüllen kann.

Wiederholungen
Es ist ratsam, diese Übung regelmäßig durchzuführen, zum Beispiel 2- bis 3-mal pro Jahr, und die Aufzeichnungen aufzubewahren und sie immer wieder durchzulesen. Wenn man diese Übung mit einer gewissen Regelmäßigkeit durchführt, ist es spannend zu beobachten, wie sich die Dynamik der Beziehung und Ihre Rolle darin verändert haben.

Selbstreflexionsübung
Übung 49: Eigene Projektionen erforschen

Wirkung
Durch diese Übung lernen Sie Ihre eigenen Projektionen auf die Mitmenschen kennen.

Dauer
1 Stunde

Vorbereitung
Nehmen Sie einen Schreibblock zur Hand und suchen Sie einen Platz in der Natur auf oder fahren Sie zu einem Ort, den Sie noch nicht kennen.

Übung
Machen Sie einen Spaziergang, setzen Sie sich danach für eine halbe Stunde hin und schreiben Sie die Namen der Menschen auf, die Sie stören. Notieren Sie die Antworten auf folgende Fragen unter jeden einzelnen Namen:
- » Was stört mich an dieser Person generell?
- » Was kann ich an ihrem Verhalten, also der Art, wie sie ist und wie sie sich gibt, nicht aushalten?

Versetzen Sie sich in die Beobachterrolle, nachdem Sie diese 2 Fragen beantwortet haben, und versuchen Sie – ohne die Person innerlich zu kritisieren – zu spüren, warum sie Sie tatsächlich stört und was das mit Ihnen zu tun hat. Überlegen Sie sich, welchen Menschen Sie schon begegnet sind, mit denen Sie ähnliche Probleme hatten.

Nachdem Sie die Antworten aufgeschrieben haben, beantworten Sie folgende Frage:

- » In welchen Aspekten würde ich der Person gerne ähneln und welche ihrer Eigenschaften würden ich nie im Leben haben wollen?

Lesen Sie nun alle Antworten durch und beantworten Sie anschließend diese letzte Frage:

» Welche Botschaft hat die Begegnung für meine Entwicklung?

Abschluss
Wenn Sie noch nicht dazu in der Lage sind, diese Botschaft zu entschlüsseln, dann schlafen Sie erst eine Nacht darüber und lesen Sie am nächsten Tag die Antworten noch einmal durch. Sollten Sie viele Personen auf der Liste haben, empfehle ich, 2 oder maximal 3 Personen auf einmal zu analysieren.

Wiederholungen
Führen Sie diese Übung alle 2 Wochen mit einer gewissen Regelmäßigkeit über einen Zeitraum von 3 Monaten hinweg durch.

Selbstreflexionsübung
Übung 50: Im Drehbuch der Beziehungen lesen

Wirkung
Leben bedeutet ständige Veränderung. Wir streben einerseits nach dem Wechsel, da wir uns Abwechslung und etwas Neues wünschen. Andererseits sind wir Gewohnheitsmenschen und unsere Liebe sowie unser Leben werden von alten, liebgewonnenen Mustern begleitet und gefesselt. Der erste Weg zur Lösung besteht darin, sich bewusst zu werden, wie der eigene Urschmerz gestaltet ist. In dieser Hinsicht ist die Erkenntnis wichtig, welche Drehbücher wir mit unseren Mitmenschen durchspielen, sowie die Klärung der Frage, aufgrund welcher Verletzungen diese Verhaltensmuster und Strategien entstanden sind. Ebenso müssen wir auch begreifen, dass wir immer wieder, auch wenn wir es nicht wollen, in dieser Dynamik gefangen sind.

Bei dieser Übung besteht das Ziel darin, sich zu vergegenwärtigen, welche Modelle der Liebe Ihnen vorgelebt wurden, welche Sie davon verinnerlicht haben und welche Sie verdrängen.

Dauer
2 Stunden

Vorbereitung
Nehmen Sie sich einen Schreibblock zur Hand und suchen Sie sich einen ruhigen Platz für die Durchführung dieser Übung. Setzen Sie sich hin und atmen Sie tief und bewusst.

Übung
Nehmen Sie die Umrisse Ihres Körpers wahr und stellen Sie Kontakt mit sich selbst her, indem Sie sich die positiven Seiten und Aspekte, die Sie an sich selbst schätzen, ins Gedächtnis rufen und aufschreiben. Nehmen Sie nun Ihren Körper erneut bewusst wahr und beantworten Sie folgende Fragen:

» Wie sehen die Verletzungen aus, die meine Mutter und meinen Vater in deren Liebesfähigkeit einschränken?
» Haben meine Eltern sich geliebt oder waren es andere Beweggründe, die sie dazu gebracht haben, zusammenzubleiben oder zu heiraten?
» Welche Gefühle habe ich gegenüber meinen Eltern als Kind und später in der Pubertät empfunden?
» Welche Gefühle empfinde ich heute in Bezug auf sie?
» Welche Aspekte, die mit dem Verhalten beider Elternteile verknüpft sind, haben mir Leid verursacht?

Legen Sie eine kurze Pause von 10 Minuten ein.

Entspannen Sie sich und überlegen Sie, welche Menschen es in Ihrem Leben gibt oder gegeben hat, die für Sie wichtig sind oder waren und mit denen Sie wichtige Beziehungen führen oder führten. Notieren Sie diese Beziehungen. Versuchen Sie, während des Schreibens regelmäßig und tief zu atmen.

» Wie sehen oder sahen diese Beziehungen aus?
» Wie fühle ich mich oder wie habe ich mich dabei gefühlt?
» Was hat mir an diesen Menschen, die ich geliebt habe oder immer noch liebe, so gefallen, dass es zu einer Beziehung kam?

Notieren Sie sich die wichtigsten Partnerschaften aus Ihrer Vergangenheit und aus Ihrem gegenwärtigen Leben. Beschreiben Sie nun bitte den Charakter dieser Menschen und die Beziehungen zu ihnen. Wenn Sie damit fertig sind, lesen Sie Ihre Aufzeichnungen durch.

Abschluss
Entspannen Sie sich, atmen Sie tief und langsam ein und aus, legen Sie die Hände übereinander auf Ihr Herz und bedanken Sie sich, wenn es für Sie stimmig ist, für jede Beziehung, die Sie in Ihrem Leben gelebt haben.

Nehmen Sie 2 Wochen später alle Notizen erneut zur Hand und verfassen Sie eine Art Absichtserklärung, in der Sie festhalten, wie Sie sich in Beziehungen fühlen möchten. Tragen Sie Ihre Erkenntnisse zum Beispiel in einem Kalender ein und lesen Sie sie 1-mal pro Woche durch.
Achten Sie in den folgenden Wochen bewusst darauf, wie sich Ihre Beziehungen und Ihre Partnerschaft verändern.

Wiederholungen
Wiederholen Sie diese Übung nach 12 Wochen erneut. Welche Veränderung beobachten Sie nun? Wenn Sie die Übung zum zweiten Mal durchgeführt haben, verbrennen Sie alle Aufzeichnungen – auch die Absichtserklärung – und streuen Sie die Asche in einen Fluss.

Selbstreflexionsübung
Übung 51: Die eigene Verletzlichkeit in Beziehungen verstehen und heilen

Wirkung
Diese Übung unterstützt Sie auf dem Weg zur Klärung der Verletzungen, die Sie in einer Beziehung erfahren haben. Je inniger Beziehungen sind, umso leichter manifestieren sich Wunden und desto größer sind unsere Erwartungen.

Dauer
eine gute Stunde sowie nach 4 Wochen eine weitere Stunde

Vorbereitung
Nehmen Sie einen Schreibblock zur Hand, suchen Sie sich einen ruhigen Platz und entspannen Sie sich, indem Sie 5 bis 10 tiefe Atemzüge in den Bauch durchführen.

Übung
Verfassen Sie eine Art Tagebuch, indem Sie sich regelmäßig alle 3 Tage entspannt hinsetzen und folgende Fragen beantworten, ohne jedoch im Anschluss die Antworten durchzulesen:

» Warum fühle ich mich in dieser Beziehung verletzt?
» Was verletzt mich?
» Worin bestanden die Auslöser dieses Gefühlszustandes?
» Wie fühle ich mich psychisch und körperlich?

Nachdem die 4 Wochen verstrichen sind, lesen Sie sich alle Notizen zu diesem Thema durch und beantworten folgende Fragen:

» Was verletzt mich am meisten und am häufigsten?
» Worin besteht dabei der Auslöser?

» Welche Aussagen, Handlungen oder weitere Aspekte, die andere Personen betreffen, lösen diese Verletzung bei mir aus?

Lesen Sie nach Beantwortung der Fragen alle Antworten durch und überlegen Sie, ob es möglich ist, mit der Person über Ihre Erkenntnisse zu sprechen. Es ist in einer Partnerschaft sehr hilfreich, wenn beide Beziehungspartner die Übung gleichzeitig durchführen und sich am Ende der 4 Wochen darüber austauschen.
Wenn ein Gespräch mit der Person möglich ist, sollte man darauf achten, dass man ihr nicht nur Vorwürfe oder Schuldzuweisungen mitteilt, sondern – vielleicht auch gleich zu Beginn des Gesprächs – sich bei der Person für die Verbindung bedankt und das Positive, das zwischen Ihnen vorhanden ist, zum Ausdruck bringt.
Sollte es keine Möglichkeit geben, mit dem Partner zu sprechen, so ist ein Brief sehr ratsam. In diesem Fall gönnen Sie sich 1 Stunde Zeit und verfassen ein explizit an die Person adressiertes Schreiben.

Setzen Sie sich danach auf den Boden und legen Sie ungefähr einen Meter von sich entfernt einen Polster hin, auf dem Sie den Brief und/oder ein Foto des betreffenden Menschen platzieren. Zwischen Ihnen und dem Kissen stellen Sie eine mit Alufolie ausgekleidete, feuerfeste Schale auf den Boden. Erklären Sie noch einmal mit sicherer, lauter Stimme, was Ihnen am Herzen und im Magen liegt, und manifestieren Sie Ihre Absicht für die Heilung und das Loslassen.

Abschluss
Lesen Sie den Brief laut und verbrennen Sie ihn in der Schale. Die Asche des Briefes sollten Sie in ein fließendes Gewässer streuen.

Wiederholungen
Führen Sie diese Übung grundsätzlich einmal durch. Bei Bedarf können Sie diese Übung in einem Abstand von circa drei Monaten wiederholen.

Meditationsübung
Übung 52: Loslösungs- und Klärungsmeditation

Wirkung
Diese Übung befreit von einer belastenden Beziehung und hilft dabei, eine Verbindung loszulassen, die sehr tief im Herzen verankert ist; eines der Hauptziele besteht außerdem darin, Ihnen zu ermöglichen, Raum für Neues zu schaffen. Sie können diese Übung sowohl für partnerschaftliche Beziehungen als auch für Freundschaften einsetzen.

Dauer
1 Stunde

Vorbereitung
Setzen Sie sich mit entspannten Schultern hin und beginnen Sie tief und langsam in den Bauch zu atmen. Legen Sie eine Hand auf Ihr Herz und die andere auf Ihren Bauch unterhalb des Nabels und wiederholen Sie 3-mal mit lauter Stimme den Satz: „Liebe und Vergebung heilt mich, heilt mich!"

Übung
Achten Sie darauf, dass Sie ungestört sind, setzen Sie sich hin und schreiben Sie den Namen der Person, der diese Übung gilt, zentriert und an den oberen Rand eines Blattes Papier.
Nun schreiben Sie unter den Namen alles, was in der Beziehung zu diesem Menschen positiv und einzigartig war. Darunter notieren Sie, was Sie in dieser Beziehung verletzt oder irritiert hat und was Sie nicht verstanden haben. In weiterer Folge vermerken Sie, wie Ihr gegenwärtiger Wunsch für diese Verbindung aussieht und mit welcher Absicht Sie diese Beziehung weiterführen wollen. Wenn Sie zu dieser Person keinen Kontakt mehr haben, können Sie notieren, was Sie derjenigen oder sich selbst wünschen. Sie sollten dieses Blatt Papier, nachdem Sie fertig sind, auf Ihrem Nachttisch aufbewahren; legen Sie es <u>nicht</u> unter den Kopfpolster.

Im Laufe der Woche sollten Sie Ihre Aufzeichnungen ein paar Mal durchlesen, am besten vor dem Schlafengehen oder nach dem Aufwachen. Legen Sie auch einen Notizblock mit einem Stift griffbereit auf den Nachttisch, so, dass Sie eventuelle Träume aufschreiben können. Es kann sein, dass Ihr Unbewusstes einen Prozess der Klärung aktiviert und dass Sie daher etwas träumen, was mit dieser Beziehung zu tun hat.

Abschluss
1 Woche bis 10 Tage nachdem Sie den 1. Zettel verfasst haben, schreiben Sie einen Brief an die betroffene Person, in dem Sie Ihre gewonnenen Erkenntnisse festhalten und sich ganz einfach für die Begleitung und für die gemeinsamen Erfahrungen bedanken. Ebenso bitten Sie darum, dass der Raum, den dieser Mensch bis dato in Ihrem Leben eingenommen hat, frei wird. Wenn die Person weiterhin ein Teil Ihres Lebens ist, bitten Sie darum, dass Raum für ein neues Gleichgewicht in dieser Beziehung geschaffen wird.
Sie sollten den Brief dann verbrennen und die Hälfte der Asche in einen Fluss oder Bach streuen, während Sie die andere Hälfte auf einer schönen Wiese verteilen.

Wiederholungen
Führen Sie diese Übung 1-mal in der Woche über einen Zeitraum von einem Monat durch.

Übung für Heilungsimpulse
Übung 53: Zentrierungsübung

Wirkung
Diese kleine Übung können Sie jederzeit nach dem Aufstehen oder wenn Sie sich in einer angespannten Situation befinden sowie generell immer wieder im Laufe des Tages durchführen.

Dauer
15 Minuten

Vorbereitung
Trinken Sie ein großes Glas Wasser und suchen Sie sich einen ruhigen Platz, wo Sie ungestört sind.

Übung
Stellen Sie sich aufrecht hin. Schließen Sie die Augen und legen Sie eine Hand auf Ihr Herz, während Sie die andere auf dem Bereich unterhalb des Nabels platzieren. Dann stellen Sie bewusst den Kontakt zu Ihren Füßen her, spüren Sie Ihren Körper vom Kopf abwärts zu den Händen, bis hin zu den Füßen und wiederholen Sie 3-mal laut:
„Mein Herz ist offen. Ich bin geborgen in meiner Mitte, ich bleibe bei mir."
Sobald Sie diese Übung verinnerlicht haben, wird es ausreichen, wenn Sie sich in dieser körperlichen Lage visualisieren, um die Wirkung zu spüren.

Abschluss
Legen Sie beide Hände auf Ihren Bauch, atmen Sie langsam 5-mal tief ein und aus und fokussieren Sie sich auf Ihren Nabel.

Wiederholungen
Führen Sie diese Übung in den ersten 14 Tagen 1-mal täglich durch.

Übung für Heilungsimpulse
Übung 54: Sich öffnen und bewusst mit der Polarität von Nähe und Distanz umgehen

Wirkung
Durch diese Übung wird sich Ihre Kommunikationsfähigkeit verbessern.

Dauer
1 Stunde

Vorbereitung
Suchen Sie sich zur Durchführung der Übung einen angenehmen, ruhigen Ort. Man kann währenddessen im Hintergrund ruhige Musik laufen lassen.

Übung
Setzen Sie sich hin und atmen Sie tief, entspannen Sie sich und konzentrieren Sie sich auf Ihren Körper. Fokussieren Sie sich auf den Solarplexus, atmen Sie tief und denken Sie bewusst an Menschen, die Ihnen nahe sind. Sobald Sie die Verbundenheit mit diesen Menschen spüren, beantworten Sie die folgenden Fragen spontan, eine nach der anderen. (Lesen Sie Ihre Antworten erst durch, nachdem Sie alle Fragen beantwortet haben.)

» Wie reagiere ich, wenn mir jemand zu nahe kommt?
» Öffne oder verschließe ich mich und empfinde ich Angst?
» Habe ich, wenn ich mich öffne, Angst vor der Reaktion des anderen?
» Was denke ich: Wie könnte die andere Person reagieren, wenn ich mich so zeige, wie ich bin?
» Gelingt es mir in Beziehungen, Zeit für mich selbst zu finden und dies meinem Gegenüber empathisch mitzuteilen, ohne dass ich seinen Widerstand provoziere?
» Leide ich unter Schuldgefühlen, wenn ich mir Zeit für mich nehme?
» Ziehe ich mich erst dann zurück, wenn mir alles zu viel wird?
» Nehme ich mir aufgrund der Angst, den anderen Menschen zu verletzen oder zu verlieren, keine Zeit für mich selbst?
» Wie reagiere ich, wenn sich mein Gegenüber zurückzieht oder Grenzen setzt?
» In welchen Beziehungen, in die ich gegenwärtig involviert bin, kann ich mich am meisten öffnen und in welchen zeige ich das höchste Maß an Vorsicht?

Lesen Sie nun alle Antworten durch und bemühen Sie sich, zu spüren, wie die Aussagen auf Sie wirken.
Versuchen Sie, den anderen gegenüber offener zu sein und Ihre Bedürfnisse deutlich mitzuteilen. Vergessen Sie auch keinesfalls, Zeit mit sich allein zu verbringen.

Abschluss
Achten Sie in der Zwischenzeit darauf, wie sich Ihre Beziehungen verändern. Führen Sie die Übung nach 4 Wochen noch einmal durch und halten Sie dabei schriftlich fest, was sich hinsichtlich Ihrer Antworten verändert hat.

Wiederholungen
Wiederholen Sie die Übung 2-mal im Abstand von 4 Wochen.

Übung für Heilungsimpulse
Übung 55: Die Kommunikationsmodelle der Eltern überprüfen

Wirkung
Diese Übung ermöglicht Ihnen, die Kommunikationsmodelle Ihrer Eltern zu überprüfen, zu klären und die Wirkung und den Einfluss dieser Modelle auf Ihren Kommunikationsstil einzuschränken und zu verändern.

Dauer
ca. 1,5 Stunden

Vorbereitung
Achten Sie darauf, dass Sie ein ruhiges, entspanntes Umfeld finden, wo Sie ungestört sind. Vor der Durchführung der Übung fokussieren Sie sich auf Ihre Atmung und versuchen Sie, sich so gut wie möglich zu entspannen.

Übung

Bilden Sie einen Kreis mit 3 Sesseln. Auf einen Sessel setzen Sie sich, auf einen anderen legen Sie ein Foto von Ihrem Vater. Optimal wäre ein Foto aus der Zeit, als Sie klein waren. Wenn Sie kein Foto Ihres Vaters haben, können Sie den Namen Ihres Vaters auf ein Blatt Papier schreiben und auf den Sessel legen. Auf den dritten Sessel legen Sie ein Foto Ihrer Mutter oder ein Blatt Papier mit ihrem Namen. Beginnen Sie die Übung, indem Sie sich auf Ihren Platz setzen. Schließen Sie die Augen, legen Sie die beiden Hände auf den Bauch und atmen Sie 5-mal tief in den Bauch. Danach holen Sie sich Szenen aus der Zeit von der frühen Kindheit bis zur Pubertät ins Bewusstsein. Nachdem Sie sich auf die Bilder konzentriert haben, öffnen Sie die Augen und beobachten die beiden vor Ihnen liegenden Plätze. Achten Sie darauf, wie die Plätze Ihrer Mutter und Ihres Vater auf Sie wirken, und versuchen Sie herauszufinden, ob es einen Unterschied in der Wirkung der beiden Plätze gibt, und wenn ja, welchen. Entspannen Sie sich und beantworten Sie folgende Fragen.

Welche Sätze, die wie ein Credo oder Lebensmotto klingen, haben Ihre Eltern Ihnen gegenüber in der Kindheit oft verwendet? Sätze wie etwa „Aus dir wird einmal sowieso nichts – du brauchst dich gar nicht zu bemühen. Du tust weniger als deine Pflicht." Oder auch positive Sätze wie „Ich habe Vertrauen in dich. Ich weiß, dass du alles schaffen kannst". Es ist wichtig, dass Sie beim Beantworten dieser Fragen herausfinden können, wie Ihr Vater und Ihre Mutter mit Ihnen, als Sie ein Kind waren, umgegangen sind.

- » Welche Sätze, die meine Weltanschauung manifestierten, benutzten meine Eltern häufig?
- » Wie kommunizierten meine Eltern – liebevoll, streng, kritisch? (Finden Sie Adjektive, die den Kommunikationsstil beschreiben.)
- » Wie haben meine Eltern mit mir kommuniziert?
- » Auf der körperlichen Ebene, auf der verbalen Ebene?
- » Wurde ich als Kind behandelt oder eher als erwachsener Mensch?

(Das, was Sie bisher über Ihre Eltern aufgeschrieben haben, beschreibt auch zum Teil Ihren Umgang in der Kommunikation.)
» Welche Unterschiede finde ich und welche Ähnlichkeiten?
» Wie würde ich meine Kommunikationsart verändern, um empathisch kommunizieren zu können?

Lesen Sie alle Antworten durch und entspannen Sie sich dabei. Versuchen Sie, sich bewusst auf Ihre Absicht in der Entfaltung eines neuen Kommunikationsstils zu fokussieren.
In den 2 Wochen danach fokussieren Sie sich auf die Entfaltung des Kommunikationsstils. Wiederholen Sie 3 Wochen später diese Übung, indem Sie den Sesselkreis neu bilden, die Fragen nochmals beantworten und dann die neuen Antworten mit denen der früheren Übung vergleichen.

Abschluss
Lassen Sie nach dem zweiten Sesselkreis ein paar Tage vergehen. Dann nehmen Sie sich eine Stunde frei, lesen Sie die Aufzeichnungen durch und beantworten Sie nun folgende Fragen.

» Was ist mein Anliegen, meine Priorität in der Kommunikation mit meinen Mitmenschen?
» Wie möchte ich meine verbale Kommunikation stärken?
» Wie möchte ich die Berührungsebene in meine Kommunikation einbringen und entfalten?
» Welche Aspekte meines Kommunikationsstils möchte ich ablegen?

Anhand dieser Fragen versuchen Sie in den folgenden Wochen immer auf die Art und Weise ihrer Kommunikation zu achten.

Wiederholungen
Wenn es für Sie stimmig ist, wiederholen Sie nach einem halben Jahr diese Übung.

Übung 56: Visualisierung zur Entfaltung der Empathiefähigkeit

Wirkung
Diese Übung können Sie jederzeit durchführen, insbesondere wenn Sie mit jemandem im Gespräch sind und dabei das Gefühl haben, dass Sie nicht aufmerksam zuhören können, oder wenn Sie bemerken, dass Sie sich verletzt fühlen.

Vorbereitung
Beobachten Sie, wie es Ihnen im Verlauf dieses Gesprächs geht, und fokussieren Sie sich auf die Atmung.

Übung
Beginnen Sie damit, langsam und tief zu atmen und achten Sie auf Ihren Herzschlag. Lenken Sie Ihre Aufmerksamkeit auf die Mitte der Brust, entspannen Sie sich und visualisieren Sie dort eine strahlende Sonne. Spüren Sie, wie sich diese Sonne erweitert und wie aus ihr ein Lichtbündel entsteht. Dieses Lichtbündel bewegt sich schließlich zu der Person, mit der Sie sich gerade im Austausch befinden, und bildet um Sie beide eine Lichthülle. Wenn das geschehen ist, sagen Sie innerlich zu dieser Person: „Ich bleibe bei mir und öffne mich für dich." Atmen Sie tief weiter und spüren Sie dabei die Absicht, diesem Menschen mitfühlend und offen zu begegnen. Atmen Sie weiterhin tief und hören Sie bewusst zu, was Ihnen die Person zu sagen hat. Spüren Sie, was Sie ihr gerne sagen möchten, und teilen Sie offen Ihre Sichtweise mit.

Abschluss
Fokussieren Sie sich auf Ihren Atemrhythmus, nehmen Sie bewusst Ihren Körper wahr und wiederholen Sie innerlich den Satz: „Ich ruhe in meiner Mitte."

Wiederholungen
Anfänglich verlangt diese Übung nach hoher Konzentration und

Aufmerksamkeit. Wenn man sie jedoch 2- bis 3-mal durchgeführt hat, fällt es leicht, sie auch in einer stressbeladenen Situation zu nutzen.

Selbstreflexionsübung
Übung 57: Sich in die Lage des anderen versetzen

Wirkung
Diese Übung bietet Ihnen Unterstützung, wenn es zu einem Konflikt mit einer Person kommt, die Sie Ihrer Meinung nach ungerecht behandelt und sich nicht in Ihre aktuelle Lage einfühlen kann.

Dauer
1 Stunde

Vorbereitung
Wählen Sie zwecks Durchführung der Übung einen ruhigen Ort und achten Sie darauf, dass Sie nicht gestört werden können.

Übung
Setzen Sie sich entspannt, frei und gelassen hin und schließen Sie die Augen. Legen Sie eine Hand auf den Solarplexus und platzieren Sie die andere auf dem Bereich unterhalb des Nabels. Atmen Sie jetzt bewusst 10-mal tief und langsam, während Sie sich auf den Nabel konzentrieren.

Lenken Sie die Gedanken nach diesen Atemzügen auf die Person, mit der Sie im Konflikt stehen. Versuchen Sie, sich ihr Gesicht in Erinnerung zu rufen und vergegenwärtigen Sie ebenso ihre Augen und Körpersprache, also die Art und Weise, in der sie üblicherweise sitzt, gestikuliert und sich ausdrückt. Erinnern Sie sich an ihre Stimme sowie an typische Aussagen und daran, welche Tonlage ihre Stimme besitzt. Wenn Sie das Gefühl haben, dass Sie diese Person exakt vor Ihrem inneren Auge wahrnehmen können, öffnen Sie die Augen und beantworten folgende Fragen:

» Welche Gefühle empfinde ich für diese Person?
» Warum fühle ich mich von ihr nicht verstanden und reagiere verletzt?
» Welche Grundverletzungen könnte diese Person erlitten haben?
» Worin bestand der Auslöser unseres Konfliktes?
» Was wünsche ich mir in dieser Beziehung?
» Bin ich eher der Meinung, dass es am besten ist, abzuwarten, ob diese Person den ersten Schritt auf mich zugeht, da ich, falls dies nicht der Fall ist, nicht mehr dazu bereit bin, etwas in die Beziehung zu investieren?

Nachdem Sie diese Fragen beantwortet haben, lesen Sie Ihre Antworten sorgfältig durch.

Entspannen Sie sich anschließend, schließen Sie erneut die Augen und visualisieren Sie die Person, wie sie Ihnen gegenübersitzt.

Falten Sie Ihre Hände mit nach oben gerichteten Handflächen auf der Höhe des Solarplexus übereinander. Wenn es Ihnen passend erscheint, visualisieren Sie einen Lichtstrahl, der Ihr Herz mit dem Herzen der Person verbindet, und sagen Sie zu ihr: „Ich verzeihe dir, dass du nicht so warst, wie ich es mir gewünscht hätte. Ich bitte um die Kraft, loslassen zu können."

Visualisieren Sie, wie sich die Lichtverbindung zwischen den Herzen langsam löst; spüren Sie bewusst den Solarplexus, atmen Sie tief und wiederholen Sie 3-mal mit vollem Bewusstsein den folgenden Satz: „Ich bleibe bei mir und bin offen für eine harmonische Lösung."

Abschluss
Atmen Sie tief, schließen Sie die Augen und fokussieren Sie sich auf Ihren Nabel. Versuchen Sie, bewusst Ihren Körper wahrzunehmen, Ihre Füße, dann Ihre Hände und dann Ihren Kopf und entspannen Sie sich dabei. Wenn Sie das Gefühl haben, dass Sie nun bei sich angekommen sind, wiederholen Sie im Geist die Affirmation: „Ich bin geborgen in meiner Kraft."

Wiederholungen
Führen Sie die Übung mindestens 1-mal mit der Person, die Sie gerade beschäftigt oder belastet, durch. Wenn die Auseinandersetzung bereits lange zurückliegt, ist es empfehlenswert, die Übung 2-mal hintereinander durchzuführen und dazwischen 1 Woche Abstand einzulegen.

Übung für Heilungsimpulse
Übung 58: Bewusstes Zuhören

Wirkung
Diese Übung hilft dabei, Ihre Fähigkeiten in Bezug auf das Zuhören zu entfalten.

Dauer
ca. eine halbe Stunde

Vorbereitung
Entspannen Sie sich, indem Sie tief in den Bauch atmen, und fokussieren Sie sich auf Ihren Nabel.

Übung
Wenn Sie mit Ihrem Gegenüber ein Gespräch führen, versuchen Sie, sich zu entspannen, und atmen Sie tief. Fokussieren Sie sich auf die Person, die mit Ihnen spricht. Folgen Sie dem Fluss des Erzählens und beobachten Sie genau die Gesichtsmimik und die Gestik Ihres Gegenübers.

Wenn Ihre Gedanken abschweifen und die Konzentration sinkt, lenken Sie den Fokus wieder bewusst auf den Austausch und bemühen Sie sich, Ihren Gesprächspartner 10 Minuten lang nicht zu unterbrechen. Versuchen Sie keinesfalls, verkrampft nach einer Lösung für seine Probleme zu suchen, sondern zeigen Sie ihm Ihre Zuwendung in

Form von Aufmerksamkeit und Wertschätzung.
Wenn Sie dann wieder aktiv am Gespräch teilnehmen, fassen Sie zu Beginn die wichtigsten Aspekte zusammen, welche Ihnen der Gesprächspartner geschildert hat. Sie können ihn auch fragen, ob er das Gefühl hat, dass Sie den Inhalt seiner Erklärung richtig erfasst haben. Dies erweckt in ihm den Eindruck, dass Sie wirklich an ihm interessiert sind.
Versuchen Sie nun, Ihre Sichtweise zu schildern, und fühlen Sie sich dabei mit der Person verbunden. Wenn es Ihnen vorkommt, dass sie nicht aufmerksam ist, stellen Sie ihr die Frage, was sie zu Ihrer Erklärung sagen möchte. Während Sie sprechen, achten Sie darauf, ob Sie Ihrem Gegenüber Vorwürfe machen und ob es Ihnen gelingt, klar bei der Sache zu bleiben.

Versuchen Sie während des Zuhörens immer herauszufiltern, wie es der anderen Person geht, und zu fühlen, wie Sie selbst auf das Gespräch reagieren. Vermeiden Sie nach Möglichkeit Schuldzuweisungen oder verbale Angriffe, und bleiben Sie mit sich selbst verbunden. Fokussieren Sie sich während des Gesprächs immer wieder auf Ihr Herz und bleiben Sie in einer liebevollen Haltung.

Abschluss
Atmen Sie 3-mal tief in den Bauch und bedanken Sie sich für die Möglichkeit der Begegnung, die Sie gerade gehabt haben.

Wiederholungen
Führen Sie diese Übung immer wieder im Gespräch mit anderen Menschen durch. Empfehlenswert ist es, diese Übung jede Woche mit einer gewissen Regelmäßigkeit über einen Zeitraum von 3 Monaten durchzuführen, um das Bewusstsein dafür zu sensibilisieren und diese Kommunikationsform zu verinnerlichen.

Innere Reisen
Innere Reise 8: „Heilung und Entfaltung der Beziehungsfähigkeit"

Diese innere Reise finden Sie auf den CDs, die Sie separat erwerben können.

Wirkung
Diese Übung lässt uns Beziehungsmuster klären und mit einer offenen Einstellung die eigenen zwischenmenschlichen Beziehungen gestalten.

Dauer
20 Minuten

Vorbereitung
Setzen Sie sich entspannt hin und atmen Sie 5-mal in den Bauch. Beobachten Sie dann den natürlichen Rhythmus der Atmung und entspannen Sie sich.

Übung
Hören Sie sich entspannt die geführte Reise an. Achten Sie bewusst auf die emotionalen Reaktionen Ihres Körpers während des Zuhörens.

Abschluss
Atmen Sie entspannt und schauen Sie Fotos von Menschen an, die für Sie wichtig sind.

Wiederholungen
Hören Sie sich die innere Reise über einen Zeitraum von 4 Wochen 1-mal in der Woche an.

Innere Reisen
Innere Reise 9: „Empathie als Schlüssel zur Liebe"

Diese innere Reise finden Sie auf den CDs, die Sie separat dazu erwerben können.

Wirkung
Diese Übung hilft Ihnen, Ihr Einfühlungsvermögen zu stärken.

Dauer
20 Minuten

Vorbereitung
Setzen Sie sich entspannt hin und beachten Sie, dass Ihr Atemrhythmus entspannt und gelassen bleibt.

Übung
Fokussieren Sie sich immer wieder auf Ihren Solarplexus und versuchen Sie, ihn durch sanftes Atmen zu entspannen.

Abschluss
Nachdem Sie sich die Meditation angehört haben, begeben Sie sich auf einen kurzen Spaziergang, wenn Ihnen danach ist.

Wiederholungen
Führen Sie diese Übung über einen Zeitraum von 4 Wochen 1-mal in der Woche durch.

Nachwort

Danke für die Zeit, die Sie mit diesem Buch verbracht haben

… hast du heute gelebt? hast du heute geliebt? …
… lies leise in deinem Herzen,
wenn am Abend deine Schultern das warme Bett berühren,
hat die Liebe heute dein Leben berührt? …

… niemand hat uns verraten, wie das Leben sein wird,
als wir geboren wurden …

    … der neue Tag, wie eine weiße Leinwand, lädt dich beim Aufwachen ein,
    mit deinem Fühlen, Denken, Handeln einfach zu SEIN …
    präsent zu SEIN
      und aus dem heutigen Tag ein unvergessliches Gemälde zu malen
      …. ein Bild, das die Galerie deiner Erinnerungen bereichert …

… niemand hat uns erklärt, wie wir glücklich sein können …
… jemand hat den Keim dieser Sehnsucht in uns, in die Tiefe unserer
Seele hinein gegossen …

    … das unverzichtbare Bedürfnis zu lieben und geliebt zu werden,
                wenn unsere Grenzen zerfließen
                        und unsere Arme sich öffnen …
… träume von der Liebe,
… lebe sie,
sodass jedes Sandkorn der Sanduhr deines Lebens zu einem
liebevollen Augenblick wird …

… niemand kann erahnen, wie lange wir leben …

Quellenverzeichnis

1 C. G. Jung (2004): Archetypen. 11. Aufl., München: dtv, S. 9.
2 Gerald Hüther; Inge Krens (2010): Das Geheimnis der ersten neun Monate. 3. Aufl. Weinheim und Basel: Beltz, S. 94 f.
3 Bettina Alberti (2011): Die Seele fühlt von Anfang an. Wie pränatale Erfahrungen unsere Beziehungsfähigkeit prägen. 5. Aufl., München: Kösel, S. 36.
4 Khalil Gibran (2011): Der Prophet. 10. Aufl., München: dtv, S. 22.
5 François Lelord; Christophe André (2011): Die Macht der Emotionen. 8. Aufl., München: Piper, S. 326 ff.
6 John Bowlby (2006): Bindung und Verlust 2. Trennung: Angst und Zorn. München: Reinhardt, S. 39 ff.
7 Alice Miller (1983): Das Drama des begabten Kindes und die Suche nach dem wahren Selbst. 1. Aufl., Frankfurt a. M.: Suhrkamp, S. 48.
8 John Bradshaw (2000): Das Kind in uns. Wie finde ich zu mir selbst. 2. Aufl., München: Knaur, S. 109.
9 Khalil Gibran (2011): op. cit., S. 68.
10 Ferrucci Piero (1994): Introduzione alla Psicosintesi. Idee e strumenti per la crescita personale. 1. Aufl., Roma: Mediterranee, S. 12.
11 Roberto Assagioli (1993): Psicosintesi per l'armonia della vita. 1. Aufl., Roma: Astrolabio, S. 14 und 16.
12 Muriel James; Dorothy Jongeward (1986): Spontan leben. Übungen zur Selbstverwirklichung. Reinbeck bei Hamburg: Rowohlt, S. 34.
13 Jochen Peichl (2007): Die inneren Trauma-Landschaften. 1. Aufl., Stuttgart: Schattauer, S. 4.
14 John Bradshaw (2000): op. cit., S. 47.
15 Stephen Wolinsky (2004): Die dunkle Seite des inneren Kindes. Die Vergangenheit loslassen, die Gegenwart leben. 1. Aufl., Bielefeld: Lüchow, S. 14.
16 Ibid., S. 29.
17 Ibid., S. 31.

18 Jon Kabat-Zinn (2010): Im Alltag Ruhe finden. Meditationen für ein gelassenes Leben. München: Knaur, S. 19.
19 Gerald Hüther (2011): Die Macht der inneren Bilder. Wie Visionen das Gehirn, die Menschen und die Welt verändern. 7. Aufl., Vandenhoeck & Ruprecht: Göttingen, Buchrückseite.
20 Gill Edwards (2011): El triángulo dramático de Karpman: Cómo trascender los roles de perseguidor, salvador o víctima. Establece relaciones personales saludables. Gaia ediciones, S. 20 ff. Verfügbar unter: Amazon: Kindle Edition, http://tinyurl.com/amazon-karpman.
21 Eric Berne (2002): Spiele der Erwachsenen: Psychologie der menschlichen Beziehungen, 2. Aufl., Reinbek bei Hamburg: Rowohlt Taschenbuch, S. 76.
22 François Lelord; Christophe André (2011): op. cit., S. 13.
23 Antonio Damasio (2011): Der Spinoza-Effekt. Wie Gefühle unser Leben bestimmen. 6. Aufl., Berlin: Ullstein (List), S. 11.
24 Ibid., S. 71 ff.
25 Doc Childre; Martin Howard (2010): Die HerzIntelligenz®-Methode. Gesundheit stärken, Probleme meistern – mit der Kraft des Herzens. 3. Aufl., Kirchzarten bei Freiburg: VAK, S. 31.
26 Vittorio Caprioglio (2005): Il linguaggio del corpo. 3. Aufl., Milano: Edizioni Riza, S. 21.
27 François Lelord; Christophe André (2011): op. cit., S. 359.
28 Monica McGoldrick; Randy Gerson; Sueli Petry (2009): Genogramme in der Familienberatung. 3. vollst. überarb. und erw. Aufl., Bern: Huber, S. 25.
29 Groß, Anke (2012): Die Bowen'sche Familiensystemtherapie. Eine Einführung in Theorie und Praxis. Artikel online, Verfügbar unter: http://www.dgsf.org/service/wissensportal/Die%20Bowen-2019sche%20Familiensystemtheorie%20-2012.pdf.
30 Anne Ancelin Schützenberger (2010): Oh, meine Ahnen! Wie das Leben unserer Vorfahren in uns wiederkehrt. 6. Aufl., Heidelberg: Carl-Auer-Systeme, S. 18 f.
31 Jirina Prekop (2008): Einfühlung oder die Intelligenz des Herzens. 2. Aufl., München: dtv, S. 136.

32 Joachim Bauer (2006): Warum ich fühle, was du fühlst. Intuitive Kommunikation und das Geheimnis der Spiegelneurone. 10. Aufl., München: Heyne, S. 11.

Kapitelauftakt-Zitate
1 Khalil Gibran (2011): op. cit., S. 14 ff.
2 Rainer Maria Rilke (2012): Briefe an einen jungen Dichter. 14. Mai 1904, Rom, Verfügbar unter: http://www.rilke.de/briefe/140504.htm.
3 Konstantinos Kavafis (Autor), Wolfgang Josing und Doris Gundert (Übersetzer) (2009): Brichst du auf gen Ithaka. Sämtliche Gedichte griechisch – deutsch. Köln: Romiosini. Verfügbar unter: http://www.kavafis.de/poems.htm.

Praxisteil: Sister Hazel (2012): Your Winter. Lyrics. Verfügbar unter http://tinyurl.com/by37rq2 bzw. http://www.lyrics007.com (11.10.2013).

Bilder
Titelbild und Umschlagrückseite: © XtravaganT – Fotolia.com
Alle anderen Bilder und Grafiken: © **akademie bios®** verlag

Literaturliste

Alberti, Bettina (2011): Die Seele fühlt von Anfang an. Wie pränatale Erfahrungen unsere Beziehungsfähigkeit prägen. 5. Aufl., München: Kösel

Assaggioli, Roberto (1993): Psicosintesi per l'armonia della vita. 1. Aufl., Roma: Astrolabio

Basset, Lucinda (2000): Angstfrei leben. Das erfolgreiche Selbsthilfeprogramm gegen Streß und Panik. 8. Aufl., Weinheim und Basel: Beltz

Benoit, Joe-Ann (2010): Come Liberarsi dalle ripetizioni familiari negative. I segreti della psicogenealogia. 1. Aufl., Vicenza: Edizioni il Punto d'Incontro

Berne, Eric (2002): Spiele der Erwachsenen: Psychologie der menschlichen Beziehungen, 2. Aufl., Reinbek bei Hamburg: Rowohlt Taschenbuch

Bowlby, John (1982): Costruzione e rottura dei legami affettivi. 1. Aufl., Mailand: Raffaello Cortina Editore

Bowlby, John (2006): Bindung und Verlust 2. Trennung: Angst und Zorn. Reinhardt: München

Bourbeau, Lise (2002): Le 5 ferite e come guarirle. 1. Aufl., Turin: Edizioni Amrita

Bradshaw, John (1994): Das Kind in uns. Wie finde ich zu mir selbst. 1. Aufl., Berlin: Knaur

Britten, Rhonda (2002): Keine Angst vor der Angst. Das Fearless-living-Progamm. 1. Aufl., München: Hugendubel (Ariston)

Britten, Rhonda (2006): Amare senza paura. 2. Aufl., Mailand: TEA – Tascabili degli Editori Associati

Caprioglio, Vittorio (2005): Il linguaggio del corpo. Comprendere il linguaggio corporeo per entrare in sintonia con noi stessi e gli altri sviluppando una comunicazione chiara ed efficace. 1. Aufl., Mailand: Edizioni Riza

Chang, Stephen T. (2001): Das Tao der Sexualität. Von der Weisheit des Liebens. 2. Aufl., München: Heyne

Chapman, Gary (2002): I 5 linguaggi dell' amore. Come dire "ti amo" alla persona amata. 2. Aufl., Turin: Editrice Elledici

Childre, Doc; Martin, Howard (2010): Die HerzIntelligenz®Methode. Gesundheit stärken, Probleme meistern – mit der Kraft des Herzens. 3. Aufl., Kirchzarten bei Freiburg: VAK

Chopich, Erika J.; Paul, Margaret (2006): Das Arbeitsbuch zur Aussöhnung mit dem inneren Kind. 4. Aufl., Berlin: Ullstein

Ciompi, Luc; Endert, Elke (2011): Gefühle machen Geschichte. Die Wirkung kollektiver Emotionen – von Hitler bis Obama. 1. Aufl., Göttingen: Vandenhoeck & Ruprecht

Damasio, Antonio R. (2010): Descartes' Irrtum. Fühlen, Denken und das menschliche Gehirn. 6. Aufl., Berlin: Ullstein (List)

Damasio, Antonio R. (2011): Der Spinoza-Effekt. Wie Gefühle unser Leben bestimmen. 6. Aufl., Berlin: Ullstein (List)

Damasio, Antonio R. (2009): Ich fühle, also bin ich. Die Entschlüsselung des Bewusstseins. 8. Aufl., Berlin: Ullstein (List)

Edwards, Gill (2011): El triángulo dramático de Karpman: Cómo trascender los roles de perseguidor, salvador o víctima. Establece relaciones personales saludables. Gaia ediciones, S. 20 ff. Verfügbar unter: Amazon: Kindle Edition, http://tinyurl.com/amazon-karpman

Ferrucci, Piero (1994): Introduzione alla Psicosintesi. Idee e strumenti per la crescita personale. 1. Aufl., Roma: Mediterranee

Gendlin, Eugene T. (2007): Focusing. 2. Aufl., New York: Bantam Dell (Random House)

Gibran, Khalil (2011): Der Prophet. 10. Aufl., München: dtv

Groß, Anke (2012): Die Bowen'sche Familiensystemtherapie. Eine Einführung in Theorie und Praxis. Artikel online, Verfügbar unter: http://www.dgsf.org/service/wissensportal/Die%20Bowen-2019sche%20Familiensystemtheorie%20-2012.pdf.

Hüther, Gerald (2011): Die Macht der inneren Bilder. Wie Visionen das Gehirn, die Menschen und die Welt verändern. 7. Aufl. Vandenhoeck & Ruprecht: Göttingen

Hüther, Gerald; Krens, Inge (2010): Das Geheimnis der ersten neun Monate. 3. Aufl., Weinheim und Basel: Beltz

James, Muriel; Jongeward, Dorothy (1986): Spontan leben. Übungen zur Selbstverwirklichung. Reinbek bei Hamburg: Rowohlt

Jaramillo, Jaime (2010): Ti amo ... ma sono felice anche senza di te. 1. Aufl., Cesena: Edizioni essere felici

Jung, Carl Gustav (2001): Aion Beiträge zur Symbolik des Selbst, Hrsg. von Lilly Jung-Merker u. Elisabeth Rüf, Band 9/II, 9. Aufl., Düsseldorf: Walter

Jung, Carl Gustav (2004): Archetypen. 11. Aufl., München: dtv

Jung, Carl Gustav (2009): Der Mensch und seine Symbole. 17. Aufl., Düsseldorf und Zürich: Patmos

Kast, Verena (2009): Träume. 5. Aufl., Düsseldorf: Patmos

Kast, Verena (2010): Der Schatten in uns. Die subversive Lebenskraft. 6. Aufl., München: dtv

Lelord, François; André, Christophe (2011): Die Macht der Emotionen. 8. Aufl., München: Piper

Liss, Jerome (2004): L'ascolto profondo. Manuale per le relazioni d'aiuto. 1. Aufl., Molfetta: Edizioni la meridiana

McGoldrick, Monica; Gerson, Randy; Petry, Sueli (2009): Genogramme in der Familienberatung. 3., vollst. überarb. und erw. Aufl., Bern: Huber

Miller, Alice (1983): Das Drama des begabten Kindes und die Suche nach dem wahren Selbst. 1. Aufl., Frankfurt a. M.: Suhrkamp

Noè, Salvo (2011): Il Profumo delle Relazioni. La coppia – l'amore – i figli. 1. Aufl., Verona: Edizioni Cerchio della Luna

Peichl, Jochen (2007): Die inneren Trauma-Landschaften. 1. Aufl., Stuttgart: Schattauer

Prekop, Irina (2008): Einfühlung oder die Intelligenz des Herzens. 2. Aufl., München: dtv

Riemann, Fritz (2007): Grundformen der Angst. 38. Aufl., München: Reinhardt

Schellenbaum, Peter (1997): Die Wunde der Ungeliebten. Blockierung und Verlebendigung der Liebe. 8. Aufl., München: dtv

Schützenberger, Anne Ancelin (2010): Oh, meine Ahnen! Wie das Leben unserer Vorfahren in uns wiederkehrt. 6. Aufl., Heidelberg: Carl-Auer-Systeme

Schützenberger, Anne Ancelin (2011): Psicogenealogia. Guarire le ferite familiari e ritrovare se stessi. 1. Aufl., Rom: Di Renzo Editore

Vozzella, Nicla (2010): Emozioni. Imparare a conoscerle, senza farsene travolgere. 1. Aufl., Mailand: red!

Wolinsky, Stephen (1995): Die dunkle Seite des inneren Kindes. Die Vergangenheit loslassen, die Gegenwart leben. 1. Aufl., Bielefeld: Lüchow

Über die Autorin

Dr. Ernestina Sabrina Mazza

Dr. Ernestina Sabrina Mazza wurde 1976 in Italien geboren. Bereits in ihrer frühen Kindheit kam sie mit den Themen der Spiritualität und der Selbstfindung in Berührung und zeichnete sich schon in sehr jungen Jahren durch eine ausgeprägte mediale Fähigkeit und eine tiefe Empathie aus. Dadurch war es ihr möglich, die Empfindungen der Menschen in ihrem Umfeld wahrzunehmen sowie deren Gefühlswelt und die Grundstruktur ihrer Persönlichkeit intuitiv zu erfassen.

Im Alter von sieben Jahren begann sie, sich mit dem Bereich der fernöstlichen Körper- und Geistesdisziplinen zu befassen. Seit November 1983 kam es zu einer intensiven Auseinandersetzung mit der Theorie und Praxis asiatischer Körperarbeit sowie einiger Kampfkünste und ihren Stilrichtungen, darunter Seitai, Shotokan-Karate, Kung-Fu, Tai-Chi und Aikido.

Auf diese Weise beschäftigt sie sich intensiv mit asiatischer Philosophie im Allgemeinen und dem Taoismus im Speziellen, weshalb sie in ihrer Arbeit gegenwärtig Elemente der fernöstlichen und taoistischen Tradition mit energetischen, therapeutischen und wissenschaftlichen Ansätzen, die aus der westlichen Kultur stammen, verbindet.

Fernöstliche Kampfkunst, Meditationslehre und Philosophie

Dr. Ernestina S. Mazza beschäftigt sich bereits seit ihrem siebenten Lebensjahr intensiv mit diesen Themenbereichen. Sie ist in den asiatischen Kampfkünsten und -stilen Shotokan-Karate, Kung-Fu und Tai-Chi sehr bewandert und hat sich im Zuge dessen gründlich mit fernöstlicher Philosophie auseinandergesetzt. In Padua studierte sie chinesische Philosophie und Buddhismus bei Prof. Giorgio Pasqualotto und erweiterte ihre langjährige theoretische Auseinandersetzung mit diesen Wissensinhalten sowie der indischen und ethnischen Philosophie durch mehrere Aufenthalte in Indien. Überdies widmete sie sich im Rahmen ihres sprachwissenschaftlichen Studiums zwei Jahre lang dem Studium des Sanskrit.

Tanz und Körperarbeit
Schon im Alter von drei Jahren erhielt Dr. Ernestina S. Mazza Ballettunterricht und setzte sich in den Folgejahren auch mit Jazz Dance, Salsa, Merengue sowie intuitivem, rituellem und meditativem Tanz und der Ausbildung zum Shiatsu-Practitioner auseinander. Durch diese vielfältige Vorbildung konnte sie eine eigene Methode entwickeln, die auf intuitivem Tanz basiert – **Intuitive Dance** nach Dr. Mazza ®. Der Körper ist ihrer Überzeugung nach der Ort des seelischen Geschehens.

Durch intuitives und meditatives Tanzen gelingt es, sowohl eine Harmonie zwischen Körper und Geist zu schaffen als auch die persönliche Authentizität zur Entfaltung zu bringen. Sie begann, aufgrund ihrer Auseinandersetzung mit asiatischer Kampfkunst und fernöstlicher Philosophie sich im Alter von vierzehn Jahren auch mit der Lehre des Yoga zu beschäftigen. Im Laufe der Zeit war es ihr durch die Verbindung unterschiedlicher Formen der Therapie und des Tanzes sowie intensiver Körperarbeit (wie Shiatsu) möglich, eine wirksame und wertvolle Methode zu entwickeln, die es erlaubt, die somatische Intelligenz des Körpers intuitiv anzuregen. Dies geschieht, indem mittels ethnischer Musik eine befreiende und entspannende Wirkung auf das triadische System Seele, Körper und Geist ausgeübt wird. Durch mehrere Aufenthalte in Indien vertiefte Dr. Mazza ihre Praxis im Bereich des Yoga, weshalb sich in der Behandlungsmethode **Intuitive Dance** nach Dr. Mazza ® auch Grundlagen aus dem Bhakti finden lassen. Ebenso hielt sie auch über mehrere Jahre hinweg eine Vielzahl an Kursen für Erwachsene, Kinder und ältere Mitmenschen ab, die sich mit der Yoga-Lehre, Tanz und Kampfkunst befassten.

Pädagogische Tätigkeiten
Trainerin, Lehrerin und Erzieherin

1997 begann Dr. Ernestina S. Mazza, nach ihrer abgeschlossenen pädagogischen Ausbildung an der Lehrerbildungsanstalt in Padua, als Erzieherin und Lehrerin in pädagogischen Einrichtungen in Padua zu arbeiten. Im Rahmen eines Fremdsprachenprojektes unterrichtete sie sieben Jahre lang an Hauptschulen in Deutschfeistritz in Graz-Umgebung.

Sie war von 2001 bis 2007 auch als Fremdsprachentrainerin bei der Urania in Graz tätig. Die intensive Auseinandersetzung mit Kindern und deren Bedürfnissen gaben ihr, sowohl in Bezug auf die Entwicklung ihres Erziehungstrainings als auch hinsichtlich der energetischen Arbeit mit Kindern und Eltern, wichtige Impulse. Dr. Mazza hat effiziente Behandlungsabläufe und Intuitionstrainings erarbeitet, mit deren Hilfe Kinder in ihrer persönlichen Entwicklung gefördert werden können. Es ist ihr auch stets ein großes Anliegen, dass den Eltern die richtigen Werkzeuge für die aktive und empathische Beschäftigung mit ihren Kindern mitgegeben werden können, damit in weiterer Folge ein eigenständiges Agieren möglich ist. Daher werden den Eltern Grundlagen der Körperarbeit, des Intuitionstrainings und weiterer Techniken vermittelt, damit es zu einer produktiven Arbeit mit den eigenen Kindern sowie einem positiven Zugang zu diesen kommen kann.

Journalistin und Buchautorin

Dr. Ernestina S. Mazza zeigte bereits sehr früh ein ausgeprägtes Talent für das kreative Schreiben und die romanische Philologie. Sie setzte sich bereits in sehr jungen Jahren mit der Sprache und der ihr innewohnenden therapeutischen und kreativen Dimension auseinander. Ihre Karriere als Publizistin nahm im Alter von neunzehn Jahren ihren Anfang. Seit dieser Zeit verfasst sie regelmäßig Artikel für verschiedene Zeitschriften und Online-Magazine, die sich sowohl mit kulturellen Themen beschäftigen als auch in den Bereich der

Alternativmedizin, Gesundheit und Spiritualität einzuordnen sind. Ihre intensive Auseinandersetzung mit Sprachen und ihre Wissbegierde sowie eine ausgeprägte Kommunikationsfähigkeit bewogen sie dazu, sich für ein Studium der Literatur und Sprachwissenschaft zu entscheiden. Durch dieses große Interesse verfügt sie nun über eine Vielfalt an Sprachkenntnissen: Neben Italienisch als Muttersprache gehören Deutsch, Englisch, Französisch, Spanisch, Altgriechisch und Latein zu ihrem Kommunikationsrepertoire. Weiters ist sie in Portugiesisch und Sanskrit bewandert. Die Leidenschaft für die Sprache an sich führte in weiterer Folge dazu, dass sich ihr Interessengebiet um die Beschäftigung mit der Philosophie, der Mythologie, der Archetypenlehre und der kulturellen Anthropologie erweiterte.

Seit ihrem neunzehnten Lebensjahr liegt hinsichtlich ihrer Wissenssuche ein Schwerpunkt auf dem Bereich der Archetypenlehre, wobei sie in ihrer Arbeit stark von Carl Gustav Jung und James Hillman beeinflusst worden ist. In der Mythologie ließ sie sich durch Joseph Campbell inspirieren und hinsichtlich der Auseinandersetzung mit der Sprache der Symbole sowie den unterschiedlichen sprachlichen Traditionen kommt den Schriften C. G. Jungs, René Guénons und Marcel Granets eine gewichtige Rolle zu.

Diese Aspekte vertiefte sie später durch das Studium der Psychologie in Padua und Graz und durch das Interesse für unterschiedliche psychotherapeutische Ansätze.

Dr. Ernestina S. Mazza ist seit mehreren Jahren selbständig tätig und leitet derzeit die **akademie bios®**, deren Hauptsitz in Graz ist. Sie ist weiters Gründerin und Mitinhaberin des **akademie bios® verlags**, der von ihrem Mann Mag. (FH) Clemens Mazza geleitet wird und in dem die beiden ihre Bücher und Meditations-CDs gemeinsam verlegen.

Durch ihre fortwährende Auseinandersetzung mit spirituellen Grundlagen seit ihrer Kindheit konnte sie damit ein Forschungs-, Ausbildungs- und Beratungsinstitut etablieren, in dem sie mit ihren einzigartigen und größtenteils selbstentwickelten Methoden arbeitet, die das Beste aus der fernöstlichen Philosophie, des Intuitionstrainings, der Psychologie, insbesondere der archetypischen Psychologie, der taoistischen Körperarbeit und der asiatischen Kampfkunst in sich vereinen.

Dr. Mazzas Tätigkeitsbereich erstreckt sich auf Österreich und Italien. In Österreich befindet sich in Graz das Ausbildungszentrum und der Verlag, in Italien hat sich die **akademie bios**® **(accademia bios, www.accademiabios.com)** im Raum von Padua in den letzten Jahren zu einem Beratungs- und Seminarzentrum entwickelt.

Aktuell betätigt sich Frau Dr. Mazza als Buchautorin, Ausbildnerin und Beraterin, wobei sie die an der **akademie bios**® angebotenen Methoden stets weiter ausarbeitet. Die anbei unten vorgestellten Methoden sind eine Synthese ihrer Lebenserfahrung und ihres facettenreichen Lebens als Journalistin, Buchautorin, Sprachwissenschaftlerin, Lehrerin, Tänzerin, Energetikerin, Shiatsu-Praktikerin, Pädagogin und Erwachsenenbildnerin.

Ausbildungen

Hochschulen

1995-1997: Ausbildung als Erzieherin und Volksschullehrerin an der Lehrerbildungsanstalt D'uca D'Aosta Padova
Bakkalaureatsstudium Handelswissenschaften, Recht und Marketing an der Universität **Ca'Foscari** in Venedig
1998-2002: Diplomstudium der Literatur- und Sprachwissenschaft an der **Università degli Studi di Padova** und an der **Karl-Franzens-Universität Graz**
Lehramtstudium für Italienisch, Latein und Geschichte an der **Università degli Studi di Padova**
1998-2000: Diplomstudium Italienisch als Fremdsprache an der **Università degli Studi di Siena**
2001-2004: Studium der Pädagogik und Translationswissenschaft (Französisch, Deutsch) an der **Karl-Franzens-Universität Graz**
2002-2004: Aufbaustudium Lehramt für Deutsch an der **Pädagogischen Akademie** in Graz
Ab 2007: Studium der Psychologie an der **Karl-Franzens-Universität Graz** und davor an der **Università degli Studi di Padova** (2002-2005)

Zusatzausbildungen

1996-1998: Verschiedene Seminare über holistische Therapieformen am **Istituto RIZA** in Padua
2001: Weiterbildung auf dem Gebiet der asiatischen Körperarbeitsform Seitai und der Kampftechnik Aikido sowie der Kunstform des No-Theaters an der **Atemschule** in Mailand (Scuola della Respirazione)
2002: Ausbildung zur VHS-Übungsleiterin an der **Volkshochschule Steiermark**
2004-2007: Ausbildung zur Dipl. Shiatsu-Praktikerin an der **Internationalen Shiatsu Schule Österreich (ISSÖ)** in Graz
Seit Herbst 2011: Psychotherapeutisches Propädeutikum

Behandlungsmethoden – entwickelt von Dr. Ernestina S. Mazza

Energetic Tao Healing nach Dr. Mazza ®
Diese Methode verfolgt das Ziel, eine Brücke zu bauen zwischen den neuen wissenschaftlichen Erkenntnissen im Bereich der Energetik und den jahrtausendelangen Erfahrungen energetischer Traditionen und Weisheitslehren aus dem asiatischen Raum.

archetypical journey®
Diese Behandlungsmethode zeigt eine archetypische Grundstruktur, ein initiatorisches Training, das das Leben in seinen wesentlichen Etappen beschreibt und die wichtigsten Rollen, die jeder Mensch im Leben annimmt, schildert.

Dea Nova®
Diese Methode hilft Frauen, sich in dieser gemeinsamen Entdeckungsreise von alten Verletzungen und vorgegebenen Stereotypen zu befreien und sich im jeweiligen weiblichen Aspekt beheimatet zu fühlen. Durch die Ausbildung **Dea Nova®** lernen die TeilnehmerInnen eine ganzheitliche Methode, die ihnen erlaubt, Einzelsitzungen zu begleiten und einen Frauenkreis zu leiten.

Tao Healing Mind nach Dr. Mazza ® bzw. auch Intuitionstrainer®
Hierbei handelt es sich um eine Methode, um die eigene Intuition zu entwickeln und mit dem eigenen Fluss des Lebens verbunden sein zu dürfen.

Tao Healing Heart nach Dr. Mazza ®
Dies ist eine Beratungs- und Coachingmethode, die die Heilung der emotionalen Verletzungen und die Integration der eigenen Schattenseiten ermöglicht. Das Hauptziel dieses Weges ist, mit offenem Herzen zwischenmenschliche Beziehungen mit einer liebevollen und begeisterten Haltung in jedem Bereich des Lebens zu gestalten.

Rituelle Prozessarbeit nach Dr. Mazza ®
Im Rahmen dieser Methode gehen wir den Weg einer Innenschau, die zu Klarheit über die tiefen Wurzeln seelischer und körperlicher Blockaden führt.

Matrix and Cellular Tao Healing nach Dr. Mazza ®
Bei dieser Methode wird mit bestimmten Mudras, sanfter Berührung und fokussierten Impulsen der mentalen Kraft am Gedächtnis der Körperzellen und an der Matrixstruktur im Energiefeld gearbeitet. Diese Methode versetzt in einen Zustand, in dem tiefe Regenerationsprozesse stattfinden können.

Tao Healing Bodywork nach Dr. Mazza ®
Diese sanfte, energetische Körperarbeit findet ihren Ursprung in der jahrtausendealten taoistischen Tradition der Meridianlehre und in der bewussten Anwendung der mentalen Kraft, um Regenerationsprozesse im Körper zu aktivieren.

Tao Breath Flow nach Dr. Mazza ®
Diese Methode ist verwurzelt in der traditionsreichen, taoistischen Disziplin und in den ursprünglichen Formen der Kampfkunst, die versuchten, in sich die Kraft der Naturelemente aufzunehmen und für die Menschen durch die Ausübung der Bewegungsformen zugänglich zu machen.

Intuitive Dance nach Dr. Mazza ®
Die grundlegenden Elemente dieser Methode sind ethnische Musik aus verschiedensten Kulturen der Erde, intuitive, befreiende und spontane Bewegungen und darauffolgende geführte Übungen und Meditationen, die ein tieferes Körperbewusstsein anregen.

Psychologische Numerologie nach Dr. Mazza ®
Aus der Verbindung der klassischen Numerologie mit den Archetypen C. G. Jungs und der archetypischen rituellen Psychologie entsteht ein mächtiges Werkzeug zur Entschlüsselung und Deutung unseres Lebensweges.

Seelenreisen und Rückführungsarbeit nach Dr. Mazza ®
Die Methode ist eine Kombination aus dem Wissen um die Karmalehre, aus Meditationstechniken von **Tao Healing Mind** nach Dr. Mazza ® und assoziativen Fragetechniken, die dem/der SeelenreisenbegleiterIn ermöglichen, die inneren Reisen lösungsorientiert auszurichten.

Bücher aus dem akademie bios® verlag

Im Fluss mit dem Leben sein – Das Tao der Intuition
von Dr. Ernestina Sabrina Mazza

Auf das Bauchgefühl vertrauen – ja oder nein?
Diese ewige Frage begleitet uns alle im täglichen Leben. Eingebungen und intuitive Gedanken kennt jeder. Oft trauen wir uns jedoch nicht, darauf zu vertrauen. „Im Fluss mit dem Leben sein" ebnet den Weg zur Intuition. Sie können sich dann auf Ihre innere Stimme verlassen und spüren ohne langes Überlegen, was stimmig ist.
Die vielen Übungen und Reflexionen nehmen die Leserinnen und Leser bei der Hand und lassen sie Vertrauen zu ihrem Bauchgefühl entwickeln. Das einfache und wirksame 21-Tage-Übungsprogramm hilft allen, auch im stressigen Alltag eine mitschwingende Intuition zu entwickeln. Das Buch ist in vielen Lebenssituationen ein praktischer Ratgeber und ermöglicht, eigenständig neue Strategien für eine bewusste und intuitive Lebensführung zu entdecken.

ISBN 978-3-9502733-2-8 **EUR 25,-**

Energetic Tao Healing nach Dr. Mazza ®
Neue Wege der Energiearbeit
Die körperlichen und geistigen Wirkungen von Energiearbeit und spirituellen Techniken – von Dr. Ernestina Mazza und Christoph Pesendorfer

Viele interessieren sich für Energetik, wenige können diesen Bereich wirklich erfassen. Die Ansätze dieses Buches finden ihre Wurzeln in der fernöstlichen Tradition und ermöglichen einen bodenständigen, konkreten Zugang zu der Materie. Als Energetik wird hier die Fähigkeit jedes Menschen bezeichnet, bewusst mit der eigenen Lebenskraft, Qi oder Chi in der asiatischen Sichtweise, umzugehen. Energetiker und Energetikerinnen unterstützen durch die Anwendung bewusster Übungen oder Behandlungsabläufe den Fluss des Qi, der Lebenskraft. Dieses Buch spricht nicht nur über Energetik, sondern lässt durch die 111 klaren und leicht durchführbaren Übungen Energetik lebendig werden. Fernöstliche Weisheit und westlicher, praktischer Sinn treffen sich in diesem Buch in theoretischen Ansätzen und im praktischen Teil. So kann die Neugierde auf die Energetik zur alltäglichen Praxis werden. Das Buch ist ein Nachschlagewerk für professionelle Energetiker, die ihre professionelle Kompetenz erweitern möchten, und ein unverzichtbarer Begleiter für diejenigen, die die ersten Schritte auf dem Weg in die Energiearbeit wagen.

ISBN 978-3-9502733-0-4 **EUR 19,-**

Psychologische Numerologie nach Dr. Mazza ®
Zahlen als Spiegel der Persönlichkeit und Lebensaufgabe
Band 1: Grundlagen der Persönlichkeit
von Dr. Ernestina Sabrina Mazza

Sie wollten schon immer wissen, welche Ihre verborgenen Talente sind, wohin Ihr Leben führt, wie Ihre Persönlichkeit und Ihr Unbewusstes funktionieren? Und schon immer hatten Sie den Wunsch in sich, andere Menschen zu erfassen? Alle diese Fragen können Sie durch dieses Nachschlagewerk beantworten. Dieses Buch kann zu einem treuen Begleiter werden. Die vielen Anregungen der psychologischen Numerologie bieten eine optimale Orientierungshilfe in der komplexen Welt der zwischenmenschlichen Beziehungen. Lebenszahlen, Schicksalszahlen und die weiteren Werkzeuge der psychologischen Numerologie lassen Sie Ihre Menschenkenntnis entfalten.

ISBN 978-3-9502733-4-2 **EUR 25,-**

Psychologische Numerologie nach Dr. Mazza ®
Zahlen als Spiegel der Persönlichkeit und Lebensaufgabe
Band 2: Lebensphasen und ihr Schwingung
von Dr. Ernestina Sabrina Mazza

Das Buch ist ein breitgefächertes Nachschlagewerk für Numerologiebegeisterte. Es bietet eine erweiterte Perspektive und eine detaillierte Interpretation unserer persönlichen Lebensabschnitte, der persönlichen Jahre und Monate und unserer verborgenen Entwicklungspotenziale. Das Leben hat immer Überraschungen für uns auf Lager. Wenn Sie im Leben eine Hilfestellung suchen und erkennen möchten, was Ihr Lebenspfad für Sie an Herausforderungen bereithält, sollten Sie sich dieses Buch zulegen. Auf eindringliche Art und Weise beschreibt dieses Buch die Herausforderungen unseres Lebensweges und bietet dazu eine wesentliche Hilfestellung, um sie erfolgreich zu bewältigen.

ISBN 978-3-9502733-3-5 **EUR 19,-**

Glückliche Kinder, gelassene Erwachsene
Mentale Kraft und emotionale Intelligenz
bei Kindern und Jugendlichen fördern
von Dr. Ernestina S. Mazza

Wie kann man Selbstwertgefühl, Selbstvertrauen und Empathie von Kindern und Jugendlichen fördern?
Dieses Buch mit praxisnahen, effektiven Übungsprogrammen beantwortet diese Frage in Theorie und Praxis. Eltern, TherapeutInnen, PädagogInnen, pädagogische Fachkräfte, KörpertherapeutInnen und alle, die mit Kindern zu tun haben, finden in diesem Buch eine vielfältige Quelle der Inspiration. Es beinhaltet auch Tipps für Erwachsene, die einen gelassenen Umgang mit den jungen Menschen suchen. In diesem Buch finden wir ein ganzheitliches, strukturiertes Konzept für die Arbeit mit Kindern und Jugendlichen das sich in fünf Bereiche gliedert:

- » Atem- und Entspannungstraining
- » Selbstwahrnehmungstraining
- » Emotionales Selbstmanagement
- » Kreativitätstraining
- » Empathie- und Kommunikationstraining

42 praxisnahe und leicht durchführbare Übungen und Fallbeispiele ermöglichen, die theoretischen Ansätze des Buches unmittelbar in die Praxis umzusetzen. Atemübungen, Körperübungen Entspannungs- und Besinnungsübungen, Fantasiereisen, Imaginations- und Visualisierungsreisen, Kommunikationsübungen, Kreativitätsübungen, kreatives Gestalten von Märchen und Ritualen bieten eine einzigartige Vielfalt an Möglichkeiten für die Arbeit mit jungen Menschen.

Effektiv, praktisch und vielseitig eignet sich dieses Buch für all jene, die beherzigen, dass Kinder unsere Zukunft sind und es eine der sinnvollsten Tätigkeiten ist, Zeit mit ihnen zu verbringen und ihnen zu helfen, ihren Platz in der Welt bewusst anzunehmen.

ISBN 978-3-902907-03-5   **EUR 19,-**

Hier können Sie unsere Bücher bestellen:
www.akademiebios-verlag.at